Die Senyora

Catherine Clément

Die Senyora

Roman

Scherz

Zur Erinnerung an Alain Oulman,
der mich im Jahre 1981 eines Tages bat,
die wahre Geschichte dieser Frau
zu schreiben, die in seinem Land, Portugal,
geboren war.
Und für Rebecca, meine Mutter.

Erste Auflage 1993
Einzig berechtigte Übersetzung aus dem Französischen
von Giuliana Broggi Beckmann.
Die Originalausgabe erschien unter dem Titel
«La Senora» bei Calmann-Lévy, Paris.

Schutzumschlag von Adolf Bachmann

Inhalt

1579

Sonntag, bei Sonnenuntergang

«Der Abend naht», murmelte der alte Herzog auf seinem Marmorbalkon. «Die Sonne wird bald hinter der Süleiman-Moschee versinken. Jetzt gehen die Janitscharen zu den Tavernen hinauf, um zu rauchen und sich gründlich zu berauschen. Gleich wird mir mein Jasminstrauch wie jeden Tag das letzte fahlrote Licht rauben. Auf der Spitze des Topkapi zeichnen sich nur noch die weißen Dächer des Harems ab, und durch das dunkle Laub der Bäume flackern schon die ersten Fackeln. Vom Bosporus blinken die Laternen eines Schiffes, das so spät noch in See sticht. Ob es wohl jenem ähnelt, das uns, die Senyora und mich, eines frühen Morgens vor mehr als vierzig Jahren von Lissabon bis an diesen Horizont getragen hat, oder dem, mit dem sie eines Tages aus meinen Augen schwand?

Ich hätte nie gedacht, daß sie so ganz allein dorthin fliehen würde, wo ich nicht bin. Sie hat mich verlassen – mich, den Herzog von Naxos, den jüdischen Fürsten des Osmanischen Reiches, ihren Neffen, ihre Hauptstütze! Unser Leben lang hatten wir gemeinsam gegen den Kaiser und die Könige des Abendlandes gekämpft, zusammen hatten wir ganz Europa durchquert und nichts und niemand, weder Fürsten, Päpste noch Rabbis konnten uns trennen. Aber die Senyora war wie das Mittelmeer, unsicher, wild, von unvorhersehbaren Böen bewegt. Und als der Sturm sich in ihrem Herzen wie ein Augustwind erhob, konnte sie nichts mehr aufhalten.

Seit dem Tag, da sie mich verlassen hat, halte ich nach dem Segel Ausschau, mit dem sie am Horizont verschwand. Dabei weiß ich genau, daß es sie nicht mehr gibt, sie, den Hoffnungsstrahl des Exils, die leuchtende Blume der Marranen, den Morgenstern, die Ebenbürtige Esthers und Judiths, die wegen ihres Muts einem Mann gleichkam, die Mutter aller Juden, die dem Weg des Herrn folgen wollten … Das sind die Worte, die die frommen Rabbis aus Istanbul gesungen haben, als uns die Nachricht von ihrem Tod erreichte.

Was bedeutet mir schon mein Belvedere-Palast, in dem ich die Erinnerung an meine Senyora und den Schmerz, der mich quält, mit mir herumschleppe. Es ist Zeit, ans Sterben zu denken und diese alten Knochen zur Ruhe zu betten, die nichts mehr erwärmen kann. Es wird nicht mehr lange dauern, bis mein Geist den Körper verläßt. Mein Leben irrt mir durch den Kopf wie ziellos herumflatternde Vögel.

Ich will diese Schiffe nicht mehr sehen. Es sieht so aus, als ob sie in meiner hohlen Hand ihre Spur gezogen hätten. Tief in der Herzlinie schwankt ein kleiner Kajik auf den Wellen des Goldenen Horns. Ich will ihn nicht mehr sehen! Ich will diese Faust ballen, sie geschlossen halten, wie sie immer war. Ich habe die Hälfte meines Lebens mit geballter Faust am Meer verbracht.

Alle werden sich freuen, wenn ich sterbe. Jetzt, da ich nichts mehr bedeute, höre ich die Gesandten des Abendlandes bei der Hohen Pforte mich verspotten, es ist ja jetzt so leicht. Der Jude Josef Nasi bin ich, der Neffe der Senyora, der heimliche Berater des «Unglücks Europas», der Quälgeist der Könige, ihr Ruin, dieser Judas, das bin ich – ein schwacher alter Mann, der friert. Ja, die Senyora und ich, wir haben gegen sie gekämpft. Gegen alle. Aber ich habe nie meinen Degen gegen einen Menschen erhoben.

Sicher, wenn es nötig gewesen wäre, hätte ich es ohne Zögern getan; ein Befehl von Beatriz hätte genügt. Nur ein Wort, nur eine Bewegung, und ich hätte sofort gehorcht. Ich habe mich ihrem Willen unterworfen. Man konnte sich nicht gegen sie auflehnen; es ist niemandem gelungen – außer einem unbeugsamen Rabbi, der ihr die Stirn bot, während er am ganzen Leib zitterte. Sie rief Furcht und Verehrung hervor, sogar bei ihm. Woher hätte sie sonst ihren Beinamen bekommen, den ihr noch heute alle Juden des *Mittelmeeres* geben – *la Senyora*?

Die Dame – und auch meine Dame! Doch davon weiß niemand. Bald werde ich sterben, und niemand weiß etwas über sie und mich. Bis in alle Ewigkeit wird sie die Senyora eines ganzen Volkes im Exil bleiben, und niemand wird wissen, daß sie zuallererst und bis zuletzt mein Himmel und meine Hölle war!

Beatriz Mendès oder de Luna, auch Gracia Nasi genannt, oder die Senyora. Aber für mich war sie am Anfang einfach nur Beatriz.

I

1510–1536
Das kleine Mädchen mit dem roten Apfel

Wir, die Marranen von der Iberischen Halbinsel, haben nie das Recht gehabt, unsere jüdischen Namen zu tragen. Wir mußten uns entscheiden, wegzugehen oder andere Menschen zu werden. Wir haben so viele Namen getragen, so viele Male mußten wir sie ändern, uns immer verkleiden, verstecken ... In Portugal war ich João Miguez; in England, in Venedig, in Ferrara hieß ich Juan Miquez oder auch Juan Micas, mal so, mal so; hier bin ich Jussuf Nasi ... Und die Senyora? Wie werden unsere Nachkommen sie nennen? Gracia, Hannah oder Beatriz?

Die Senyora wurde 1510* in Portugal geboren, und man gab ihr den sehr christlichen Namen Beatriz de Luna. Ich kam fünf Jahre später auf die Welt; ich war der Sohn ihres älteren Bruders, der den Namen Miguez angenommen hatte. Der wahre Familienname von uns allen aber war Nasi, was «Fürst» bedeutet. Leider waren wir schon zu dieser Zeit keine Fürsten mehr, sondern Verbannte.

Als das spanische Königspaar beschloß, unser Volk des Landes zu verweisen, war die Senyora noch nicht geboren. Aber dieses Unglück zeichnete die Kinder der ersten Verbannten-Generation von Geburt an.

Ach, ich bin damit einverstanden, daß der Einsturz des Tempels in Jerusalem unsere ständig offene Wunde bleibt, doch ich glaube nicht, daß der erste Exodus schlimmer war als der von

* Eine Zusammenstellung der historischen Daten findet sich auf Seite 374.

1492. Jene, die den Boden Palästinas, unsere angestammte Heimat, verließen, konnten ihr Leben lang hoffen, daß sie das Gelobte Land wiedersehen und den zerstörten Tempel wiederaufbauen würden. 1492 aber, als die jüdische Religion verboten wurde, als unsere Väter erst Spanien und dann Portugal verlassen mußten, war das Exil endgültig und das jüdische Volk zu fortwährender Flucht verurteilt.

Durch fünfzehn lange Jahrhunderte hatten unsere Ahnen unter der Herrschaft der Mauren in Spanien in Frieden gelebt; sie hatten Fürsten und sogar christliche Könige beraten; sie hatten sie gepflegt; mein eigener Vater führte immer noch den Titel «Arzt des Königs». Einer von uns, der nicht sehr scharfsinnige Abraham Senior, Großrabbiner von Kastilien, unterstützte die Ehe von Ferdinand und Isabella, den Katholischen Königen, denen wir unser Unglück verdanken. Aus der päpstlichen Inquisition machten sie ein königliches Tribunal, das den Auftrag hatte, uns allesamt zu verfolgen. Zehn Jahre später, als der schwache kleine König Boabdil, der letzte Herrscher von Granada, gefallen war, unterzeichneten sie einen Erlaß zur Vertreibung der Juden aus Spanien.

Der 31. März 1492 wurde für das jüdische Volk ein Trauertag und der Anfang des neuen Exodus. Vier Monate wurden unseren Vätern zugestanden, um das Land zu verlassen. Sie machten sich in der Augusthitze auf den Weg und nahmen nur ihre Thorarollen mit. Man erzählt, daß die Kinder die Trommeln schlugen und alle sangen, um sich auf dem anstrengenden Marsch zu ermutigen. Es gab Tote, es gab Geburten; die einen zogen nach Süden bis ans Meer, und manchmal schifften sie sich ein, andere gingen nach Portugal, so auch unsere Familie, die sich in der Hauptstadt Lissabon niederließ.

Arme Juden mußten bei der Ankunft acht Cruzados bezahlen und durften dafür acht Monate bleiben. Reiche hatten die Möglichkeit, für hundert Cruzados pro Person in Portugal ansässig zu werden. Die Nasis hatten Geld; sie blieben, änderten ihren Namen und glaubten, daß sie gerettet seien. Sie hatten nicht mit der unnachgiebigen Wut von Isabella der Katholischen gerechnet: Sie verheiratete ihre Tochter, die den gleichen Namen trug, mit Manuel von Portugal. Vier Jahre nach dem spanischen Judenerlaß erhielt dieser König – wie zuvor schon die Könige von Spanien – vom Papst das Recht, uns auszuweisen. Den Juden in Portugal blieb nur die Wahl zwischen Flucht und Konversion. Einige entschlossen sich wegzugehen, andere ließen sich widerwillig taufen; wieder andere wurden mit Gewalt in die Kirchen geschleppt.

Schließlich wurden zwanzigtausend unserer Brüder auf den Kais des Lissabonner Hafens zusammengetrieben. Um sie zu zwingen, sich zum christlichen Glauben zu bekennen, gab man ihnen weder zu essen noch zu trinken. Jene, die standhielten, sollten das Recht haben, sich einzuschiffen.

Der junge König hatte sich mit einem Titel geschmückt, der mindestens so lang war wie der vom Padischah, der über das Osmanische Reich herrschte. Manuel I. ließ sich «Herr der Eroberung, der Schiffahrt und des Handels von Äthiopien, Arabien, Persien und Indien» nennen. Es war die Zeit, als die Portugiesen von überallher Schätze heimbrachten, ihre Könige vor Gier nach Gold und Spezereien fieberten und ihre Schiffe den Seeweg nach Indien suchten. Dieser Manuel bildete sich ein, die ganze Welt erobern zu können. Die portugiesischen Seefahrer galten in der Tat als die besten ihrer Zeit; ihr Lehrmeister war Prinz Heinrich, genannt El Navegador, der die Azoren-Inseln entdeckte und Madeira besiedeln ließ. Aber Manuel hatte den Mund zu voll genommen, und das Geld ging ihm aus. Da erinnerte er sich an das Kapital der Juden. Das wollte er nicht übers Meer entschwinden lassen, und plötzlich hatte er eine Erleuchtung.

Als die Zeit des Aufbruchs für jene Juden kam, die lieber in die Verbannung gehen als Christen werden wollten, befahl der König, sie mit Gewalt zu taufen, indem er große Eimer voll Weihwasser über sie ausschütten ließ. Da dies im Jahre 1496 geschah, also vor meiner Geburt, habe ich es nicht selbst miterlebt, aber mir wurde die Szene so oft erzählt, daß ich sie mir gut vorstellen kann. Auf den windigen Kais von Lissabon begoß man die halb verhungerten, halb verdursteten, mit Kindern beladenen Juden plötzlich kübelweise mit schmutzigem, jedoch geweihtem Wasser, während ein Priester in goldenem Meßgewand aus der Ferne über sie das Kreuzzeichen machte.

Vorschriftsmäßig getauft, wurde aus ihnen das Volk der Konvertiten, von den Inquisitoren scheinheilig die «Neuchristen» genannt und von König Manuel als Bürger seines Landes anerkannt. Und das alles nur, weil man das Geld der Juden benötigte, um weiter die Welt erobern zu können. Die Zwangsgetauften fanden sich mit der neuen Lage notgedrungen ab und änderten ihre alten Namen in sehr katholische um.

Die Verfolgungen hörten also scheinbar auf. Unsere Väter hatten das Schicksal noch nicht begriffen, das ihnen bestimmt war, und setzten auf die Vernunft der Katholischen Könige. Sie täuschten sich. Das furchtbare Jahr 1506 brachte unsere ersten Martyrien.

Meine alte Amme sah in ihrer übergroßen Angst alles voraus: Wenn in der Nacht das Licht eines fernen Brandes den Himmel erhellte, sperrte sie alle Türen zu, versteckte sich in einer dunklen Ecke und schloß mich in ihre Arme. Manchmal entschlüpften ihr Worte, die ich nicht begriff. Später verstand ich sie.

Zuerst hatten wir armselige Häuflein von Juden mit ihren Kindern aus Spanien ankommen sehen. Dann folgte eine furchtbare Dürre; dann wurde die Pest ausgerufen. Die Leute starben auf der Straße mit ledernen Mündern und schwarzen Körpern. Die Portugiesen fingen an, diese Einwanderer zu verfolgen, die ihnen Unglück brachten. Aber die Pest, die Dürre, die zahlreichen Brände, die Toten auf den Straßen – all das war noch nicht das Schlimmste. Meine alte Amme schrie, von Entsetzen gepackt, noch viele Jahre danach, wenn ihr im Schlaf Erinnerungen an das Massaker von Lissabon kamen.

Es fand einige Monate nach dem Ausbruch der Epidemie statt. Eines Abends, als es noch nicht dunkel war, leuchtete die Kirche der Dominikaner in rotem Licht. Die Statue der Jungfrau Maria, der sanften Madonna mit den zum Himmel gerichteten Augen, mit einem Heiligenschein von ätherischen Flammen umgeben, forderte das Blut der Juden. Das riefen jedenfalls die Mönche aus. Der Tag brach kaum an, als drei asketische Priester mit ihren von Asche bedeckten Gesichtern aus der Kirche traten, verzückt schreiend auf die Straße rannten und ihr Kruzifix schwenkten. Noch heute kann ich mich erinnern, was sie schrien: «Erbarmen, Erbarmen, ihr Gläubigen! Eilt Christus, unserem Herrn, und der christlichen Religion zu Hilfe! Kommt, die ihr den Juden den Garaus machen wollt, kommt mit uns!»

Als einer der ersten war der Mann meiner Amme von einem der Dominikaner erwürgt worden. Die «Schweinejagd» war eröffnet. Wir waren für die Portugiesen zu Schweinen geworden. Sie wußten natürlich genau, daß uns das Schweinefleisch von den heiligen Gesetzen unserer Religion verboten ist. Deshalb haben sie uns ja zum Spott «Marranen» genannt, denn das ist das spanische Wort für Schweine. Einem Schwein schlitzt man den Bauch auf, mehr verdient es nicht. Deshalb wurden schwangere Frauen auf Lanzen aufgespießt, Kinder in Erinnerung an König Salomo mit Klingen entzweigehauen. In den Straßen unseres Viertels lagen Hunderte von aufgeschlitzten Leichen. Das Entsetzen meiner Amme spiegelte das eines ganzen Volkes wider, das mit Schrecken im Begriff war, sein Schicksal kennenzulernen.

Die Neuchristen wurden vorsichtiger; ihr aufgezwungenes Christentum wurde demonstrativer. Sie hatten keine andere Wahl, und schließlich: Was machte es schon aus? Sicher, wir hatten unsere Namen geändert. Aber doch unsere Seelen und unsere Herzen nicht.

Meine junge Tante, deren hebräischer Name Hannah war und die den zweiten Namen Gracia hatte, wurde christlich Beatriz getauft. Ich meinerseits wurde, als ich fünf Jahre später zur Welt kam, heimlich Josef genannt, in der Öffentlichkeit aber João.

Es lagen genügend Jahre zwischen uns beiden, daß ich Beatriz respektierte, auch wenn sie nur ein Mädchen war, aber nicht genügend, daß wir nicht wie Kinder zusammen spielen konnten. Habe ich als kleiner Junge je daran gedacht, daß sie meine Tante war? Nie! Sie war schon damals für mich meine Beatriz.

Dieses dünne Mädchen mit strohblonden Haaren, mit Locken wie ein Lamm, mit schwarzen Augen, die wie Murmeln glänzten – meine Tante? Die Spielkameradin, die einzige Freundin meiner Kindheit? Wie konnte ich an dieses Verwandtschaftsverhältnis auch nur denken?

Meine Großeltern und meine Eltern wohnten alle zusammen in einem dunklen großen Haus hinter dem Hafen. Die Familie Nasi führte ein einfaches Leben; das Exil hatte uns beinahe ruiniert. Ich erinnere mich an schmale Fenster, die auf der Straßenseite aus Vorsicht nur selten geöffnet wurden; in einigen Zimmern war der Boden aus gestampftem Lehm. Wir hatten nur einen Diener, Pedro, zwei Mägde und meine Amme. Gegenüber der Eingangstür hing ostentativ an einer weißen Wand ein großes Kruzifix aus bemaltem Holz, währen der siebenarmige Leuchter unter einem Stapel Bettlaken versteckt war. Meine Mutter habe ich in Erinnerung als eine junge Frau mit schwarzen Kleidern, zu früh weiß gewordenen Haaren und einem ängstlichen Gesichtsausdruck; aber ihr sanftes Lächeln schützte meine Kindheit vor dem Elend der Zeit, und ich war nicht unglücklich.

Mein Vater, der viel älter war als seine Frau und vom Charakter her fatalistischer, hatte unter hohen Kosten alle seine Bücher aus Córdoba, wo er geboren war, mitgebracht – ein Schatz, der kostbarer sei als Gold, sagte er. Wenn er sein Metier als Arzt nicht ausübte, schloß er sich in seiner Bibliothek ein, deren Zutritt mir verboten war. Oft verbrachte er die ganze Nacht in seiner altmodischen weiten Houppelande eingewickelt, deren Schöße schon so lange auf dem Boden hinterhergeschleift worden waren, daß sie die Farbe verloren hatten. Er kümmerte sich kaum um seinen Sohn, doch manchmal streichelte er meine Wange und versprach mir, daß er mich die Sprachen lehren würde, die mir den Zugang zu seinen Büchern eröffnen würden. Er nahm sich die Zeit, mir Latein beizubringen, indem ich eine Seite pro Tag von einem seiner Lieblingsbücher, dem *De originibus rerum*, entzifferte – ein Buch, worin faszinierende Antworten auf alle Fragen der Welt standen: Wer das Rad erfunden und wer die erste Kirchenglocke geschaffen hatte, aus welcher Zeit das Zölibat stammte und dergleichen interessante Dinge.

Mein Großvater de Luna, ebenfalls Arzt, war ein alter Mann, der sehr früh seine erste Frau, die Mutter meines Vaters, verloren und lange gewartet hatte, bevor er wieder heiratete. Um die Wahrheit zu sagen, hatte er sich, wie viele andere von uns, dazu entschlossen, als er in Portugal ankam, um weitere Juden zu zeugen und unser Volk zu vermehren. Seine blutjunge zweite Gattin, die Mutter von Beatriz, sah ganz anders aus als meine. Sie hatte eine erstaunlich weiße Gesichtsfarbe, entzückende, lange rote Haare und wunderschöne ebenmäßige Gesichtszüge, war jedoch jähzornig, herrschsüchtig und erfüllte mit ihrem spöttischen Gelächter oder ihren Wutanfällen das Haus; sie trug Kleider in leuchtenden Farben und war nie still. Einige Jahre nach Beatriz' Geburt wurde sie von einer zweiten Tochter, Brianda, entbunden.

Als Kind war ich kaum zu bändigen. Der alte Pedro, der nicht mehr gut laufen konnte, beklagte sich über mein ständiges Ausreißen. Die Mägde kümmerten sich um meine kleine Tante Brianda und den Haushalt, und meine Mutter fühlte sich meistens zu müde, um sich mit mir zu beschäftigen. Ich verbrachte den ganzen Tag außerhalb des Hauses und wurde überall ängstlich gesucht. Die Hafenstraßen waren nicht sicher, die Seeleute trieben sich da herum, die Dominikaner auch, und ich konnte etwas Dummes anstellen, vom Leuchter sprechen oder auch nur aus Versehen ein hebräisches Wort fallenlassen, das ich irgendwann gehört hatte.

Um meine Mutter von ihrem allzu lebhaften Sohn zu befreien, wurde ich der jungen Schwester meines Vaters anvertraut. Beatriz war ein traurig dreinblickendes Mädchen. Sie würde auf mich aufpassen, und ich würde sie aufheitern, dachte man. Tatsächlich gelang mir dies, ohne daß ich mich darum bemühte. Ich war nicht nur unbesonnen, sondern auch unerschrocken, und ich gehorchte nie. Beatriz nahm die Gewohnheit an, mir überallhin zu folgen, ohne daß es ihr gelang, mich zu zügeln. Sobald wir das Haus verlassen hatten, war ich ihr Herr.

Ich bemerkte meine junge Tante zum ersten Mal während eines dieser Familienfeste, die wir trotz Geldknappheit und aller Gefahren feierlich begingen. Die Eltern besprachen bei Tisch oft sehr wichtige Angelegenheiten. Sie saßen bei einem Kohleintopf und redeten über die Dominikaner und die Inquisition – ihre größte Sorge. Die Kinder langweilten sich währenddessen fürchterlich. Meine winzige Tante Brianda, Beatriz' jüngere Schwester, schrie unaufhörlich, so daß man kaum sein eigenes Wort verstand. Großtante de Luna rief die Amme, die den Schreihals wegbrachte. Ich nutzte die Gelegenheit und entfloh durch die offene Tür. Es trieb mich wieder zum Hafen, dem Ort meiner Freuden.

Schon als ich noch sehr klein war, ging ich festgeklammert an der Hand meiner Amme schauen, wie die Schiffe den Anker lichteten. Mein Vater erzählte mir oft über die Seeleute, die hinausfuhren, um im Auftrag des portugiesischen Königs eine neue Insel zu entdecken, ein gefährliches Kap zu umsegeln und Indien zu erreichen, von dem man augenscheinlich nicht wußte, ob es im Westen oder im Osten lag. Diese Expeditionen gefielen meinem Vater nicht, da sie das Königreich viel Geld kosteten. Wenn er von der Eroberung der «Neuen Welt» sprechen hörte, zuckte er mit den Schultern, knurrte über diese kostspielige Leidenschaft und lobte beredt die alten Länder des Mittelmeers, die ihm vertrauter und gastfreundlicher schienen. Er hatte den Ozean nicht gern; nur ein einziges Mal war er auf ein Schiff gestiegen, das abfahrbereit nach London war. Er verließ es vor dem Auslaufen. Er war kein Seemensch.

Ich hingegen war einer. Ich liebte das Meer sehr. Ich kannte all die abenteuerlichen Geschichten über die portugiesischen Eroberer, die ungefähr zwanzig Jahre zuvor die Inseln Ascension, Sankt Helena und Tristan da Cunha entdeckt hatten. Voller Begeisterung für Heinrich den Seefahrer und sein asketisches Refugium im Wüstenland von Ceuta stellte ich trotz meines Vaters Verärgerung ständig Fragen über den einen von uns, der unter dem christlichen Namen Christophorus Columbus mit jüdischem Geld und dem Segen der Königin Isabella losgesegelt war, um einen neuen Kontinent, das Goldland Eldorado, zu entdecken. Das geschah einen Tag nach jenem verfluchten, an dem wir aus Spanien verjagt worden waren. Warum hatte sich mein Vater nicht mit ihm eingeschifft? Wir würden heute im Paradies sein, statt während der kalten Jahreszeit im Küstenwind vor Kälte fast zu sterben.

Ich war ein Junge von sieben Jahren, als 1522 Sebastian de Elcano, ein Baske, von großer Fahrt zurückkehrte. Man konnte in der Ferne das große Schiff mit seinen Breitseiten voller Löcher für die Kanonen erkennen. Wie eine majestätische Gans steuerte es, in der Abendbrise hin und her schwankend, auf den Hafen zu. Je näher es kam, desto genauer nahm ich die zerschlissenen Segel, die kaputten Wanten, das angeschimmelte Holz wahr. Einige Seeleute in Lumpen hielten sich auf den Planken der ramponierten Karavelle nur mit Mühe aufrecht – ein elendes Spektakel war das … Der Kapitän stieg, von tiefem Schweigen empfangen, von Bord. Es war Don Sebastian de Elcano, aber er war nicht der Mann, auf den man wartete.

Dieser Don Sebastian de Elcano war der Erste Offizier des großen Magellan, der ein neues Meer entdeckt hatte, das so still und friedlich war, daß er ihm den Namen Pazifischer Ozean gegeben hatte. Doch Magellan war auf den Philippinen von den wilden Bewohnern ermordet worden, und nun kehrte seine großartige Expeditionsmannschaft mit einem neuen Ozean, einem anderen Kapitän und einem toten Helden zurück. Trotzdem entflammte mein Herz, jede Wunde des Schiffes schien mir eine ruhmreiche Narbe. Das war meine erste Erinnerung an ein Schiff: von Narben zerfurcht, geflickt, jämmerlich und unheimlich.

Zu der Zeit sprach man mit Begeisterung von Admiral Don Vasco da Gama. In der Mitte von Lissabon stand das riesige Haus Indiens, in dem alle Geschäfte mit dem fernen Wunderland abgewickelt wurden. Ich kannte die Namen von allen Seefahrern – Rodrigo de Lima, Balthasar de Castro, Manuel Pacheco, Cabral – ich liebte sie alle, und es gab für mich keinen Zweifel, daß auch ich eines Tages auf den Meeren segeln und neue Länder erobern würde.

Nachdem ich meiner jungen Tante anvertraut worden war, zog ich sie jeden Tag, ohne daß sie es merkte, zu der magischen und turbulenten Welt des Hafens, wo niemand uns finden konnte... Ich wünschte mir, daß Beatriz sich eines Tages mit mir einschiffen würde, ja, ich beschloß es einfach.

Alle nannten sie Beatriz. Man hatte mir ihren geheimen jüdischen Namen Hannah nicht verraten, um sicher zu sein, daß ich ihn nicht benützen würde. Aber Kinder treiben sich gern bei den Erwachsenen herum und hören ihren Gesprächen zu, und bald war ich hinter den zweiten Vornamen meiner Tante gekommen: Gracia. Ich empfand seinen Klang wie ein sanftes Streicheln, und es war klar, daß ich ihn wie ein Zauberwort für mich behielt.

Eines Tages spielten wir auf den Kais, versteckten uns hinter den Rücken der Wächter, zwischen den Säcken mit Silbermünzen und den Korallenpacken, als ein Schiff aus Guinea ankam. Wir unterbrachen unser Spiel, um dem Löschen der Ladung zuzuschauen. Beatriz zeigte plötzlich auf einen elend aussehenden Schwarzen, der vor Kälte zitternd auf einem Sack Amomkörner, der scharfen, Kopfweh machenden Weinwürze aus Vorderindien, hockte. Er sprach in seiner Sprache mit einem Graupapagei, und der schien mit schrillem Krächzen jedes seiner Worte zu wiederholen. Dann sah ich die Zigeuner. Ich mochte sie sehr und trat näher zu ihnen. Sie hielten einen Bären mit Maulkorb an der Leine und einen Affen, der einen knallroten, mit Gold eingefaßten Unterrock trug. Beatriz wich ein wenig zurück, weil sie Angst bekam, als der Affe im Akt eines Tamburins um sie herumzuhüpfen begann. Die Zigeuner lächelten Beatriz mit blitzenden Zähnen zu. Beatriz lachte nervös und drückte meine Hand. Wie war ich da glücklich! Hoffentlich macht der Affe noch mehr Kunststücke, dachte ich. Doch auf einmal tauchten die Hellebardiere des Königs auf, ich wußte nicht, woher, rannten auf die Zigeuner los und fingen an, auf sie einzustechen.

Wir wußten nicht, daß der König von Portugal gerade ein Urteil gegen diese Fremden mit brauner Haut ausgesprochen hatte, über die man sagte, daß sie aus Indien kamen. Seit 1521 war nicht mehr Manuel I. König, sondern ein Johann III. Die Inquisition hatte in Portugal noch nicht offiziell eingesetzt, aber sie hatte sich nach ihrem Triumph bei den Katholischen Königen über ganz Europa verbreitet. Die Zigeuner waren zwar keine Juden, aber sie waren Fremde, und das war Grund genug, um sie zu verjagen.

Ich rannte los und nahm an, daß Beatriz neben mir das gleiche tun würde. Sie war ja älter als ich und mit ihren zwölf Jahren doch wohl vernünftiger als ich ... Aber nein! Sie schien wie auf die Stelle gebannt. So habe ich sie später noch oft erlebt: angesichts der Gewalt der Menschen entsetzt und erstarrt. Ich war schon weit weg, hinter den Hafengebäuden, und sie stand immer noch inmitten der Zigeuner, wo die Spieße und Fäuste der Soldaten leicht auch sie treffen konnten.

«Gracia!»

Gott der Gerechte, ich hatte den verbotenen Namen gerufen. Erschrocken wandte Beatriz den Kopf, sah mich an und kam endlich zu mir gelaufen. Ich lief ihr entgegen, und sie stürzte sich in meine Arme, während sie meinen Namen schrie:

«Josef! Josef!» Ich wußte noch gar nicht, daß es mein Name war. Meine Eltern hatten mich immer João genannt.

Beatriz aber hat mich seit dem Tag mit den Zigeunern nie anders genannt als Josef.

Der Hafen wurde unser liebster Aufenthaltsort. Dort habe ich in ihr die Lust am Reisen, die Sehnsucht nach fremden Ländern geweckt, dort hat sie angefangen zu lachen. Sie aber hat mich auf den Kais gelehrt, genau zu beobachten und Dinge zu entdecken, die andere nicht sehen. Sie hatte lange vor mir den Schwarzen mit dem Papagei bemerkt.

Ich irrte mich nicht: Beatriz und ich waren zu Eroberern geboren. Aber unsere Geschichte folgte nicht genau dem Ablauf meiner Träume. Ich träumte von langen Reisen, auf denen ich mit ihr neue Gewürzlande erkundete und mit Edelsteinen geschmückte Kronen gewann, die ich ihr auf das Haupt setzte, um ihr ein liebevolles Lächeln zu entlocken. Der Geruch der Spezereien war verbunden mit Gold und Erfolg, und das Aroma von Zimt, Muskat und Kardamom ist für mich der unverwechselbare Geruch meiner Kindheit geblieben. Er symbolisiert meine lebenslange Begierde nach Neuem, Fremdem – obwohl jüdische Familien nach der Sitte keine gewürzten Speisen aßen.

Beatriz verabscheute die Gewürze deshalb. Eines Tages wollte ich sie Ingwer riechen lassen. Ich riß einen Sack auf, holte eine von den getrockneten krummen Wurzeln mit ihrer silbernen Borke heraus und hielt sie ihr unter die Nase. Es wurde ihr übel, und sie rannte weg. Damit sie zurückkam, machte ich ein Loch in einen Sack mit wunderschönem Weizen aus Danzig. Wir ließen ihn zwischen unseren Fingern hindurchlaufen. Beatriz beobachtete den Regen der goldgelben Körner, während ich an meiner Ingwerwurzel kaute. Mit beiden Händen in den Weizen zu greifen, war typisch für sie; den Ingwer aus Indien zu lutschen, war typisch für mich.

Die Spezereien gehörten nicht zur Welt der Juden, doch sie begründeten das Reich der Mendès, der angesehensten getauften Juden von Lissabon. Bevor Don Sebastian de Elcano entmutigt und allein aus Asien zurückgekommen war, hatte Magellans

Expedition einmal dreißigtausend Zentner Gewürze nach Portugal gebracht, fast alle für die Mendès. Ich war dabei, als die unglaublich kostbare Fracht entladen wurde.

Was für eine schöne Ankunft! Die Seeleute sangen, ich weiß nicht mehr welches portugiesische Lied; es klang arabisch, mußte also noch aus der Maurenzeit stammen. Auf dem Kai rieben sich die Händler des Hauses Mendès die Hände. Wirklich ein herrliches Spektakel mit den traditionellen Salutschüssen zum Empfang. Die Seeleute erzählten stolz, daß vierzig Männer an den Rahen ihrer Schiffe aufgehängt werden mußten, ehe man die Fracht übernehmen konnte. Der Maharadscha von Kalikut hatte Widerstand geleistet, man mußte ihn bestrafen. Sie prahlten sogar damit, daß sie ein Schiff voller Pilger, die aus Mekka zurückkamen, gekapert und verbrannt hätten; und die Händler gerieten vor Entzücken außer sich.

Auch ich. Ich freute mich über ihre Freude, als ob ich das Feuer befohlen hätte, und wiederholte unermüdlich den Bericht dieses unvergeßlichen Sieges. Um Beatriz zu beeindrucken, übertrieb ich die Heldentaten noch, indem ich unsere tapferen Portugiesen das märchenhafte Kalikut in Schutt und Asche legen ließ. Die Augen meiner Spielkameradin füllten sich jedesmal mit Tränen. Ich spürte jedes Beben ihres Herzens, ich mußte sie trösten und erklärte achselzuckend, ich sei schließlich nicht schuld daran, daß so viele Hindus ermordet wurden. Und im übrigen, was bedeutet schon ein Schiff voll verbrannter Ungläubiger? Es waren ja nur Heiden, und von nun an konnten sie den König von Portugal nicht mehr beleidigen. Ach, ich fühlte mich im Hafen von Lissabon als João, nicht als Josef oder Jussuf, nein, wie ein richtiger kleiner Portugiese. Beatriz dagegen war und blieb Gracia.

Egal. Mit mir hatte sie das Meer und die Schiffe entdeckt, mit mir ist sie beinahe jeden Tag zum Hafen gelaufen, um zu schauen, wie unsere Karaka immer größer wurde. Zehn Jahre hat man an dem riesigen Schiff gebaut, und es sollte *São João* heißen, also meinen Namen tragen und meine Karaka werden. Wir versteckten uns hinter einem Stapel Bauholz und überwachten die Werft, als wären wir die Auftraggeber persönlich. Manchmal kamen wir aus unserem Versteck heraus und brachten den Arbeitern Wasser vom Brunnen oder Obst aus dem Garten. Nachdem sie Feierabend hatten, kletterten wir auf den riesigen Rumpf, streichelten die glatt geschliffenen Rippen und die Stellen mit den Astlöchern, die sich wie die frisch rasierte Haut unserer Väter anfühlten.

Es war meine Karaka, aber Beatriz tat so, als ob es ihre wäre.

«Eines Tages, Josef», sagte sie, «werde ich dich auf meiner Karaka mitnehmen.»

Als sie das zum ersten Mal sagte, blieb ich vor Verblüffung mit offenem Mund stehen. Der autoritäre Ton war unüberhörbar. Siehe da, Beatriz wollte offenbar die Führung übernehmen! Meine Beatriz war nicht mehr das ängstliche Wesen, das man beschützen mußte. Sie redete – wie soll man es anders ausdrükken? –, als wäre sie ein junger Mann. Um mich zu beruhigen, legte ich ihre Worte so aus, als habe sie von «ihrer» Karaka gesprochen, weil es ihr Geschenk für mich zu unserer Hochzeit sein sollte. Dabei vergaß ich wie so oft, daß sie ja meine Tante, meine Blutsverwandte, war!

Ich denke, daß das Jahr der Zigeuner und der Rückkehr der Schiffe aus Kalikut auch das Jahr war, in dem Kaiser Karl V. den Juden erlaubte, sich in Antwerpen niederzulassen. Unsere Eltern hüteten sich, vor ihren Kindern davon zu sprechen. Ich kannte außer dem Hafen von Lissabon und Indien nichts von der Welt, wußte nur, daß sie flach war. Ich kannte die Route der Gewürze besser als die Straßen des Reiches. Die Kapitäne, die tot oder lebendig, jedenfalls ruhmreich zurückkehrten, erschienen mir großartiger als die gekrönten Häupter. Ich wünschte mir, wie sie zu werden: König der Meere.

Beatriz wollte lediglich irgendwohin weggehen. Ich habe sie erst bei ihrer letzten Abreise richtig verstanden, als ihr Schleier wie eine Möwe über den Bosporus immer weiter davonflog.

Wenn wir auf den Kais spielten, schwärmte sie für diese kleinen rot-goldenen Äpfel, die man mit einem Wolltuch poliert, bis sie wie gebohnertes Holz glänzen. Ich stahl sie aus einem Marktkorb, rieb sie an meiner Hose blank und schenkte sie Beatriz. Wenn ihre Zähne in den Apfel bissen, gab es ein knirschendes Geräusch, und der helle Saft floß über ihr Kinn. Sie schaute mich über den Apfel hinweg mit solcher Freude in ihren dunklen Augen an...

Der Rote Apfel. Das ist der Name eines osmanischen Orakels, das seit über einem Jahrhundert durch Europa geistert und mit dem man naiven Leuten Angst einjagt: «Ein großer Herrscher wird kommen. Er wird das Reich eines ungläubigen Fürsten erobern, einen Roten Apfel sehen und sich ihn aneignen. Er wird Häuser erbauen, Weinstöcke pflanzen, Gärten umzäunen, Söhne zeugen. Zwölf Jahre, nachdem er den Roten Apfel unterworfen hat, wird das Schwert des Christentums die Türken in die Flucht schlagen.»

Der Apfel steht für die Hauptstadt des Reiches, die zur Zeit des «ungläubigen Fürsten» noch Byzanz hieß. Die ersten Häuser wurden in den Vierteln von Stambul, Pera und Galata errichtet, die die Stadt Istanbul bildeten. Die Gärten hatten hohe Zäune und die Sultane viele Söhne. Bleiben das Schwert, die Flucht und das Unheil.

Und es ist gekommen. Durch meine Schuld hat sich das Orakel erfüllt.

Da bin ich nun in diesem griechischen Stadtteil, den man Galata nennt, auf dem Balkon meines Palastes, der über den Roten Apfel und seine Moscheen, Synagogen, Kirchen ragt und gegenüber dem Serail steht, dessen Lichter sanft in die Nacht leuchten. Ich habe den Roten Apfel zerstört, den ich meiner Beatriz in Form einer blank polierten Herbstfrucht schenkte, als sie fünfzehn Jahre alt war. Konnte ich ahnen, daß ich ihr die Zukunft schenkte?

Eines Morgens – oder war es ein Nachmittag? ich erinnere mich nicht mehr genau – wollte ich sie zu einem Spaziergang auf den Kais abholen. Mit einem schönen Apfel in der Hand. Ich klopfte an die Tür ihres Zimmers und trat wie stets, ohne ihre Erlaubnis abzuwarten, ein.

Um Beatriz, die in weißen, goldbestickten Satin gekleidet war, standen ihre Eltern und ernste Personen in Schwarz. Sie hielt sich sehr gerade, war ganz blaß und starrte mich wortlos an. Die anderen betrachteten mich mit gerunzelter Stirn wie einen Eindringling. Beatriz' Mutter, meine Großtante de Luna, schob mich zur Seite und deutete auf die Tür. Ich sollte mich wieder entfernen.

Verlegen drehte ich den roten Apfel in meiner Hand. Mit einem leisen, traurigen Lächeln nahm Beatriz ihn. Statt aber gleich in ihn hineinzubeißen, legte sie ihn auf den Tisch und wandte sich ab.

Da begriff ich, daß man dabei war, sie zu verheiraten. Ich war kaum dreizehn Jahre alt, sie schon siebzehn. Die Barthaare wuchsen mir noch nicht, und meine Stimme hatte manchmal noch einen mädchenhaften Klang.

Ein anderer nahm mir Beatriz weg, und ich würde sie nie wiedersehen! Niemand kümmerte das Leid eines dreizehnjährigen Jungen. Die Zukunft von Beatriz gehörte einem Mann aus dem Hause Mendès; zugegeben, einem Ehrenmann mit Vermögen und Macht, einem getauften Juden, der insgeheim nach dem Glauben unserer Väter lebte... Es ging in der marranischen Gemeinschaft sogar das Gerücht, daß er vor seiner «Bekehrung» ein gelehrter Rabbiner gewesen sei. Jedenfalls war er von uns allen der Reichste, der Gelehrteste und Unantastbarste.

Die beschlossene Heirat meiner Tante Beatriz mit Francisco Mendès war eine gute Nachricht für die Erwachsenen in unserer Gemeinde und eine vortreffliche Verbindung für die Familie Nasi. Während sich mein Herz zusammenkrampfte, stellte ich mir den glücklichen Verlobten vor und beneidete den starken, dunkelhäutigen Mann mit seinem scharfen Adlerblick.

Am Abend, als ich mit meinen Eltern zusammen war, sagte mein Vater, ohne mich anzuschauen, zu mir: «Du wirst auf die Spaziergänge mit deiner Tante künftig verzichten müssen.»

Ich flüchtete mich auf die Kais, wo ich von nun an allein sein würde. Es blies ein leichter Wind, die Wellen waren mäßig hoch, der Himmel transparent, und der Turm von Belem, endlich vollendet, leuchtete an jenem Tag so hell wie weißer Zucker. Ich schwor mir bei meiner Ehre, nicht zu weinen. Ich stahl einen Apfel und warf ihn mit ganzer Kraft in den Ozean.

Schluß mit den roten Äpfeln. Schluß mit Beatriz, die mich verraten hatte. Schluß mit ihrem Lachen und ihrer Traurigkeit, Schluß mit diesem bösen Mädchen mit hellem Haar, ich wollte sie nicht mehr wiedersehen...

Man verheiratete sie ein Jahr später, mit achtzehn Jahren. Es war keine prunkvolle Hochzeit, die Marranen wagten es nicht, ihre Reichtümer zur Schau zu stellen, da man sie ihnen ohnehin schon genügend vorwarf. Man kleidete mich in Mausgrau; um den Hals legte man mir immerhin einen plissierten Leinenkragen, der von einer Goldkordel gehalten wurde. Ich kam mir vor wie der Affe von den Zigeunern und fand die ganze Hochzeit abscheulich. Der steife Rock, den meine Mutter trug, schwang vor ihr her wie die Flügeldecken eines fetten Insekts. Mein Vater knabberte heimlich an Kardamom, von dem er mir nichts abgab, meine Kleider schnürten mich grausam ein, und Beatriz schien mir wie eigens für mich unkenntlich verkleidet.

War das wirklich Beatriz, die mit ihrer perlenbesetzten schwarzen Samthaube wie die Heilige Jungfrau auf einem Kirchenbild aussah? Ich wollte sie nicht sehen. Aber man schubste mich nach vorn, und plötzlich stand ich vor ihr. Sie glich in ihrem schwarzgoldenen Mieder, das ihren ohnehin dürren Leib einkerbte, einer Libelle, und ich hatte große Lust, sie mit meinem Fuß zu zertreten. Ich erkannte ihr weißgepudertes Gesicht nicht wieder, ihren entblößten Hals, den ich nie zuvor gesehen hatte und der mit einem Kollier aus Edelsteinen geschmückt war. Ein eigenartiger Schimmer von Stolz belebte die Augen, die jedoch in die Leere blickten. Ich schaute an ihr herab und bemerkte die kleine Hand, die in der ihres Mannes lag.

Ich war gezwungen, ihn zu grüßen, diesen Francisco Mendès. Er sah mit seinem markanten Gesicht, das soviel strenge Güte ausstrahlte, wie ein regierender Fürst aus. Nichts an ihm glich der Schreckensgestalt in meinen Alpträumen von der Hochzeit meiner ungetreuen Freundin. Auch er war in Schwarz gekleidet, mit Pelzbesatz am Kragen seines Wamses. Sie lächelten sich an.

Das war das schlimmste für mich: daß sie einander zulächelten. Nein, das schlimmste war die Farbe ihrer vor Glück flammendroten Wangen.

Schließlich bemerkte sie mich und sagte ihrem Gatten, daß ich ihr Lieblingsneffe João sei, eine Art Bruder. Es war das einzige Mal, daß sie mich bei meinem portugiesischen Namen nannte. Sie verfremdete und verleugnete mich damit. Ich zitterte vor Wut.

Dann löste sie unvermittelt ihre Hand aus der ihres Mannes, doch ich nahm es kaum wahr, ich begriff nichts. Im Grunde habe ich während unserer ganzen Kindheit nichts begriffen. Ich glaube, ich habe seit dieser Nacht nicht mehr geweint.

«Du lügst!» flüsterte eine rauhe Stimme im Schatten.

«Wer wagt es?» brüllte der Herzog und wandte sich erschrokken um.

«Wer würde es wagen, meinen Herrn aus seinen trübseligen Erinnerungen herauszureißen, außer dem armen Caraffa?» antwortete die Stimme knarrend.

«Ach, du bist es nur, Narr! In der Tat, wer sonst würde es sich erlauben, meine Nachtruhe zu stören?»

«So ist es, und ich versichere dir, du irrst bezüglich deiner Tränen. Ich habe dich oft weinend gefunden.»

«Woher weißt du, daß ich meiner Tränen gedachte, du häßlicher Affe? Ich habe mich daran gewöhnt, daß du dich über meine Worte lustig machst, wenn du sie hörst, aber wie kannst du meine Gedanken hören?»

«Oh, das ist recht leicht», erwiderte die Stimme. «Seit einer ganzen Weile sprichst du ziemlich laut, Herr. Man muß nur das Ohr hinhalten, das ist alles.»

Der alte Herzog verließ den Balkon, um nach dem Narren zu suchen.

«Nein! Laß mich im Dunkeln, sei so gut», bat die Stimme. «Von Angesicht zu Angesicht fiele mir nichts mehr ein außer den üblichen Albernheiten, die dich schon seit langem nicht einmal mehr zu einem Lächeln bewegen. Drum laß mich im Dunkeln. So kann ich dir besser auf die Sprünge helfen. Du hast, mit Verlaub, dicke Tränen vergossen am Tag der Abreise unserer Senyora und dann wieder, als dich die Nachricht von ihrem Tod erreichte.»

«Du hast recht», seufzte der alte Herzog. «Ich hatte es vergessen. Er hielt seine Arme mit gespreizten Fingern hoch wie einer, der sich ergibt. «Schau, meine Hände sind voll von braunen Flecken, wie von Friedhofsblumen. Sogar im Mondlicht kann man es erkennen. Ich werde bald sterben, Caraffa. Es ist an der Zeit, daß ich mein Leben im richtigen Licht sehe. Schluß mit den schönen Lügen! Ja, ich habe an ihrem Hochzeitstag wie ein Hund gelitten, und in ihrer Hochzeitsnacht wie ein Hund geheult – weil ich fühlte, daß ich nur der Narr der Senyora gewesen war, so wie du meiner bist. Ich höre dich nicht mehr. Bist du noch da, Caraffa? Antworte! ... Gut, dann schweig, wenn es dir Spaß macht. Ich werde laut weiterreden. Da du beschlossen zu haben scheinst, mich zu belauschen, wird wenigstens einer die Wahrheit erfahren.

Einer wird die Wahrheit erfahren – vorausgesetzt, es gelingt mir, sie wiederzufinden.

Merkwürdig, aber darüber habe ich nie nachgedacht: In dem Jahr, in dem Beatriz heiratete, vermählte sich Karl von Habsburg, der noch nicht Karl V. war, mit seiner Cousine. Man hörte von der Pracht der Triumphbögen, die in Sevilla gebaut wurden, und von der zarten Schönheit seiner Braut, Prinzessin Isabella von Portugal. Erst später hörte ich, daß er noch nie geliebt hatte, bevor er sie kennenlernte, und daß er sich auf den ersten Blick wahnsinnig in sie verliebte.

Ich bin ihm ähnlich. An einem Turniertag ließ er auf seinem Wappenschild in goldenen Buchstaben «Nondum» eingravieren: «Noch nicht!» Dieser Wahlspruch gab mir zu denken, und ich machte ihn unbewußt auch zu meinem.

Ich kann ebenfalls warten.

Dennoch, die Hochzeit meiner Beatriz hatte mir alle Hoffnung geraubt. Ich kehrte zu den Kais zurück, um ein Schiff zu suchen, das mich mitnahm. Hunderte Male hätte ich mich einschiffen können, aber der Gedanke, unser Volk zu verraten, hielt mich zurück.

Dann bekam ich stärkeren Bartwuchs, eine tiefe Stimme und gewann damit die Aufmerksamkeit der Frauen. Die Burschen, die sich auf den Kais herumtreiben, haben in dieser Hinsicht ein leichtes Leben. Wer war meine erste? Eine Magd? Eine Dirne? Ich habe es vergessen. Es gibt nichts Begehrenswerteres als den Körper einer Frau. Doch ich hielt mich nie lange mit einer auf und verliebte mich nie. Ich wollte frische Haut und willige Schöße, sonst nichts, und wenn eine zu zärtlich oder zu besitzergreifend wurde, machte ich mich davon, und keine konnte auf meine Rückkehr bauen. Ich war an dem Körper interessiert, der sich ohne langes Bitten hingibt, und am kurzen Schwindelgefühl der Lust, nicht an einem Herz und seinen zarten Regungen. Daran lag mir nichts. Ich war ein gutaussehender Junge, so daß ich nicht zu bezahlen brauchte, doch keine der Frauen war Jüdin, und es gelang keiner, mich zu halten.

Beatriz war aus meinem Leben beinahe verschwunden. Sie lebte mit ihrem Mann in ihrem Haus: Ich sah sie nur bei Familienfesten, und ihr Blick irritierte mich kaum noch. Ich versuchte zwar, ihre Aufmerksamkeit auf mich zu lenken, aber wenn ich dies erreicht hatte, wandte ich mich ostentativ von ihr ab. Ich hatte keine Freunde, nur ein paar Saufkumpane unter den Seeleuten, die von den Brüsten der Hindufrauen schwärmten, von ihren ölglänzenden Zöpfen, in die Jasminblumen geflochten waren, von den Affenbrotbäumen in Vera Cruz, von gefangenen Christen, die von den Eingeborenen gebraten und dann verspeist wurden, von den Sirenen des Amazonas mit behaarten Busen, die halb Monster, halb Liebestraumgestalten waren.

Andere Herumtreiber kamen aus Italien zurück. Am Tag nach Beatriz' Hochzeit traf ich einen Deutschen, einen Landsknechtshauptmann in abgerissener Kleidung, der aus Rom kam. Jeden Abend war er betrunken. Eines Nachts, als wir in einer Taverne saßen, nahm er aus seinem Quersack einen alten eingerollten Strick, der seltsamerweise mit goldenen Fäden durchwirkt war.

«Nimm ihn, mein Sohn. Du gefällst mir mit deinem jüdischen Engelsgesicht und deinen glühenden Augen. Vielleicht bist du ein Dreckschwein, einer von denen, die unseren Herrn Jesus umgebracht haben, aber zum Teufel, es ist mir egal. Ich hab etwas, das ich dir verkaufen will.»

Den Strick meinte er, diesen lumpigen alten Strick! Ich verstand nicht. Der Landsknecht erzählte mir schließlich mit belegter Stimme seine Geschichte. Er hatte zu der deutschen Söldnertruppe gehört, die im Auftrag Kaiser Karls V. Rom geplündert und die Reichtümer des Papstes Clemens vernichtet oder weggeschleppt hatte. Es war nicht ratsam, laut davon zu berichten, denn der Kaiser hatte bald danach ein schlechtes Gewissen verspürt und sich mit dem Papst versöhnt. Der arme Landsknecht wollte den Strick, den er aus der Schatzkammer einer der vielen Kirchen Roms gestohlen hatte, nun um jeden Preis loswerden.

«Sieh dir das gute Stück an. Es ist der Strick des Judas, den du in der Hand hältst. Wenn du Jude bist, wirst du diesen Strick lieben, nehme ich an. Er soll dir gehören, mein Freund. Ich bin sicher, du hast ein bißchen Geld bei dir – oder?» Der Strick, mit dem Judas sich erhängt hatte, nachdem er Jesus verraten hatte... Der heruntergekommene Hauptmann tat mir leid, und der Strick zog mich tatsächlich magisch an. Damit sich der arme Kerl ein Nachtquartier leisten konnte, kaufte ich ihm die Kuriosität für ein paar Münzen ab.

Der Herzog stand mit Mühe auf, öffnete die Truhe unter dem Fenster und nahm den in Samt eingewickelten Strick heraus.

«Paß auf, Caraffa, fang! Hier ist die heilige Reliquie, die der Papst nie mehr zurückbekommen wird. Ich habe meinem Sultan das Ding gezeigt, und der hat laut losgelacht. Paßt er nicht gut zu mir, der Strick von Judas Ischariot, zu mir, den man so oft einen Judas genannt hat? Schau, ich lasse die goldenen Fäden herausspringen. Nimm den Strick, Caraffa, und mach damit, was du willst. Es wäre blamabel, wenn man den Strick des Judas unter den nachgelassenen Reichtümern des Herzogs von Naxos fände.»

Der graue Strick flog durch die Luft, eine Hand aus dem Dunkel packte ihn.

«Findest du das wirklich lustig, Herr?» fragte die Krächzstimme. «Ist das der Strick, den dir das Leben zum Schluß um den Hals zu legen droht?»

«Hör auf! Ich spüre immer noch den anderen Strick, der mich zum Marmarameer hinzieht. Und warum, glaubst du, spreche ich so laut, wenn nicht um diesen Strick zu lockern?»

Wie blaß die Senyora an dem Tag aussah, an dem ihre Tochter getauft wurde... Beatriz' Haut war so fein, daß man die Adern an ihren Schläfen wie die Seiten eines Buches entziffern konnte. Aber an diesem Tag wirkte ihre Stirn wachsfarben wie bei einer Maske. Die Taufe meiner Cousine Reyna wurde sehr christlich begangen. Es wurde mir gestattet, das kleine Mädchen zu halten, während die Mutter sich auf die Zeremonie vorbereitete. Dieser Säugling, der warm roch, ekelte mich, und es war Beatriz' Kind... Wenn man mir damals gesagt hätte, daß ich dieses Stückchen Fleisch mit winzigen, kaum erkennbaren Gesichtszügen später heiraten würde – ich hätte gebrüllt vor Lachen.

Später an diesem Tag, als sich die ganze Familie in dem großen Haus der Mendès wieder traf, zog ein Rabbi die kleine Reyna würdevoll aus und tauchte sie in eine Schale, über der er zuvor unsere Gebete gesprochen hatte. Indem die Mendès wie die Nasi insgeheim die Riten des jüdischen Glaubens erfüllten, wurde das Neugeborene von der christlichen Taufe vorschriftsmäßig gereinigt. Zum ersten Mal verstand ich, was es bedeutete, nach den mosaischen Gesetzen zu leben und in welche Gefahr die getauften Juden sich dabei begeben. Sie riskierten ihr Leben...

Die Inquisition war zu dieser Zeit noch nicht bis nach Portugal vorgedrungen, doch man befürchtete, daß es nicht mehr lange dauern würde, bis sie auch hier ihre Schreckensherrschaft errichtete. Seit man über die Juden von Lissabon eimerweise Weihwasser geschüttet hatte, verging kein Tag, an dem man auf der Straße keine Beschimpfung hörte, an dem nicht Steine gegen die Fenster unseres Hauses geworfen wurden. Jeder wußte, daß König Johannes III. den Papst drängte, auch bei uns die Inquisition einführen zu dürfen.

«Bei uns» – diese Worte sind mir ganz unwillkürlich entschlüpft. «Bei uns» – das gab es nur in meiner Kindheit. Und wo ist «bei uns» heute?

1527 hatten die Söldner des Habsburgers, schlecht bezahlte Deutsche und Schweizer, also Rom geplündert und den Papst in Gefahr gebracht. Das ist angesichts meiner Begegnung mit dem alten Galgenstrick von Landsknechtshauptmann meine früheste Erinnerung in Zusammenhang mit Politik und Krieg. 1529 belagerten die Türken, die der Franzosenkönig Franz hinterlistig darum ersucht hatte, Wien, doch der Erzherzog Ferdinand, der Bruder Kaiser Karls V., konnte sie zurückschlagen. 1530 bestach der Habsburger die kaiserlichen Kurfürsten und wurde daraufhin in Bologna feierlich von demselben Papst gekrönt, den er zuvor beraubt und gedemütigt hatte... Endlich trug er die Krone der Lombardei, deren Reif ein Nagel des

Kreuzes von Golgatha heiligte. Mit dieser Aura um sein Haupt fühlte sich der Kaiser verpflichtet, den Juden zu schaden.

Karl V. war der Sohn von Johanna der Wahnsinnigen und Philipp dem Schönen, der aus Flandern stammte, und er hatte die typisch flämische Sturheit seines Vaters geerbt. Aus Antwerpen, seiner Lieblingsstadt, kam dann auch der erste Alarm.

Dort lebte Franciscos jüngerer Bruder, Diogo Mendès, seit fünfzehn Jahren. Der Vater der beiden, als Marrane Henrique Nunès genannt, stammte von der illustren Familie Benveniste ab, die unter ihren Berühmtheiten den Rabbi der Krone von Aragon zählte. Henrique Nunès hatte anfangs nur den Handel mit Edelsteinen betrieben; erst später kamen die Gewürze hinzu. Nach seinem Tod hatten die zwei Brüder sich sein Reich geteilt: Francisco fielen die Edelsteine zu, Diogo die Beförderung der Gewürze von den Häfen zu den Märkten. Dazu kamen die Bankgeschäfte. Viele Fürsten hatten bei Diogo Mendès Geld geliehen. Vor allem stand der Habsburger Kaiser in seiner Schuld.

Darin sind sich alle Mächtigen gleich: Sie wollen immer mehr Länder besitzen und brauchen für ihre Kriege immer mehr Geld. Der König von Frankreich, Franz I., wollte alles haben, was der Habsburger hatte, und griff Karl V. an. Dieser wollte sein Reich ebenfalls vergrößern und marschierte in Frankreich ein. Der Papst wollte die Macht der Fürsten beschneiden, und der König von England wollte seine Frau verstoßen. All das kostete sehr viel Geld; die Bank Mendès stellte es zur Verfügung und hatte damit die Fürsten in der Hand.

Jedoch nicht fest genug, um unsere Verfolgung zu verhindern.

Diogo kam plötzlich unerwartet aus Antwerpen. Der Inquisitor hatte dort auf Befehl des Kaisers begonnen, die Neuchristen zu verfolgen. Sie wurden unter irgendeinem Vorwand inhaftiert. Ein Samstag ohne Feuer im Haus, eine brennende Kerze am Freitagabend, der Einkauf von Mehl am Ende der Woche, alles, was mit dem Sabbat zu tun haben könnte, war ein Vorwand, um den Marranen vorzuwerfen, heimlich der Religion ihrer Väter zu frönen. Diogos alte Amme hatte man verhaftet, nur weil sie unter ihrem Mantel ein Bündel Kerzen trug. Im Gefängnis gestand sie alles, was man von ihr verlangte. Sie war schon etwas schwach im Kopf. Am nächsten Tag wurde Diogo arretiert, kam aber sofort wieder frei: Er brauchte die Gerichtsbeamten nur auf jene von Karl V. fünf Jahre zuvor erlassene Verordnung hinzuweisen, die den Neuchristen den Handel in der Stadt Antwerpen ausdrücklich gestattete. Der Habsburger brauchte eben schon damals unser Geld.

Aber der Alarm war ernst. In Lissabon vereint, beschlossen die Brüder Mendès, ein Handelskontor in London zu eröffnen und dort zuverlässige und tatkräftige Männer einzustellen, die den portugiesischen Juden helfen sollten zu überleben und zu entkommen. Das war die erste Organisation dieser Art, die unser Volk heute «das Netz der Senyora» nennt. Der Familienvorstand traf auch einige Sicherheitsmaßnahmen für den Haushalt: Es sollte am Freitag kein Mehl mehr gekauft und am Samstag in den Kaminen ein ordentliches Höllenfeuer angefacht werden. Am Sonntag würde man regelmäßig und ostentativ zur Messe gehen. Sollte man vielleicht sogar die Sabbatfeier aufgeben?

«Wir werden den Sabbat weiter feiern!»

Es war Beatriz, die diese Entscheidung traf. Man sah sie nicht; sie saß diskret und brav hinter den breiten Rücken der Männer, in deren Reihe man mich inzwischen aufgenommen hatte. Man hörte kaum das Atmen der Frauen und das Rascheln ihrer Röcke. Eine zarte, ruhige Stimme nutzte das Schweigen und sprach den unser aller Zukunft entscheidenden Satz: «Wir werden den Sabbat weiter feiern.»

Wie sie das sagte! Sie hatte noch die gleiche Stimme wie damals, als wir Kinder waren und sie zu mir sagte: «Ich werde dich auf meiner Karaka mitnehmen.» Schon zu jener Zeit war sie ganz «la Senyora» ... Ihr Mann drehte sich nach ihr um und streichelte ihr die Wange. Diogo schwieg. Und man feierte den Sabbat weiter.

Während sich Diogo in Lissabon aufhielt, wurden noch andere Beschlüsse gefaßt, und einer davon betraf mich persönlich. Ich sollte die Verwaltung des Mendès-Imperiums erlernen. Mein Vater willigte ein, denn er hatte längst bemerkt, daß ich an Büchern wenig Gefallen fand, dafür aber von Schiffen begeistert war und am Seehandel interessiert. Nun ging ich jeden Morgen in das Kontor der Mendès, wo ich von Francisco und Diogo in die Geschäfte mit der Alten und Neuen Welt eingeweiht wurde.

Diogo, den man in ganz Europa den Fürsten der Gewürze nannte, zeichnete auf einer Karte die Wege des Pfeffers, des Kardamoms und des Ingwers ein, erklärte mir, wie man die Kauffahrteischiffe zur Verteidigung gegen Piraten mit Kanonen bestückte, und er ermahnte mich, daß ein Sack mit Pfefferkörnern genauso sorgfältig zu handhaben sei wie eine Kiste voll Gold.

Sobald ich das große Haus betrat, spürte ich den ungeheuren Reichtum der Bank. Bei uns, also im Haus der Nasi, gab es noch Böden aus gestampftem Lehm. Unser Geschirr bestand aus billigem Steingut mit gelbem Blumenmuster, die hölzernen Trinkbecher waren mit schlichten Kupferringen umspannt. Wir schliefen auf knarrenden Lattenbettgestellen mit Federdecken darauf, und trotz der Vorhaltungen meiner Großtante de Luna, die überall helles Licht haben wollte, ging meine Mutter mit den Talgkerzen sparsam um. Wir aßen nur Suppe und Fisch, weil das sehr gesund sei, wie mein Vater behauptete, der so etwas Banales wie Essen ohnedies nicht wichtig nahm. Meine Mutter besaß lediglich sechs Kleider, vier Röcke und ein einziges Festtagsgewand, das sie nicht mehr als drei- oder viermal im Jahr trug. Im Haus der Mendès jedoch, dessen Boden vollständig mit spiegelblanken roten Fliesen ausgelegt war, gab es wunderschöne Perserteppiche und Geschirr aus bestem Zinn. Die Betten hatten Baldachine, von denen Musselinvorhänge herabfielen, und zu Mittag verspeiste ich Gerichte, die mir wie das Feinste vom Feinen einer Königstafel vorkamen: Hammel mit einer Zimt- und Ingwersoße, Hühnerfleisch süßsauer, Kompotte und Konfitüren aus exotischen Früchten – und alles mit viel Zucker... Ach, Zucker! Bei uns hob man ihn für die seltenen Festessen auf; bei den Mendès war er etwas Alltägliches. Und wenn der Hausherr auch nur Schwarz trug, so wechselte er sein Wams doch sehr oft. Was Beatriz betraf, so schenkte sie schon damals ihrer Garderobe beinahe allzuviel Aufmerksamkeit. Sie hatte jeden Tag etwas anderes an, und es mußte von anderer Farbe sein als das Kleid ihrer Mutter. Um den Hals von Beatriz bemerkte ich Rubine und Topase aus Ostindien... Kein Zweifel, im Vergleich zu den Mendès waren wir Nasis wirklich arme Leute.

Trotz dieses Glanzes, der mir eines Pharaos würdig schien, hörte ich oft, wie Diogo seinen Bruder rügte: «Wann wirst du dich entschließen, deinem Rang gemäß zu leben, Francisco? Kerzenständer aus Zinn, wenn sie aus Silber sein könnten? Hammelfleisch statt Wild? Dein Geiz treibt mir die Tränen in die Augen. Was soll diese Sparsamkeit? Du verdirbst uns allen dadurch das Leben!»

Jedesmal antwortete Francisco seinem jüngeren Bruder, daß er nicht der Fürst der Gewürze sei, sondern ein bürgerlicher Händler, und daß ein Bankier, um Vertrauen einzuflößen, Bescheidenheit zeigen müsse.

«Da kann ich nur lachen!» erwiderte Diogo. «Wenn du in Augsburg den Palast der Fugger sehen würdest, die genauso Großbankiers sind wie wir! Galerien, italienische Fresken an den Wänden, rotgrünes Fensterglas wie in einer Basilika, bewaffnete Wächter, die an Toren und Treppen postiert sind, und die Gemälde der besten Maler auf den Staffeleien – nichts fehlt. Und weißt du, wie Anton Fugger den Kaiser Karl in seinem Haus empfangen hat? Oh, er hatte kein Zeremoniengewand an und sah in seiner gelben Brokatmütze und seinem schwarzen Mantel mit Hasenfellrevers dennoch aus wie ein Fürst des Geldes. Er hat die Schuldscheine seines kaiserlichen Kunden genommen und sie in Brand gesteckt, um damit ein Kaminfeuer aus Sandelholz anzuzünden. So zeigt man einem Monarchen die Macht und die

Großzügigkeit eines Bankiers, und so sollten auch wir uns benehmen!»

Diogo war besser informiert als sein älterer Bruder. Er pries den Wohlstand Frankreichs, wo die Armen weniger arm waren als in jedem anderen Land; er kannte jedes Detail der Rivalitäten zwischen den Herzogtümern, Königreichen und Republiken südlich der Alpen, wo der Doge von Venedig als uneingeschränkter Herrscher des Mittelmeers regierte. Auch der junge König von England, Heinrich VIII., war Diogos Schuldner. Kurz, der Handel des Hauses Mendès florierte. Es gab keinen Grund zur Besorgnis – es sei denn wegen der Vorgänge in Deutschland. Diogo berichtete von der Zwietracht unter den deutschen Fürsten, die vor zehn Jahren von einem furiosen Mönch mit dem Namen Martin Luther ausgelöst worden war. Dieser gefährliche Aufwiegler, eigentlich nur ein Klosterbruder, hatte angeblich entsetzliche Visionen: Der Teufel hatte ihn in Gestalt eines riesigen schwarzen Hundes mit feurigen Augen besucht, und um sich von ihm zu befreien, hatte der arme Kerl sich den härtesten körperlichen Kasteiungen unterworfen. Umsonst! Daraufhin hatte dieser Martin den Feind gewechselt, den Papst gegen den Teufel ausgetauscht und einen infernalischen Kampf gegen die Kirche begonnen. Was ihn am meisten störte, war, daß die Kirche den Gläubigen Ablässe verkaufte, mit denen sie sich von ihren Sünden befreien und einen Platz im Himmel sichern konnten. Luther behauptete, die Kirche würde diesen Handel nur aus Geldgier anbieten. In Wirklichkeit könne nur der Glaube den Christen retten und nicht die Autorität des Papstes. Der Mönch war daraufhin exkommuniziert worden; doch nun ritt ihn der Teufel offenbar erst recht: Er verbrannte das Stück Papier, das ihn verurteilte, und forderte eine Reform des gesamten Christentums!

«Und was meint ihr», fragte Diogo in die Runde, «wohin der kaiserliche Reichsrat den Unruhestifter zitiert hat, um ihn zur Räson zu bringen? Nach Augsburg in den Palast der Fugger!»

Dort war ihm der Kardinal Cajetan, der große Gelehrte des

Dominikanerordens, gegenübergetreten, hatte sich das blasphemische Zeug des sogenannten Doktor Luther mit der kühlen Zurückhaltung eines Kirchenfürsten angehört und dann die Stadt in der Nacht sogleich wieder verlassen, bevor noch die Verbannung über den Ketzer verfügt worden war. Aber dadurch hatte man ihn keineswegs zum Schweigen gebracht. Im Gegenteil, seine Ideen waren bei manchen deutschen Fürsten und vor allem bei der Bevölkerung wider Erwarten auf fruchtbaren Boden gefallen, die sich nun zu Exzessen gegen den Klerus hinreißen ließ. Aus Lyon, einer großen französischen Handelsstadt für Seide, Tuch, Erz und Gewürze, wo wir eine Niederlassung hatten, meldete unser Vertreter, daß die Drucker sich erdreistet hatten, Schriften von diesem Luther in Umlauf zu bringen. In deutschen Landen hatten sich die Bauern gegen ihre Herren und die Geistlichkeit erhoben, was dem Mönch in seiner Verbannung nun aber doch zu weit ging; denn er rief die Fürsten auf, die Rebellion mit Gewalt zu unterdrücken. Vielleicht hatte der schlaue Klosterbruder ja nichts anderes gewollt als die Aufhebung des Zölibats, um seine Geliebte, eine Nonne, heiraten zu können. Das tat er nun, aber das, was er in seiner Wut auf den Papst angerichtet hatte, das konnte er nicht mehr rückgängig machen. Die «Reformation», wie man seine Irrlehre allenthalben nannte, war bereits in vollem Gange.

Obendrein hatte der Kaiser noch ganz andere Sorgen. Zur Ausbreitung eines neuen Glaubens kam die Ausbreitung der Piraterie. Keine Küste, kein Meer war vor Seeräubern sicher.

In Lissabon jagte man den Kindern Angst mit der Geschichte vom schrecklichen Piraten Barbarossa ein, der sie holen würde, wenn sie nicht artig seien. Von Diogo erfuhr ich, daß dieser rotbärtige Pirat eigentlich Horuk hieß, von der Insel Lesbos stammte und sich mit List und Tücke der afrikanischen Hafenstadt Algier bemächtigt hatte. «Aber Barbarossa ist tot und kann niemand mehr in Schrecken versetzen», beruhigte Diogo seine Zuhörer, um dann fortzufahren: «Das besorgt jetzt sein Bruder Cheireddin. Der ist ein noch viel gefährlicherer Seeräuber, weil er offiziell im Dienst des osmanischen Sultans steht. Von Süleiman II. soll er den Auftrag erhalten haben, nach und nach ganz Europa zu erobern. Vor allem ist der Sultan natürlich auf das reiche Venedig aus. Und wenn es Cheireddin gelingen sollte, von dieser Perle Besitz zu ergreifen, wird das nächste Ziel Genua sein und danach Kaiser Karls geliebtes Antwerpen. Ich hoffe, du begreifst, wohin das führen könnte, João – nämlich dazu, daß wir eines Tages unsere Geschäfte unter der Flagge des Halbmonds und unter den Augen des großen Süleiman tätigen.»

Es war das erste Mal, daß ich von Süleiman anders als von einem Teufel reden hörte. Diogo schilderte uns eine Welt, in der ein Muselman und ein Pirat genauso wichtig waren wie ein König und ein Papst, eine Stadt wichtiger als ein ganzes Land sein konnte, ein Fürst nur ein Bettler und ein Händler ein Mächtiger.

Ich merkte mir jedes Wort, und irgendwo im Hintergrund hörte auch Beatriz stets zu.

Dann brach Diogo Mendès, der Herr der Gewürze, wieder nach Antwerpen auf. Ich verehrte diesen Mann, bewunderte seinen Weitblick und seine nüchterne, aber doch optimistische Einschätzung der Weltlage, und ich liebte ihn, weil er mir Wein einschenkte, sobald sein allzu sparsamer Bruder nicht hinschaute. Aber es war der strenge Francisco, der meine Ausbildung fortsetzte, und es fiel mir schwer, sich an seine Erziehungsmethode zu gewöhnen. Er regierte das Reich der Lissabonner Mendès mit Kälte, und jeder fürchtete seine Wutanfälle. Ihn konnte ich nicht lieben, ich hatte zuviel Angst vor ihm. Er zwang mich, alles zu lernen, was mein Vater, der kaum je von seinen Büchern aufblickte, mir beizubringen versäumt hatte und was ein perfekter Weltmann unbedingt wissen und können muß. Ich lernte also auch reiten.

Das Pferd trug mich wenigstens weit weg von den Mendès. Ich fand es wunderbar, am Meer entlang zu galoppieren und durch den Wald von Sintra. Die Gischt mischte sich mit den Gerüchen von tausend verschiedenen Blumen, und mein Pferd schien mit den Wolken mitzurennen, einem Horizont entgegen, den ich eines schönen Tages, wenn ich ein perfekter Weltmann geworden war, durchbrechen würde.

Ich lernte selbstverständlich auch den Degen zu ziehen und die wichtigsten Handelssprachen zu sprechen: Deutsch, Italienisch, Französisch, Flämisch und schließlich Arabisch, dessen Klänge mir seit meiner Kindheit von den Hafenkais vertraut waren. Alle diese Sprachen zusammen verursachten in meinem Kopf ein heilloses Durcheinander, ihre Regeln zu erlernen bereitete mir allergrößte Mühe, und ich muß gestehen, daß es mir nicht gelungen ist, auch nur eine einzige fremde Sprache wirklich zu beherrschen. Das geht indessen den meisten Handelsherren und Weltreisenden so. Ehrlich gesagt, hatte ich schon damals, als Eleve der Mendès, nur den Ehrgeiz, ein ehrenwerter Großhändler zu werden und ein angesehenes Mitglied des Mendès-Clans, mit Pelzbesatz um den Kragen meines Brokatmantels, plissierter Leinenschärpe und goldbestickten Lederhandschuhen. Und noch etwas wollte ich unbedingt: so bald wie möglich lossegeln.

Zwei Jahre später wurde mein verehrter Diogo ein zweites Mal verhaftet. Aus obskuren Gründen bezichtigte ein Händler von der Konkurrenz – ein Marrane wie wir, aber ein Kleingläubiger – meinen Onkel des Ehebruchs. Und das vor dem Beichtvater des Habsburger Kaisers! Wahr ist, daß eine Marranin der Antwerpener Gemeinde ihren Mann verlassen hatte und mit Wissen meines Onkels nach Saloniki geflohen war. Diese Anschuldigung genügte, um Diogo ins Gefängnis zu werfen.

Sein Pech war, daß die Anzeige bei Karl V. eine wunde Stelle getroffen hatte. Zu dieser Zeit war der mächtigste Herrscher in Europa durch die politischen Machenschaften und das freche Ketzertum der Bürger seines Reiches derart irritiert, daß er meinte, neben der Unbotmäßigkeit der alten Christen nicht auch noch das sittenwidrige Verhalten eines Neuchristen dulden zu müssen. Also beschuldigte er höchstpersönlich Diogo des Majestätsverbrechens.

Francisco war zutiefst erschrocken, als er von Gabriel de Negro, Diogos Teilhaber im Antwerpener Handelshaus, erfuhr, was geschehen war. Doch er wußte schon nach kurzem Nachdenken Rat: Er ließ den portugiesischen Gesandten in Flandern wissen, daß es dem König von Portugal äußerst schwerfallen würde, pünktlich den Tribut von zweihunderttausend Dukaten, die er dem Habsburger schuldete, zu zahlen, wenn Diogo im Gefängnis bliebe.

Die Bürger der freien Stadt Antwerpen zeigten ebenfalls die Zähne. Sie protestierten gegen die Mißachtung ihrer Privilegien: Mit der Verhaftung von Diogo Mendès verletzte der Kaiser das Gesetz, das jedem Nicht-Antwerpener untersagte, die Rechte eines Bürgers der Stadt anzutasten. Gabriel de Negro bot noch einen weiteren Allierten auf, den König von England. Auch er zählte zu Diogos Schuldnern. Nachdem sich Heinrich VIII. für das Christentum seines Bankiers verbürgt hatte, konnte Francisco seinen Bruder für fünfzigtausend Dukaten freikaufen... So kam es zum ersten Geschäftsabschluß zwischen dem Kaiser und dem Hause Mendès.

Kurz danach verlor ich in weniger als einem Jahr alle meine Verwandten. Mein Großvater erlitt einen Schlaganfall und überlebte ihn nur zwei Tage. Einen Monat darauf starb mein Vater an einer bösen Geschwulst, die erst die Schulter, dann den Hals anschwellen ließ und ihn erstickte. Wie er, in ein Leichentuch gewickelt, mit spitzer Nase und scheußlich verzerrtem Mund dalag, konnte ich ihn kaum wiedererkennen. Es gelang meiner Mutter nicht, ihm die rituelle Goldmünze zwischen die Lippen zu schieben. Die Mägde hatten in der Diele Trauergesänge angestimmt, die meinem Vater gewiß nicht gefallen hätten. Von jetzt an würden seine Bücher vergebens auf die Hand warten, die sie aufschlug.

Mein Vater war einer von diesen großen jüdischen Ärzten vor

der Zeit der Katholischen Könige gewesen, einer von denen, deren Geist jetzt nur noch in Istanbul herrscht. Er war kein Krieger und kein Händler, und er hat seinen Leben lang vielleicht nur seine Bücher geliebt. Ich habe ihm nicht soviel zu verdanken wie Diogo Mendès, aber er hat mir immerhin Hebräisch beigebracht. Wie alle anderen aus Spanien Verbannten sprachen wir eine Mischung aus Hebräisch und Spanisch, die nur den Marranen eigen war. Manchmal sagte er lachend und zugleich voller Stolz, daß die Liebe zu den Büchern eine Krankheit der Familie Nasi sei und offenbar auch seine junge Halbschwester Beatriz ergriffen habe. Andererseits war er sehr streng mit seiner jüngsten Schwester, die er exzentrisch, rebellisch und undurchschaubar fand. Man hatte sie vorsichtshalber nicht nach jüdischer Tradition erzogen. Deshalb verstand sie nicht den tiefen Gehalt der Bücher, die sie verschlang.

Meine Mutter überlebte ihren Gatten nicht lange. Einige Tage nach seinem Tod erkältete sie sich, siechte zusehends dahin und starb. Mit ihr entschwand die menschliche Wärme der Nasis aus meinem Leben.

«Und die Senyora? Hast du sie vergessen?» murmelte die Stimme aus der Finsternis.

«Bist du immer noch da, Narr?» seufzte der Herzog. «Natürlich habe ich sie nicht vergessen, doch Beatriz war keine Nasi mehr, sondern die glückliche Ehefrau von Francisco Mendès und für mich nur noch ein entferntes Wesen mit raschelnden Röcken, ein Körper ohne Fleisch und ohne Seele. Es war, wie ich sagte: Nach dem Dahinscheiden meiner Eltern fühlte ich mich allein in der Welt – und ich war es, glaube mir.»

«Ha! Was würde dein Feind, der Großwesir Sokolli, sagen, wenn er dich so reden hörte? Du allein in der Welt! Du, Herzog von Naxos, ohne eine Trösterin an deiner Seite, unter deren Rock deine Hände herumfummeln! Und ich soll dir glauben, daß unsere Senyora dich nicht im geringsten protegiert hat?»

«Ich glaube nicht, daß sie zu dieser Zeit die Möglichkeit dazu hatte», antwortete der Herzog nach einem kurzen Schweigen, «oder vielmehr Lust dazu. Sie hatte einem anderen Mann den Vorzug gegeben, und ich verzieh ihr das nicht. Aber ihr Gatte, mein angeheirateter Onkel, erfüllte ohne Zögern seine familiäre Pflicht. Zusammen mit meiner Großtante de Luna und Brianda, ihrer jüngsten Tochter, unserem alten Diener Pedro und ein paar Mägden nahm Francisco mich in sein Haus auf.»

«Er ließ gewissermaßen den Wolf in den Schafstall», murmelte der Narr.

«Spotte, so viel du willst, aber so war es nun einmal. Ich lebte unter dem gleichen Dach wie meine ungetreue Freundin Beatriz, und das war schlimm. Jeden Tag sah ich sie – und fühlte mich durch die Ruhe in ihrem Gesicht stets aufs neue verletzt. Ich sah ihre Tochter Reyna heranwachsen, die ihrer Mutter immer ähnlicher wurde. Beatriz behandelte mich wie Luft, Francisco mich wie seinen eigenen Sohn. «Denkst du nicht mehr an unsere Spaziergänge, an die Abenteuer im Hafen, die wir gemeinsam bestanden haben? Hast du alle deine Kindheitserinnerungen in dir ausgelöscht?» wollte ich meine Gracia oft fragen, aber ich unterließ es. Ich sah ihren Augen an, daß sie mit einem Kopfschütteln antworten würde. Es schien für sie nichts mehr zu geben, was uns miteinander verband. Nichts!

Doch! Einmal, vielleicht... Ich nahm vom Tisch einen roten Apfel und warf ihn gedankenverloren in die Höhe. Beatriz sprang auf und fing den Apfel im Fluge auf. Sie biß hinein und schaute mich dabei so vergnügt kauend an wie einst auf den Kais... Ich muß dazu allerdings sagen, daß ihr Mann an diesem Tag nicht zu Hause war. Ja, das war wohl ihr einziger Ehebruch und nur ein winziger, unbeabsichtigter – so winzig, daß selbst ich mich in all den Jahren, die seitdem vergangen sind, nicht mehr daran erinnert habe.

Ich sollte keine Gelegenheit haben, das Fangspiel mit dem roten Apfel zu wiederholen. Unsere Tage in Lissabon waren gezählt. In dem Augenblick, als uns die Nachricht erreichte, daß König

Johannes sein Begehren durchgesetzt hatte und die Inquisition in Portugal Fuß fassen konnte, erhob Francisco sich erregt von seinem Stuhl – und fiel hintenüber.

Der Schrei von Beatriz, dieser Schrei ... Nicht einmal ein Tier kann so herzzerreißend aufschreien. Sie stürzte sich auf ihn, von einem wütenden Schmerz ergriffen. Nie zuvor und nie danach habe ich sie so erlebt. Sie schüttelte ihren toten Mann, hämmerte mit den Fäusten auf seine Brust und schrie immer wieder schrill seinen Namen. Es kam mir zugleich animalisch und übermenschlich, göttlich und verrückt vor. Wir mußten sie fest um den Leib fassen und mit Gewalt losreißen. Sie klammerte sich an ihren Mann wie Efeu an einen Stein. Ich schlug ihr ins Gesicht, um sie zur Besinnung zu bringen, und sie biß mir in die Hand.

Sie hat ihn also wirklich geliebt, schoß es mir durch den Kopf ... Es ist besser, wenn ich mir das immer wieder sage, bis zu meinem letzten Atemzug. Weil es den Abschied vom Leben erleichtert. Ich war demnach zu Recht eifersüchtig auf Francisco, ich hatte in der Tat allen Grund, verzweifelt zu sein und fort zu wollen aus ihrer Nähe.

Wir mußten den schweren Francisco auf den Tisch legen, der für einige Stunden sein Totenbett wurde, und uns dann um Beatriz kümmern, die nach ihrem furiosen Ausbruch einen Schwächeanfall erlitten und das Bewußtsein verloren hatte.

Brianda weinte unentwegt, die Mägde liefen kopflos hin und her, und das große Haus Mendès sah, selbst mit Blumen geschmückt, so düster aus wie jedes, wenn ein Toter unter dem Dach liegt. Großtante de Luna befahl den Mägden, das Wasser in allen Behältern im Haus wegzuschütten, so daß die Seele des Verstorbenen nicht versuchen konnte, sich zu ersäufen; sie legten Oliven und Eier auf kleine niedrige Tische hinter der Tür des Sterbezimmers, wie es der Brauch ist, und sie sangen die Klagelieder, die ich schon nach dem Tod meiner Eltern gehört hatte. Man nahm an, Beatriz würde darauf bestehen, daß man das Totenzeremoniell der spanischen Juden genau befolgte, und wartete nicht erst ihre Befehle ab. Da ich nun der einzige Mann in der Familie Mendès war, beschloß ich, einen Boten zu Diogo nach Antwerpen zu schicken.

Als Beatriz wieder zur Besinnung kam, schob sie ihre Mutter und die Mägde mit ihren nassen Essigtüchern zur Seite, ging betont aufrecht zu einem Schrank, nahm einen Stapel schwarzer Mantillas heraus und verhängte damit alle Spiegel im Haus. Seitdem hat sie diesen ein wenig gravitätischen Gang, den alle kennen, beibehalten. Als ob sie über Wasser schreiten würde. Sie war mit zwanzig Jahren Witwe und verlor sich in eine Welt, aus der sie nie ganz zurückgekehrt ist.

Über ihren Zustand erschreckt, stellte ich mich ihr in den Weg, zwischen sie und den nächsten Spiegel. Beatriz kam auf mich zu, ohne mich zu sehen. Ich streckte meine Arme nach ihr aus, sie berührte mich fast, aber ich konnte sie nicht aufhalten: Eine unbezwingbare Kraft drängte mich zur Seite. Sie brauchte dazu keine Bewegung zu machen. An diesem Tag entstand ihre Kraft, Hindernisse mühelos zu beseitigen.

Sie wusch Franciscos massigen Körper und rasierte sein Gesicht. Dann suchte sie eine ihrer schönsten Perlen aus, die vor dem Begräbnis in den Mund des Toten gesteckt werden sollte, und füllte das Kissen, auf dem sein Kopf ruhen würde, mit unberührter Erde.

Die sehr christliche, offizielle Bestattungsfeier sollte in jener Kirche stattfinden, in der dreißig Jahre zuvor die Jungfrau Maria im Licht einer Flammenaura das Massaker der Juden gefordert hatte. Am Tag vor der Zeremonie ließ Beatriz mich in ihr Zimmer rufen. Zu meinem Erstaunen, meinem Entsetzen, trug sie ihr schwarz-goldenes Hochzeitskleid, und was sie von mir verlangte, läßt mich noch heute schaudern...

«Da dein Vater Arzt war», sagte sie mit sanfter Stimme, «bist du der einzige, der mir helfen kann. Ich brauche dich. Aber schwöre zuerst, daß du ja sagen wirst.»

Ich schwor nicht. Ich fürchtete das Schlimmste. Daß sie sich entschlossen hatte zu sterben. Daß sie eine öffentliche jüdische

Totenfeier zelebrieren wollte, die uns alle das Leben kosten könnte. Nein, ich hütete mich, blindlings etwas zu schwören. Seit jenem Tag habe ich überhaupt keinen Schwur mehr getan.

«Dann muß es eben jemand anders tun», sagte sie ruhig, als sie merkte, daß ich mich weigerte zu gehorchen. «Aber du sollst wissen, um was es geht: Ich werde Franciscos Herz aus seinem Körper nehmen und es nach Palästina bringen, um es im Tal Josaphat zu beerdigen. Er hat mich am Abend unserer Hochzeit darum gebeten, und nichts wird mich daran hindern, seinen Wunsch zu erfüllen.»

Sie fand wirklich jemanden, der, für viel Geld, wie ich vermute, ins Haus kam und Franciscos Brustkorb mehr oder weniger kunstgerecht öffnete, um das Herz herauszuschneiden. Eine Frau wie sie war sich schuldig, am Totenbett zu bleiben. Ich bin sicher, daß Beatriz dabei anwesend war und die furchtbare Operation genau verfolgte. Ich selbst wurde, da ich mich geweigert hatte, ihr zu helfen, in mein Zimmer gesperrt und verbrachte die Zeit mit der Schreckensvorstellung, daß Beatriz während der ganzen Prozedur die Hand des Toten hielt.

Am nächsten Tag schien Franciscos Körper, unter dem Leichentuch verborgen, völlig intakt. Ich hatte ihn nie ohne Bart gesehen, und sein bläuliches Kinn schien mir unmännlich klein. Beatriz legte mit ruhiger Hand die Perle zwischen die Lippen ihres Mannes. Der Boden war mit dunkelroten Flecken übersät, und die Mägde trugen körbeweise blutgetränkte Tücher nach draußen.

Die Kirche war, wie erwartet, voller Schergen, die um unsere Marranenbrüder herumschlichen und seelenruhig einen Namen nach dem anderen aufschrieben. Wir ahnten nicht, daß der Erlaß der Inquisition schon so bald in Kraft treten würde. Einige Tage danach ragte der erste nur für Juden errichtete Scheiterhaufen auf. Die Inquisition schlug unbarmherzig und schnell zu.

Ich wußte nicht, was zu tun war. Für eine Nachricht von Diogo war es noch zu früh. Beatriz hatte sich in ihr Zimmer zurückgezogen. Sie wollte nichts essen und niemanden sehen, weder ihre Mutter noch mich, nicht einmal ihre Tochter Reyna, die verzweifelt um die ebenso ratlosen Mägde herumstrich. Und Brianda... ach, Brianda... Als sie einmal auf den Kais hinter uns hergerannt war, hatte sie sich einen Knöchel gebrochen. Das verletzte Bein war kürzer geblieben. Brianda hinkte. Zur Zeit von Franciscos Tod war sie ein Mädchen mit roten Haaren, hilflosem Blick und Sommersprossen am ganzen Körper. Ständig warf sie sich in meine Arme und weinte laut. Ihren Tränen, ihren Küssen und ihrem kindlichen Geruch von geronnener Milch konnte ich nicht entkommen.

Eine Woche ging vorbei. Franciscos Tod, Diogos Schweigen, die Zurückgezogenheit der Witwe Mendès, die Vernachlässigung der Geschäfte – all das brachte die ganze Familie in Gefahr. Wir mußten unter allen Umständen Lissabon verlassen, und Beatriz mußte die Pflichten der ihr zugefallenen Stellung übernehmen: Sie hatte die Hälfte des Reiches der Mendès geerbt! Ich beschloß, mir Zugang zu ihr zu verschaffen. Doch dazu mußte man die Tür zu ihrem Zimmer aufbrechen.

Beatriz saß in Franciscos Armstuhl und starrte auf eine Schatulle, die sie auf ihrem Schoß hielt. Sie hatte ihr Gesicht mit einer Mantilla verschleiert wie die Spiegel ihres Hauses.

Ich beugte mich über sie und sprach zu ihr mit sanfter Stimme, aber sie antwortete nicht. Ich rief ihren Namen – vergebens. Ich faßte ihre Hände an, aber sie hielten weiterhin krampfhaft die Schatulle fest. Ich versuchte, ihr zu erklären, daß die Inquisition drohe, daß wir alle verbrannt werden würden, daß wir versuchen müßten, Antwerpen zu erreichen, und Diogo unsere einzige Rettung sei. Der verschleierte Kopf bewegte sich nur ganz langsam hin und her, als ob er nein, hartnäckig nein sagen wollte. Man konnte nur vor Verzweiflung weinen oder vor Wut schreien, so wie sie es getan hatte, als Francisco starb.

Ich schrie: «Du bist verrückt, genauso verrückt wie die Königin von Kastilien! Du bewachst das einbalsamierte Herz deines

Mannes, du ißt nicht mehr, du wäschst dich nicht mehr... Beatriz die Wahnsinnige! Ist es das, was du von nun an bis ans Ende deiner Tage sein willst? Willst du, daß ich dich mit Gewalt von hier wegbringe, auf einem Schiff fortschaffe wie eine tote Fracht? Antworte mir! Sag endlich was!»

Ihre einzige Reaktion blieb die leise Bewegung ihres Kopfes, zuerst nach rechts, dann nach links. Wie lange ich zu ihren Füßen kauerte? Ich weiß es nicht mehr. Ich glaube, daß ich vor Müdigkeit einschlief, nachdem ich keine Argumente und Worte mehr fand und die Augen leer geweint waren. Ich hatte ihre Hände nicht losgelassen und spürte die Kupferecken dieser verdammten Schatulle wie Brandmale an meinen Fingerspitzen.

Irgendwann seufzte sie, als erwache sie aus einer Ohnmacht, und ihre Hände lockerten sich etwas. Ich sprang auf, riß ihr die Schatulle weg und warf sie weit von mir. Beatriz stieß einen Schrei aus und sah mich so entsetzt an, als halte sie mich für ihren Henker. Ich holte mit dem Arm aus – beinahe hätte ich sie geschlagen, um sie zur Besinnung zu bringen. Statt dessen riß ich nur an ihrem Schleier. Der mußte ebenso weg wie die verdammte Schatulle. Ich legte beide Hände um ihren Kopf und rief den Namen, der ihr am liebsten war: «Gracia!»

Plötzlich schien sich, wie damals auf den Kais bei den Zigeunern, ihre Erstarrung zu lösen. Sie befreite ihren Kopf mit einem Ruck aus meiner Umklammerung und sagte leise, aber jedes Wort betonend:

«Weißt du, was sich in dieser Schatulle befindet, die du auf den Boden geworfen hast?»

Sie lebte also noch! Ich streichelte ihre Haare, dann holte ich die Schatulle und legte sie wieder auf ihren Schoß. Eine warme Hand faßte meine.

«Erinnerst du dich, Josef?» sagte sie und wartete einen Augenblick. «Ich hatte dir versprochen, daß ich dich auf meiner Karaka mitnehmen würde. Ich habe es nicht vergessen. Es ist Zeit, daß wir von hier fortgehen. Ich habe Tage und Nächte mit diesem Herzen geredet, das ich in meinen Händen halte. Es ist gut, daß du gekommen bist. Jetzt bin ich bereit. Beeilen wir uns, gehen wir zum Hafen, um nach meiner Karaka zu sehen.»

Damit stellte sie die Schatulle auf einen Tisch, erhob sich, ohne daß ich ihr helfen mußte, und ergriff erst an der Tür meinen Arm, als lüde sie mich zu einem Nachmittagsspaziergang ein. Ihre Mutter stand im Korridor, schaute uns entgeistert an, wagte jedoch nicht, uns zu folgen. Wir begaben uns zu den Kais.

Wir fühlten uns da draußen gleich wieder wie zu Hause. Wie gewöhnlich wurden von den Schiffen exotische Schätze ausgeladen. Nichts hatte sich geändert. Die Seeleute sangen ihre Lieder, und die Ballen rochen immer noch nach Pfeffer. Die Brise drückte Beatriz die Mantilla gegen das Gesicht. Unter dem Stoff zeichnete sich die spitze Nase und der Anflug eines Lächelns ab. Vielleicht war es aber nur ein Spiel des Lichts ... Meine scheue, schweigsame Beatriz war zu mir zurückgekommen! Auf einmal hob ein Windstoß den Schleier; sie versuchte nicht, ihn zu halten, und ich sah, daß sie tatsächlich lächelte. Sie hatte sich nicht verändert ...

Wir liefen lange umher, unsere Karaka, die *São João*, erschien uns nicht reisefertig. Von ihrem langen Fasten erschöpft, bat Beatriz um eine Ruhepause. Ich ließ sie auf einem umgedrehten Boot sich niedersetzen. Sie lehnte sich an mich. Ihre Hand ließ die meine nicht los.

«Wir werden nicht mit der Karaka fahren können», sagte sie. «Sie wird mit unseren Erinnerungen hierbleiben, und es ist heute das letzte Mal, daß wir sie sehen. Wir können nicht warten, bis sie bereit ist. Halte das nächste von unseren Schiffen zurück, das zum Lossegeln bereit ist, und laß alles an Bord bringen, was wert ist, mitgenommen zu werden. Ich kümmere mich um die Steine, werde die genuesische Truhe damit füllen. Nimm alle Papiere Franciscos mit, nachdem du sie durchgesehen und sortiert hast, und gib mir die wichtigsten Schuldscheine. Ich werde sie bei mir tragen. Wir segeln zuerst nach London, wo ich gewisse Entscheidungen treffen muß. Wir müssen so bald wie möglich abreisen.

Das schwierigste ist zu entscheiden, wer mit uns kommt und wer hier bleibt, um sich um das Haus zu kümmern.»

Noch sprach das kleine, zarte Mädchen Beatriz zu mir, doch sie war schon von dieser Kraft beseelt, die später aus ihr die Senyora eines ganzen Volkes machte. Da ich vor Verwunderung über ihre wohldurchdachten Befehle nichts sagte, hob sie den Kopf und lächelte mir zu, als habe sie meine Gedanken erraten: «Ich habe wirklich über alles nachgedacht, und es ist das beste so.»

Es war nicht London, wohin es mich zog. Ich wollte noch weiter weg. Ich hatte gehört, daß die Portugiesen in Ostindien begonnen hatten, Kirchen zu bauen, und das bedeutete, Häuser für die Heilige Inquisition, aber ein wenig weiter unten, an der Malabarküste sollte ein Nizam vor kurzem die Errichtung einer Synagoge erlaubt haben. Das wäre ein Ziel nach meinem Wunsch, doch ich war ja bloß der Neffe der Mendès, und Beatriz war die neue Herrin. Sie war es, die mich mitnahm, und nicht umgekehrt. Ich hatte ihre Befehle auszuführen, keine zu erteilen. *Nondum*, noch nicht! sagte ich mir.

Ich empfahl meiner Herrin eine unserer Galeassen, ein unauffälliges, kleineres Schiff, das der Aufmerksamkeit der Hafenwache noch am leichtesten entgehen würde.

Das Haus war nachts von einer hektischen Geschäftigkeit erfüllt. Am Tag dagegen war Vorsicht geboten. Wir führten unser Leben, ohne unsere Gewohnheiten zu ändern, weiter. Aber in der Dunkelheit packte man in Fieberhast die Kisten. Ich sehe die Mägde noch vor mir, wie sie, mit Kleidern und Bettzeug beladen, durch die Gänge eilen...

Beatriz' Mutter, meine Großtante de Luna, war zu alt, um die Strapazen ertragen zu können. Sie hatte zugestimmt, mit einigen Mägden und dem alten Pedro in Lissabon zu bleiben. Brianda sollte mit uns kommen und sich nur um ihre eigenen Sachen kümmern. Beatriz ließ die Mägde packen und verlangte nur, daß sie ihr Hochzeitskleid nicht vergaßen. Sie gab sich so gelassen, als sei sie an den Dingen dieser Welt nicht mehr interessiert, beschwichtigte die Ängste der Mägde und hielt die Tränenflut ihrer Mutter auf, die ihre Töchter ohne Hoffnung auf ein Wiedersehen fortziehen sah.

Beatriz hatte andere Sorgen: Der Rabbi, der Reyna damals von der Befleckung durch die christliche Taufe reingewaschen hatte, kam sie jeden Tag besuchen. Es war der berühmte David Rubeni, der später unser Volk in Unruhe versetzen sollte, indem er das bevorstehende Kommen des Messias unserer Zeit – womit er niemand anders als sich selbst meinte – verkündete. Dieser verdammte David Rubeni säte in Beatriz' Herz schlechten Samen, der, wie im Winter in guter Erde, allmählich keimte. Später erfuhr ich, daß er Beatriz überredet hatte, Thorarollen mitzunehmen. Sie stammten angeblich aus einer Synagoge irgendwo im Lande, die, nach der Meinung des Rabbi, in nächster Zeit von der Inquisition niedergerissen werden sollte. Aber Beatriz verriet mir nichts von alledem.

Ich mußte auch entscheiden, was ich von meinem persönlichen Hab und Gut sowie von meinem elterlichen Erbe mitnehmen wollte. Auf diese Weise machte ich Bekanntschaft mit der Bibliothek meines Vaters, ein Gewölbe, in dem Bücher und Pergamente in allen Sprachen lagerten. Ich fand sogar Kupfertafeln aus Ostindien mit unbekannten Schriftzeichen und beschloß, von einer spontanen, mysteriösen Verehrung getrieben, sie mit an Bord zu nehmen. Eine Auswahl der wertvollsten Bücher zusammenzustellen, blieb mir keine Zeit.

Nach etwa vier Wochen waren wir zum Aufbruch bereit. Die Einschiffung fand im Licht trüber Laternen statt. Wir verließen das große kühle Mendès-Haus in einer Nacht, die so heiß wie die heutige war. Zwanzig Diener und Mägde nahmen an der Expedition teil, dazu noch einer der fähigsten von unseren Buchhaltern. Es war immer noch dunkel, als das Schiff den Anker lichtete.

Unsere Freunde hatten sich auf dem Kai eingefunden, Geistergestalten, die wir nie wiedersehen würden. Meine Großtante de

Luna schluchzte vor sich hin und rang verzweifelt die Hände. Die Frauen des Hauses Mendès, von jetzt an meine Familie, hatten sich auf dem Achterdeck versammelt und schauten ein letztes Mal auf Lissabon. Man sah von unserer Stadt nur undeutliche, vom ersten Tageslicht beschienene Umrisse. Der Belem-Turm wurde gerade von der Sonne erfaßt. Wie deutlich mir dieser Anblick noch vor Augen ist! Und welche sanfte Brise bei dieser ersten Abreise meines Lebens wehte! Ich ging mit Beatriz fort, wie sie mir versprochen hatte, und sie war Witwe, war frei!

Übrigens war sie die einzige, die sich nicht noch ein letztes Mal Lissabon zuwandte. Sie stand am Bug und schaute auf das offene Meer hinaus.

Ich ging zu ihr. Sie war in einen weiten schwarzen Umhang gehüllt und hielt die Schatulle an ihr Herz gedrückt. Ich nahm ihre Hand, sie war heiß vom Fieber. Ich sagte ein paar Worte zu ihr, aber sie hörte nicht hin. Ich nahm ihren Arm, sie zog ihn weg. Ich beugte mich vor, um in ihre Augen zu sehen, und bemerkte, daß sie in den Himmel schauten. Beatriz hatte sich wieder in sich selbst zurückgezogen, wie nach dem Tod ihres Gatten.

Das Schiff hatte den Hafen verlassen, die Segel rauschten und die Blöcke knarrten. Am anderen Ende der Brücke stießen unsere Reisegefährten Schreie der Erleichterung aus. Beatriz blieb in ihre Trance versunken.

Ich wartete. *Nondum* ... Schließlich, als die Küstenlinie hinter dem Horizont verschwunden war, erzitterte sie und sagte ein Wort, das ich nicht kannte: *«Tzimtzum.»*

Ich ängstigte mich um sie. Befand sie sich in einem ekstatischen Traum, den ich nicht zu teilen vermochte?

Allmählich brannte die Sonne auf das Meer. Beatriz schaute ins Blau des Himmels und zitterte immer noch. Ich hielt Wache bei ihr; niemand sollte sie stören, niemand so sehen. Gegen Mittag kam sie langsam wieder zu sich. Sie legte ihren Arm um meine Schultern und sprach wieder nur einzelne Worte, doch diesmal verstand ich sie:

«Wo ist Lissabon ... Portugal? ... Mein Geliebter ... Francisco ... Weggegangen ...»

Es hatte keinen Sinn zu antworten.

Der Herzog schwieg. Vom Hafen her stiegen die Geräusche der Kajikensegel und das Geschrei der Träger hinauf, die Stadt erwachte. Die Sonne stieg von Asien her empor, und die Kuppeln des Harems ähnelten milchweißen Brüsten.

«Du kannst dich nicht mehr lange verstecken, Caraffa. Sobald ich mich umdrehe, werde ich deinen Buckel sehen.»

Ein Diener erschien an der Tür mit klirrendem Geschirr, hinter ihm eine Frau in Pluderhosen und einer kurzen goldbestickten Weste. Sie schauten den Herzog erwartungsvoll an.

«Ich will nicht gestört werden, verschwindet!» brummte er. «Laßt die Teller hier und geht.»

Als wieder Stille herrschte, drehte er sich um. Aber auch der Narr war verschwunden.

II

1536–1545
Die Statthalterin von Gent

Montag mittag

«Er hat den Käse nicht angerührt», brummte der Bucklige, «aber im Obstkorb fehlen ein paar Weintrauben und zwei Äpfel. Das ist wenigstens etwas. In den vergangenen Tagen hat er überhaupt nichts gegessen, nur von seinem Wein aus Naxos getrunken. Dieser Wein ist sein ganzer Stolz. Die Herzogin wird zufrieden sein. Jetzt, da er zu reden begonnen hat, wird er sich vielleicht auch wieder ernähren, wie es sich gehört. Wäre es nicht für meine Herzogin, würde ich hier nicht den heimlichen Aufpasser spielen. Man muß ihn vor sich selbst schützen, hat die Herzogin gesagt. Caraffa, wenn die Stunde der Gewissensbisse für ihn kommt, sei du zur Stelle und steh ihm bei!» Genau das hat sie gesagt. Da bin ich, wie befohlen, und passe auf ihn auf. Erst in der Morgendämmerung hat er sich hingelegt. Jetzt schläft er – wahrscheinlich bis die nächste Nacht hereinbricht. Ach, mein Sohn, du machst mir Sorgen ...»

Der Rand eines Mantels aus schwarzem Samt streifte seinen Arm. Der Bucklige wandte sich überrascht um.

«Was, Herzog, du bist schon auf? Aber du hast ja keine fünf Stunden geschlafen! Ein kurzer Schlaf ist ein grausamer Verräter, sagt man. Du solltest in dein Zimmer zurückkehren und dich noch einmal zu Bett begeben.»

Der alte Mann hatte sich hingesetzt, ohne dem Narren zuzuhören. Von der unter dem Kissen der Mittagshitze erstickten Stadt drangen nur leise Geräusche herauf. Der Herzog öffnete seinen Mantel und bot seine nackte Brust dem Licht dar. Es traf ihn so stark, daß er sich plötzlich an den Kopf griff und die Augen rieb.

«Bist du es, Beatriz, kommst du mich nach drüben holen?» sagte er halblaut. «Diese Beklemmung um das Herz, bist du das? Werde ich endlich das Gesicht sehen, das du so lange nur deinem Gott zeigtest? Ich habe das Herz voller Stacheln, meine Senyora, und ich biege sie auseinander, um die Rose wiederzufinden... Wer wird diese Dornen wegschneiden, wer wird das Gestrüpp von meiner Vergangenheit entfernen? Siehst du diesen alten Juden, der fern von dir leidet, meine Schwester, meine einzige? Verlaß ihn nicht...»

Auf dem Atlantik herrschte im Juli trotz der Ozeanbrise die gleiche drückende Hitze wie heute. Aber damals war ich jung, es machte mir nichts aus. Auf unserer Reise von Lissabon nach London überwältigten der Seegang und die Sonne zuerst die Frauen, die jammernd auf dem Oberdeck kauerten. Nur die kleine Reyna rannte in alle Richtungen, versteckte sich hinter den Kisten und wollte gesucht werden. Sogar die tapfere Beatriz, die von einer Dienerin zur anderen gegangen war, um Wasser in ihre Münder zu gießen, brach schließlich auf einem Haufen Tauwerk zusammen. Ihr schwarzes Kleid war von oben bis unten feucht und mit Salzrändern befleckt. Nach einigen Tagen sahen wir allesamt wie Schiffbrüchige aus. Erst später lernte ich, daß es auf langer Seefahrt immer so ist.

Habe ich dir gesagt, Caraffa, daß das Schiff «Heiliger Tobias» hieß? Der Kapitän, ein Marrane wie wir, hatte für sein Schiff den Namen unseres Schutzpatrons gewählt. Tobias ist, falls du es nicht weißt, eine Gestalt aus dem Alten Testament und daher kein Heiliger der Christen. Wir Juden haben ihn zum Heiligen erhoben. Er beschützt uns, wie er selbst als Reisender einst von Jahve beschützt worden war.

Der Kapitän und ich schlossen Freundschaft, und er erzählte mir vom Leben des Tobias, wie es in der Bibel aufgezeichnet ist: Am Abend der Hochzeit mit seiner Schwester Sara, die durch den mörderischen Zauber des Dämons Asmodi schon sieben Ehemänner verloren hatte, und während sein Schwiegervater Raguel schon das Grab für den achten Schwiegersohn aushebt, weil auch dieser nicht lange überleben wird, richtet Tobias ein inbrünstiges Gebet an Jahve. Ich fühlte mich tief berührt, als der Kapitän die zweite Strophe aufzusagen begann.

Du hast Adam geschaffen und hast ihm Eva zur Frau gegeben,
damit sie ihm hilft und ihn ergänzt.
Darum, Herr, nehme ich diese meine Schwester
auch nicht aus Fleischeslust zur Frau,
sondern aus wahrer Liebe.
Hab Erbarmen mit mir und laß mich gemeinsam mit ihr
ein hohes Alter erreichen.

Die Wogen kamen mit weißen Bändern, den gebrochenen Spiegelungen des Mondes auf ihrem Kamm, auf uns zu. Die Nacht war so hell, daß man selbst den kleinsten Flicken auf den Segeln, den kleinsten Knoten in den Tauen erkennen konnte. Ich wiederholte die letzten Worte des Tobias-Gebets, um sie mir einzuprägen. Wie oft habe ich sie mir seither aufgesagt, während ich mit naivem Herzen zu einem Gott betete, an den ich nicht glaubte, damit er uns, Beatriz und mich, den Hafen des Alters gemeinsam erreichen lassen möge... Sie hat nie etwas davon erfahren.

Dieser marranische Kapitän hatte bereits viele Seefahrten hinter sich. Er lehrte mich die Beherrscher der Meere kennen, Istanbul und Venedig.

«Der Bär und die Wespe», sagte er. «Denn der Osmane gibt sich so träge wie der Bär. Er hält sich zurück, läßt seine gefährliche Kraft kaum ahnen. Venedig dagegen ist ständig in Bewegung und sticht wie eine Wespe unerschrocken jeden, der in seine

Reichweite kommt. Doch Venedig könnte sehr gut eines Tages ermüden, einschlafen und der Osmane aus seiner dumpfen Ruhe hochfahren, den Westen auf den Meeren angreifen – und dann...»

Der Kapitän fuhr fort mit den Schauermärchen, die sich die Seeleute erzählen, diese verrückten Kinder ihrer eigenen Ängste. Cheireddin, der 1535, also im Jahr zuvor, von der Flotte Karls V. unter seinem Admiral Andrea Doria geschlagen worden war, hatte an der Küste von Zypern die ihm verbliebenen dreißig Galeeren schnell wieder seetüchtig und verteidigungsbereit gemacht. Der Kapitän lachte voller Bewunderung für den mutigen Piraten, der sich nie geschlagen gab, schallend auf. Der Türke imponierte ihm, das war deutlich zu merken.

Als Beatriz uns einmal von Istanbul reden hörte, richtete sie sich auf ihren Ellbogen auf. «Dort müssen wir hin», seufzte sie. «Francisco hat immer gesagt: Wenn wir Lissabon verlassen müssen, wird Istanbul unser Zufluchtsort sein. Er wußte, daß der Sultan Süleiman im Unterschied zu den Königen von Frankreich und Spanien die Juden nicht verfolgen würde, ganz im Gegenteil. Er wiederholte unaufhörlich, daß wir uns an die Osmanen halten sollten. Dem Habsburger traute Francisco nicht.»

«Warum sich dann in Antwerpen niederlassen, wenn uns dort die gleiche Gefahr droht wie in Lissabon?» fragte ich verblüfft.

«Um unsere Kräfte zu sammeln und die Marranen dort zu stärken und zu schützen. Es wäre leicht, nach Istanbul zu fliehen. Die Mendès wären da gut aufgehoben. Aber es kommt nicht in Frage, die Unsrigen im Stich zu lassen. Das ist der Grund. Deshalb fahren wir zunächst nach London, dann nach Antwerpen. Du durchschaust noch nicht alle Zusammenhänge, Josef. Du bist noch zu jung.»

Ich zu jung! Ich war einundzwanzig Jahre alt, sie sechsundzwanzig – und sie entschied alles allein! «Und dann werden wir nach Istanbul gehen?» fragte ich indigniert.

«Sobald wir unsere Aufgabe in Europa erfüllt haben. Wenn alle unsere Brüder in Sicherheit sind. Wir werden als die letzten abreisen und später, sehr viel später, werden wir Palästina wieder aufbauen.»

Ich zuckte mit den Achseln und dachte: Beatriz ist im Begriff, den Verstand zu verlieren. Das liegt an dem unendlichen Meer um uns herum – oder an der Sonne. Der Habsburger hatte den Erlaß unterzeichnet, der die Neuchristen schützte, es gab keine Notwendigkeit, so weit von Europa wegzugehen, wo doch alle unsere Geschäfte erfolgreich liefen. Warum sollte der Kaiser seine Bankiers verfolgen, die er so notwendig brauchte? Und was Palästina betraf, diesen messianischen Traum ...

«Es war sicherlich David Rubeni, der dir diese Ideen in den Kopf gesetzt hat», sagte ich ärgerlich.

Beatriz wurde rot vor Wut. «Was sprichst du von David Rubeni, wenn ich meinen Mann in Erinnerung rufe?» antwortete sie erzürnt.

«Soll das heißen, Francisco hat dich mit diesem Verrückten bekannt gemacht, der sich für Gott hält?»

«Nein», hauchte sie. «Nein, ich habe ihn ganz allein gefunden. Und Rubeni *ist* der Messias! Ich fühle es. Er wird mich nach Jerusalem führen.»

Meine arme Beatriz, so zerbrechlich und so starrköpfig! Sie war den Phantastereien und Einflüsterungen des erstbesten Messias erlegen. Wie sollte das weitergehen? Ich lachte bitter auf; der Kapitän lächelte bloß.

Endlich trafen wir in London ein. Die Frauen waren am Ende ihrer Kräfte, und sogar Brianda erweckte mein Mitleid, so sehr hatte sie abgenommen. Die Stadt, hektisch und unordentlich, wie sie war, spiegelte die Liederlichkeit des Königshauses wider. Verglichen mit den weißen Mauern von Lissabon kamen uns die Häuser düster und die Londoner schmutzig vor. Aber wir hatten zuviel zu tun, um uns darüber Gedanken zu machen.

Christopher Fernandez, der Londoner Repräsentant des Hauses Mendès, brachte uns recht und schlecht unter. Mit ihm mußte Beatriz das Netz weiterflechten, das unseren von der Inquisition bedrohten Brüdern erlauben würde, sich in Sicherheit zu bringen, ohne dadurch all ihr Hab und Gut zu verlieren. Ich nahm an ihren Besprechungen nur selten teil, erinnere mich aber, daß sie Losungsworte absprachen und darüber berieten, in welcher Weise die Obmänner einer Häusergemeinschaft die Bewohner bei ernster Gefahr warnen sollten. Zwei Tage mußten genügen, um das Wichtigste zusammenzupacken und sich einen Platz auf einem Schiff zu suchen. Schon jetzt schifften sich Marranen zu Hunderten nach Istanbul ein.

Christopher informierte uns auch über die Haltung der Könige und Fürsten und über bestimmte Vorgänge an ihren Höfen. Heinrich VIII. von England hatte seine Gattin, Katharina von Aragonien, verstoßen und heimlich die Hofdame Anna Boleyn geheiratet. Er war für diesen Verrat bestraft worden. Statt dem von den Astrologen versprochenen männlichen Erben wurde ihm im Jahre 1533 eine Tochter geboren. Diese Nachrichten waren ganz und gar nicht neu, hatten jedoch noch nicht Lissabon erreicht. Es kreisten auch böse Gerüchte um den dicken König, dessen Auflehnung gegen den Papst zunahm.

Der Franzosenkönig Franz I. hatte den Kampf gegen Karl V. wieder aufgenommen, der versuchte, ihm sein Land zu stehlen. Der mächtige Herzog von Montmorency, «Großmarschall von Frankreich», hatte ganze Ortschaften seines eigenen Besitztums in der Provence zerstören und niederbrennen lassen, damit die kaiserlichen Truppen dort nichts mehr vorfinden würden, wenn sie kamen. In England wurde geflüstert, daß Franz eine geheime Allianz mit Sultan Süleiman dem Prächtigen geschlossen habe, daß sie Briefe miteinander wechselten, in denen es darum ging, wie man die Pläne des Habsburgers durchkreuzen könne. Daß ein europäischer Herrscher, ein Verteidiger des Christentums, es fertigbrachte, sich mit einem Mohammedaner zu verbünden, mochte ich zunächst nicht glauben, andererseits setzte mich der Weitblick von Beatriz in Erstaunen, die unsere Zukunft dem Osmanen anvertraute, nur in ihm unsere Rettung sah. Das hatte mit den guten Erfahrungen zu tun, die die Juden mit den Mauren in Spanien gemacht hatten. Würde Franz I. es wirklich wagen, seine Idee, die Türken bei der Eroberung Europas zu unterstützen, in die Tat umzusetzen? Kaiser Karl schien es zu befürchten. Der Dauphin von Frankreich war gerade gestorben, mit einem Glas eisgekühltem Wasser vergiftet worden, das ihm sein italienischer Knappe eingegossen hatte. Es ging das Gerücht, daß der Habsburger den Auftrag zu dieser Untat gegeben hatte, was er freilich abstritt. Ich mochte die christlichen Majestäten allesamt nicht und habe gelacht, ja, richtig gelacht, als ich vom Tod des blutjungen Dauphin erfuhr.

Beatriz hatte immer ein kleines Büchlein bei sich, in das sie mit einer Feder, die sie ebenso wie ein kleines Tintenfaß stets zur Hand hatte, geheimnisvolle Zahlen und unlesbare, komplizierte Zeichen eintrug. Wenn sie jemandem zuhörte, sah ich, wie sie Kreuze, Punkte, Monde und Sterne zeichnete, die ich nicht verstand. Sie hörte mich lachen und wurde sehr zornig:

«Du solltest dich schämen, über das Unglück eines Vaters zu lachen, auch wenn es einen christlichen König betrifft. Außerdem ist es nicht gut, wenn der König von Frankreich geschwächt wird. Ein allzu mächtiger und sorgloser Kaiser braucht nämlich zur Aufbesserung seiner Staatskasse nicht mehr die Hilfe der Juden und könnte uns aus Antwerpen verjagen, bevor wir zum Aufbruch bereit sind. Vergiß nicht, wir müssen die Fürsten und Könige gegen den Kaiser ausspielen und den Sultan gegen den Kaiser, die Könige und die Fürsten. Dazu brauchen wir einen starken König von Frankreich, den die anderen Herrscher fürchten. Mir tut er leid, dieser Franz.»

Und sie setzte einen Stern unter seinen Namen.

Ich war noch zu jung, um das Bank- und Handelshaus Mendès bei der Merchant Advertisement Company zu vertreten, in der sich die in London etablierten Händler zusammengeschlossen hatten. Aber einer von uns mußte unbedingt dorthin.

Diese ehrenwerte Handelskammer, die auch Stillyard genannt wurde, schrieb den Kaufleuten strenge Verhaltensmaßregeln vor. Fairneß und gutes Benehmen waren oberstes Gebot. Nicht ein heftiges Wort durfte einem entschlüpfen. Man mußte diese löbliche Institution unverzüglich von der Seriosität der Mendès überzeugen. Unser Unternehmen durfte nicht bei der geringsten Verfehlung ertappt werden. Das Vorstellen eines vertrauenerweckenden Repräsentanten bei der Stillyard war daher dringend erforderlich.

Unser Londoner Vertreter, Christopher Fernandez, zögerte. War es ratsam, einen so jungen Mann dorthin mitzunehmen? Sprach nicht mehr dafür, die Witwe des renommierten Gründers zu entsenden? Beatriz ließ keinen Zweifel daran, daß sie Wert darauf legte, sich in persona zu zeigen. Ich sollte sie als ihr Adlatus begleiten. Mir gefiel das nicht, aber ich beugte mich. Ich hatte keine Wahl – ich hatte sie eigentlich nie.

Die Kaufleute von London begegneten Beatriz genau wie einem Mann. Als einzige Frau, obendrein als Trauernde, in dieser Versammlung von Gentlemen in Schwarz wurde sie mit großem Respekt behandelt. Ich sehe diesen stolzen kleinen Kopf vor mir, der auffallend energiegeladen wirkte, wenn man ihr zitterndes Kinn unter dem dunklen Musselinschleier nicht bemerkte. Ich höre noch ihre sanfte Stimme, mit der sie die Ehrbarkeit und Solidität des Hauses Mendès hervorhob. Im übrigen dachte selbst im Traum niemand daran, den guten Ruf und die Verdienste des verstorbenen Francisco anzuzweifeln. Mutig appellierte Beatriz an die Mitglieder der Stillyard, eingedenk der traditionellen Loyalität unter christlichen Kaufleuten im Falle einer Gefahr auch die Neuchristen zu unterstützen, und dankte ihnen im voraus dafür, ohne zu stottern. Kurz, ihr Auftritt war perfekt.

Ich stand wie ein braver Schildknappe neben einem Ritter in imposanter Montur – eine Staffagefigur, die nichts zu melden hatte, und, ehrlich gesagt, ich hätte auch gar nicht gewußt, was ich hätte sagen sollen.

Nachdem das Schiff wieder neu beladen und die Stillyard erobert war, blieben wir nicht länger in London. Die Mägde schienen ausgeruht, und selbst Brianda hatte sich genug erholt, um ein paar attraktive junge Kaufleute zu finden, die ihr den Hof machten. Als Beatriz merkte, daß ihre Schwester auf allen Maskeraden und bei allen Bällen anzutreffen war, verkündete sie, daß die Zeit für den Aufbruch gekommen sei.

Die kurze Schiffahrt von London nach Antwerpen verlief ruhig, das Meer war uns nun vertraut. Diogo erwartete uns am Kai. War uns London wie ein entnervendes Durcheinander erschienen, so empfanden wir Antwerpens Ruf als solide Handelshauptstadt Flanderns in jeder Hinsicht gerechtfertigt. Der von neuen hohen Gebäuden gesäumte Hafen wirkte majestätisch, hie und dort standen große eindrucksvolle Statuen aus italienischem Marmor im Stil der Antike. Am Scheldetor erhoben sich noch die alten Türme, die große Halle und die Befestigungsanlagen aus dem vorigen Jahrhundert, aber die Kais waren neu gepflastert und praktischerweise sehr breit. Die Straßen waren sauber, und die Leute trugen gute Wollkleider. Der Herbst begann. Gelbe Blätter bedeckten die vielen Kanäle, die die Stadt durchzogen. Zu unserer Beruhigung strahlte sie gediegenen Wohlstand aus; die Atmosphäre schien uns kühler, aber friedlich und geruhsam.

Seit seinem Besuch in Lissabon hatte Diogo Mendès zugenommen und schien gealtert. Er umarmte Beatriz und hielt sie lange in seinen Armen. Sie klammerte sich an ihn, ohne ein Wort zu sagen, und ich bemerkte, daß ihre Finger, die sich in seinen Schultern verkrampften, ganz weiß waren.

Wie ein Blitz kam mir eine furchtbare Idee: Mußte nicht Diogo nach den Vorschriften unsere Religion Beatriz heiraten? Stand nicht in einem unserer heiligen Bücher geschrieben, daß die Witwe ihren unvermählten Schwager zwingen konnte, sie zu ehelichen? Ich war im jüdischen Recht vollkommen unerfahren und hatte keine Ahnung, daß die Vorschrift nur für kinderlose Witwen galt. Doch es gab zum Glück ja Reyna! Ja, die Marranen halten zwar fromm den Sabbat ein, aber die Vermittlung von jüdischem Allgemeinwissen und sephardischem Bildungsgut litt unter der Notwendigkeit, die Kinder nach außen hin christlich zu erziehen. Ich war keineswegs der einzige in unserer Familie, der die heiligen Bücher unserer Religion nicht kannte.

Als ob sie meinen Gedanken läse, wandte sich Beatriz sanft von ihrem Schwager ab und schob ihre junge Schwester nach vorn. Diogo umarmte Brianda, ohne sie anzuschauen.

Das Haus von Diogo Mendès war tatsächlich das eines Fürsten. Auf einer Fassade aus Sandstein zeichneten sich große, mit gemeißeltem Laub umsäumte Fenster ab; der Frontgiebel über der schlichten Haustür trug ein goldenes M, und Marmorsäulen trennten die Stockwerke, die in der Mitte mit zwei Medaillons verziert waren. Sie zeigten zwei Köpfe mit mächtigen Bärten – Symbole der Schelde und des Rheins. Es war nicht eines von diesen alten, schmalen Häusern mit Fachwerk und Schnitzereien, sondern ein Palast im italienischen Stil, der in ganz Flandern nicht seinesgleichen hatte. Der Boden der Eingangshalle war nicht aus rotem Backstein, sondern aus schwarzem und weißem Marmor; die rosa und grünen Scheiben der Fenster gaben ein wechselndes sanftes Licht. Diogo hatte sogar einen Festsaal bauen lassen mit mythologischen Fresken an den Wänden: Man sah eine in Tränen aufgelöste Königin bei ihrer Morgentoilette, umgeben von Zofen, während an der gegenüberliegenden Wand offenbar ihr Mann zu sehen war, der, unter einem riesigen Turban finster dreinblickend, auf seinem Thron saß. Die beiden stellten Esther und Ahasverus dar. Mehr als diese Malereien schätzte Diogo die Gemälde von Albrecht Dürer, diesem großen Freund der Marranen, der sich 1520 in Antwerpen aufgehalten und ihm das Porträt eines alten marranischen Händlers, Rodrigo d'Almada, mit langen, leicht ergrauten Locken und einem wallenden Bart, überlassen hatte, zusammen mit einer wunderschönen Zeichnung vom Hafen von Antwerpen und einigen Naturstudien.

Eine Menge Bedienstete machte sich überall zu schaffen. Unsere portugiesischen Mägde mit ihren schwarzen Hauben schauten mit schiefen Blicken auf die schneeweißen Häubchen der flandrischen Mädchen, auf ihre schön geschnittenen Kragen aus feinstem Leinen und auf ihren rosigen Teint.

Beatriz fand in ihrem Zimmer eine florentinische Kommode, deren Intarsien Liebesszenen zeigten. Als sie die Satyren sah, die die Nymphen reizten, schüttelte sie den Kopf. Dann blieb sie einige Sekunden verblüfft vor einem Bildnis der Jungfrau Maria stehen, das aus der Neuen Welt kam und aus Federn in allen Farben zusammengefügt war. Noch ganz in Gedanken stellte sie die Schatulle, die das Herz ihres Gatten enthielt, auf dem frivolen Möbelstück ab.

Schon am ersten Tag ließ ich mich vom besonderen Flair Antwerpens und des wunderschönen Mendès-Hauses hinreißen. Ich hatte in Lissabon den Luxus nicht gekannt. Mein Vater war nicht begütert, Francisco war, wie ein echter Portugiese, trotz seines Reichtums ein sparsamer Hausherr geblieben. Sein Bruder Diogo aber war wirklich der Fürst der Gewürze von Europa. An seiner Tafel habe ich ihre Macht begriffen. Diogo verdanke ich meine Freude am Luxus, die mich seit dieser Zeit nicht mehr verlassen hat. Von den grünen Austern, die Brianda ekelhaft fand und die Beatriz gleichgültig ließen, konnte ich nicht genug bekommen.

Beatriz fing bald an, mich zu ermahnen: «Du trinkst zuviel Wein! Mein Mann hat dich ganz anders erzogen. Du weißt, daß er Verschwendung haßte.»

Diese schrecklich asketische kleine Frau! Sie aß wenig, mochte keinen Kaviar, keinen Wein, selbst das Bier nicht. Sie verachtete alle Genüsse!

In Flandern gab es so viele Sorten Bier wie das Jahr Wochen hat. Lorbeerbier, Honigbier, Mohnbier, nicht zu vergessen das helle Himbeerbier, das ich am liebsten trank. Mit dem Bier ist es wie mit den Frauen: Mit Mohn war es säuerlich und dünn, wie ein Weib mit eckigen Ellbogen, flinken Bewegungen und hellen Augen; mit Lorbeer war es ein wenig bitter und schwer; mit Honig nahm es den Geschmack von süßem, sehr zartem Fleisch an. Keines hatte den verführerischen Duft von jenem durchscheinenden Bier, dem man mit einer großen Spritze den blutfarbenen Saft von Himbeeren hinzusetzte. Der Geschmack dieser Mischung ist unbeschreiblich, unvergleichlich. Nur eine einzige Frau in der ganzen Welt entsprach diesem Bier...

Und wenn ich vom Bier genug hatte, kehrte ich mit Diogo zum Wein zurück. Oft schlossen wir uns zusammen im Festsaal ein, um dort unter dem Blick der traurigen Esther, jeder an einem Ende des riesigen Tisches, ungestört ein Fäßchen Austern zu verzehren und einen der besten Weine aus Bordeaux zu trinken. Das war jedesmal wie ein Ritual. Diogo hob sein Glas und lächelte mich so melancholisch an, als ob wir am nächsten Tag sterben müßten.

Beatriz nahm an unseren Festmählern nie teil. Ich meine, sie hätte, um uns eine Freude zu machen, ab und zu ein Glas mit uns trinken können, aber nein, sie blieb abstinent. Und keusch und rein selbstverständlich auch. Andererseits, was wußten wir von den Leidenschaften, die diese glatte Stirn und dieser erbarmungslose Blick verbargen? Warum hat sie nie mehr die Tür für einen einzigen Augenblick des Glücks geöffnet?

Sie ließ sich nicht gehen – nur beim Zucker wurde sie schwach. Das ist vielleicht der Grund, warum ich an ihrem allzu unbeugsamen Glauben gezweifelt habe. Sie gab sich so weise, daß ich darüber beinahe verrückt wurde. Ich behaupte, es war allein ihre Schuld, daß mein Lebenswandel ihrer Ansicht nach zu wünschen übrigließ.

Ungefähr zu dieser Zeit fing Beatriz an, sich in obskure Schriftstücke zu vertiefen, die man ihr heimlich brachte – ich weiß nicht woher – und die gräßlich nach Schimmel rochen. Sie lernte Flämisch und verbrachte die Zeit, die sie nicht den Geschäften der Bank widmete, mit Lesen. Manchmal stieg sie tief verschleiert in einen Bauernkarren und begab sich in die geschlossenen Höfe, wo die Beginen wohnten, jene graubraun gewandeten frommen Frauen und Fräulein, die von der Wohltätigkeit der Bürger lebten und ihnen zum Entgelt ihre Vorstellungen von tätiger Nächstenliebe darlegten. Im Grunde wußte man wenig von diesen Damen, die offenbar den Nonnen Konkurrenz machten, indem sie ein Keuschheitsgelübde abgelegt hatten und sehr zurückgezogen in klosterähnlichen Gebäuden lebten. Es hieß, daß sie außer an Christus an einen Gott Phoenix glaubten, der in einem bestimmten Zyklus starb und auferstand. Sie kannten sich mit Heilpflanzen aus und wandten angeblich Zaubermittel an. In ekstatischen Séancen sahen sie sich in einen Himmel versetzt, der vielen Außenstehenden eher wie ein Hexenreich vorkam.

Beatriz lechzte geradezu nach ihrer Gesellschaft. Die Besuche in den Beginenhöfen der Umgebung waren ihre einzigen Ausflüge. Diogo war beunruhigt. In Paris hatte man eine Begine bereits wegen Hexerei verbrannt.

Während Beatriz sich in diese geistige Klausur zurückzog, blühte ihre Schwester Brianda auf. Sie lernte, sich zu kleiden. Mit Brüsseler Spitzen bestickte Halskrausen schmiegten sich um ihren milchweißen Hals; die roten Strähnen wurden zu fein gedrehten Locken. Allerdings war Brianda ebenso drall, wie Beatriz dünn und zart war. Diogo mochte diese weiße Haut und fing an, seine junge Schwägerin zu gemeinsamen Spaziergängen aufzufordern.

Bald sah man an den Ohren der Hinkenden schwarze Perlen, ein Geschenk ihres Schwagers – und kurz darauf bat Diogo Beatriz um die Hand ihrer Schwester Brianda. Beatriz stimmte zu unter der Bedingung, daß die Hochzeit erst ein Jahr später stattfinden sollte. An der merkwürdigen Art, wie sie die Jüngere betrachtete, nämlich mit einer Mischung aus Neid und Sorge, konnte man erkennen, daß sie den Ernst und die Reife des Mädchens prüfen wollte. Nicht unbegründet, wie sich noch herausstellen sollte. Doch Brianda irritierten die kritischen

Blicke und weckten ihr Mißtrauen, ihre Abneigung gegen die Schwester.

Reyna wuchs ebenfalls heran, und zwar zu einem hochgewachsenen, dürren und wenig hübschen Mädchen mit den schwarzen Augen ihrer Mutter. Man konnte voraussehen, daß Reyna eine typisch südländische Frau mit dunklem Teint, wie es unzählige gibt, werden würde. Ich erinnere mich, daß sie lange Schritte zu machen pflegte, die Ellbogen dabei krampfhaft an den Körper gedrückt. Trotz dieser rührenden Unbeholfenheit hatte sie keinen Charme. Aber eines vereinte Mutter und Tochter: Sie praktizierten beide mit Inbrunst den jüdischen Ritus.

Was die Religion unserer Väter betrifft, waren wir in Antwerpen ebenso vorsichtig wie in Lissabon. Wir gaben uns nach außen hin als eifrige Katholiken. In Antwerpen bekannten sich viele *conversos* ziemlich offen zum mosaischen Glauben. Es gab kleine, unauffällige Synagogen, in denen man sich am Freitag zum Sabbat versammelte. Weder Beatriz noch Diogo nahmen daran teil. In unserer Familie wurde weiterhin darauf geachtet, das Fleisch im richtigen Moment zu kaufen, am Samstag das Feuer nicht ausgehen zu lassen, und sich am Sonntag bei der heiligen Messe zu zeigen.

Dennoch galt Beatriz' Entscheidung, insgeheim alle unsere Feiertage zu begehen, angefangen beim Sabbat, auch in Antwerpen. Da sie ohnehin ein zurückgezogenes Leben führte, schien der Samstag, an dem sie genausowenig wie an anderen Tagen ausging, ein Tag wie jeder andere zu sein.

Ich für meinen Teil wurde, auch wenn ich am Versöhnungsfest und am Sabbat teilnahm, wie schon in Lissabon, so auch in Antwerpen von allen weltlichen Vergnügungen angezogen, und ich behielt zunächst meine portugiesischen Gewohnheiten bei und lungerte viel im Hafen herum. Bald entdeckte ich jedoch, daß der Neffe von Diogo Mendès in standesgemäßerer Umgebung bessere, bürgerlichere Bekanntschaften machen konnte: Junge Frauen, deren Männer für lange Zeit auf See waren, schienen heimlichen Rendezvous nicht abgeneigt. Es wurden Liebesabenteuer für eine Nacht oder Beziehungen von einigen Monaten... Ich hatte viele Affären und oft, wenn ich bei Morgengrauen in das Haus Mendès zurückkehrte, saß mein Wams schief, mein Mund war vom Küssen geschwollen und mein Haar durcheinander. Am oberen Ende der Marmortreppe wartete Beatriz auf mich, mit strengen Blicken, aber wortlos. Diogo ermutigte mich, das Leben kennenzulernen, wie man so sagt. Dazu gehörte auch, daß ich von den hohen spanischen Kragen zu der Mode überwechselte, den Hals frei zu lassen, und statt aus schwarzem oder braunem Tuch mußte die Robe nun aus dunkelgrünem Satin sein. Ich fing an, bestickte Handschuhe zu tragen, und die mit Pelz gefütterten waren mir die liebsten. Ich besaß eine Sammlung von Hüten in allen Farben und schwärmte besonders für die mit breiten Krempen und langen Federn. Diogo riet mir, meinen Vornamen zu ändern, und so nannte ich mich nicht mehr João, sondern Juan Micas oder Miquez, je nachdem, ob mein Gesprächspartner spanisch oder französisch sprach.

Diogo machte mich auch mit den überlieferten Regeln des Handels in Antwerpen vertraut. «Der Handel, Juan», sagte er, «ist nicht nur für unsere Familie die Voraussetzung für ein gutes Leben, sondern auch das einzige Mittel, unsere Brüder zu retten. Der Handel, Junge, ist eine Armbrust, die auf die Herzen der Könige zielt. Vergiß das nicht!»

Die Abfolge der vier Antwerpener Messen schien unumstößlich zu sein. Die alljährlichen vier Messen bedeuteten vier Höhepunkte des Handels im Jahr: Die Ostermesse fand schon im Februar statt; im Mai folgte die Pfingstmesse, kurz darauf die Frühlingsmesse, wenn alles blühte; im November machte die Messe von Sankt Bavo den Abschluß. Diogo nahm mich stets mit. Er erklärte mir, wie man einen Wechsel weiterveräußert, Kredite und Schulden verwaltet, den Geldverkehr vereinfachen kann... Doch all das langweilte mich zu Tode.

Ich war bei den Messen nur an einer Sache interessiert, nämlich daran, die Tricks der Weinhändler zu durchschauen, die ihre Kunden schamlos betrogen. Zum Beispiel boten sie, bevor sie ihre Weine zum Kosten gaben, mit freundlicher Miene trockenen Käse und Walnüsse an. Der naive Kunde aß ein Stück Käse, kaute eine Walnuß – und kostete dann einen abscheulichen Rachenputzer, den er exzellent fand, weil der herbe Geschmack von Käse und Nuß die Säure des Weins verdeckte. Ich hatte Spaß daran mitzuspielen: Ich schluckte ihre Köder, probierte den Wein, verzog das Gesicht und spuckte das erbärmliche Gesöff aus. Der Händler empörte sich, ich amüsierte mich.

Ein alter Diener von Diogo hatte mich gelehrt, wie man den Wein in Flandern richtig kostet: nach gehabter Verdauung, nur bei Nordwind und mit einer wilden Birne, die man in das Glas taucht. Wenn die Birne sinkt, ist der Wein schlecht, und es lohnt sich nicht, ihn anzurühren. Weiß der Himmel, ich habe viel verloren, aber nicht dieses Wissen, das ich in Antwerpen erwarb.

Ich konnte freilich nicht ahnen, daß es mich eines Tages zum Fürsten machen würde.

Einmal gelang es mir ausnahmsweise, Beatriz zu überreden, uns zur Ostermesse zu begleiten. Sie würde den Ablauf des Handels auf diese Weise nicht nur aus den Kontobüchern, sondern aus der Praxis kennenlernen. Im übrigen war es höchste Zeit, daß diese lethargische Trauer ein Ende nahm. An einem eiskalten Tag machten wir uns auf den Weg zu der wichtigsten der Antwerpener Handelsmessen. Beatriz war in einen dicken Pelz gehüllt, die Nase blau gefroren, ihre Hände steckten in einem Muff aus Schafsfell. Am Marktplatz angekommen, umbrandete die Kutsche eine aufgeregt brüllende Menschenmenge. Beatriz wäre am liebsten im Wagen geblieben, doch Diogo überredete sie schließlich zum Aussteigen, und wir nahmen sie schützend zwischen uns.

Merkwürdigerweise waren die Stände der Händler leer. Die Schaulustigen drängten zur Mitte des Platzes hin, wo sich ein Scheiterhaufen aus schichtweise gestapelten Holzscheiten und Reisigbündeln erhob. Beatriz nahm meine Hand und drückte sie mit aller Kraft. Sollte etwa einer unserer Glaubensbrüder hier verbrannt werden?

Aus der Ferne kam ein Karren heran, von dem herab die zum Feuertod Verurteilte laut schrie. Es handelte sich nach der Auskunft der Leute um uns herum um eine junge Hexe. Die Arme waren ihr so straff auf den Rücken gebunden, daß sie nur tief vornübergebeugt stehen konnte. Ein Priester hielt ein Kruzifix über ihren Kopf, als ob er sie damit schlagen wollte. Das Mädchen bemerkte nichts außer dem Scheiterhaufen, und ihr Geschrei wurde immer lauter. Gerichtsschergen faßten sie fest um den Leib und stemmten sie zu dem Henker auf dem Holzstapel hinauf. Dieser wand einen dicken Strick um die Kreischende und befestigten ihn an dem Pfosten, der über den Holzstoß hinausragte.

Wir konnten uns nicht abwenden, wir waren in der Menge eingekeilt. Beatriz preßte ihre Hand auf den Mund, um ein bebendes Röcheln zu ersticken. Wir sahen die Prozedur vom Anfang bis zum Ende. Der Henker trat hinter das Mädchen, das weiterschrie; er prüfte die Stricke, beugte sich über die Unglückliche, als wolle er ihr etwas zuflüstern. Ihr Kopf ruckte auf einmal nach vorn, als habe ein barmherziger Gott sie in Ohnmacht fallen lassen. Jetzt taten die Flammen ihr grausames Werk: Die roten Haare brannten zuerst, dann das Hemd, schließlich der schon zusammengeschrumpfte Körper. Der blaue Rauch stank nach verbranntem Fleisch, und Ruß von verkohltem Stoff tanzte durch die verpestete Luft.

Als alles vorbei war, fragte Diogo die Passanten, warum dieses Mädchen habe sterben müssen. Weil es den bösen Blick hatte, war die Antwort. Es hatte, wie wir hörten, ein grünes und ein braunes Auge, und man hatte es mit einer toten Taube in der Hand erwischt, was unbestreitbar als Beweis für Hexerei galt. Man hatte der Angeklagten spanische Stiefel angelegt, um auf der Haut jene gefühllosen Stellen zu entdecken, die ebenfalls als untrügliche Zeichen des Teufels angesehen wurden. Als man ihr vorhielt, daß nur ein volles Geständnis ihre besessene Seele retten könne, hatte sie alles gestanden, was man ihr vorwarf.

Die Leute waren überzeugt, daß die Verurteilung rechtens und der Scheiterhaufen nach allen Regeln der Henkerskunst abgebrannt war. Ein lustiger Kerl erklärte sogar, daß die lodernden Flammen ihn wunderbar gewärmt hätten.

«So sind die Christen», murmelte Diogo. «Bald werden sie sich an einem Feuer wärmen, das einen von uns verbrennt. Man sollte von diesen Bestien keine Barmherzigkeit erwarten.»

Beatriz nahm langsam die Hand von ihrem Mund und sagte leise zu mir: «Sie war noch fast ein Kind, ein Kind mit ganz feinem Haar... Hast du mich etwa wegen dieses Spektakels hierhergeführt? Wolltest du mir mein Schicksal vor Augen führen? Glaubst du, daß meine Haare auch so gut brennen werden? Oh, ich hasse dich, Josef!»

Von diesem Tag an gab es für Beatriz nur noch eines: So schnell wie möglich von hier aufbrechen. Pausenlos sprach sie von Istanbul, wobei sie sich von den dortigen Verhältnissen ein trügerisches Bild machte. Im Sultan sah sie den Retter aller Juden und beschrieb mit Begeisterung lange Züge von Marranen, die wie Ameisen in die Richtung der osmanischen Hauptstadt wanderten. Diogo dämpfte ihren Reisedrang: Zuvor müsse die Festigkeit der Netze überprüft werden. Erst wenn alle unsere Brüder ihre Vorbereitungen für die Rettung aus der Hölle der Christen getroffen hätten, könnten wir von hier fortgehen. Das war ganz in Beatriz' Sinne; angesichts des Scheiterhaufens mußte sie das vergessen haben.

Allmählich beruhigte sie sich wieder, manchmal lächelte sie sogar – ein Zeichen, daß sie neuen Mut gefaßt hatte, und eines Tages war sie bereit, an den Kanälen entlang spazierenzugehen. Selbstverständlich nahm ich sie wieder am Arm, wie damals, als ich ihr Lieblingsneffe war und wir durch die Hafengegend streiften. Aber die Zeit, da wir uns auf den Kais vergnügt hinter den Packen versteckten, war vorbei. Neben mir schritt eine Dame von strenger Eleganz, deren langer schwarzer Seidenrock über die Pflastersteine und den Unrat schleifte. Ich hielt nicht mehr ihre nackte Hand; sie war jetzt fein behandschuht. Ihre Locken wehten nicht mehr im Wind; sie waren unter einem Häubchen zusammengehalten. Aber ich war glücklich. Wir naschten Süßigkeiten und schauten wie einst den vorüberziehenden Wolken zu, den einlaufenden Schiffen, den tauchenden Enten dicht am Ufer und den wechselnden Spiegelungen der Häuser im ruhigen Wasser. Wir redeten nicht; es war nicht nötig.

Ich hatte das Gefühl, daß Beatriz nicht mehr einzig und allein an ihren Mann und seinen Tod dachte.

Im Laufe des Jahres 1537 feierte man die Hochzeit von Diogo und Brianda. Die Braut, ihr Haar röter denn je zuvor, hatte ein Kleid aus Goldbrokat mit einem Fuchskragen passend zu diesem Haar verlangt. Dieser Prunk, diese grellen Farben erdrückten ihre Schönheit. Diogo schaute sein Idol anbetend an. Aber als Beatriz oben an der Treppe erschien, war es einen Augenblick völlig still. Wie eine Infantin, in einer weiten weißen Satinrobe, die unter ihrem Busen von einem bestickten Gürtel zusammengehalten wurde, trug sie nur ein einziges Schmuckstück, das auf der Stirn an den Rüschen ihres leichten Häubchens mit Perlenketten befestigt war – einen blauen Edelstein. Er verlieh ihr eine kristallene, geradezu übernatürliche Schönheit. Sie stieg langsam die Stufen hinunter und stützte ihre kleine Hand spontan auf meinen Arm.

«Sei heute mein Kavalier», sagte sie und lächelte mich so traurig an wie in unserer Kindheit. Auf einmal strahlte Beatriz nicht mehr Strenge, sondern sinnlichen Liebreiz aus. Sie raffte, während sie sich leicht vorbeugte, ihre Röcke und flocht ihre Finger zärtlich in meine. Ich war hingerissen. Ich vergaß sogar, daß es sich um die Hochzeit einer anderen handelte, und trunken von einem illusorischen Glück betrat ich mit ihr die Kirche, als ob es unsere eigene Vermählung wäre. Unsere Hände ließen einander nicht los.

An jenem Tag bemerkte ich, daß ihr Haar nachgedunkelt war. Die flachsblonden Locken des kleinen Mädchens waren nur an einigen Stellen als helle Schimmer in den Zöpfen zu entdecken. An jenem Tag sah ich sie auch zum ersten Mal ohne die schwarze Haube, die sie seit ihrer Witwenschaft ständig getragen hatte. Was mochte diesen Wandel bewirkt haben? An wen hatte sie dabei gedacht? Nur sie wußte es.

Ich erinnere mich ferner, daß die kleine Reyna eine Haube aus schwarzem Samt trug, die mit einer scharlachroten Feder geschmückt war, und daß ihre Mutter sie kaum anschaute. Ich erinnere mich genau, daß Beatriz nur mich ansah.

Am Abend gab Diogo Mendès einen Ball. Beatriz zog sich auf ihr Zimmer zurück, und ich sah mich ihrer Zuneigung plötzlich wieder beraubt. Brianda tanzte trotz ihres Hinkens ausgelassen und kokettierte bedenkenlos mit ihren früheren Verehrern. Ich bekam Angst um Diogo, den ich liebte: Kein Zweifel, daß er seine Frau und ihre Kavaliere gut im Auge behalten mußte.

Kurz nach Diogos und Briandas Hochzeit waren wir verpflichtet, der Statthalterin von Gent unsere Aufwartung zu machen. Offenbar hatten wir uns schon allzuviel Zeit damit gelassen; denn die Statthalterin Maria zitierte uns zu sich.

Maria von Ungarn, die Schwester Karls V., regierte nicht nur in Gent und dem umliegenden Flandern, sondern auch in der Habsburger Familie. Ihr Gatte, Ludwig Jagiello, König von Ungarn, hatte 1526 in der blutigen Schlacht von Mohács, die der Osmane gewann, den Tod gefunden. Maria, seine Witwe, hatte Ungarn ihrem zweiten Bruder, Ferdinand, Erzherzog von Österreich, anvertraut. Als Schwester von zwei Fürsten – Ferdinand dem Österreicher und Karl dem Deutschen – schlichtete Maria geschickt die Rivalitäten zwischen den beiden. Der mächtigere Kaiser Karl hatte sie beauftragt, die marranischen Bankiers zu protegieren, vor allem die Mendès, denen deshalb ihre ganze Aufmerksamkeit galt.

Als ich Maria bei der Audienz das erste Mal sah, war sie wie Beatriz in schlichtes Schwarz gekleidet. Und wie Beatriz war sie sehr schlank. Damit hörte die Ähnlichkeit allerdings auch schon auf. Ich kannte ihren kaiserlichen Bruder noch nicht persönlich, doch ich konnte mir nun vorstellen, wie er aussah, denn beiden waren die gleichen Erbmale ins Gesicht gezeichnet: die schweren Kiefer, die gerade Nase, die wie ein gotischer Erker aus dem Gesicht ragte, und die ausladende Unterlippe. Die Statthalterin war unglaublich häßlich, doch ich war von der spanischen Intensität ihres dunkeläugigen Blickes verblüfft, und es fiel mir nicht schwer, ihr zuzulächeln.

Ich unterschied mich wahrscheinlich kaum von einem der brillanten flandrischen Kavaliere. Sie lächelte mit einer Kopfbewegung zurück, die, meiner Treu, mehr als nur huldvoll war.

Die Damen Mendès blieben in respektvollem Abstand stehen: Beatriz ernst und stumm, Brianda unterwürfig knicksend und Reyna aus Schüchternheit wie versteinert. Diogo ließ sie bei seiner Verbeugung wie ein besorgter Gatte nicht aus den Augen. Nur ich hielt dem Blick der Statthalterin stand. Sie forderte mich auf vorzutreten. An ihrer Seite stand ein nonchalanter junger Mann, ihr Neffe Maximilian. Maria von Ungarn lud mich für den gleichen Abend zu einem Konzert ein, das in ihrem Palast gegeben wurde.

Ich hatte sofort bemerkt, daß auch die gestrenge Statthalterin von Gent eine Frau war. Sie liebte neue Musikstücke, und es gab zu jener Zeit viele. An jenem Tag spielten ihre Hofmusiker aus Neapel kommende Klänge, in denen sich zwei Männerstimmen mit einer Frauenstimme mischten. Man nannte sie *villanelle*, weil diese Gesänge in den Gäßchen entstanden, oder auch *frottole*, weil sie von der Liebe erzählten. Sie waren schwungvoll und vergnügt – Grund genug, um die Flamen zu schockieren. Denn in Gent scherzte man nicht mit der Musik; jeder ernstzunehmende Musiker mußte zuerst feierliche Messen schreiben, dann geistliche Motetten, alle andere Musik war vulgär und unziemlich.

Die Statthalterin bemerkte die Unruhe ihres Hofes und runzelte die Stirn. In einer Pause winkte sie mich zu sich.

«Die Menschen hier verstehen nichts von solcher Musik»,

flüsterte sie mit dieser rauhen Stimme, die iberische Frauen haben. «Sie wissen nicht, was ein Liebeslied ist. Aber Ihr, Dom Micas, ein gebildeter Edelmann, Ihr kommt aus einem Land, wo man gern von der Liebe singt. In Spanien, wo ich geboren bin, kennt man diese Freuden auch. Macht mir das Vergnügen, Señor, und singt für mich allein eines dieser einfachen, traurigen, zu Herzen gehenden Lieder unserer Heimat.»

Natürlich kannte ich aus meiner Kindheit solche Lieder, die wir «Romanzen» nannten, doch sie waren in Judeo-Spanisch, der Sprache der Marranen... Ich konnte sie nicht singen, ohne mich zu verraten. Ich versuchte geschickt auszuweichen. «Eure Hoheit mögen verzeihen, aber unsere Lieder sind recht altertümlich und haben nichts Kunstvolles an sich», sagte ich.

Mit einer autoritären Geste wischte sie meinen Vorwand weg und forderte mich auf, ihren Wunsch zu willfahren. Ich summte eine Romanze, die Beatriz und ich oft gemeinsam gesungen hatten: *Al resplendor de la luna*. Die Statthalterin lauschte aufmerksam.

«Lieber Micas, Ihr habt die Worte vergessen. Laßt sie mich hören», befahl sie, als ich schon glaubte, meine Aufgabe erfüllt zu haben.

Ich mußte also die Worte singen und tat es so leise wie möglich.

Nachdem ich verstummt war, fragte sie mokant lächelnd: «War das tatsächlich portugiesisch?»

Ich log und behauptete einfach, daß das Lied aus dem Fischerviertel von Lissabon käme und im Jargon dieser Leute gehalten sei. Die Statthalterin brach in Gelächter aus und trällerte die letzte Strophe meiner Romanze mit schöner Stimme, wie ich zugeben muß.

«Dom Micas, Ihr könnt vielleicht die Flamen täuschen, aber nicht uns. Seid auf der Hut, *amigo*! Wir wünschen nicht, daß Euch ein Unglück geschieht.»

Sie hatte merklich den Ton geändert. «Und singt dieses Lied nie für eine andere Frau – niemals!» fügte sie hinzu, während sie sich so rasch erhob wie ein junges Mädchen, dem gerade ein Bekenntnis entschlüpft ist.

Der Rat war zweideutig. Ich beeilte mich, Beatriz und Diogo von diesem Vorfall zu erzählen, während ich Brianda nicht einweihte. Ich mißtraute ihr schon damals. Diogo war beunruhigt und empfahl mir, mich nicht auf die gefährlichen Kabalen bei Hofe einzulassen. Beatriz, die ihren Kopf hartnäckig in ihr Büchlein gesenkt hielt, zeichnete Planeten und Monde. Plötzlich hob sie sanft eine leicht zitternde Hand. «Juan ist stark genug, um der Statthalterin die Stirn zu bieten – auch im Liebeskrieg», sagte sie.

Sie stieß ihren Stuhl jäh zurück, küßte mich auf den Hals und flüsterte mir ins Ohr:

«Nicht wahr, Juanito, du wirst dich gegenüber Maria von Ungarn wie ein charmanter Kavalier verhalten?»

«Dieses häßliche Weib!»

«Ich würde dir empfehlen, über diesen Punkt hinwegzusehen, Juan.»

Augenscheinlich wollte mich Beatriz mit Vorbedacht dorthin schicken, woher ihrer Ansicht nach alles Leid für uns kommen konnte: an den Hof der Statthalterin – zu jener Frau, von der unser Los abhing. Alles an Beatriz ließ sich so oder so deuten. Wegen dem Zittern ihrer Hand, wegen dem Kuß auf meinen Nacken, dachte ich zunächst, daß sie eifersüchtig wäre. Ich sträubte mich gegen den Gedanken, daß es auch politische Berechnung sein konnte...

Von nun an gehörte ich zu den Höflingen der Statthalterin, jedoch ganz im Dienst des Hauses Mendès. Zwischen den Ausritten und Bällen schloß ich nähere Bekanntschaft mit dem lebhaften Maximilian, ihrem jungen Neffen, dem Sohn Ferdinands von Österreich. Ohne die Lippe und das schwere Kinn der Habsburger wäre er ein ausgesprochen schöner Mann gewesen. Die starre Etikette des Hofes langweilte ihn und ließ ihn arrogant erscheinen. Sobald er aber die Tore des Palastes hinter sich wußte, verlor er seine herablassende Miene. So sehr sein Cousin Philipp, der Sohn des Kaisers, finster und verdrossen war und auch heute noch ist, so sehr liebte Maximilian das Leben. Er hatte die Werke des Erasmus von Rotterdam und Luthers Schriften gelesen, die ihn nicht gleichgültig ließen, und war doch weder reformatorisch noch sektiererisch eingestellt. Er überzeugte mich leicht davon, daß die Religionen, ob sie reformiert waren oder nicht, unglaubliche Verwirrung stiften können. Über den Papst waren wir einer Meinung. Er mißtraute ihm, weil die Päpste sich das Kaiserreich untertan machen wollten, und ich, weil ein Papst die Inquisition in Portugal bewilligt hatte. Aber ich war, was die wahren Absichten der Päpste mit dem jüdischen Volk anging, von der Wirklichkeit weit entfernt. Beatriz hatte da schlimmere, aber richtigere Vorahnungen.

Maximilian zeigte sich als ein guter Kamerad, der hin und wieder ganz unbefangen darum bat, daß die Bank Mendès ihm Geld leihen möge. Wir setzten beide auf eine künftige Welt, die modern, neu und liberal sein müsse. Er machte sich über die bigotte Frömmigkeit seines Onkels Karl V. und die Depressionen seines Cousins Philipp, des Erbfolgers Spaniens, lustig, und wie ich liebte er den Wein.

«Hüte dich vor meiner Tante, der Statthalterin, Juanito. Sie braucht viel Geld. Und vergiß nicht, unsere Familie hat das Blut des Wahnsinns in den Adern», sagte er oft.

Im Laufe der Zeit berichtete mir Maximilian auch Näheres über die Schicksalsschläge, die den Kaiser getroffen hatten. Seine Gattin, die zarte Isabella, starb im Wochenbett, Karl zog sich verzweifelt von der Welt zurück. Vor ihrem letzten Atemzug hatte die Kaiserin darum gebeten, daß man sie weder aufbahre noch einbalsamiere. Man erfüllte ihr diesen letzten Willen. Ein langer Trauermarsch führte ihre sterblichen Überreste von Toledo, wo sie verschieden war, nach Granada, wo sich die Gruft der Katholischen Könige befand. Der junge Infant Philipp geleitete sie. Es war im Mai 1539. Nach altem Brauch mußte Philipp den Körper vor der Beisetzung identifizieren. Maximilian versicherte mir, daß sein Cousin rücklings in Ohnmacht fiel, als man den Sarg nach zehn langen Tagen der Reise in drückender Hitze öffnete. Von daher rührte seine ständige Verdrossenheit. König Philipp II. von Spanien hat sich trotz wunderschönen Ehefrauen und seinem herrlichen Escorial nie von dem Geruch seiner toten Mutter erholt.

«Und diesem Mann hast du vor kurzem geschrieben, damit er dir Asyl gewährt, Herzog? Du, ein Fürst des Osmanischen Reiches? Schämst du dich nicht?» brummelte der bucklige Narr in seiner Ecke.

«Habe ich das getan, Caraffa? Ich weiß, man hat das behauptet. Ich hätte den Sultan, meinen Wohltäter, verraten... Deswegen behandelt man mich wie einen Judas. Du kannst das nicht begreifen, *nondum*, noch nicht. Von allen meinen Taten im Leben bleibt diese – sollte ich sie wirklich vollbracht haben, Caraffa! – vielleicht die rätselhafteste. Aber wer vermag in diesem Wirrwarr von Verfolgungen eine klare Linie einzuhalten – wer?»

Wir hatten uns alle gefreut, daß Brianda schwanger war. Diogo strahlte, und er ließ seine Frau nie allein. Sie schenkte einem kleinen Mädchen das Leben, dem der Rabbi den Namen Dinah gab; die Mutter nannte sie jedoch traditionsgemäß nach ihrer Schwester, also Beatriz. Um Verwechslungen mit der Tante zu vermeiden, gab die Familie ihr sofort den Beinamen «La Chica», «die Kleine». Die christliche Taufe, der jüdische Reinigungsritus, die öffentlichen Festlichkeiten und die heimliche Zeremonie, das alles war so glücklich verlaufen, daß wir eine Zeitlang kaum noch an die Gefahren dachten.

Dann kam eine Menge unserer portugiesischen Brüder an. Die Inquisition war schärfer geworden. Diese Marranen waren uns nicht unbekannt; die von Beatriz und Diogo geknüpften Netze hatten ihnen zu rechtzeitiger Flucht verholfen. Die sichersten Wege und Quartiere – alles war im voraus festgelegt worden. Die

Neuankömmlinge brachten nicht viel mit, doch es stand jedem Familienoberhaupt eine ausreichende Summe zur Verfügung, sonst wären sie nicht in der Lage gewesen, die Schiffsreise zu bezahlen.

Habe ich etwa gesagt, daß wir sie bei ihrer Ankunft am Kai begrüßten? Dann war das gelogen. Es blieb gar keine Zeit dafür. Der Vorsteher von Seeland – ein Herr Zandelin, verflucht sei sein Name! – sorgte dafür, daß sie im gleichen Augenblick, als sie den Fuß auf flandrischen Boden setzten, verhaftet wurden. Und kurz darauf verkündete der Bürgermeister von Antwerpen ein Edikt gegen die getauften Juden.

Ich kann mich noch an den Wortlaut erinnern: «Jeder, der Leute kennt, die wie Juden leben, ihre Rituale zelebrieren oder die Vorschriften der jüdischen Religion befolgen, ist verpflichtet, sie uns, dem Bürgermeister oder den Ordnungshütern der Stadt, anzuzeigen. Jeder, der dieses nicht tut, wird als Aufrührer und Helfershelfer der Juden betrachtet und entsprechend bestraft und gezüchtigt.»

Unsere Brüder landeten allesamt im Gefängnis, doch Diogo wußte, wie man sie befreien konnte: Er zahlte Lösegeld an den Magistrat. Unabhängig davon entstand unter den Stadtbewohnern eine Aversion gegen die jüdischen Asylanten. Böse Gerüchte kursierten: Man könne die Juden an ihren gekrümmten Rücken erkennen. Er schmerze sie, weil sie zur Strafe für den von ihnen verschuldeten Tod Christi hinten einen Teufelsschwanz trügen. Man sagte auch, daß die Juden keinen Speichel hätten. Ich erinnere mich an einen merkwürdigen Frühlingsnachmittag: Einige Kinder warteten auf mich vor der Tür des Mendès-Hauses. Sie hielten mich fest, und lachend ließ ich sie gewähren, weil ich an ein Spiel dachte. Sie wollten meine Handflächen sehen und prüften sie sorgfältig. «Er ist nicht einer von denen!» sagte einer. Ich packte ihn am Ohr und fragte ihn nach dem Sinn dieses seltsamen Spiels.

«Es ist so, Herr», klärte er mich auf, ohne zu erröten, «die Juden haben an ihren Händen Wunden, die am 25. März eines jeden Jahres bluten, und heute ist genau dieser Tag. Aber Ihr blutet nicht. Ihr habt nichts zu befürchten, Ihr seid ja kein Jude.»

Wenn ich einen kleinen Kratzer gehabt hätte, wäre ich von den Kindern sofort denunziert worden. Weh über ein Jahrhundert, das aus reiner Unvernunft so viele lebende Fackeln abbrennen ließ...

Der Zwischenfall zeigte, daß man uns trotz all unserer Anpassung, unserer Vorsichtsmaßnahmen und der langweiligen christlichen Sonntagsmessen, die wir brav besuchten, nicht in Ruhe ließ. Diogo beschloß, einige seiner Freunde zusammenzurufen, unter ihnen den gerade in Antwerpen weilenden Antonio de la Ronha, einen Marranen aus Lissabon. Er hatte sich vor Jahren in Ferrara niedergelassen, wo unsere Glaubensbrüder mit der Herzogsfamilie seit einem halben Jahrhundert in solcher Harmonie lebten, daß sie nicht einmal gezwungen waren zu konvertieren.

Als Diogo die Sitzung eröffnete, waren alle Gesichter voller Sorgen. Unser Londoner Repräsentant, der gute Christopher, war extra aus England herübergekommen. Die Marranen, die an diesem Tag versammelt waren, trugen langfristige Pläne vor, die notfalls die schnelle Flucht ermöglichen sollten. Drei der einflußreichsten Handelsherren waren anwesend: Manuel Lopez, Manuel Serano und Lope de Provincia; Antonio de la Ronha und Gonçalez Gomez, unser Vertreter in Mailand, nicht mitgezählt. Besonders auf den letzteren bauten unsere Freunde, weil sie fürchteten, das Kapital zu verlieren, das sie in der Mailänder Filiale unserer Bank angelegt hatten. Sie unterstand seit kurzem einer neugeschaffenen Aufsichtskommission, deren Präsident, ein furchterregender Mann namens Jean de Foix, den Auftrag hatte, die ständige Flucht der Marranen von einem Staat zum anderen, von einer Stadt zur nächsten, zu verhindern. Überall in Europa fertigten Behörden Judenlisten an; überall wurde ihr Leben mehr und mehr eingeengt.

In Lissabon hatte das erste Autodafé stattgefunden, das in seiner Feierlichkeit ganz anders ablief als die Verbrennungen ohne Gerichtsvefahren der Inquisition. In Spanien wurde das Verfahren zur Feststellung der Reinheit des Blutes, aufgrund dessen man als Nicht-Jude erklärt werden konnte, verschärft. Nach einem langen Verhör mußte man kniend mit der rechten Hand auf einem über ein Meßbuch gelegten Kruzifix schwören, daß man weder von Juden noch von Mauren abstammte, den Namen der Eltern und der Großeltern angeben und sagen, wo sie geboren waren. Kein Marrane konnte der gestellten Falle entkommen: Es war uns verboten zu bleiben, es war uns verboten fortzugehen, man wollte uns verbieten zu leben.

Die Frage war nun, was die Familie Mendès tun sollte: Der Pflicht zur Gemeinschaft gehorchend hierbleiben und riskieren, daß ihr Vermögen konfisziert wurde und vielleicht sogar unser aller Leben in Gefahr kam, oder, wie die widersprüchliche Beatriz es wünschte, so schnell wie möglich nach Istanbul aufbrechen? Antonio de la Ronha plädierte für sofortige Abreise, ob nach Istanbul oder anderswohin. Diogo zögerte und schwieg. Da ergriff mit fester Stimme Beatriz das Wort.

«Meine Brüder, jeder von uns weiß, daß ich hoffe, eines Tages im sicheren osmanischen Asyl zu leben. Aber der Habsburger ist immer noch unser Schuldner, nicht wahr? Deshalb müssen wir zunächst ausharren. Wir sind mit ihm noch nicht fertig. Wenn er uns der Inquisition auslieferte, würde zwar unser Besitz und unser Kapital konfisziert werden. Doch man könnte uns nur einen Teil nehmen, weil wir in Italien, in England, in Lyon Niederlassungen haben, über die der Kaiser keine Gewalt hat. Und wenn ihr meint, daß er uns dennoch in der Hand hat, so gilt ebenso, daß auch wir ihn in der Hand haben. Weil er weiterhin Kredit braucht, muß er uns beschützen. Das bedeutet: Der Habsburger wird uns nicht von hier fortlassen. Das ist unser Glück und vielleicht die Rettung für alle.»

Ich schrie: «Wir sind also Gefangene!»

Beatriz wandte mir ihr schönes Gesicht zu: «So ist es. Wir sind Gefangene. Jedenfalls noch für einige Zeit. Aber wir werden nach Istanbul gehen. Ich schwöre es dir. Vergiß nicht das Versprechen, das ich dir gegeben habe, als wir ganz klein waren ... Ich habe mein erstes gehalten; ich werde auch das zweite halten.»

Beatriz redete mit mir, als ob ich ein Kind wäre! Ich stand wütend auf und wollte gehen.

«Geh nicht fort! Ich bitte dich!» sagte die zarte und doch herrisch klingende Stimme. «Wir brauchen dich. Diogo hat gerade eine Mitteilung der Statthalterin erhalten. Nichts wird uns zuleide getan, unter der Bedingung, daß keiner von uns die Stadt Antwerpen verläßt. Vor allem nicht Juan Micas, hat sie hinzugefügt.»

Ich wurde rot.

«Ja, mein Freund», fuhr Beatriz fort, «augenscheinlich hat die Statthalterin an dem Kavalier Don Juan Micas Gefallen gefunden. Hör zu, sie muß dich gehen lassen, dich allein! Du mußt nach Istanbul reisen und unsere Ankunft vorbereiten. Aber davon darf sie natürlich nichts wissen. Das ist beschlossen, Josef.»

Ich schrieb Maria von Ungarn einen kurzen Brief, in dem ich als artiges Kompliment für sie ein anderes sephardisches Lied, *La rosa enfloresce*, zitierte, und vertraute das Schreiben Maximilian an. Ich gab ihm zu verstehen, daß es mein größter Wunsch wäre, für den Kaiser als treuer Untertan seines Reiches in den Krieg zu ziehen. Dies sei der Inhalt meines Briefes.

Maximilian schaute mich schief an und brach in Lachen aus.

«Du, Juan, ein Kriegsheld? Das ist keine Rolle, die dir steht! Du bist Händler, Juanito, nichts anderes ... Aber ich werde meiner Tante deine Zeilen geben. Sie mag dich sehr, das wissen am Hof alle.»

Maximilian gab meinen Brief, wenn auch wenig überzeugt, weiter, und bald kam die Antwort: Die Statthalterin ließ mich zu sich rufen.

«Lieber Micas, ich lese, daß Ihr uns verlassen wollt», sagte sie mit ärgerlicher Miene.

«Eure Hoheit weiß, daß ich keineswegs wünsche, Euch zu verlassen», sagte ich mit einem Lächeln, das ich extra einstudiert hatte.

«Ach Juan, *amigo*, lüge nicht!» schrie sie unbeherrscht. «Ich weiß, du willst in den Krieg ziehen, Offizier werden ...»

Ich mußte, um zu gewinnen, ein noch stärkeres Geschütz auffahren und fiel vor der Statthalterin auf die Knie.

«Und was wäre mein Schicksal, wenn ich zu Füßen Eurer Hoheit bliebe, bereit, alle Eure Wünsche zu erfüllen – ich, ein bürgerlicher Händler?»

Die Würfel waren gefallen; ich hatte mich erklärt. Sie konnte mich wegen solcher Kühnheit verhaften lassen, aber sie verbarg ihr Gesicht in den Händen.

«Du bist grausam, Juan. Geh, oder ich verbürge mich für nichts. Juan, *querido*, wenn du je unser Geheimnis verrätst, laß ich euch beide, dich und deine allzu hübsche Tante Beatriz Mendès, töten.»

Arme Maria, mit ihren ergrauenden Haaren über ihrem unschönen Gesicht, ihren welken Händen ... Wie gern hätte ich sie in meine Arme genommen und sie wie eine unglückliche Mutter getröstet! Doch ich nahm nur ihre Hand, spreizte ihre Finger, küßte ihre Handteller – und sie ließ es zu.

«Es versteht sich wohl von selbst, daß deine Familie in Antwerpen bleibt», sagte sie mit veränderter Stimme. «Ich erteile die Reiseerlaubnis dir allein. Wir haben Großes mit den Mendès vor. Große Transaktionen, Juan ...»

Dann schrieb sie ohne Verzögerung selber den Passierschein, der mir erlauben würde, zur Armee ihres Bruders zu gehen. Ich verabschiedete mich ebenso dankbar wie respektvoll. Als ich rückwärts schreitend die Tür erreicht hatte, rief sie mir nach: «Juan, schwör mir, daß du vorsichtig sein wirst! Kehre heil zurück!»

Das war nicht die Stimme der Statthalterin, sondern die Stimme einer armen, liebebedürftigen Frau ... Ich ging nicht noch einmal zu ihr zurück – was ich bis heute bedaure. Was hätte mich ein Kuß auf ihre wulstigen Lippen denn gekostet?

Beatriz las den von der Statthalterin unterschriebenen Passierschein und stellte keine Fragen. Wir vereinbarten, daß ich jenen

Feldzug zum Vorwand nehmen würde, den der Habsburger gegen den sardischen Renegaten Hassan Aga, den König von Algier, führte. Der Krieg fand im südlichen Mittelmeer statt, lag also gewissermaßen auf dem Weg nach Istanbul. Ich mußte mich der Armee anschließen, die von dem alten Andrea Doria befehligt wurde, der immerhin zehn Jahre jünger als sein Gegner war, der mit achtzig noch sehr munter schien.

Als ich die Tür des Hauses Mendès erreichte, hörte ich den gleichen Schrei wie im Audienzsaal der Statthalterin:

«Josef, schwör mir, daß du vorsichtig sein wirst! Kehre heil zurück!»

Diesmal wandte ich mich um. Ich lief zurück und warf mich in die Arme meiner Beatriz, die weinte. Ich küßte ihre blonden Haare, ihre warmen Lippen, ihre gewölbte Stirn ... Mußte ich sie wirklich verlassen, damit sie sich endlich von mir küssen ließ?

Ich war gut darauf vorbereitet, mit der kaiserlichen Armee erst den Rhein, dann die Rhone entlang halb Europa zu durchqueren. Maximilian hatte es sich nicht nehmen lassen, mir dabei zu helfen, die beste Ausrüstung zusammenzustellen. Wir wählten die schärfsten Degen, den leichtesten und elegantesten Harnisch; am längsten zögerten wir, bevor wir uns für ein Reittier entschieden. Schließlich teilten wir die Leidenschaft für schöne Pferde. Ich machte bei diesem Spiel mit schlechtem Gewissen mit, da ich ja auch meinen fürstlichen Freund hinters Licht führen mußte. Mein Auftrag zwang mich, bei der ersten Gelegenheit zu desertieren, um Istanbul auf dem Seeweg zu erreichen. Ich durfte keinen Verdacht erregen, besonders nicht den meines lieben Maximilian. Um mir nichts anmerken zu lassen, gab ich viel Geld für Dinge aus, die ich später gar nicht gebrauchen konnte.

Als sich die Truppe in Marsch setzte, ritt ich, ohne dadurch Aufsehen zu erregen, in einigem Abstand vom großen Haufen der Söldner. Wenigstens wird es problemlos sein, sich davonzumachen, dachte ich.

Ich sah den Kaiser in der Ferne verkrümmt auf seinem Pferd

sitzen. Der Vielfraß hatte die Gicht. In Livorno, von wo aus die Armee nach Korsika übersetzen sollte, entwischte ich. Einer unserer Marranenbrüder hatte eine Galeere unter Segel. Das traf sich gut. Die Algier-Expedition wurde für Kaiser Karl übrigens ein Desaster. Sturm und Hagel vernichteten seine Schiffe.

Ich sah zum ersten Mal das Mittelmeer, von dem mein Vater gesagt hatte, daß es unser Meer, unsere angestammte Heimatregion sei. Als man den Anker lichtete, stellte ich mir vor, es ginge nach Jerusalem, zu unserer Wiege am äußersten Ende dieses aufgewühlten Wassers. Ja, ich lernte zuerst das tückische Mittelmeer kennen, das wilde, schroffe mit unvorhersehbaren Böen und hohen Wogen. Dann ließ der Wind nach, und das Blau des Meeres wurde allmählich tief violett. Hinter dem Heck, wo die Galeere eine Furche aus Schaum zog, sprangen verspielte Delphine über die Wellen und nickten uns mit ihren freundlichen Gesichtern lächelnd zu. Mach dir keine Sorgen, schienen sie zu sagen, du wirst im sicheren Hafen landen...

Endlich liefen wir in Istanbul ein, in der märchenhaften Stadt mit ihren vielen Kuppeln, nadelspitzen Minaretten und idyllischen Zypressenhainen. Ich war in Beatriz' Stadt der Träume angekommen und stellte sehr schnell fest, daß Beatriz und Istanbul einander ähnlich waren: Es war nicht nur eine weiße Stadt unter glühender Sonne, sondern auch eine rätselhafte und doch Schutz bietende Stadt, in aller Augen schön und dennoch verschlossen.

Es war zu dieser Zeit, daß der Architekt Sinan seinem Sultan die berühmte Moschee baute, die sich heute vor mir erhebt, die Süleiman-Moschee, deren Höhe und Pracht die alte Basilika von Byzanz, die Hagia Sophia, das Vorbild und die Herausforderung aller osmanischen Baumeister, in den Schatten stellt. Gegen alle Bräuche der Herrscherfamilie hatte Süleiman gerade mit großem Pomp die erste seiner Favoritinnen geheiratet, die die europäischen Fürsten Roxelane nannten und die im Serail Hürrem hieß, die Lachende. Es war die Glanzzeit des Eroberers und Erbauers Süleiman, dem man zu Recht den Beinamen «den Prächtigen» gegeben hat. Trotz der unzähligen Baustellen ließ die Hauptstadt des Osmanischen Reiches die umsichtige Planung Sinans, die Macht und die rastlose Tätigkeit des Sultans erkennen. Und obwohl die Straßen damals genauso dreckig und verstopft waren wie heute und die Häuser aus schwarzem, verkohlt wirkendem Holz, schenkten die verzierten Balkone, die Platanen, die Maulbeerbäume und die schönen Brunnen der Stadt doch einen unvergleichlichen Zauber.

Noch heute empfinde ich jeden Abend, wenn die Dämmerung die Süleiman-Moschee erreicht, das atemberaubende Staunen, das mich ergriff, als ich zum ersten Mal vom Eingang des Goldenen Horns aus die Stadt sah, in der ich nun mein Leben beenden werde.

Ich hatte freilich nicht viel Zeit zur Bewunderung. Nach Beatriz' Anweisungen mußte ich einen wohlsituierten unter unseren Brüdern finden und zusammen mit ihm einen Plan für die Niederlassung der Mendès vorbereiten. Die jüdische Gemeinschaft war zu jener Zeit noch nicht so groß wie heute; sie bestand nur aus einigen Überlebenden der Reconquista, die 1492 angekommen, und Marranen, die um 1530 hier gelandet waren. Der Sultan hatte die Juden gut aufgenommen und erwartete von ihnen zweierlei: Loyalität und daß sie sich violett kleideten.

An seiner violetten Robe und dem Pelz, der sie verzierte, erkannte ich, durch die Geschäftsstraßen spazierend, einen wohlhabenden Juden. Auf dem Kopf trug er einen komischen, spitzen, knallroten Hut. Ich sprach ihn an und hatte Glück: Es war Mosche Hamon, ein Mann in den besten Jahren und zu meiner freudigen Überraschung Leibarzt des Sultans. Sein Vater war bereits der Arzt von Selim I., dem früheren Sultan, gewesen.

Mosche Hamon hörte mich mit der Aufmerksamkeit eines Bruders an und sagte dann: «Ich habe nicht so viel Einfluß, wie Ihr erhofft, doch ich will sehen, was ich für Euch tun kann.»

Mosche Hamon erklärte, daß er genügend Zeit brauchte, um die richtige Gelegenheit abzupassen. Die Gesetze des Serails ließen es nicht zu, ungerufen in die Nähe des Sultans zu gelangen. Er mußte sowohl bei den am Palasteingang auf Posten stehenden Janitscharen List anwenden als auch bei den Igloschanen, Süleimans gefürchteten Leibwächtern, die ihn besser und vehementer als seine eigenen Soldaten schützten. Um Mosche zu überzeugen, daß schnelles Handeln not tue, berichtete ich ihm über das Leiden der Marranen, die erzwungene Taufe der Juden in Portugal, die ersten Autodafés, die Willkür der Inquisition, die Gefängnisse, die Scheiterhaufen... Er schien mir nicht besonders beeindruckt. Während er mit seinem Bart spielte, versuchte er mir klarzumachen, daß man einen so großen Plan nicht in unbedachter Eile vorantreiben könne. Gewiß, der Sultan würde davon profitieren, wenn die berühmte Bankiersfamilie Mendès sich in Istanbul niederlasse, aber man müsse auch auf die bereits ansässigen Juden Rücksicht nehmen, die nicht konvertiert waren und die Ankunft der Marranen mit Widerwillen beobachteten, weil sie in ihnen Verräter am mosaischen Glauben sahen, die, ebenso wie die eigentlichen Christen, im Osmanischen Reich nichts zu suchen hätten. Kurz, Mosche Hamon erwies sich bei unserer zweiten Zusammenkunft plötzlich als erstaunlich zurückhaltend.

Es war mir inzwischen bekannt, daß Mosche im Gegensatz zu seinen Behauptungen erheblichen Einfluß besaß und im Serail überall Zutritt hatte. Vielleicht hatte er mir seine Machtstellung aus Bescheidenheit verschwiegen... Wie es auch sei, ich überreichte ihm für die jüdische Gemeinschaft der Stadt eine ansehnliche Spende, und der Widerstand von dieser Seite schien überwunden.

Als Gegenleistung erwartete der Arzt persönlich nur eines: Er wünschte, später, wenn wir in Istanbul etabliert wären, «in die Intimität der Familie» aufgenommen zu werden. Ich überlegte nicht lange und sagte zu. Daraufhin versicherte mir Mosche, daß ich mich ganz auf ihn verlassen könne, und ich betrachtete meine Mission in der Metropole des Osmanischen Reiches fürs erste als erfüllt. Leichten Herzens schiffte ich mich wieder ins westliche Europa ein.

Nach einigen Wochen war ich zurück in Antwerpen: Ich hatte zunächst das Mittelmeer von Istanbul bis Ancona durchquert, dann ritt ich, alle fünf Stunden das Pferd wechselnd, von der Adria über Genua, Avignon und Lyon nach Flandern. Nach meiner Ankunft fiel ich vor Übermüdung um und schlief – ich weiß nicht mehr, wie lange.

Als ich wieder wach war, wollte ich Beatriz sehen. Diogo antwortete ausweichend; er schien mir sonderbar beunruhigt. Reynas Seufzer versetzten mich noch mehr in Angst, und schließlich erfuhr ich, daß Beatriz wieder in jene apathische Traurigkeit versunken war, die ich nach Franciscos Tod bei ihr erlebt hatte. Sie hatte sich seit drei Wochen in ihr Zimmer zurückgezogen und seitdem keine ordentliche Mahlzeit mehr zu sich genommen. Ein paar Walnüsse, Obst, ein wenig Milch, das war alles. Nicht einmal Süßigkeiten mochte sie!

Ich paßte den Augenblick ab, in dem eine alte Magd ihr einen Krug Wasser brachte, und erzwang den Einlaß. Blaß, niedergeschlagen, geschwächt, mit glänzenden Augen, blickte sie nicht einmal auf, als sie mich sah, lächelte auch nicht, blieb völlig gleichgültig. Ich nahm sie in meine Arme und sprach ihr so sanft zu, wie man mit Sterbenden spricht. «Was ist mit meiner Beatriz, was drückt sie derart nieder?»

Sie wandte den Kopf ab, schmiegte sich aber an mich.

«Man hat David Rubeni in Evora auf dem Scheiterhaufen verbrannt», sagte sie tonlos. Dann brach sie an meinem Hals in Schluchzen aus, als ob sie einen zweiten Ehemann verloren hätte.

«Schlimm, aber du hast nicht so viel um jene geweint, die in Lissabon verbrannt wurden.»

Sie trommelte mit den Fäusten auf meine Schulter. «Ach, du verstehst nie etwas! Mit ihm habe ich meine ganze Kraft verloren.»

Ich dachte sofort an entsetzliche Schändlichkeiten. Hatte dieser Wunderrabbi sie etwa zu guter Letzt noch verhext? Wütend löste ich mich von ihr.

«Hast du den Verstand verloren, Beatriz? Ist das vielleicht die

Religion unserer Väter, die Rubeni lehrte? Hast du vor, künftig dem Weg eines falschen Messias zu folgen? Ist die Verfolgung durch die Christen nicht genug Irrsinn?»

Wie oft habe ich ihr diese Frage später noch gestellt: «Hast du den Verstand verloren?» Unser ganzes Leben lang. Ich schüttelte sie so wild, daß ihre Haube herunterfiel und ihre Frisur sich auflöste. Sie ließ sich wie eine Puppe behandeln.

«Eines Tages wirst du den Sinn unseres Lebens begreifen», murmelte sie mit geschlossenen Augen. «Der Tag wird kommen, aber ich werde schon tot sein. Du wirst dem Feuerdorn nicht entkommen, Josef. Er ist in mir, und du wirst ihn erben, so daß er ewig in deiner Brust brennt.»

Ernüchtert ließ ich sie los, und sie band sogleich ihr Haar wieder hoch. Wie schön sie war, mit den erhobenen Armen, der nachdenklichen Stirn, schön wie keine andere Frau...

Dann wurde sie wieder die Witwe Mendès und bat mich, sie allein zu lassen. Vom Ausgang meiner Istanbul-Mission wollte sie also nichts wissen. Ich zuckte nur mit den Achseln und entfernte mich.

Ich ging zu Diogo, um ihm Bericht zu erstatten. Er hörte mir zu, ohne mich zu unterbrechen.

«Ich danke dir, Josef. Jetzt können wir fortgehen. Wie lange, schätzt du, braucht Mosche Hamon, um den Sultan für uns zu gewinnen?»

Ich zögerte. «Ein Jahr, vielleicht sogar zwei, aber nicht länger», antwortete ich unsicher. «Bis unsere Mädchen groß sind.» Das sollte ein bitterer Scherz sein.

Diogos Miene verdüsterte sich.

«Ich würde lieber morgen schon aufbrechen. Brianda... Ach, sie ist noch ein halbes Kind. Und was Beatriz betrifft: Sie verbringt ihre Zeit mit Fasten und Wahrsagereien. Ich habe voller Ungeduld auf dich gewartet. Ein einziger Mann im Haus, das war nicht genug.»

Ich hörte von den jüngsten Verrücktheiten meiner Beatriz. Diogo fragte, ob ich mich an Abraham van Almaengien erinnere.

Wir hatten eine Gruppe von spanischen und portugiesischen Freunden in Antwerpen. Da war Luis Perez aus Saragossa, Martin Lopez aus Villanueva, dessen Schwester einen gewissen Eyquem in Bordeaux geheiratet hatte, und ein junger Mann, der von Geburt João Rodriguez de Castel Branco hieß und unter dem Namen Amato Lusitano ein hervorragender Arzt wurde, der für seine Güte und seine Geduld wahrlich den Beinamen «Angelicus» verdient hatte.

Eines Abends also brachten die anderen diesen Abraham van Almaengien mit, der, wie sein Name bekundet, ein Flame war. Sein Vater Jacob hatte sich in der Kathedrale Sankt Johannes von Herzogenbusch im nördlichen Brabant taufen lassen. Niemand Geringerer als Philipp I., der Vater des Habsburger Kaisers, war sein Pate. Aus Jacob van Almaengien wurde Philipps van Sint Jan.

Als Neuchrist entwickelte er eine Lehre, nach der Juden und Christen gemeinsam die Existenz eines Zaddiks, eines Gerechten, eines neuen Moses anerkennen, der die Welt reformieren würde. Sein Sohn Abraham setzte das Werk seines Vaters fort, wenngleich er von der Kirche als ketzerisch verurteilt worden war. Bis dahin hatte ich nichts gegen die nebulosen Ideen unseres flämischen Freundes, und ich begriff nicht sofort, worauf Diogo mit der Erwähnung seines Namens hinaus wollte.

«Philipps van Sint Jan nannte diesen neuen Gerechten ‹den Jüngsten Adam›. Deshalb empfahl er seinen Anhängern, sich Adams Nacktheit zum Vorbild zu nehmen. Wegen der heimlichen Zeremonien, während der sie ihre Kleider ausziehen, um dem Vater des Menschengeschlechts zu gleichen, hat man sie Adamiten genannt.»

Ich brach in Lachen aus.

«Na und! Der junge van Almaengien wird hoffentlich nicht alle Torheiten seines Vaters Jacob übernommen haben. Im übrigen: Was kümmert das uns?»

«Was uns das kümmert?» seufzte Diogo. «Dieser Abraham schließt sich stundenlang mit Beatriz ein. Und nur der Teufel weiß, was sie zusammen treiben.»

Nun lachte ich nicht mehr. Beatriz nackt mit diesem verrückten Flamen in ihrem Zimmer?

Ich traf diesen Kerl noch am gleichen Abend. Er hatte das vielsagende Lächeln eines Erleuchteten im Gesicht und einen schwarzen Jesusbart. Ich folgte ihm, als er in Beatriz' Zimmer ging. Auf dem Boden stand eine Wanne voll Wasser. Beatriz hatte nichts als ein langes Hemd an und hielt in ihren Händen eine tote Taube, deren blutiger Kopf herunterhing.

Ich ergriff den Vogel und warf ihn in die Ecke.

«Erinnerst du dich an die blonde Hexe auf dem Marktplatz, Beatriz? Es hieß, man habe sie mit einer toten Taube erwischt und deshalb zum Feuertod verurteilt», schrie ich sie an.

Sie kniff ihre Augen zusammen, als ob sie vergeblich versuchte, mich zu verstehen. Sie schien nicht mehr der Welt der Menschen anzugehören. Plötzlich konnte ich es nicht mehr ertragen: Ich schlug ihr ins Gesicht. Sie fiel auf ihr Bett. Dann warf ich diesen verdammten Abraham hinaus, und wir sahen ihn nie wieder.

Mit ihren Phantastereien brachte Beatriz uns alle in Lebensgefahr. Amato Lusitano bemühte sich, sie mit beruhigenden Arzneien und gutem Zureden zu kurieren. Es gab zu dieser Zeit angeblich kein besseres Mittel gegen alle seelischen Leiden als eine Rosenmarmelade, die er selber kochte. Ich merkte, daß Diogo allein nicht die Kraft hatte, Beatriz zur Vernunft zu bringen. Er war gealtert.

Ich konnte nicht länger hinauszögern, der Statthalterin meine Aufwartung zu machen, und tischte ihr über meine Expedition die abenteuerlichsten Geschichten auf. Piraten hätten mich entführt und gefangengehalten. Sie sagte nichts dazu, zeigte keinerlei Mitgefühl. Offensichtlich schenkte sie meinen plumpen Märchen keinen Glauben.

«Wir freuen uns jedenfalls, daß Ihr zurück seid, Dom Micas. Während Eurer Abwesenheit haben wir die junge Brianda kennengelernt. Sie geht gerade mit einigen Kavalieren in unserem Obstgarten spazieren. Würdet Ihr uns dorthin begleiten?»

Die Statthalterin legte mit herausfordernder Miene ihre Hand auf meinen Arm. Die Bäume hingen voll von reifen Früchten, und bei jedem Schritt fielen große, rosa gefleckte Birnen herab. Ich erkannte Brianda an ihrem Lachen: ein Blitz von rotem Satin zwischen zwei Bäumen, eine kleine weiße Hand auf dem krummen Stamm eines Birnbaums, und dann die große Hand eines Mannes an ihrer Hüfte. Ich verstand plötzlich Diogos Schmerz.

«Seht Ihr, Don Juan», sagte die Statthalterin huldvoll, «es ist uns wichtig, daß Eure Familie an unserem Hof vertreten ist. Ihr wart nicht mehr da, Eure allzu ernste Tante verläßt nie das Haus. Ihre junge Schwester dagegen ist entzückend. Nun freuen wir uns, daß Ihr wieder da seid. Wenigstens in einem Punkte habt Ihr nicht gelogen: Ihr seid zurückgekehrt, das ist gut. Aber bitte redet nicht mehr von Euren Piraten, *querido mio.*»

Ihr Blick war hart, sie wußte, welches Spiel ich mit ihr spielte, als ich mich ihr zu Füßen warf, und sie hatte sich an der ganzen Familie gerächt. Daß Brianda eine Frau war, die ein Mann nicht lange überreden mußte, war bei Hofe längst bekannt. Der erstbeste Weiberheld kam ihr gerade recht.

Diogo starb daran. Man fand ihn eines Morgens tot auf seinem Bett, seine Hand lag verkrampft auf einer der Halskrausen seiner Frau: Brianda hatte unter dem zufriedenen Blick der Statthalterin das Leben ihres Mannes verkürzt. Wir fanden ein Testament, das Diogo von seiner Hand geschrieben und in einem Schrank verwahrt hatte, wo er auch die Pläne der Städte, aus denen unsere Brüder flüchteten, sowie Listen ihrer Namen und ihrer Abreisedaten versteckte. Diogo Mendès vermachte den Armen sechzehnhundert Pfund; hundert Pfund pro Jahr würden je zu einem Drittel an Gefangene, an Obdachlose und an Waisenkinder verteilt werden, wenn möglich in Portugal, sonst in Flandern. Beatriz vermachte er die Häfte seines Vermögens. Seine Frau und seine Tochter hatte Diogo enterbt.

Beatriz Mendès, geborene de Luna, wurde Geschäftsführerin des Bank- und Handelshauses, Verwalterin von allem Hab und

Gut der Mendès; sie sollte die Vormundschaft für ihre Nichte la Chica übernehmen, Brianda nur eine Witwenapanage erhalten.

Diogo hatte klug gehandelt, indem er den Besitz der Familie vor dem Leichtsinn seiner Frau und dem Zugriff ihrer habgierigen Kavaliere in Sicherheit brachte. Als Brianda vom Testament ihres Mannes erfuhr, erbleichte sie und, ihrer Schwester nacheifernd, flüchtete sie sich in ihr Zimmer, das sie eine Woche lang nicht mehr verließ.

Die Statthalterin nutzte die neue Situation, um unsere Güter unter Zwangsverwaltung zu stellen. Allerdings nicht aus eigenem Antrieb, sondern weil es ihrem Bruder, dem Kaiser, plötzlich eilte, Ordnung zwischen den Katholiken und den Protestanten zu schaffen. Um das zu erreichen, wollte er einen Reichsrat einberufen, und die Kosten solcher Versammlungen aller bischöflichen und weltlichen Würdenträger waren enorm hoch. Außerdem wollte Karl V. viertausend Neger aus Afrika in die Neue Welt verschiffen lassen. Las Casas, der sogenannte Apostel der Indianer, hatte ihn darum gebeten. Die kurzsichtigen und arroganten Siedler aus Europa hatten die einheimische Bevölkerung der Neuen Welt derart malträtiert, daß sie zum Arbeiten bald nicht mehr fähig war. Nicht nur christliche Barmherzigkeit tat daher not, sondern ebenso die Beschaffung von Arbeitskräften. Auch für diese Unternehmung brauchte der Kaiser Geld. Das bedeutete: Karl hatte unser Geld wahrhaft nötig.

Die Statthalterin ließ mich zu sich rufen und sagte mir mit sanfter Stimme, daß sie für die Summe von vierzigtausend Golddukaten sowie einer Anleihe von weiteren zweitausend Gulden die Zwangsverwaltung unserer Güter wieder aufheben könnte.

Ich verabschiedete mich, ohne eine Zusage zu geben, nur mit einer kurzen Verbeugung, wohl wissend, daß Stolz und Starrsinn meinerseits keine Lösung brachten.

«Du sagst nichts, Juan?» fragte sie erstaunt, während ich selbst mich im gleichen Moment fragte, ob es nicht das beste wäre, sofort nach Istanbul zu fliehen.

Ich antwortete wieder nicht, und als ich die Schwelle überschritt, glaubte ich ein «Pardon!» zu hören. Aber ich würde es nicht beschwören.

Wir hatten nicht die Mittel, um uns zu widersetzen, und die Zeit, um die Mosche Hamon gebeten hatte, war noch nicht verstrichen. Wir zahlten also das Lösegeld und erhielten die Verfügungsgewalt über unseren Besitz zurück.

Am Frontgiebel des großen Hauses, in dem ich von nun an der einzige Mann war, ließ Beatriz etwas eingravieren, das ich nicht begriff: *«Die Erben von Francisco und Diogo Mendès.»*

Warum? Es gab ja keinen anderen Erben als Beatriz! Ich starrte den dunklen Stein an, auf dem die Goldbuchstaben glänzten, als Beatriz meinen Arm nahm.

«Jetzt sind wir allein, Josef, wie damals. Wir, die Nasi, sind die Erben der Mendès geworden. Wer hätte das gedacht!»

So wurde ich ihr Partner, ihr Vertrauter, der Schatten an ihrer Seite.

Adieu Pferde, Fechten und Liebesabenteuer... Ich saß mit Beatriz über Kontobüchern, organisierte die Ausrüstung der Schiffe, überwachte ihre Ladung, berechnete ihren Kurs. Tag für Tag, Stunde für Stunde waren wir zusammen. Unsere Köpfe waren so dicht beieinander, daß sie sich manchmal berührten, ich fühlte die Körperwärme meiner Partnerin, ich hätte sie umarmen können, ohne mich schuldig zu fühlen. Am Abend geleitete ich sie bis zu ihrem Zimmer. Ich war glücklich.

Ich deutete schon an, daß Brianda mir die Rolle des Mendès-Repräsentanten am Hof der Statthalterin nur allzugern abgenommen hatte. Ich lieh ihr meine Pferde, wenn sie mit ihren jungen Höflingen ausreiten wollte. Beatriz hatte meiner Idee zugestimmt, daß ihre Schwester, auf diese Weise beschäftigt, weniger gefährlich war als eingesperrt und ihrer Rachsucht und dem Müßiggang überlassen. Eine Zeitlang gaben uns die Tatsachen recht.

Sechs Monate später kehrte Brianda mit zufriedener Miene von einem Maskenfest zurück und verkündete, daß der Kavalier, in dessen Gesellschaft sie den Ball verbracht hatte, unter Berufung auf seine Cousine, die Statthalterin, in das Haus eingeführt zu werden wünsche. Nach Lage der Dinge wäre es unklug gewesen, Don Francisco von Aragon die Tür zu verschließen. Doch daß er sich auf die Statthalterin berief, verhieß nichts Gutes.

Don Francisco stellte sich am nächsten Tag vor. Er war ein dickbäuchiger Edelmann, von überaus affektiertem Benehmen und einem ausweichenden, hinterhältigen Blick. Beatriz empfing ihn höflich, aber stehend, ich hielt mich hinter ihr. Wir erwarteten eine ohne Umschweife vorgetragene Bitte um Kredit.

Das war nicht der Fall. Der Edelmann bemerkte nach einigen ebenso höflichen wie phrasenhaften Begrüßungsworten, neben der Mutter zu seinem Bedauern nicht ihre Tochter, die Demoiselle Reyna, zu sehen. Beatriz unterdrückte nur mit Mühe ihre Überraschung. An ihrer Statt antwortete ich, daß das junge Fräulein sich unpäßlich fühle. Don Francisco ließ uns graziös hüstelnd wissen, daß die Statthalterin ihn beauftragt hatte, ihr Reyna noch am gleichen Abend vorzustellen. Er würde daher um sieben Uhr erscheinen, um sie abzuholen.

Ich glaube, ich habe Beatriz nie zuvor in solcher Wut gesehen. Sie ging auf und ab und stieß im Vorbeigehen alles um, die Stühle, das Geschirr und mit Blumen gefüllte Vasen...

«Die Statthalterin untersteht sich, meine Tochter der Gesellschaft dieses lächerlichen Fettwanstes auszusetzen!» schrie sie. «Sie will mir Reyna stehlen! Das darf nicht geschehen, Josef! Lieber sehe ich das Kind tot!»

Bei jedem Stück, das zu Bruch ging, wiederholte sie mit schriller Stimme: «Tot!»

Die Stunde rückte näher. Ich beschloß, meine Cousine zur Statthalterin zu begleiten. Meine Anwesenheit würde Maria von Ungarn irritieren. Ich überließ Beatriz ihren Exzessen und ging hinauf, um die kleine Reyna auf das bevorstehende Ereignis vorzubereiten und persönlich ihre Garderobe auszuwählen.

Ich verordnete ihr ein hochgeschlossenes scharlachrotes Kleid mit einer Halskrause aus fünfzehn Ellen gestärktem Leinen. Ich achtete darauf, daß ihre Haut, bis auf Gesicht und Hände, überall bedeckt war. Reyna sah mit ihrem ernsten Blick und den runden Wangen, die von einer roten Haube umrahmt waren, wie eine jüdische Infantin aus.

Don Francisco stürmte unangemeldet in Reynas Zimmer und kreiste wie eine Hummel um sie herum. Er wollte sie gerade an der Hand nehmen, als ich sie an mich riß.

«Die junge Dame gehört zu unserer Familie, nicht zum Hofstaat, Seigneur», sagte ich mit einem herausfordernden Lächeln, «und ich, ihr Cousin, werde sie zur Vorstellung bei Ihrer Hoheit begleiten.»

Wie erwartet, wurde die Statthalterin nervös, als sie mich sah. Don Francisco entschuldigte sich mit einer Gebärde, die seine eigene Bestürzung zum Ausdruck bringen sollte. Während die Musikanten ihre Instrumente stimmten, nickte Maria von Ungarn mir zu. «Kommt, Dom Micas, und überlaßt Eure schöne Cousine der Obhut Don Franciscos.»

Der dicke Aragonier nahm die Hand, die ich bisher so gut geschützt hatte, küßte sie und sagte dem Mädchen etwas ins Ohr, worauf die Kleine verlegen zu Boden schaute. Ich hätte diesen selbstherrlichen Lüstling gern mit der Spitze meines Degens durchbohrt.

«Ihr seid heute abend keine gute Gesellschaft, Micas», beklagte sich die Statthalterin, die mich ständig beobachtete. «Seid Ihr etwa in Eure Cousine verliebt?»

«Und wenn es so wäre, Eure Hoheit?» gab ich die Frage unvorsichtigerweise zurück. «Hättet Ihr Einwände dagegen?»

«Wir haben andere Pläne, Micas», sagte Maria von Ungarn. «Wir wollen ein festes Band knüpfen, das für alle Neuchristen Vorbild sein und sie überzeugen soll, daß es sich lohnt, in unseren Landen zu bleiben.»

Beatriz hatte richtig vermutet. Die Statthalterin wollte Reyna mit ihrem Vetter Francisco verheiraten.

Auf dem Heimweg drückte ich die Kleine an mich, als könne sie aus der Kutsche herausgerissen und entführt werden.

«Schwör mir, Reynita, daß du diesen Idioten nicht heiraten wirst, schwöre es!»

Sie war etwas außer Atem, ihre Haare fielen auf ihre Schultern, und sie lachte freimütig.

«Da kannst du ganz sicher sein. Ich heirate ihn nicht, denn ich liebe ihn ja nicht... *Ihn* nicht!»

In diesem Augenblick maß ich dem kurzen Nachsatz keine besondere Bedeutung zu, doch ich sollte später noch oft an jene Worte denken. Nein, *ihn* liebte sie nicht.

«Endlich bist du soweit, Herzog», kicherte der Narr. «Es hat lange gedauert, bis du auf deine zukünftige Braut zu sprechen kommst. Du hast sie groß werden sehen, du hattest an ihrer Erziehung teil, aber bis jetzt kaum etwas über sie erzählt. Aber sie gehört nun mal zu deinem Leben, auch wenn du der Herzogin verboten hast, sich dir zu nähern. Sie lebt mit dir unter einem Dach dieses Palastes, der ihr wie die Hölle vorkommt. Wirst du deinen Zorn nie überwinden? Ja, der Mensch ist ein schwaches Geschöpf...»

«Ich verbiete dir, von meiner Frau zu sprechen, Buckliger! Und wenn du dir wünschst, daß ich mit deiner Herzogin rede, bevor ich sterbe, wäre es weise von dir, es nicht gerade jetzt zu verlangen. Was weißt du von ihr? Bisher noch so gut wie nichts!»

Meine Cousine Reyna nannte mich Josef, genauso wie ihre Mutter es tat, und sie erschien mir genauso zerbrechlich wie ihre Mutter im gleichen Alter. Ich hätte sie von diesem Augenblick an durchaus lieben können, aber ich hatte andere Sorgen. Maria von Ungarn hatte Reyna als Geisel auserkoren, was unsere Familie selbstverständlich nicht tolerieren konnte. Wir mußten fort. Aber wir mußten zuvor eine List anwenden: Unsere drei Damen würden sich auf den Rat unseres Arztes, Doktor Lusitano, dringend einer Brunnenkur in Aachen unterziehen müssen. Meine

Aufgabe war es, die Statthalterin einmal mehr um eine Reiseerlaubnis zu bitten.

Beatriz fand meinen Plan sehr gut. «Bis die Statthalterin merkt, daß wir nicht zurückkehren, sind wir bereits über alle Berge», sagte sie zufrieden.

Ich schüttelte den Kopf.

Beatriz sah mich verwundert an. «Es versteht sich doch wohl von selbst, daß wir nicht nach Antwerpen zurückkehren werden.»

«Das erste Mal doch!» widersprach ich und erklärte ihr die besondere Bewandtnis meines Plans. «Ihr kehrt schon deswegen nach vier Wochen zurück, weil man euch womöglich beobachten lassen wird. Außerdem hat uns Mosche Hamon noch nicht wissen lassen, daß der Sultan uns aufzunehmen geruht. Also werdet ihr zurückkommen. Doch im nächsten Jahr werdet ihr nochmals zur Kur fahren, und im Vertrauen auf das beim ersten Mal so gut gehaltene Versprechen wird die Statthalterin euch eine zweite Erlaubnis erteilen. Diesmal aber werdet ihr von Aachen nach Venedig weiterreisen, wo wir uns treffen, um uns zusammen nach Istanbul einzuschiffen. Bis dahin kann ich die Verhandlungen mit dem Sultan zum Abschluß bringen.»

Zum ersten Mal fügte sich Beatriz meinem Willen. Da es um das Glück, ja, um die Rettung ihrer Tochter ging, war ihr jedes Mittel recht. Die Statthalterin gewährte mein Gesuch, und die Frauen des Hauses Mendès begaben sich zur Kur.

Eine Woche nach ihrer Rückkehr hielt Don Francisco bei Beatriz offiziell um die Hand ihrer Tochter an und wurde unter dem Vorwand, daß die Dreizehnjährige für die Ehe noch zu jung sei, höflich vertröstet. Der Ritter mit dem dicken Bauch zog sich säuerlich lächelnd zurück. Am gleichen Nachmittag wurde die Witwe Mendès von der Statthalterin zu sich bestellt. Ich begleitete sie.

«Madame, Ihr werdet unserem Cousin Aragon die Hand Eurer Tochter geben», sagte Maria von Ungarn zu Beatriz, ohne zum

Platznehmen aufzufordern. «Wir haben nicht vor, Euch darum zu bitten. Es geht für Euch um eine über alle Maßen vorteilhafte Verbindung. Wir wissen, wer Ihr seid und woher Ihr kommt. Wir haben unseren Bruder, den Kaiser, um Rat gefragt und er wird sich nicht gegen diesen Ehebund stellen. Nötigt uns nicht weitere Erklärungen ab, Madame. Diese Ehe wird innerhalb von drei Tagen geschlossen.»

Ich hatte nicht die Zeit, mir eine geschickte Parade zu überlegen. Beatriz glänzte plötzlich wie ein Erzengel mit seinem Schwert.

«Ich würde sie lieber tot sehen!» stieß sie hervor. «Ihre Hoheit versteht mich richtig: Lieber würde ich meine Tochter im Grabe sehen …»

Ohne ein Wort hinzuzufügen, verließ sie den Saal und ließ die Statthalterin sprachlos stehen. Ich wollte ihr folgen, aber Maria von Ungarn hielt mich an meinem Umhang fest.

«Wenn sie nicht gehorcht, Juan, werdet ihr alle auf dem Marktplatz verbrannt. Daß du es weißt: *todos!* Du auch, Juan, du auch … Ich werde die heilige Inquisition nicht länger davon abhalten, ihr Werk an euch zu tun.»

Gewalttätig, eifersüchtig, häßlich … arme Statthalterin! Ich schlug kräftig auf ihre Finger und befreite mich für immer von ihr.

Am gleichen Abend verlangte Beatriz, daß ich mich mit meiner Cousine Reyna heimlich aus Antwerpen entfernen sollte. Sie selbst würde hier bleiben – und über das Schicksal ihrer Tochter weinen, die von einem nichtsnutzigen Verwandten am Tag vor ihrer Hochzeit entehrt und entführt worden sei. Danach würde sie Ordnung in ihre Finanzgeschäfte bringen und uns schließlich am vereinbarten Ort treffen.

«Aber die Ehre deiner Tochter, Beatriz? Wird sie eines Tages eine ihrer würdige Ehe schließen können, wenn das Gerücht sich verbreitet, daß sie mit ihrem Cousin geflohen und ein unziemliches Verhältnis eingegangen ist?»

Sie starrte mich eine Weile an, dann sagte sie: «Hör zu, Neffe. Ich will, daß du meine Tochter heiratest. Du empfindest für sie nur Zuneigung wie für eine Schutzbefohlene, das weiß ich. Aber du kannst dich nicht weigern, meine einzige Tochter, Franciscos Tochter, zu retten.»

Ich geriet in helle Wut gegen alle Frauen um mich herum: die Statthalterin, Beatriz, Brianda, und jetzt dieses Mädchen, das ich nicht liebte! Ich brüllte Dummheiten: daß, wenn ich von diesem Plan gewußt hätte, wirklich mit dem Habsburger in den Krieg gezogen wäre; daß ich seit vielen Jahren nur ihr Narr, ihr Diener und nichts anderes war; daß ich das Recht hatte, jener mein Herz zu schenken, die ich selber wählte; daß sie mir das Leben verbittere; daß ich keine andere Frau lieben würde als...

«... als die Tochter von Francisco Mendès, deinem Gönner», sagte Beatriz mit einer Stimme, die kein bißchen zitterte.

Ich schwieg. Ich kannte sie gut genug, um die Kraft ihrer Befehle zu verspüren. Sie legte ihre Hand auf meine Stirn.

«Josef», sagte sie sanft, «du schadest dir nur selbst, wenn du dich so erregst in dem Moment, in dem du deiner Verlobten helfen solltest, ihre Sachen zu packen, um mit ihr fortzugehen in eine Welt ohne Gefahren.»

Wir verbrachten die Nacht damit, unsere Flucht vorzubereiten. Es war Oktober, die Zeit des ersten Frosts. Wir nahmen Fußwärmer, Decken und Branntwein gegen die Kälte mit. Ich holte kleine Säcke mit goldenen Münzen aus dem Kontor und fügte einige Edelsteine hinzu. Beatriz schrieb unseren Geschäftsfreunden in Venedig und im übrigen Italien Briefe und zeichnete auf einer ungenauen Karte die Etappen der Route ein, der wir folgen sollten. Wir würden durch die deutschen Länder, dann durch Frankreich, über Lyon und schließlich durch die Ebene südlich der Alpen reisen, um Venedig zu erreichen. Dort würden wir auf Beatriz, Brianda und ihre Tochter warten; und dort sollte auch meine Hochzeit mit Reyna stattfinden. Danach würden wir das Adriatische Meer bis Ragusa überqueren, wo wir auf Unterstützung unserer Glaubensbrüder rechnen konnten. Von dem dalmatinischen Hafen aus würden wir nach Istanbul segeln.

Bei Morgengrauen taumelte Reyna schlaftrunken in die Kutsche. Die stampfenden Pferde bliesen weißen Atem in die eisige Luft. Das erste Licht vom Morgengrauen, die unheimliche Helligkeit der Fackeln, die unsere ältesten Diener zitternd hielten, die dunkle Masse des Hauses Mendès, das wir für immer verließen, das verhaltene Schluchzen der Mägde, am Himmel über der Stadt die den Winter ankündigenden Raben mit ihrem Gekrächz – all das brach uns beinahe das Herz. Beatriz drückte ihre Tochter mit einer Kraft an sich, die mir Angst einjagte. So miteinander verschlungen konnte ich Reyna nicht mehr von ihrer Mutter unterscheiden; ihre langen Haare waren mit Beatriz' Schatten vermengt. Man konnte sagen, daß Mutter und Tochter eine einzige Person waren, meine Geliebte und meine Verlobte nun doch in einer Gestalt.

Als wir uns verabschiedeten, weinte Beatriz von Krämpfen geschüttelt.

«Beatriz, Beatriz, komm doch mit uns! Wir können zusammen fliehen, wir könnten ...» murmelte ich nahe ihrem Mund.

Aber sie stieß mich sanft zurück und schluchzte nur noch mehr.

«Geh, Josef. Das ist deine Bestimmung, und ich habe meine. *Tzimtzum.*»

Wie beim ersten Mal, als sie das hebräische Wort benutzte, verstand ich es nicht. Wir gaben den Pferden die Peitsche, der schwere Wagen setzte sich in Bewegung, und die Hufe klirrten auf den Pflastersteinen. Beatriz war bald nur noch ein Schatten im Gegenlicht. Ich verließ sie und nahm statt ihrer die Tochter mit ...

«So war das also! Deshalb mußtest du meine Herzogin heiraten», sagte der Bucklige. «Aber ich sehe keinen Grund dafür, daß du sie so behandelst, wie du es tust. Liebt sie dich vielleicht nicht mehr so wie einst?»

«Hör gut zu», sagte der Herzog, ohne ihm zu antworten, «da drüben, auf dem anderen Ufer des Goldenen Horns, in Asien, spielt jemand die Ud. Hörst du die sanfte Traurigkeit dieser Melodie? Vielleicht weht sie aus Üsküdar herüber... Ich wünschte mir Musik, und da ist sie. Auch wenn sie osmanisch ist, ist sie doch unseren sephardischen Liedern ähnlich und von der gleichen Sehnsucht erfüllt. Wenn ich dahingegangen bin, Caraffa, wirst du diesen unvergeßlichen Augenblick in Erinnerung behalten, als eine Laute in der Ferne auf unsere Seelen gestimmt war. Und sag meiner Gattin, daß ich in diesem Moment an sie gedacht habe. Kein Wort mehr! Vielleicht hält sie sich ja so nahe versteckt, daß sie mich hört. Ich bin müde. Räum diese unnötigen Schalen mit Essen weg, das man mir anbietet, um mich noch etwas länger leiden zu lassen...»

Er wollte aufstehen, aber es fehlte ihm auf einmal jegliche Kraft. Im Schatten des Balkons verborgen weinte die Herzogin Reyna.

III

1545–1550
Die Gefängnisse der Serenissima

Montag abend

«Endlich ist niemand mehr da», murmelte der alte Herzog. «Ich bin allein mit der Stadt und dem Meer. Ich zähle dich nicht zu den Lebenden, Caraffa. Du bist mein Schatten. Du hörst mir zu, nichts weiter. Deine Herzogin, die gerade gegangen ist und der du alles, was ich sage, wiederholst – ich weiß das! – war dreizehn Jahre alt, als ich sie auf Befehl ihrer Mutter entführte.»

Die arme Reyna drückte sich in der Kutsche, die uns fortbrachte, ängstlich an mich, und vor sich hin weinend schlief sie ein. Ich mußte pausenlos an das denken, was ihre Mutter mir gesagt hatte: «Ich will, daß du sie heiratest, Josef.» Diesen verdammten Satz stampften die Hufe, und ich hörte ihn auch aus dem Wiehern der Pferde. Nein! Ich würde dieses Kind nicht heiraten, das ich nicht liebte – nein, ich wollte es nicht unglücklich machen. Keine Frau würde ich unglücklich machen. Warum sollte ich mein Leben an eine andere binden? Ich wollte auf Beatriz warten. Ich würde die Kleine verstecken, mich um sie kümmern und ihr Vormund, ihr Cousin, ihr Vater sein, aber ich würde sie nicht heiraten.

Am Morgen bemerkte ich die Spuren der nächtlichen Tränen auf Reynas kindlichen Wangen; sie streckte sich wie eine junge Frau und schaute mich überrascht an. Sie war es nicht gewöhnt, beim Erwachen in die Augen eines Mannes zu blicken.

Wir durchquerten die deutschen Länder, wo überall die Spitzen hochmütiger Kathedralen in den Himmel ragten. Ich erklärte den Wirten, daß Reyna meine Schwester sei, die sich ein wenig elend fühle. Die rauhen Bettücher in den unbequemen Quartieren raubten ihr den Schlaf; das Rütteln der Kutsche verursachte ihr Kopfschmerzen. Um den neugierigen Blicken zu entgehen, versteckte sie sich hinter mir. Der niedrige Himmel war schwer wie ein Deckel, es regnete oft, und die feuchten Windböen drangen durch unsere Pelze. Die Felder entlang den Straßen wirkten verwahrlost; die Weißdornhecken wucherten, sofern sie nicht verbrannt waren, von Disteln durchsetzt, in alle Richtungen. Das Vieh lief unbeaufsichtigt herum. Es begegneten uns Bauern, die mit großen Küchenmessern und Heugabeln bewaffnet waren und unbekannten Zielen zueilten. Unser Kutscher fragte sie, wohin sie unterwegs seien, aber statt zu antworten, schwenkten sie nur die Faust, drohten uns oder bettelten wütend um Brot. Oft stiegen in der Ferne Flammen und schwarzer Rauch von einem Bauernhaus empor. Wir sahen tote Kühe mit geschwollenen Bäuchen auf den Weiden liegen. Eines Morgens hatte ich kaum Zeit, Reynas Kopf abzuwenden, um zu verhindern, daß sie am Straßenrand eine Frau mit aufgeschlitztem Bauch bemerkte. Bärtige Reiter, deren Uniformen mir fremd waren – schweizerische, sächsische oder pfälzische –, galoppierten mit der Lanze über der Schulter an uns vorbei. Niemand schien den Grund für diese Unruhe und diese Schrekken zu kennen.

Plötzlich kamen wir zu idyllischen Obstgärten, wo gerade die letzten Äpfel eingesammelt wurden. Man schlug die Walnüsse von den Bäumen, röstete über Holzfeuern Kastanien, und wir hatten keine Mühe, für wenig Geld Milch, Eier und Käse zu bekommen. Ohne Übergang gelangten wir aus einer von einem unerklärlichen Krieg heimgesuchten Gegend in ein von einem genauso geheimnisvollen Frieden begnadetes Land. Alles hatte irgendwie mit dem Streit zwischen Katholiken und Protestanten zu tun, den Räuberbanden offenkundig nutzten, um unbewachte Dörfer zu überfallen und zu plündern. In Frankreich war die Lage nicht besser, und ich war erleichtert, als ich unseren Vertreter in Lyon zu Hause antraf.

Ich begann, ihm die Gründe für unseren unerwarteten Besuch zu erklären, doch er hörte mir nicht lange zu, nahm wohl an, daß die Witwe Mendès auch geflüchtet sei, stürzte zum Wagen, um sie willkommen zu heißen, und zog die Augenbrauen hoch, als er nur Reyna entdeckte. Ich sagte ihm die ganze Wahrheit, aber der gute Mann glaubte mir nicht. Zweifellos war ich für ihn nichts anderes als der freche Entführer der jungen Mendès-Erbin.

Reyna verhielt sich wie ein gezähmtes Tier: folgsam, apathisch, an dem Spektakel, das die Reise bot, kaum interessiert. Schon zu dieser Zeit gehorchte sie mir ohne jede Widerrede und störte auf diese Weise wenigstens meine Träume nicht.

Als am Horizont die Gipfel der Alpen auftauchten, hielten wir an, um die Tiere an einem Bergbach rasten zu lassen. Auf den Bergen glänzte der frische Schnee in der hellen Sonne. Dieser Anblick begeisterte sogar Reyna. Sie klatschte vor Freude in die Hände.

«Ich habe noch nie etwas so Weißes gesehen. Nicht einmal das Kleid meiner Mutter an Briandas Hochzeitstag war so weiß.»

Treffsicher hatte die Kleine die wunde Stelle in meinem Herzen berührt. Ich schaute sie lange versonnen an. Mit zerzausten Haaren, geröteten Wangen hob sie ihren staubigen Rock und sprang von einem Stein zum anderen, um Minze mit beinahe schon schwarzen Blättern zu pflücken. Sie war wirklich nicht häßlich. Lachend hielt sie mir den Strauß hin.

«Nimm, Josef, er ist für dich. Eines Tages, wenn du mich heiratest, wirst du mir hoffentlich einen schöneren schenken.»

Wie sie das sagte! So selbstverständlich ... Plötzlich lachte sie nicht mehr. «Oder verschmähst du meinen Strauß?» fragte sie mit zitternder Stimme.

«Nein, nein!» sagte ich betroffen und nahm ihn aus ihrer Hand. Das war meine erste Geste als ihr zukünftiger Mann.

Wir hielten zu der Eiskristallwelt des winterlichen Hochgebirges Distanz, umfuhren sie im Westen und durchquerten in große Felder aufgeteilte weite Ebenen. Reyna lauschte den Stimmen der Mägde, die in den Gasthöfen sangen; manche Worte hatten den Klang unserer eigenen Sprache. Ja, die italienischen Provinzen schienen uns vertraut. Es gab in den Schenken endlich wieder liebliche Weine statt nur bitteres Bier. Die Kälte nahm ab und die Kriegsgefahr ebenfalls. Reyna ängstigte sich nicht mehr so sehr, sondern entspannte sich zusehends. Bald erkannte ich vor uns die Salzgärten, die in der Dämmerung rosen- und goldfarben den Himmel spiegelten... Vor uns lag Venedig.

Die Serenissima Repubblica Venezia war nicht mehr jene glorreiche Stadt, deren Reichtum die patrizischen Händler erworben hatten. Wohl herrschte sie immer noch über ein großes Reich, dem beide Ufer des Adriatischen Meeres gehörten, dazu Friaul, Istrien, Dalmatien und darüber hinaus Gallipoli, der Riegel der Dardanellen wie auch die Häfen des Marmarameers, schließlich die Insel Zypern, die Königin der mediterranen Inseln... Nach Westen hin war das Mittelmeer bis zum Ionischen Archipel, bis Korfu, nach wie vor ein venezianisches Gewässer, und auf der italienischen Halbinsel hatte die Serenissima ihren Herrschaftsbereich sogar noch erweitert: Verona, Vicenza, Padua, Bergamo, Feltre, Treviso, Ravenna, Cadore und Ceneda – alle diese Städte standen unter der Kontrolle Venedigs.

Aber der Türke hatte angefangen, die «Königin der Meere» in ihrer Ruhe zu stören, und ihr bereits zwei Städte an der griechischen Morea-Küste weggenommen und den Zugang zu Ägypten und Syrien versperrt. Die Flotte des Dogen war vor den osmanischen Seestreitkräften so feige geflohen, daß der König von Frankreich ausrief: «Die Venezianer sind reich und weitblikkend, aber sie haben Angst vor dem Tod!» Und die Könige Europas warteten gespannt die Auswirkungen dieser Feigheit ab.

In der Tat hatte Venedig seine Kühnheit verloren. Träge geworden, verpaßte es die Teilnahme an der Eroberung der Neuen

Welt. Während die spanischen und portugiesischen Herrscher sich bemühten, andere Kontinente in ihren Besitz zu bringen, hätte die Republik Venedig zumindest den neuen Provinzen und Städten als Vorbild dienen und ihre demokratischen Gesetze dort einführen können, wo es noch gar keine gab. Doch dem war nicht so. Ihre früheren Triumphe und ihr ererbter Reichtum hatten die Venezianer erschreckend korrumpiert.

Daher hatte Venedig bei den Mendès keinen guten Ruf. Die einst so geschäftstüchtige Prostituierte des europäischen Handels verfiel dem Luxus und machte es sich leicht. Man erzählte von unfaßbar prunkvollen Palästen, man verurteilte die verschwenderischen Feste der Patrizier und die ungezügelte Frechheit und Faulheit der Söhne ehemals hoch angesehener, altadliger Familien.

Schon in Antwerpen hatte ich mir ein Bild von Venedig gemacht, während ich den hartgesottenen flandrischen Händlern zuhörte, die über die Serenissima nur mit Verachtung sprachen. Diogos Haus in Antwerpen war im Stil venezianischer Paläste gebaut und eingerichtet; Möbel, Gemälde, Geschirr und Gläser – fast alles kam aus Venedig. Als ich meinen Fuß zum ersten Mal auf eines dieser langen schwarzen Boote mit dem nach oben gezogenen Bug setzte, wußte ich, daß ich die Lagunenstadt bis in den Tod lieben würde. Bei meinem ersten Blick in die Gäßchen und auf die Kanäle erkannte ich, daß Venedig, anmaßend und liederlich, wie es ist, genau das Richtige für mich war. Ich wußte aber auch, daß Beatriz aus den gleichen Gründen dort nie glücklich werden könnte.

Ich erinnere mich, wir trafen am frühen Morgen ein. Das Dienstpersonal war gerade dabei, mit lauten Warnrufen den Inhalt der Nachttöpfe aus den Fenstern zu gießen. Die *prestineri* priesen ihr Brot an, die Fährmänner warteten mit verschlafenem Blick auf ihre Kunden, während eine Glocke mit einem ungeheuren Klang, die *Marangona*, wie eine Mutter ihre Kinder, ja, die ganze Welt auszuschimpfen schien. An den Kais legten Kähne an, die mit mir unbekannten Früchten und Gemüsen beladen waren. Bald hob ein dumpfes Palaver an, in das sich alle Idiome Europas mischten. Ich unterschied die rauhen Zischlaute der deutschen Händler, die Nasale der Franzosen, das heisere Singen der Sizilianer, die kantigen Stimmen der Griechen und den anmutigen Dialekt der Venezianer. Doch dieses babylonische Sprachengewirr störte das Ohr keineswegs. Das, was man anderswo Lärm genannt hätte, verlieh dem Tagesanbruch der Serenissima den Charme einer nie zuvor gehörten Musik. Ich vernahm Triller, die jenen der Vögel glichen, und schrilles Gelächter, blickte auf und sah oberhalb von leuchtenden Stoffbahnen, die von der Rialtobrücke hinabhingen, Gruppen von Frauen auf dem Weg zum Markt.

Reyna schwieg mürrisch. Sie schien auf Venedig eifersüchtig zu sein, und ich muß sagen, sie hatte Grund dazu. Ich empfand für die Stadt eine geradezu amouröse Begeisterung.

Wir fuhren durch die Kanäle bis zu der sogenannten Insel der Juden, auf der sich, wie ich von unserem Lyoner Vertreter wußte, eine diskrete Herberge befinden sollte, wo man die Tugend Reynas achten würde. Ich stellte meine Reisekiste ab, brachte meine Cousine unter, bat sie, unser Gepäck auszupakken, und beeilte mich, wieder fortzugehen. Ich ließ sie ohne die geringsten Gewissensbisse allein. Was für ein erbärmlicher Kavalier war ich, wenn Beatriz nicht in meiner Nähe war!

Das Licht warf in Venedig den gleichen Glitzerschein auf das die Stadt umgebende Wasser wie in Istanbul, und die Brise blies hier genauso wie am Bosporus. Die weißen Kuppeln der Basilika San Marco erinnerten mich an die Milchbrüste der Moscheen. Die rhythmischen Rufe der Schiffer teilen hier und dort den Tag ein und beide Häfen sind erfüllt von der gleichen hektischen und fröhlichen Geschäftigkeit. Wie zwei schwarze Wasserperlen schimmern Venedig und Istanbul, beide untadelig, und erwarten, daß man sich selbst vergißt und ihnen sein ganzes Herz schenkt. Beide Städte erscheinen dem Neuankömmling geheimnisvoll und zugleich vertraut, als ob man dort schon in einem früheren Leben gelebt hätte ... Während ich also die Piazzetta mit großen Schritten ausmaß, durchschritt ich vielleicht eines meiner früheren Königreiche.

Wie in Istanbul hatte das Byzantinische Reich in Venedig eine Fülle von Spuren hinterlassen. Die vier Goldpferde, die sich über der Basilika erhoben, waren vom Hippodrom von Byzanz abgerissen worden, sie kamen von dem großen Platz dort drüben, hinter der Hagia Sophia. Man atmete in Venedig die gleiche Luft von Macht und Eroberung ein wie am Goldenen Horn, eine Luft, die aus vergangenen Jahrhunderten herüberweht, die Mauern der Häuser mit einer Patina überzieht und die Passanten mit beschwingter Selbstsicherheit vorantreibt.

Und was für Frauen es in Venedig gab! Kräftige Bäuerinnen, die mit lustigen Kommentaren ihre verschiedenen Gemüsesorten anpriesen; schöne Patrizierinnen, die in ihren Brokatkleidern ein wenig steif wirkten, und Dirnen mit feuerrotem Haar ... Ich fühlte mich wie in einer für mich geschaffenen Welt angekommen. Ich gebe zu, ich habe Reyna vernachlässigt. Ich hatte entschieden, daß sie zu ihrem eigenen Wohl nicht aus dem Haus gehen sollte, aber es gab für diese Vorsichtsmaßnahme natürlich auch noch andere Gründe. In erster Linie war es meine Aufgabe, den Aufenthalt der Damen Mendès vorzubereiten und eine unserem Stande würdige Unterkunft zu finden.

Seit 1516 lebten die venezianischen Juden in einem abseits gelegenen Viertel, das Ghetto genannt wurde. Die meisten kamen aus italienischen Städten wie Treviso, Verona, Bassano – und alle von der Angst vor Massakern getrieben. Seit 1527 hatten fanatische Prediger nämlich die Bedrohung durch die Landsknechte Karls V. genutzt, um die Bevölkerung gegen die Juden aufzuhetzen und ihre Vertreibung zu verlangen. Ein Erlaß zur Vertreibung existierte in Venedig tatsächlich schon. Er war 1497 verkündet worden, doch hatte die Serenissima sich davor gehütet, ihn in Kraft treten zu lassen. Wie alle anderen Regierungen Europas brauchte Venedig unbedingt unser Geld. Man hatte also entschieden, uns am Ort zu halten, der jüdischen Gemeinschaft jedoch einen bestimmten Wohnbezirk zuzuweisen und ihre Steuern zu erhöhen. Seitdem lebten unsere Leute abgekapselt im Ghetto, wo sie wie anderswo verpflichtet waren, den gelben Hut zu tragen und auf ihrem Obergewand deutlich sichtbar den Judenring.

Allmählich hatte sich ihr Alltag normalisiert. Die letzten Venezianer hatten das Viertel verlassen und die Juden 1528 eine schöne, große Synagoge erbaut. Sie erhielt den Namen Scola Grande Tedesca, weil die ersten Juden, die bereit waren, ins Ghetto zu ziehen, fast alle aus deutschen Landen stammten. Deshalb sprach man dort auch ihr jüdisches Idiom, Jiddisch. 1531 wurde eine weitere Synagoge, die Scola Canton, gebaut, wo die gleiche Sprache gesprochen wurde. Aber keine von beiden befolgte die sephardischen Riten. Unsere Sitten waren hier gar nicht bekannt, und wir, die Marranen, fanden daher keinen rechten Anschluß. Wir fühlten uns andererseits ebensowenig mit den levantinischen Juden verbunden, die wie jene in Istanbul Turban, Kaftan und Bart trugen, ihre eigene Synagoge, die Scola Levantina, hatten und die über den Verrat der Marranen am Judentum empört waren.

Als ich in Venedig ankam, war das Verhältnis zwischen Marranen und Orthodoxen immer noch so kritisch, daß unsere Angelegenheiten von einem «Prokurator des Volks der Neuchristen» geregelt wurden, der sie im Fall von Gewaltakten ihrer früheren Glaubensbrüder beschützen und beim Rückfall in jüdische Lebensweise anklagen sollte. Eine überflüssige Einrichtung, hätte man meinen können; denn Religionsfreiheit war in Venedig ja kein leeres Wort, und die Marranen schienen keineswegs wirklich bedroht zu sein. Zumindest glaubte ich das in meiner naiven Begeisterung für die Stadt. Niemand hätte mich von der Schändlichkeit der Republik überzeugen können. Ich war überzeugt, daß sie souverän genug war, um nicht den Machenschaften der Inquisition zu verfallen.

Später entdeckte ich die allgegenwärtige Anwesenheit der Spione des Rates der Zehn, der mit den drei Inquisitoren gemeinsame Sache machte, indem Anzeigen der Stadtbezirkvorsteher und Hinweise der «Vertrauten» – die sich in der Regel darauf beschränkten, ihre Informationen in das Maul eines Steinlöwen, des Löwen des Todes, der in den Dogenpalast eingemauert war, zu schieben – an die Inquisitionsbehörde weitergeleitet wurden. Vernehmungen, Verurteilungen, Hinrichtungen – all dies geschah in Venedig insgeheim. Die Denunzierten wurden abgeholt und verschwanden auf Nimmerwiedersehen.

Ich bemühte mich, einen Palast zu mieten, der vom Ghetto ein gutes Stück entfernt war. Beatriz kannte die Schwierigkeiten, die die Marranen hatten, sich in die aschkenasischen Gemeinschaften zu integrieren, die aus dem Norden kamen, und sie hatte mir empfohlen, uns von diesen Leuten schon räumlich zu distanzieren und uns auch nicht unter die einfachen Händler zu mischen. Um uns besser zu schützen, dachte sie daran, ein Patrizierhaus zu beziehen, das uns auf die Stufe der Adligen heben würde. Da wir beabsichtigten, nur für kurze Zeit in Venedig zu bleiben, galt es, keinerlei Verdacht auf uns zu lenken. Würden wir uns zu unseren Brüdern bekennen, konnte es sein, daß man uns nicht gestattete, unter den Venezianern zu leben, sondern ins Ghetto verwies.

Ich nahm die Wohnungssuche als Vorwand, um den ganzen Tag allein herumzuwandern, und bald ließ ich mich mit den elegantesten venezianischen Prostituierten ein, die mich zu jeder Zeit empfingen. Ihre Brüste waren mit Perlen bedeckt, sie waren aufreizend geschminkt, liebten es, ihre schwarzen Sklaven zu mißhandeln und über jede Kleinigkeit schallend zu lachen. «Don Juan Miquez heißt Ihr, so, so! Und von wo kommt der hochwohlgeborene Herr? Sieh an, er ist ein Fürst von Nirgendwo. Also woher denn nun, aus Lissabon oder aus Antwerpen? Ein Christ? Was heißt, na ja, gewissermaßen? Ein Jude vielleicht? Ach, Bankier? Das läßt sich hören, Euer Gnaden.»

Meine schönen Freundinnen hatten bald in mir den Debütanten im liederlichen Lebenswandel erkannt und machten sich ein Vergnügen daraus, mich zu Spielen zu dritt einzuladen; und ich, der ich mich nie lange mit Zärtlichkeiten aufgehalten hatte, lernte während der verschiedenen Umschlingungen, in denen ich den Körper von Giulia nicht mehr von dem Violas und selbst nicht von dem Egidios oder Gennaros zu unterscheiden vermochte, alle möglichen Gelüste zu befriedigen. Ich verdanke ihnen nicht nur die Bekanntschaft mit sehr speziellen Vergnügungen, sondern auch den allgemeinen Rat, daß man sich auf das, was naive Männer verzückt «die große Liebe» zu nennen pflegen, am besten nicht einläßt. Alles an den Mädchen gefiel mir, sogar die Prozedur, mit der sie ihr Haar so herrlich rot färbten: Sie behandelten es mit männlichem Urin, indem sie den Kopf auf ein für diesen Zweck vorgesehenes Gitter legten und ihn von den Herren eifrig begießen ließen.

Eines Tages fiel mir ein hübsches Kind mit Haaren so blond wie die von Beatriz auf. Dieses Haar war nicht nach venezianischer Art behandelt, und ich schaute mir die Kleine näher an. Ihre Wangen waren rosenrot angemalt, ihre Augen standen ungewöhnlich weit auseinander, ihr strenger Mund lächelte nicht. Ich war aber doch in einem Freudenhaus! Also nahm ich sie beim Kinn, um ihr ein Lächeln abzuverlangen, doch sie befreite sich mit einer schnellen Bewegung. Darauf packte ich sie, als wollte ich der Widerspenstigen Gewalt antun. Als sie noch immer schwieg, wandte ich mich zu den andern und erkundigte mich nach dem Schicksal der Spröden.

Alles, was ich über sie erfuhr, war, daß sie die Tochter oder die Mätresse eines Händlers aus der Stadt Münster war, der sie angeblich nur für kurze Zeit hier untergebracht hatte und dann nie zurückgekommen war, um sie abzuholen. Man nannte sie Faustina, ohne zu wissen, ob sie wirklich so hieß; sie war so um die fünfzehn Jahre alt und sprach eine komische Mischung aus Venezianisch und Deutsch.

Jedesmal, wenn ich über sie herfiel, wartete ich auf eine Reaktion, ein Wort, ein Seufzen – umsonst. Mit einem trübseligen Blick legte sie sich hin und ließ alles mit sich geschehen. Faustina kam nur zum Leben, wenn sie ihren kleinen Hund, einen flachnasigen Malteser mit dichtem weißem Fell, streichelte, dem sie ein buntes Band um den Hals gelegt hatte. Sobald ich mich wieder ankleidete, sprang das Tier kläffend auf das Bett, und meine Mätresse bedeckte sein Gesicht mit zärtlichen Liebkosungen, die mich nachdenklich stimmten. Ich ging verärgert fort, aber ich mochte nicht auf sie verzichten. Bald brachte ich sie in einem Haus unter, wo ich sie jeden Abend besuchte.

Mein Wahnsinn dieser Gleichgültigen gegenüber wurde so offensichtlich, daß Reyna sich eines Abends, als ich wieder einmal mit dem Mantel über der Schulter fortging, mir in den Weg stellte und mit ungewohnt fester Stimme sagte:

«Geh nicht mehr dorthin, ich bitte dich. Du tust dir nur selbst weh. Sie liebt dich nicht, *sie* nicht...»

«Woher willst du das wissen, Reyna?»

«Ich weiß es, das ist alles!» schrie sie, stampfte wie ihre Mutter mit dem Fuß auf und zerkratzte mir die Wange. Ich wehrte sie nicht ab, ich schlug sie – wie einst ihre Mutter.

«Komm, komm, kleine Krabbe, was soll das? Es handelt sich um Dinge, die du nicht verstehst. Du hast mich verletzt. Schau, ich blute. Laß mich durch!»

Es gelang mir, sie zur Seite zu schieben und wegzurennen. In der Ferne hörte ich ihre schluchzende Stimme: «Wann wirst du mich heiraten, Josef, wann?»

«Also schon damals ließest du sie leiden», stellte der Bucklige mit ruhiger Stimme fest.

«Ich habe dir befohlen, nicht über die Herzogin zu sprechen, Narr! War es meine Schuld, daß ihre Mutter mich zwingen wollte, meine Cousine zu lieben? Ich haßte beide, Reyna und Faustina, aber die Dirne ließ sich bezahlen. Das war einfacher.»

Am gleichen Abend erhielt ich einen Brief von Beatriz aus Antwerpen. Wie erhofft, hatten die Damen Mendès die Erlaubnis der Statthalterin erhalten, in Aachen abermals eine Trinkkur zu machen. Diese Nachricht bedeutete, daß der Tag ihrer Flucht gekommen war. Sie würden demnach bald in Venedig eintreffen. Plötzlich spürte ich zu meiner Verwunderung, daß mir der Gedanke, die Besuche bei Faustina könnten mit der Ankunft von Beatriz zu Ende sein, sehr mißfiel.

Ich hatte einen Palast nicht weit entfernt vom Kai der Zecca gefunden; er war im letzten Jahrhundert aus Marmor und Backstein gebaut und hatte Fenster mit zierlichen Schlangensäulen an den Seiten und große Treppen, geschmückt mit Statuetten, die mich an Faustina erinnerten. Dieses Gebäude schien mir ein Wohnsitz nach Beatriz' Wünschen zu sein; er war der Mendès zweifellos würdig. Ich ließ die Wände mit Behängen bespannen, auf denen bärtige Götter zu sehen waren, die sterblichen Wesen den Hof machten: Ein göttlicher Stier schielte nach der weißen Europa, und Tritonen mit bemoosten Händen rieben ihre Schuppen an der zarten Haut der Nereiden. Überall wurden Teppiche gelegt, Stroh kam nicht ins Haus. Ich beugte mich auch der Mode und kaufte Ölgemälde.

Auf diese Weise lernte ich Tizian kennen. Er malte für mich das Bild, auf dem eine nackte Frau auf rotem Samt liegt. Faustina war bereit, dem Meister Modell zu stehen, wie sie zu allem bereit war, auf ihre gleichgültige Art, die mich immer mehr irritierte, statt daß ich mich an sie gewöhnte. Sie verlangte nur, ihr Hündchen neben sich zu haben. Das einzige Andenken, das mir von Venedig blieb, ist dieses Bildnis einer jungen Frau mit hellblonden Haaren, das Porträt meiner Mätresse. Wunderschön, doch so nackt wie ihr Leib, so leer war Faustinas Seele. Nun, ihr stummer, stillhaltender Körper hatte wenigstens vorübergehend die Erinnerung an Beatriz verdrängt.

An einem heißen Sommertag kam sie an. Die venezianische Hitze war unerträglich drückend. Die Kanäle, wie gewöhnlich mit Abfällen übersät, stanken bestialisch, und die *Marangona* mahnte mit stumpfem Schlag an den allgegenwärtigen Tod. Ich ging bis an die Brenta hinaus meinen Tanten entgegen. Brianda, rot und schwitzend, zerzauste ihre roten Haare, klagte mit saurer Miene über die unbequeme Kutsche, über Lyon, dessen

Straßen voller Kot gewesen seien, und sie knickte auf dem Steinpflaster gleich mit dem Fuß um.

Beatriz fiel mir um den Hals, legte ihre Stirn auf meine Schulter und seufzte wie ein kleines Tier. Ihr unvermeidlich schwarzes Kleid war mit Staub bedeckt. Sie sah angegriffen und bleich aus, aber als sie den Kopf hob, erkannte ich ihren kindlichen Ausdruck und ihren herrischen Blick wieder. Etwas in mir zerbrach: Ich sagte Faustina entschieden für immer adieu. Beatriz war in mein Leben zurückgekehrt; ich war nicht mehr frei.

Ich brachte sie zu dem Palast, den ich für sie ausgesucht hatte. Brianda war sofort begeistert, Beatriz dagegen schüttelte mit finsterem Blick den Kopf. «Was hast du dir dabei gedacht?» seufzte sie angesichts der Kristallüster und der Brokat-Gobelins. «Das ist nicht nach meinem Geschmack.» Sie ging schnell an den Göttern und Tritonen vorbei, blieb entsetzt vor dem Porträt Faustinas stehen und wedelte mit den Armen durch die Luft, als könne sie das Bild auf diese Weise auslöschen.

Beatriz mochte den Palast nicht, den ich ihr eingerichtet hatte. Den Kostbarkeiten in ihrem Zimmer gönnte sie keinen Blick, sondern suchte nur nach einem Möbelstück, auf dem sie die Schatulle abstellen konnte, die sie während der ganzen Reise auf ihrem Schoß gehalten hatte. Als sie einen Platz gefunden hatte, forderte sie mich mit einer Handbewegung auf, Platz zu nehmen. Beatriz' Welt gewann nur dort Leben, wo Franciscos Herz auf einem Podest stand. Endlich lächelte sie beruhigt.

«Francisco ist angekommen. Und wir müssen miteinander reden.»

Reyna war noch nicht bei uns. Beatriz nutzte die Gelegenheit, mir Tausende von Fragen über ihre Tochter zu stellen: Ob sie gut schlafe, was sie esse und trinke, wie sie die Reise und die Abwesenheit ihrer Mutter ertragen habe. Schließlich mußte natürlich auch diese Frage kommen:

«Wann heiratest du sie, Josef?»

Ich fiel vor ihr auf die Knie. Das war meine Antwort. Sollte ich sie an Lissabon erinnern, meine Liaison mit Faustina gestehen?

Ich schwieg. Sie streichelte meinen Kopf und sagte: «Wie auch immer, Bruderherz. Eines Tages wirst du sie heiraten. Und wenn ich das, was dir auf der Seele liegt, mit meinen eigenen Händen wegreißen müßte.» Dann stieß sie mich heftig zurück, und ihre Stimme wurde hart.

«Du wirst dafür sorgen, daß wir hier unbehelligt bleiben. Unser Vertreter in Lyon hat mich vorgewarnt, daß die Inquisition Venedig bedrängt. Die Republik könnte uns über kurz oder lang so behandeln, wie die Statthalterin von Gent es tat. Wir werden auf unseren allzu bekannten Familiennamen Mendès verzichten; er würde zuviel Begehrlichkeit erwecken. Ich werde meinen marranischen Namen tragen, und dieses Haus wird der Palast de Luna sein. Im übrigen kann ich es kaum erwarten, nach Istanbul zu reisen. Dort kann ich mich Gracia nennen, mit meinem einzigen wahren Namen. Hast du neue Nachrichten von Mosche Hamon?»

Ich verneinte.

«Ein weiteres Desaster», seufzte Beatriz.

Sie berichtete mir, was sich in Antwerpen ereignet hatte. Als die Statthalterin von der Flucht der Damen Mendès erfuhr, soll sie einen Wutanfall bekommen und unseren flämischen Besitz abermals unter Zwangsverwaltung gestellt haben. Freilich waren wir deswegen nicht gleich in finanzieller Not. Maximilian einerseits und die Handelsgilde andererseits wollten uns helfen, unsere Güter zurückzuerhalten. Aber es würde meine Sache sein, die Angelegenheit in Ordnung zu bringen. Ich sah voraus, daß ich wieder durch halb Europa reisen, und das hieß, mich von allem entfernen mußte, was ich am meisten begehrte – die Seele von Beatriz, den Körper von Faustina.

Am Ende des Tages holten wir die kleine Reyna ab, die ihre Mutter stürmisch umarmte. Um die beiden mit ihrer Wiedersehensfreude allein zu lassen, besuchte ich Faustina für eine kalte Umarmung, die einem Abschied gleichkam. Schließlich kehrte ich für das Willkommensmahl zum Palast zurück. Brianda schwärmte von den neuen Chansons, die sie in Lyon gehört hatte, über die Mode der Französinnen, über die Juwelen, die sie bereits an den Venezianerinnen bemerkt hatte. Beatriz hatte ihre Hand auf die der strahlenden Reyna gelegt. Ich betrachtete Mutter und Tochter: die erste zum Verzweifeln schön, die andere mit ihren rabenschwarzen Haaren und ihrem dunklen Teint zweifellos wesentlich weniger attraktiv.

Gleich am nächsten Tag begab ich mich auf dem kürzesten Weg nach Antwerpen und traf dort dank des schönen Wetters bereits nach einer Woche ein. Ich fand das Haus Mendès verschlossen, die Tore von Soldaten bewacht; unsere Diener hatten bei unseren marranischen Brüdern Schutz gefunden. Ich versteckte mich im Haus unseres Freundes, des Arztes Amato Lusitano, besprach mit ihm die augenblickliche Lage und erläuterte meine Pläne. Lusitano sowie alle, die unsere Freunde waren, erklärten sich bereit, mein Gesuch um Freigabe unserer Güter beim Bürgermeister zu unterstützen.

Dieser Mann wartete in einem großen gewölbten Saal auf mich. Er hatte seine Hände flach auf seine dicken Knie gelegt und stellte sich bockig wie ein Bulle. Ich hatte offenbar einen Klotz aus Muskeln und Dummheit vor mir. Die Unterstützung der Händler bedeutete ihm weniger als die Befehle der Statthalterin.

«Seht Ihr, Mijnheer Miquez», sagte er langsam, «wir wissen genau, daß Eure Familie zur Religion der Feinde Christi zurückgekehrt ist. Es liegen zweifelsfreie Beweise gegen Euch vor, und solche Unbotmäßigkeit können wir nicht dulden!»

Der dicke Mann suchte verlegen nach Worten und wiederholte derweil immer wieder «nicht dulden, nicht dulden». Einen Neuchristen konnte man gerade dulden, wenn er zurückgezogen lebte und eifrig zur Vermehrung des flämischen Reichtums beitrug. Aber man duldete ihn nicht, wenn er *zu* reich war, wenn er eigene Wege ging und sich auffällig verhielt. Dann war er ein heimlicher Jude, den man nicht dulden konnte. Der Bürgermeister sah es als seine Pflicht an, der Inquisition zu beweisen, daß die Mendès rückfällige Juden waren.

Ich benannte Zeugen, die an der sehr christlichen Hochzeit von Diogo und Brianda teilgenommen hatten. Ich rief unsere Anwesenheit bei den Sonntagsmessen in Erinnerung, ich verwies auf unsere üppigen Mahlzeiten und unsere rauchenden Kamine am Samstag und bot an, Rechnungen – die wir wohlweislich angefertigt hatten – vorzulegen, aus denen hervorging, daß wir entgegen den falschen Anschuldigungen nie an einem Freitag Mehl gekauft hatten.

«Trotzdem, Mijnheer Miquez», winkte der Bürgermeister ab, «das alles ist nicht genug. Wir haben Befehle, versteht Ihr! Könnt Ihr etwa bestätigen, daß Euer Vater kein Jude war? Könnt Ihr beschwören, daß Ihr nie hinter verschlossenen Läden den Sabbat gefeiert habt? In unserem flachen Land haben wir Angst vor dem Teufel, Mijnheer Miquez.»

Der Kerl triefte vor Schweiß. Schließlich riet er mir nachdrücklich, mich der Statthalterin zu Füßen zu werfen. Ich witterte eine Falle. Die Statthalterin würde mich als Geisel an ihrem Hof festhalten, und ich würde der Gefangene ihrer Launen sein.

Ich ließ Maximilian, dem ich weiterhin vertraute, eine Botschaft überbringen, in der ich ihn um eine Unterredung an sicherem Ort ersuchte. Er bestellte mich auf ein freies Feld in der Nähe eines Polder-Baus. Ich fand ihn unverändert, spöttisch und so spontan wie eh und je, aber auch so treu wie immer. Er umarmte mich mit ehrlicher Zuneigung, fand mich schlanker und brauner und doch, wie er sagte, mit einer ihm neuen Härte im Blick. Ich konnte offen mit ihm sprechen, und er hörte mir aufmerksam zu.

«Deine Lage ist prekär, mein Freund. Meine erlauchte Tante ist in äußerster Bedrängnis. Mit ihrer herrschsüchtigen Art hat sie die flämischen Bürger gegen sich aufgebracht, und es brodelt unter den Händlern. Sie sollte vorsichtiger, diplomatischer taktieren, aber sie tut das Gegenteil. Gott verdamme mich, sie ist nicht fähig, souverän und großmütig zu handeln. Ich fürchte, sie wird dir nie verzeihen. Bedenke, du bist mit der Mendès-Erbin geflohen, deren Heirat mit ihrem Cousin sie beschlossen hatte.»

Maximilian brach in Lachen aus.

«Ich sehe die Statthalterin mit ihrer scheinheiligen Nonnenmiene und ihren altjüngferlichen Kummerfalten vor mir, rasend vor Wut, weil ihr schöner junger Kavalier sich für seine junge Cousine entschieden hat. Sie kann es nicht ertragen, daß du ihr den Laufpaß gibst, verstehst du?»

Er dachte nach.

«Aber nach außen hin gehorcht sie nur den Befehlen ihres Bruders, des Kaisers. Und in der Tat geschah es nicht allein aus Rache, daß eure Güter konfisziert wurden. Dergleichen hätte die Tante ohne präzise Anweisung ihres Bruders nicht gewagt. Onkel Karl hat Brüssel gerade verlassen, wo er seine schlimme Gicht behandeln ließ, und ist auf dem Weg nach Regensburg, wo er den nächsten seiner geliebten Reichstage hält. Diesmal hat er eine große Synode vor, um die alte Religion und die neue, für die sich die meisten deutschen Fürsten so vehement einsetzen, miteinander zu versöhnen. Weißt du, Juan, ich hasse die Protestanten nicht, und ich denke, daß Luther recht hat, wenn er fordert, daß das Christentum geläutert werden müsse, aber der Kaiser hat deswegen nicht unrecht. Wir müssen diesen ständigen Glaubenskämpfen ein Ende machen. Frieden soll herrschen, nur noch Frieden. Wir müssen über einen Frieden zwischen den Religionen verhandeln. Laß uns zusammen nach Regensburg reisen und den Kaiser treffen. Ich werde ihn dazu bringen, dich zu empfangen. Du wirst in ihm einen feinfühligen Gesprächspartner finden, nicht zu vergleichen mit jener Dame, die du als seine Vertreterin kennst. Mach ihn dir geneigt, Juanito. Ich sehe keine andere Möglichkeit, wirklich keine andere.»

Ein gefährliches Abenteuer, auf das ich mich da einlassen sollte. Würde es mir nicht gelingen, den Kaiser von unserer Loyalität zu überzeugen, wäre unser Ruin sicher. Wir konnten auf einen Schlag alles wiedergewinnen oder für alle Zeiten alles verlieren. Doch Maximilian hatte recht: Es gab keinen anderen Ausweg.

«Und ich würde dir nicht raten, unterwegs zu desertieren, wie du es schon einmal getan hast, du Verräter!» sagte er und stieß mich freundschaftlich in die Seite. «Du bist kein Soldat, aber auch als Bankier muß man manchmal Heldenmut beweisen. Ich rate dir, vor dem Kaiser nicht von Forderungen oder von Lösegeld zu sprechen, sondern ihm die Bereitstellung von Kapital anzubieten.»

Der Prinz war ein messerscharfer Denker – und dabei so gerade heraus und kameradschaftlich wie ein gewöhnlicher Sterblicher.

Wir brachen zu einer angenehmen Reise mit kleiner Begleitung auf. Der Erbe der österreichischen Krone hatte zwar das Recht auf eine starke Leibgarde, doch genügte bei einer Unternehmung, die so privat war wie die unsere, eine Eskorte von wenigen Soldaten. Das bedeutete jedoch nicht, daß wir uns unterwegs mit bescheidenen Gasthöfen und schalem Bier begnügten. Wir machten Rast in Bischofspalästen, Adelsschlössern oder Rathäusern, wo deutsche Damen mit flachen Hüten und halsengen Ketten aus Edelsteinen uns empfingen. Einige zeigten bei gut gespielter Zurückhaltung beherzt ein tiefes Dekolleté und warfen uns Blicke zu, die sogar das Blut eines Dominikaners in Wallung gebracht hätten. Die Bettlaken waren weich, und es fehlte uns nicht an Abwechslung. Aber die deutschen Felder litten noch immer unter den Folgen des Krieges, und die abgebrannten Bauernhöfe waren nicht zu zählen. Maximilian teilte mir auch seine Sorgen mit. Er fürchtete, daß der Kaiser das Treffen der Fürsten dazu nutzen würde, ihn gegen seinen Willen zu vermählen. Andererseits interessierte ihn der Reichstag in Regensburg sehr. Der junge Mann hatte schon das Zeug zu einem wahren König.

«Man kann ein Reich nicht mit frommer Gewalt zusammenhalten, sonst riskiert man Rebellion und Bürgerkrieg. Mein Onkel muß Konzessionen machen. Bigott wie er ist, kennt er die Kunst der Kompromisse – und darin liegt deine Chance, Juanito.» Außerdem versprach er mir auch dies: «Du wirst sehen, Regensburg ist das reinste Sodom. Die Frauen steigen da mit den

Männern ins Bad... Ach, diese Weiber! Ich frage mich, was mein Onkel heute über sie denkt, ob er sich wirklich allein seinem Witwertum und seiner Frömmigkeit hingibt.»

Bald sollten wir es wissen. Der Habsburger, von Gicht gequält und von düsteren Stimmungen geplagt, hatte seit dem Tod seiner Gemahlin Isabella ein asketisches Leben geführt, bis einer der renitenten deutschen Fürsten eines Tages unbekümmert ein junges, rundliches Mädchen ins kaiserliche Gemach mitbrachte. Wider alle Erwartung war der bis dahin untröstliche Witwer sofort der Versuchung erlegen. Ein Wunder geschah! Das Fräulein nannte sich zwar Barbara *von* Blomberg, es wurde jedoch geraunt, daß sie die Tochter eines einfachen Handwerkers war und lockeren Sitten zugeneigt.

«Sehr gut! Ich liebe dieses vermutlich hübsche Kind schon jetzt», sagte Maximilian, als er davon hörte. «Mein Onkel wird weich wie Wildbret in einer Marinade sein, und das ist für dich die beste Voraussetzung, um zum Ziel deiner Wünsche zu gelangen, Juanito.»

Endlich, nach einer langen Woche des Wartens, sagte mein Freund mir, daß mich der Kaiser nach seinen Morgengebeten unter vier Augen empfangen werde.

Ich zog mich schlicht und bescheiden an, vermied also Spitzen wie Federn und nahm mir vor, ihm in der devoten Haltung eines Bittstellers oder Schuldners gegenüberzutreten. Ich wartete in einem dieser Vorzimmer, wo die Berater des Monarchen und Abgesandten der Fürsten flüsternd und lauschend in Gruppen zusammenstanden. Schließlich wurde ich lautlos, wie in das Zimmer eines Toten, zum Eintreten aufgefordert.

Der Habsburger trug einfache schwarze Kleidung. Er empfing mich stehend, den rechten Arm auf einen hohen Lehnsessel gestützt. Obwohl er nicht groß war, erschien er mir riesenhaft. Die Legende log nicht: Sein gefräßig wirkender Kiefer nahm die Hälfte seines Gesichts ein. Der noch immer blonde Bart des Sechsundvierzigjährigen konnte die furchterregenden, mächtigen Wangenknochen, die sich ständig bewegten, nicht verdekken. Sein kalter, abwesender Blick war vernichtend. Wie gebannt beugte ich das Knie.

«Wir haben hier, Monsieur, Briefe Unserer Schwester, der Statthalterin von Gent», begann Kaiser Karl laut und deutlich. «Sie schreibt Uns, daß Eure Familie ihren Befehlen, die auch die Unseren sind, nicht gehorcht hat. Es war Euch untersagt, Antwerpen zu verlassen.»

Er sprach langsam, als ob er die Luft kaute. Ich antwortete, Seine Majestät sehe einen ehrlichen Christen vor sich, der seinen Glauben ernst nehme. Gewiß, wir seien Konvertiten, doch daß wir noch an unserer alten Religion festhielten, sei niederträchtige Verleumdung. Dennoch habe man uns verfolgt, worauf die Familie Mendès aus Furcht vor weiteren Repressalien sich entschlossen hätte, Antwerpen den Rücken zu kehren.

Maximilian hatte mir versichert, daß sein Onkel die Exzesse der Inquisition fürchte und sich nur widerstrebend bewegen ließ, die Autodafés zu bewilligen. Die Züge des Kaisers verkrampften sich, er ließ sich schwerfällig nieder und fragte: «Ihr gesteht also, aus der Stadt geflohen zu sein, Monsieur?»

Ich verbeugte mich vor dem scheinbar plötzlich gealterten Mann, der unser Schicksal in der Hand hatte, und sprach mit belegter Stimme von der Ungerechtigkeit, mit der man das Haus Mendès seines Eigentums und damit seiner Freiheit beraubt habe. Der Habsburger schlug ungeduldig auf die Armlehne seines Sessels. «Ja, ja. Wir wissen das schon.» Ich weiß nicht mehr, wie es mir gelang, die aus der kaiserlichen Kasse fällige Zinszahlung zu erwähnen, fünftausend Goldtaler.

Keine Antwort. Nur die nervöse rechte Hand des Monarchen blieb in Bewegung. Ich stellte in Aussicht, ein Drittel der Forderungen zu erlassen. Das schien ihm nicht genug, denn seine Hand schlug immer noch auf die Lehne. Ich erhöhte mein Angebot, der Kaiser schwieg und schlug weiter. Bei einem Schuldenerlaß von dreißigtausend Goldtalern – ein unglaubliches Zugeständnis meinerseits – gab die Hand endlich Ruhe.

Karl schaute mich an und lächelte. Ich habe nie etwas Häßlicheres gesehen als dieses unverschämte Siegerlächeln, aber ich hatte ja auch noch nie vor einem Kaiser gestanden. Wie anders wirkte der verehrte Sultan Süleiman später auf mich! Der Habsburger strahlte nichts als Macht, List und Hochmut aus. Was war schon ein Bankier im Vergleich zu ihm, dem Herrscher, in dessen Reich die Sonne nicht unterging! Es ist wahr, er hatte gut lächeln.

Dennoch – in diesem Augenblick fand ich meinen Stolz wieder. Er wollte mich zwingen, nicht nur das Knie zu beugen, sondern auch noch den Kopf zu senken. Ich tat ihm jedoch nicht den Gefallen, ich starrte ihm vielmehr ins Gesicht. Seine Kiefer schnappten bebend nach Luft. Nein, zumindest mein Blick gehörte mir. Ächzend erhob sich der Kaiser und ließ mich dabei nicht aus den Augen.

«*Bueno*», sagte er, «wir brauchen alle unsere Untertanen, und wir schätzen Eure Dienstbarkeit. Deshalb wollen wir Gerechtigkeit walten lassen und Euch von dem Verdacht reinigen, der auf Eurer Familie lastet, und sie wieder in Stand und Würde setzen. Ihr habt Courage bewiesen, junger Herr. Dafür nehmt Unsere Anerkennung. Ihr seid zum Ritter erhoben, Monsieur. Verbrieft jetzt vor Unserem Kammerherrn, was Ihr Uns zugesichert habt, und verlaßt dann unverzüglich die Stadt.»

Der Habsburger hatte das Wort «Geld» nicht ausgesprochen, und doch ging es während der ganzen Audienz um nichts anderes. Ich hatte ihm für dreißigtausend Goldtaler unsere Freiheit abgekauft und als Draufgabe einen Adelstitel erhalten.

Aus der Falte seines Umhangs streckte sich ein fleischiger Arm hervor. Für eine Sekunde leuchteten die Augen des Kaisers auf und erloschen genauso schnell wieder. Er reichte mir seine Hand, damit ich sie – zur Besiegelung unseres Geschäfts – küßte.

Später erfuhr ich, daß wir unsere Rettung im Grunde dem Fräulein von Blomberg verdankten. Maximilian hatte sie überredet, ein Wort zu unseren Gunsten zu sprechen. Das heißt, sie hatte ihren kaiserlichen Liebhaber an die Großmut der Vergebung von Unbotmäßigkeit erinnert und daß sie sich, wie in der Bibel geschrieben steht, gewiß auszahle. Mein Freund hatte überdies nicht versäumt, der braven Bürgerstochter einige Perlen zum Geschenk zu machen.

«Und um allem die Krone aufzusetzen, bist du auch noch zu einem Adelstitel gekommen, Ritter Juan!» sagte Maximilian entzückt. «Ist das nicht komisch? Nun wirst du das Reich doch wohl nicht mehr verlassen wollen, nachdem mein Onkel dich zu seinem Lieblingsgläubiger erkoren hat. Du brauchst deinen Damentroß nur noch von Venedig nach Antwerpen zurückzubringen. Und wenn du neue Schwierigkeiten vermeiden willst, laß den dicken Aragonier deine kleine Cousine heiraten. Das wäre das Beste für alle!»

Für alle? Das Reich nicht verlassen? Ich brachte es nicht übers Herz, Maximilian die Wahrheit zu sagen, doch es stand für mich fest: Wir konnten im Reich dieses Kaisers nicht bleiben. Man konnte uns nicht mit einem schönen Titel kaufen. Zum Dank für seinen selbstlosen Beistand schenkte ich dem Prinzen einen dieser großen weißen Hengste aus Spanien, die er so liebte. Damit nahm ich Abschied von einem Freund, den ich nie wiederzusehen fürchtete.

Als ich Regensburg verließ, munkelte man, daß die Blomberg schwanger war. Man lachte viel über das noch ungeborene Kind und zählte die Väter auf, die in Frage kamen. Aber niemand sagte das voraus, was geschah: Der Habsburger erkannte den Bastard an und nannte ihn Juan de Austria, Johann von Österreich.

Der Bucklige richtete sich heftig auf.

«Der Sieger von Lepanto? Der mutige junge Mann, der die osmanische Flotte in die Flucht schlug?»

«Eben dieser. Und ich hatte die Ehre, den Habsburger in jenen Tagen zu treffen, als er den Helden von Lepanto zeugte, den Verursacher meines späteren Niedergangs. Wenn das nicht ein Narrenstreich des Schicksals war, Caraffa!»

«Ich sehe eher Hexerei darin, Herzog! Ist es wahr, daß nur

wegen dir die Türken Zypern angegriffen haben und du schuld daran bist, daß die Osmanen bei Lepanto geschlagen wurden und das Orakel des Roten Apfels in Erfüllung ging? Und der Vater dieses Bastards verlieh dir den Adel just an dem Tag, an dem er deinen künftigen Besieger pflanzte, hahaha ...»

Als der Ritter Juan nach Venedig zurückkehrte, glaubte er, von jeglichem adligen Dünkel frei zu sein. Aber er täuschte sich. In der Tat, ich dachte, ich wäre dagegen gefeit, der Eitelkeit zu erliegen. Unterwegs aber mußte ich an alle unsere Brüder denken, die während früherer Jahrhunderte in Spanien für ihre Verdienste geadelt worden waren und die dann wegen des Makels ihrer Abstammung ihre Titel und Güter wieder verloren. Ich indessen hatte ein Adelsprädikat gewissermaßen *gekauft* – von einem Weltherrscher, der auf mein Geld angewiesen war! Kaiser und Könige waren von dem Haus Mendès abhängig. Wer wohl würde mich davon abhalten können, selbst ein König zu werden!

Um ehrlich zu sein: Ich habe nie gelernt, meinen Ehrgeiz zu bezähmen. Ich kenne die Engstirnigkeit übertriebener Ambitionen, ich erkenne sie bei anderen, ich verurteile sie, aber ich kann nicht verhindern, ihr bisweilen selbst zu erliegen. Beatriz haßte diesen Charakterzug an mir. Gott allein weiß, wieviel ich für diese lächerlichen Ehren bezahlt habe. Heute noch, da ich meine Titel und meine Besitztümer längst verloren habe, wo ich krank bin, tödlich krank sogar, hoffe ich noch auf ich weiß nicht welches Wunder, das mir einen allerletzten Ruhm schenkt und mir den dummen Rausch noch einmal verschafft, der die Beine leicht macht, die Sinne beflügelt, für nichts und wieder nichts ...

Als ich, über alle Maßen stolz auf meine in Wahrheit lächerliche Ritterschaft, in Venedig ankam, war der Palast de Luna von Zwietracht erfüllt. Während meiner Abwesenheit hatten sich Beatriz und Brianda heftig gezankt. Bis dahin hatte Beatriz eine natürliche Autorität über ihre jüngere Schwester ausgeübt und sich andererseits davor gehütet, ihr Mißtrauen zu zeigen, das sich bis dahin nur in kurzem Stirnrunzeln und Atemanhalten geäußert hatte. Venedig hatte Brianda sofort in seinen Bann geschlagen, mit den Netzen notorischer Schürzenjäger eingefangen und dabei die Korruptheit dieser verdorbenen kleinen Seele ans Licht gebracht.

Brianda Mendès hatte sich ohne Zögern in den Taumel der venezianischen Feste gestürzt, die ihre Neigung zu Prunk und Leichtsinn befriedigten. Ich verstand sie nur zu gut: Sie war dem gleichen Zauber erlegen, der mich betört hatte. Wie konnte man den Bällen und den Maskeraden widerstehen, bei denen man nicht mehr wußte, wer Mann oder Frau und, hinter einer weißen Halbmaske versteckt, zu jedem Abenteuer bereit war! Wie die Mandolinen der Gondolieri und die stillen Gassen vergessen, in denen man der Angebeteten ungestört zu jeder Nachtstunde ein Ständchen bringen konnte ... Sogar der Regen war in Venedig sanft; und wie sehr habe ich es genossen, als die Lagune die Piazza überschwemmte und man vergnügt durch dieses knöcheltiefe Meer watete, bis es ebenso plötzlich wie durch Zauberei wieder verschwand ... Auf dem Sankt-Markus-Platz konnte man die reifen Trauben von den Weinlauben pflücken, man trat ohne langes Bedenken in ein fremdes Haus ein, nur weil die Hand einer jungen Frau eine Lampe angezündet, ein Zeichen gemacht, einen Fensterladen geschlossen hatte ... Wer hätte solcher Einladung zu widerstehen vermocht! Ja, ein Teil von mir war Brianda ähnlich, doch als erfahrener Mann konnte ich meine Exzesse leicht kaschieren, und Beatriz versuchte nicht, sie aufzudecken.

Brianda sündigte dagegen sozusagen unter freiem Himmel und bot ihrer Schwester die Stirn. Eines Tages hatte Beatriz einen von ihren berühmten grundlosen Kollern bekommen, mit einem Ruck die Perlenketten von den nackten Brüsten ihrer Schwester gerissen und ihr einen Krug voll Wasser über den Kopf gegossen, mit der Begründung, sie von ihren Befleckungen reinwaschen zu müssen. Diesmal hatte Brianda nicht stillgehalten, sondern Beatriz angegriffen. Die beiden Frauen waren sich in die Haare geraten, und die Mägde mußten sie mit Gewalt auseinanderbringen.

Über diesen Vorfall und Schlimmeres berichtete mir mein Freund Lusitano, der während meiner Reise nach Regensburg Antwerpen ebenfalls verlassen und im Palast de Luna Aufnahme gefunden hatte. Brianda hatte sich augenscheinlich nicht darauf beschränkt, sich den Vergnügungen Venedigs hinzugeben, sie hatte dies auch noch mit ziemlich beunruhigenden Argumenten gerechtfertigt.

Während Beatriz sich mit den Geschäften befaßte, wie Diogo es in seinem Testament gefordert hatte, hielt Brianda es für ihre Pflicht, das Ansehen der Familie zu mehren, indem sie jenen Luxus zur Schau stellte, den man hier von reichen Bankiers erwartete. Hatte sie vielleicht keine Tochter, der die Hälfte des Mendès-Vermögens zustand? «Deine Sache ist es, das Geld heranzuschaffen», hatte sie ihrer Schwester mit provozierendem Lachen erklärt, «meine Sache ist es, es auszugeben!»

Beatriz war, von Briandas Verhalten erschüttert, wieder in ihre apathische Melancholie versunken.

«Dagegen ist jeder Arzt machtlos», seufzte Lusitano. «Beatriz verzehrt sich in einem Gram, der medizinisch nicht kurierbar ist. Die Ausschweifungen ihrer Schwester haben nur wenig damit zu tun. Das Feuer, das sie von innen verbrennt, wird von ihrem unruhigen Geist entfacht. Manchmal wird sie ohnmächtig, und ihr Körper versteift sich vollkommen; dann wieder leidet sie an kalten Schweißausbrüchen, starken Kopfschmerzen oder an Atemnot. Meine Heilmittel, meine bewährten Rosenessenzen können diese Schmerzen zwar lindern, aber ich kann nicht das Blut austauschen, das in ihren Adern fließt. Es ist das Blut einer Königin, Juan, das Blut einer Prophetin. Beatriz könnte unsere Judith sein. Ich habe allerdings keine Ahnung, welchem Holofernes sie den Kopf abtrennen will.»

Lusitanos Darstellung erinnerte mich an den Zustand, in dem ich Beatriz auf der Brücke des Seglers *Sankt Tobias* bei unserer Abfahrt aus Lissabon angetroffen hatte.

«Gibt es vielleicht einen neuen Magier, der sie verhext?»

«Ich glaube nicht. Sie mag Venedig nicht und geht wenig aus. Sie lebt hier genauso zurückgezogen wie in Antwerpen. Beatriz ist eine einsame Frau, Juan. Sobald wir in Sicherheit sind, müssen wir sie wieder verheiraten.»

Beatriz wieder verheiraten? Ein eiskalter Schauer lief mir über den Rücken. Ein anderer Mann an der Seite meiner Beatriz? Das würde ich nicht ein zweites Mal zulassen. Gleichzeitig sah ich zu meiner Verwunderung plötzlich das Bild Faustinas vor mir.

Ich erfuhr von Lusitano noch mehr Unangenehmes. Brianda hatte sich in einen venezianischen Adligen vernarrt, den als lasterhaft bekannten Erben einer reichen Patrizierfamilie. Nachlässig gekleidet, betrat er ungeniert unser Haus, wann immer es ihm gefiel, bediente sich ohne Skrupel von meinem Wein, nahm beiläufig eine Schale aus Alabaster in die Hand, drehte sie gegen das Licht, als ob er den Preis schätzen wollte – kurz, er benahm sich wie ein arroganter Flegel. Dieser Cibo war der Neffe jenes lebenslustigen Kardinals, der, wie es hieß, die Gaillarde graziöser tanzte als jeder Kavalier. Ich sah in dem jungen Cibo nichts als einen Taugenichts, der auf unser Geld aus war, so wie in Antwerpen Don Francisco von Aragon sich durch die Heirat mit Reyna zu bereichern gedacht hatte.

Brianda richtete seit der Rauferei mit ihrer Schwester kein Wort mehr an sie, verletzte hingegen die kleine Reyna durch spöttische Bemerkungen über ihre angeblich häßlichen Kleider. Briandas Dekolleté wurde größer und größer und sie kümmerte sich nicht mehr um ihre Tochter La Chica. Manchmal stieß sie konfuse Drohungen bezüglich der Erbschaft der Mendès aus …

Beatriz quälte sich im stillen. Keine Wutausbrüche mehr, kein Auftrumpfen. Sie, die unsere Flucht aus Lissabon organisiert, die Netze, um unser Volk zu retten, geknüpft hatte, rang vor Verzweiflung nur noch die Hände und weinte. Die Freigabe unseres Vermögens tröstete sie kaum, und von meinem Rittertitel nahm sie keinerlei Notiz.

«Was soll ich tun? Ich kann unsere Erbschaft nicht mit Brianda teilen. Du kennst sie. Sie ist kein schlechter Mensch, aber sie würde das Kapital verschleudern. Ich weiß schon, warum ihr Mann das ihr zustehende Erbteil seiner Tochter vermacht hat. Ach, Josef, ich träume nicht mehr von Istanbul… Wir müssen nach Jerusalem gehen. Das Land, aus dem unsere Ahnen ausgewandert sind, erwartet uns. David Rubeni hat mich in einer himmlischen Vision in Jerusalem gesehen. Ich werde, hat er prophezeit, die Königin von Palästina sein.»

Sie schien zu phantasieren. Ich trug sie auf ihr Bett und betrachtete hilflos meine Beatriz, die von Krämpfen geschüttelt wurde und nicht wiederzuerkennen war. Wenn die Zuckungen ihren Höhepunkt erreichten, war sie von einem seltsamen Licht umstrahlt, wie von einer Aura. Sie öffnete den Mund, fauchte wie ein Raubtier, und ihre Augen wurden groß, als ob sie Gott oder den Teufel sah. Ein Inquisitor hätte sie sofort als Hexe verurteilt, ein Mönch wäre vor ihr wie vor einer Heiligen niedergekniet. In ihrer scheinbaren Schwäche war sie wie von einer übermenschlichen Kraft erfüllt. Am liebsten wäre ich dieser entfesselten Majestät zu Füßen gefallen.

Doch ich nahm mich zusammen und schlug ihr mehrmals auf die Wangen, bis sich auf ihnen rote Flecken abzeichneten. Ihr ganzer Körper sträubte sich, sackte zusammen, und sie fing an, entsetzlich zu stöhnen. Ich umarmte sie und trocknete die Tränen, die über ihr Gesicht strömten. Wir konnten nichts gegen diese Anfälle tun, weder sie noch ich.

«Wenn du willst, wirst du gewiß Königin werden, mein Herz», flüsterte ich dicht an ihrem Ohr.

Am gleichen Abend war ich wieder bei Faustina. Die Schöne wartete auf mich in unserem Bett, das Nachtgewand schon aufgehakt und knabberte Süßigkeiten. Ich drehte sie zur Seite, um ihr Gesicht nicht zu sehen. Ich hatte nur Lust auf ihre blonden Haare und ihre weiße Haut. Trotz ihres Hundes, der knurrend um uns herumschlich, verbrachte ich die ganze Nacht damit, den blassen Körper der unnahbaren Faustina zu genießen.

Als ich im Morgengrauen zum Palast de Luna zurückkam, war das ganze Haus in Aufregung. Lusitano stürzte sofort auf mich los. Schergen der Serenissima hatten Beatriz im Namen des Rates der Zehn in der Nacht verhaftet und auch Reyna mitgenommen.

Brianda war nichts geschehen. Ich vermutete das Schlimmste und eilte in ihr Zimmer. Sie schlief noch, das Gesicht hinter ihren langen roten Haaren versteckt. Ich weckte sie schroff.

«Um Gottes willen, Brianda, sag mir, warum hat man sie verhaftet? Warum sie und nicht dich? Wie kannst du schlafen, wenn sie deine Schwester und deine Nichte mitgenommen haben?»

Brianda gähnte.

«Mach dir deswegen keine Sorgen, Juanito, sie werden der Kleinen nichts tun. Man hat mir versprochen, daß man sie in ein Kloster bringt, wo sie besser erzogen wird als in diesem Haus.»

Dabei lächelte Brianda unschuldig. Ich ohrfeigte sie mit aller Kraft, worauf sie zu heulen begann.

«Ich habe es nicht absichtlich getan, Juanito. Es war Cibo, der alles angezettelt hat. Ich habe nur die Wahrheit gesagt, als ich gefragt wurde, das ist alles. Ist es vielleicht nicht wahr, daß Beatriz die jüdischen Riten befolgt? Ich weiß es genau, ich habe sie lange genug beobachtet. Ihr Sabbat am Freitag, ihre Abneigung gegen die Messen ... Und diese Manie, jedesmal endlos ihre Hände zu waschen, wenn sie von der Kirche zurückkommt ... Und will sie sich etwa nicht unter den Schutz des osmanischen Erzfeindes stellen? Oh, ich kenne alle eure Pläne. Und ich habe Angst, schreckliche Angst, *è vero*!»

Also sie war es gewesen! Über den kleinen Cibo hatte Brianda ihre eigene Schwester an den Rat der Zehn ausgeliefert. Ich hätte die erbärmliche Denunziantin erwürgen können.

«Weißt du, was du angerichtet hast, du Biest? Beatriz' Leben ist in Gefahr!»

«Hör zu, Juanito, sie haben mir gesagt, daß sie ihr nichts tun werden. Sie stecken sie nur eine Weile in den Kerker, um sie zur Vernunft zu bringen.»

Schmollend spielte sie mit einer Ecke ihres Kopfkissens.

«Weißt du, Juanito, alles, was ich will, ist meinen Teil des Vermögens, den ihr mir weggenommen habt, du und deine liebe Beatriz. Diogos Testament ist wertlos, der kluge Cibo hat es mir gesagt. Meine Tochter hat einen Anspruch auf die Hälfte des Kapitals der Bank Mendès, und ich bin ihr Vormund. Cibo will mich heiraten, er wird aus mir eine venezianische Patrizierin machen, und das ist alles, was ich will, Juanito, wirklich alles.»

Ich schlug sie windelweich und achtete darauf, daß auch ihr Gesicht etwas abbekam. «Du hast vorher bloß gehinkt, aber jetzt schau dir an, was für ein häßliches Monster du bist!»

Ich zwang sie, sich die Male meiner Schläge im Spiegel anzuschauen.

Sie brüllte los: «Du hast mich nie geliebt, Josef! Sogar Diogo hatte Beatriz lieber als mich. Es ist immer Beatriz, nur Beatriz! Ja, ich habe sie denunziert. Ja, ich hoffe, daß sie mit lauter Falten im Gesicht aus dem Gefängnis kommt. Und ich will haben, was mir zusteht. Ich hasse euch, ihr unzertrennlichen Betrüger, euch Juden, euch Schweine! Und du, Josef Nasi, *maledetto*, du wirst dafür bezahlen, was du mir angetan hast!»

Brianda hatte auf den Rat ihres Geliebten noch etwas anderes gemacht: Mit dem geheimen Einverständnis unseres Vertreters in Lyon wurde das Vermögen, das wir in Frankreich hatten, unter Zwangsverwaltung gestellt. König Heinrich II. hatte Briandas Gesuch sofort stattgegeben, denn das enthob ihn der Pflicht, hohe Schuldforderungen an uns zu begleichen. Die Franzosen sind ohnehin säumige Zahler. Nun besaßen wir nichts mehr in Lyon und nichts mehr in Venedig.

Die Befürchtungen meiner Beatriz und die Berechtigung meiner Abneigung gegen diese Teufelstochter Brianda hatten sich grausam bestätigt.

Als ich den Prokurator für die Angelegenheiten der Neuchristen aufsuchte, zeigte er sich ziemlich verärgert. Er kaute Pistazienkerne, sprach mit vollem Mund und spuckte die Schalen auf den Boden.

In welchem Gefängnis Beatriz eingesperrt sei, wollte ich wissen. In gar keinem. Die Signora Mendès befinde sich nur an einem sicheren Aufenthaltsort mit soliden Fenstergittern.

Und wie lange?

Der Prokurator reckte seine Arme zum Himmel. Wie sollte er das wissen! Man müsse die Entscheidung der Zehn abwarten.

«Werdet Ihr mit meiner Tante sprechen?»

Er wußte es nicht.

Der Prokurator stand auf und strich seine Robe glatt. Die Unterredung war beendet. Doch als ich an der Tür stand, bemerkte er noch wie beiläufig, daß Beatriz sicherlich freikäme, wenn sie bereit sei, eine hohe Geldbuße zu zahlen und sich zu verpflichten, Venedig nicht in Richtung Istanbul zu verlassen.

Es war mir gelungen, Maria von Ungarn zu umgarnen und erfolgreich mit dem Kaiser zu verhandeln, aber ich konnte mir nicht vorstellen, zehn Ratsherren gleichzeitig zu Beatriz' Gunsten beeinflussen zu können. Die Zehn hielten sie als Geisel, um zu verhindern, daß die Bank Mendès den Interessen der Hohen Pforte diente. Brianda hatte, als sie Beatriz anschwärzte, dem Rat nur einen willkommenen Vorwand geliefert, um Beatriz zu verhaften. Die Republik, feige und geldgierig, war nicht besser als das Kaiserreich.

Ich kehrte zu dem seiner Besitzerin und damit seiner Seele beraubten Palast zurück. Zusammen mit Lusitano überlegte ich, was zu tun sei. Er hatte Freunde in Mailand, die vielleicht imstande waren, uns zu helfen. Ich reiste im Morgengrauen des nächsten Tages ab.

«Beeil dich, Juanito», sagte Lusitano, als er mich zum Abschied umarmte. «Die Viper hat noch nicht ihr ganzes Gift gespuckt. Wenigstens du bist noch frei. Doch Brianda weiß, wie unternehmungslustig du bist. Sie wird solch ein Risiko nicht eingehen, und wenn sie selbst nicht daran denkt, wird Cibo dich ins Gefängnis werfen lassen.»

Eine Woche reichte mir, um die nötige Unterstützung zu erhalten. Aber eine Woche hatte auch Brianda gereicht. Als ich wieder in Venedig eintraf, wartete nahe unserem Palast, in dem Winkel, wo die Boote anlegen, einer unserer Diener auf mich.

Ich war zum Tode verurteilt.

Der Mann nahm aus einem Sack das schlichte Gewand eines Händlers vom Lande, das mir als Verkleidung dienen sollte. Während ich eine Kapuze aus grobem Tuch aufsetzte, schmierte der Bedienstete mein Gesicht mit Schlamm ein. Dann machte ich mich durch die menschenleeren Gäßchen davon.

Im Licht einer Laterne konnte ich an einer Mauer mit eigenen Augen meinen Steckbrief lesen. War ich wirklich dieser «João oder Juan Miquez alias Josef Nasi», auf dessen Kopf ein hoher Preis ausgesetzt war?

Mach diese Truhe hinter dir auf, Caraffa. Darin findest du eine Rolle schmutziges Papier. Roll sie aus und lies.»

Der Narr wühlte eine Weile brummelnd herum.

«Wo hast du die Rolle hingetan, Herzog? Ach, es muß diese hier sein.»

«Sie ist es. Ich selber habe das Blatt in jener Nacht von der Wand abgelöst. Lies schon!»

«Der Gesuchte soll lebenslänglich aus Venedig, aus allen Ländern und Städten der Republik, von ihren bewaffneten und unbewaffneten Schiffen verbannt sein. Er soll unverzüglich festgenommen und in unsere Hände geliefert werden. Er soll zwischen den zwei Säulen auf den Sankt-Markus-Platz aufgehängt werden, bis der Tod eintritt.»

«Siehst du, Caraffa, ich kenne diese Stelle auswendig. Zwischen den Säulen erhängt auf diesem Platz, den ich so liebte! Lies weiter, Caraffa ...»

«Denen, die ihn auf fremdem Boden festnehmen oder die beweisen können, daß sie ihn getötet haben, werden 1500 Dukaten gezahlt, was der Rat der Zehn der Republik Venedig garantiert. Für Hinweise, die zur Verhaftung des Gesuchten führen, ist eine Leibrente von 200 Dukaten jährlich aus der Kasse des Rates der Zehn ausgesetzt. Auf keinen Fall ist dem in Abwesenheit Verurteilten Begnadigung oder Nachlaß auf die Verurteilung durch Geleitbrief oder andere Art zu bewilligen, wenn dies nicht von den sechs Räten und von den drei Vorsitzenden des Rates verfügt worden ist. Das Urteil gegen den Gesuchten wird auf den Stufen der Rialtobrücke angeschlagen...»

«Deshalb werde ich Venedig nie wiedersehen.»

«Zumindest weißt du, wieviel du wert bist: fünfzehnhundert Dukaten, wenn man dich tötet oder ergreift, und zweihundert pro Jahr auf Lebenszeit, wenn man dich verrät. Kein schlechter Preis – selbst für einen Herzog. Ich hätte dich nie so hoch taxiert, nein, gewiß nicht», spottete der Narr.

«Spotte du nur über mich, das ist dein Metier. Aber sag mir nicht, daß dich gleichgültig läßt, was du eben erfahren hast.»

Ich wurde an diesem Abend von einem Haß auf Venedig ergriffen, der genauso stark war wie meine Liebe zuvor. Keines dieser beiden Gelüste ist bis jetzt befriedigt worden. Ich stützte mich auf das Geländer der Rialtobrücke und wartete wie in einem Traum, daß die vertrauten Geräusche der Stadt, die mich verraten hatte, mit dem Morgengrauen wieder erwachten. Allmählich erhoben sich die Schreie der Gondolieri und der Gemüsefrauen. Bald läutete meine liebe *Marangona* in der Ferne zum Tod meiner Freiheit. Ich war tatsächlich schon so gut wie zwischen den zwei Marmorsäulen auf dem Platz erhängt, der sich so wunderbar zum Meer hin öffnete... Ein Schiff! Nur ein Schiff konnte meine Rettung sein, egal welches. Ich würde an Bord gehen und mich in dem einzigen Reich befinden, das mich noch nie verraten hat – auf dem Meer.

Ungeachtet der Gefahr, meinen Häschern in die Arme zu laufen, begab ich mich zu Faustina, die mich kaum wiedererkannte. Ich erzählte ihr alles, und zu meiner Überraschung gab die sonst so Gleichgültige ihre Teilnahmslosigkeit auf und legte ihre Hand auf den Mund, um nicht zu schreien.

«Was soll ich tun?» fragte sie einfach, als ich meine Geschichte zu Ende erzählt hatte. Ich bat sie, Lusitano herzuholen. Ich sehe sie vor mir, wie sie ihren Kopf sorgfältig mit einem schwarzen Schleier bedeckte und dann lässig wie zu einer Besorgung wegging. Ich weiß nicht warum, aber ich vertraute ihr. Faustina würde mich gewiß nicht verkaufen.

In der Tat erschien bald Lusitano. Er informierte mich über das, was er wußte. Brianda hatte mich ebenfalls als praktizierenden Juden angezeigt, doch das wäre nicht genug gewesen, um mich zum Tode zu verurteilen. Sie hatte zwei weitere Gründe hinzugefügt. Der erste war so unsinnig, daß ich unwillkürlich lachen mußte. Sie hatte behauptet, ich hätte ihre Tochter, meine kleine Cousine, verführt und nach Ravenna gebracht, wo ich sie ohne Zustimmung ihrer Mutter geheiratet hätte. La Chica war gerade neun Jahre alt! Aus dieser grotesken Lüge sprach die pure Eifersucht Briandas, die Beatriz' Tochter Reyna haßte und das von unserer Familie mit gutem Grund ausgestreute Gerücht über ihre Entführung aus Antwerpen durch den nichtsnutzigen Juan Miquez einfach abgewandelt hatte. Um ihre Behauptung glaubhaft zu machen, hatte sie La Chica irgendwo auf dem Lande versteckt.

Der zweite Grund hatte immerhin Hand und Fuß. Sie konnte bestätigen, daß ich ein Komplott mit den Türken schmiedete.

«Großartig», sagte ich bitter. «Der Rat zeigt mir den Weg, dem ich folgen muß. Ich werde so handeln, daß die Anklage wahr wird. Ich reise nach Istanbul – und bei Gott, ich werde Komplotte schmieden!»

Ich beschloß, mich direkt an Sultan Süleiman zu wenden. Die militärischen Auseinandersetzungen zwischen der Republik und dem Osmanischen Reich waren vorübergehend eingestellt worden. Die Wespe fürchtete den Bär, und der Bär brauchte eine Atempause, um sich für weitere Kämpfe zu rüsten. Während solcher Perioden scheinbarer Ruhe wurde oft insgeheim verhandelt. Beatriz' Schicksal konnte von einem Brief des Sultans abhängen. Ich wollte ihn bitten, im Austausch gegen sie einige venezianische Gefangene zu begnadigen. Ich konnte den Sultan aber auch ersuchen, uns freizukaufen – mit unserem Geld. Dafür würde sich das Haus Mendès durch Eid verpflichten, sich in seinem Reich niederzulassen und dorthin auch die Zentrale seiner Bank- und Handelsgeschäfte zu verlegen.

Lusitano war mit meinem Plan einverstanden. Ich sollte nach Istanbul reisen, er würde sich um den Palast kümmern und die Verbindung zum Prokurator für die Neuchristen aufrechthalten, sich täglich nach der Gesundheit von Beatriz und Reyna erkundigen und dafür sorgen, daß man beide an ihrem Verwahrungsort nicht vergaß.

Ich wollte jedoch nicht fortgehen, ohne Brianda bestraft zu haben. Faustina, meine bisher beinahe leblose Puppe, hörte uns mit spürbarer Anteilnahme zu. Ich wandte mich zu ihr.

«Würdest du uns helfen, meine Schöne?»

Sie schlug nur die Augen nieder.

«Verführe Cibo!»

Faustina stand ruhig auf, verschwand einen Augenblick, kehrte mit fast nackten Brüsten, rotgeschminktem Mund und den Kopf mit einem blauen sternenübersäten Schleier bedeckt zurück.

«Ich weiß, wo ich ihn finde. Bleib du hier, Herr. Das ist besser. Und laß mir zwei Tage Zeit», sagte sie und streichelte meine Wange.

Lusitano sagte voraus, daß es außer dem Osmanischen Reich bald keinen Zufluchtsort mehr für die Marranen geben würde. Was blieb denn noch in Europa? Ferrara vielleicht. Der Herzog d'Este übte großzügige Toleranz, schützte mutig seine Juden und bekannte sich offen zum Ideal des Humanismus.

«Und wenn die Inquisition plötzlich dem Herzog d'Este befiehlt, seine Juden fortzujagen?» warf ich ein.

«Dazu müßte der Papst seinen Segen geben, und der neue Papst ist ein vorsichtiger und weiser Mann, Juanito.»

Wohin also, nach Ferrara oder nach Istanbul? Und warum nicht gleich nach Jerusalem?

Schon am Nachmittag kam Faustina zurück und hatte gute Nachricht.

«*Tutto a posto*, Herr. Cibo wird mich heute nacht um elf hier besuchen. Bist du zufrieden mit mir?»

Um zehn Uhr, als alles dunkel war, schlich ich mich zum Palast de Luna, aus dem laute Musik und Gelächter drangen. Ich sah Brianda mit zurückgeworfenem Kopf am Fenster stehen, ein junger Mann goß Wein zwischen ihre Brüste. Bald darauf trat Cibo aus dem Haus und stahl sich davon. Das Fest ging zu Ende, und im Palast wurden die Lichter gelöscht. Ich schlich mich hinein.

Umgeworfene Stühle, auf den Tischen zerbrochene Karaffen. Knochen von Wild und Geflügel schwammen in Saucen und Erbrochenem. Was hätte Beatriz dazu gesagt? Ich ging in Briandas Zimmer hinauf, ließ ihr keine Zeit zu schreien, sondern knebelte sie sofort mit einem Halstuch.

«Hör zu. Du hast deine Schwester verraten, und du hast mich zum Tode verurteilen lassen, mich, deinen Neffen! Was würdest du sagen, wenn ich dir als Gegenleistung vorführe, wie dein Geliebter dich verrät?»

Sie schaute mich verständnislos an. Die Spuren meiner Schläge waren noch nicht ganz verschwunden. Ihr Gesicht hatte gelbe Flecken wie das Fell einer Wildkatze.

«Das wird deine Strafe sein. Du folgst mir jetzt und wirst mit eigenen Augen sehen, wie dein Cibo dich verrät und verachtet. Danach wirst du deine Anklagen vor dem Rat der Zehn widerrufen. Wenn du unterwegs schreist, erwürge ich dich!»

Brianda war so in Panik, daß sie mir willenlos folgte. Ich ließ sie vor mir herlaufen und nahm keine Rücksicht auf ihre Hinkerei. In der Dunkelheit stolperte sie mehrmals. Endlich kamen wir bei Faustina an. Ich öffnete die Tür des Zimmers, in dem Cibo und meine Mätresse dabei waren, es miteinander zu treiben, und stieß Brianda auf das Bett. Dann verschwand ich.

Das weitere lief allerdings nicht ganz nach meinen Wünschen

ab. Brianda hatte nicht die Zeit, ihre Anschuldigungen gegen Beatriz und mich zurückzunehmen, denn der gedemütigte Cibo zeigte sie schon am nächsten Morgen als renitente Jüdin und neuchristliche Ketzerin an. Eine Stunde später wurde sie verhaftet und dorthin gebracht, wo auch Beatriz war.

Ich hätte Venedig noch am gleichen Tag verlassen können, doch ich fühlte mich unbeschreiblich niedergeschlagen, beinahe so gelähmt, wie ich es von Beatriz kannte. An meiner Statt mußte Lusitano nach einem abfahrbereiten Schiff Ausschau halten, aber der Hafen war ihm nicht so vertraut wie mir, und er hatte keinen Erfolg. Tagsüber hielt ich mich bei Faustina versteckt, in der Nacht lief ich in der Stadt umher. Mehrere Wochen lang wartete ich auf ein Zeichen von Lusitano.

Eines Abends benachrichtigte er mich endlich, daß ein Kapitän für einen hohen Preis zugestimmt hatte, mich als Passagier nach Istanbul mitzunehmen. Er gab vor, die Mannschaft bestechen zu müssen, damit sie das Geheimnis für sich behielt.

Lusitano hatte einen ziemlich schweren Sack mitgebracht. «Juanito, heute ist Passah. Ich weiß, daß du kein besonderes Interesse an der Religion unserer Väter hast. Du weißt aber, daß Beatriz und ich in Antwerpen jedes Jahr Seder gefeiert haben. Ich erinnere mich, du hast daran nur als Zuschauer teilgenommen und dich gelangweilt. Aber da du morgen abreist und Beatriz heute in ihrem Gefängnis keinen Trost finden wird, werden wir beide gemeinsam den Seder-Abend begehen, ihres Elends gedenken und für ihre Befreiung beten. Ich habe alles mitgebracht, was man dazu braucht.»

Der gute Lusitano nahm aus seinem Sack ungesäuertes Brot, den Knochen mit geschwärztem Fleisch, drei Blätter Kopfsalat, die bitteren Kräuter und das in Asche gekochte Ei. Er zermahlte in einem kleinen Mörser Datteln, Mandeln, Äpfel und Walnüsse und goß schließlich einige Tropfen Essig in eine Schüssel Wasser. Dann packte er mich ernst bei den Schultern.

«Beatriz hat mir einmal gesagt: ‹Josef denkt anders als ich, aber nach meinem Tod wird er mich verstehen.› Sie hat nie versucht, dich zu überreden, nicht wahr? Ich weiß, daß du von unserer Religion wenig Ahnung hast. Nimm dieses Buch und sprich mir nach...»

Ich füllte nach seiner Anweisung die erste Schale mit Wein und sprach die Anfangsworte: «Gelobt seist du, Ewiger, unser Gott, Herr der Welt...» Ich lernte den Geschmack des Elendsbrots kennen, das unsere Ahnen in Ägypten gegessen hatten. Ja, am Tag vor meinem dritten Exil nahm ich wie einst unsere Väter die Kräuter der Bitterkeit wahr.

Als ich die vierte Schale trank, konnte ich die Tränen nicht mehr zurückhalten, und mit einer Art Jubel sang ich mit Lusitano die Worte der Hoffnung jener, die das Ende ihrer Knechtschaft kommen sehen.

An diesem Abend betete ich als ein zum alten Glauben zurückgekehrter Jude und vergoß Tränen der Freude im Haus einer Hure.

Am Ende der Feier verharrte Lusitano eine Weile in Schweigen, dann umarmte er mich so fest, daß ich fast erstickte.

«Viel Glück, mein Kleiner», sagte er. «Beeil dich... Und kehre siegreich zurück. Ich werde inzwischen den Palast bewachen und mich um die gefangenen Frauen kümmern. Geh jetzt, sonst könnte ich dich zurückhalten.»

Als ich die Tür öffnete, stand Faustina, für die Reise gekleidet, mit einem Bündel und ihrem Malteserhündchen unter dem Arm vor mir. Ich schaute sie überrascht an.

«Sie hat recht», seufzte Lusitano. «Wenn sie in Venedig bleibt, wird Cibo sie umbringen lassen. Nimm sie mit. Sie hat es verdient.»

So verließ ich Venedig mit Faustina.

Das Schiff lief in der Nacht aus. Ich konnte gerade noch einen Blick auf die weißen Marmorsäulen werfen, zwischen denen ich hätte gehängt werden sollen. Faustina schlief mit ihrem Hündchen auf dem Schoß.

Wieder überquerte ich das Meer mit einer Frau an meiner

Seite. Doch meine geliebte Beatriz war im Gefängnis, und meine arme ungeliebte Verlobte im Kloster.

Wir legten in Zypern an. Die Insel gehörte zu Venedig, seit die Serenissima sie der zyprischen Königin, einer geborenen venezianischen Patrizierin, Caterina Cornaro, entrissen hatte. Der Salzhandel war hier nach wie vor beträchtlich. Eine starke Garnison hielt in der befestigten Hafenstadt Famagusta Wache. Ich hatte kaum Zeit, die herrlichen Zedern, Zypressen und Weinberge zu bewundern, doch Zeit genug vor mir, um von ihnen zu träumen – und von Faustina. Denn in Famagusta mußte ich sie zurücklassen. Ich konnte sie nicht nach Istanbul mitnehmen, ohne daß sie Gefahr lief, dort als Sklavin verkauft zu werden, und ich hatte andererseits nicht den Mut, sie als meine Frau auszugeben. Sie erhielt von mir ausreichend Dukaten, um sich ein Haus zu mieten und eine Dienerin einzustellen, zum Zeichen, daß man ein schickliches Leben führte. Ich versprach ihr sogar, regelmäßig weiteres Geld zu senden. Im übrigen schien sie sich vor der fremden Stadt nicht zu fürchten und verabschiedete sich so selbstverständlich, wie sie alles tat. Sie hielt wie stets ihren weißen Hund in den Armen und schien unbewegt; nur ein kleiner Muskel im Winkel ihres rätselhaften Mundes zuckte. Ich umarmte sie, und sie strich kaum spürbar über meine Stirn. Der kleine Köter fing sofort an, eifersüchtig zu bellen.

«Ich werde dich nicht vergessen, Faustina», flüsterte ich in ihr Ohr. «Eines Tages werde ich dich holen.»

«Un giorno ...», wiederholte sie wie ein Echo und schaute mich mit ihren großen leeren Augen an.

Ich sah Istanbul mit Freude wieder, und Mosche Hamon empfing mich mit offenen Armen. Ungefähr zehntausend unserer Brüder, die unsere rechtzeitige Warnung und finanzielle Unterstützung vor dem sicheren Tod bewahrt hatten, waren bereits angekommen: aus Italien, Griechenland, Polen, Frankreich und vor allem aus Spanien und Portugal. Viele von ihnen hatten schon den seidenbestickten Kaftan übernommen und trugen einen nagelneuen violetten Turban.

Bei jedem Marranenhaus, an dem wir vorbeikamen, klopfte Hamon ans Fenster, nannte meinen Namen und fügte hinzu: «Das ist der Neffe der Witwe Mendès.» Sogleich öffnete man die Türen, holte Brot und Salz herbei und begrüßte mich freudig. Überall hörte ich die gleichen Worte: «Ihr seid also der Neffe der Dame, die uns aus der Hölle geholt hat, der Neffe unserer Senyora!» Der Name Beatriz hätte den Leuten wahrscheinlich nichts gesagt. Für die Neuankömmlinge hieß sie einfach nur La Senyora.

Hamon, dessen Familie in den ersten Stunden der Reconquista geflüchtet war, lebte schon so lange in Istanbul, daß ihm diese Tatsache allein in unserer Gemeinschaft Autorität verlieh. Im übrigen hatte er es geschafft, erster Leibarzt des Sultans zu werden. Die Zeit, versicherte er mir, war reif dafür, daß Süleiman die reichen Mendès in seiner Metropole willkommen hieß. Doch ich wollte mehr, nämlich eine schnelle Intervention des Sultans, ein Schreiben von ihm an die Serenissima mit der Forderung, die Damen des Hauses Mendès – nicht nur Beatriz und Reyna, sondern auch Brianda – freizulassen.

«Das wird schwierig sein, Don Juan», sagte Hamon und spielte mit seinem Bart. «Es wäre wesentlich einfacher, den Sultan zum Eingreifen zu bewegen, wenn wir zuvor zwischen unseren Familien ein festes Band knüpften. Ich meine, durch eine Heirat. Gewiß würde der Großmächtige nicht lange zögern, wenn es darum ginge, den Verwandten seines ersten Leibarztes Freiheit zu verschaffen. Wenn Ihr mir zum Beispiel Eure Cousine Reyna zur Frau geben würdet... Ich befürchte, sonst kann ich nichts garantieren.»

Ich verspürte dieses Kribbeln in der hohlen Hand, das ich jedesmal bei einer versteckten Drohung empfand. Mosche Hamon wollte in unsere Familie einheiraten und reich werden. Der Preis für Beatriz' Befreiung sollte Reyna sein, die er nur aus meinen Erzählungen kannte.

Hamon war dicker und älter geworden; er war fett, schweißtriefend, durchtrieben... Erfahrene Marranenbrüder bestätigten mir, daß der Sultan auf den Rat seines Leibarztes sicherlich hören würde. Ein jüdischer Kaufmann, der nicht Marrane, sondern strenggläubig war, und den Neuchristen ihre vorgetäuschte Konversion ständig vorwarf, nahm mich beiseite.

«Ihr müßt bedenken, daß Ihr in unseren Augen ein Christ seid. Wenn Ihr Euch auf die jüdische Frömmigkeit Eurer Tante beruft, Gott möge sie beschützen, glauben wir Euch. Denn schließlich trägt sie in Venedig ihren marranischen Namen und nennt sich Signora de Luna. Sie hat, wie man hört, auf den ruhmreichen Namen ihres Gatten Francisco Mendès verzichtet. Die Verbindung, die unser Bruder Mosche Hamon Euch vorschlägt, wird für uns den Wert eines Bekenntnisses zum alten Glauben haben. Ihr tätet gut daran, zuzustimmen.»

Ein katholischer Herzog hatte Reyna heiraten wollen und uns zu verstehen gegeben, daß unsere Familie nur dadurch eine wahrhaft christliche werden würde. Nun bot ein jüdischer Arzt eine Heirat mit Reyna an, um uns zu echten Juden zu machen. Natürlich ging es weder dem Katholiken um unser Christentum noch dem Juden um unser Judentum. Der wahre Glaube, um den es ging, war der Glaube an die reiche Mitgift, an das Geld.

Ich wurde wütend. «Hört zu!» brüllte ich. «Ich bin mit meiner jungen Cousine aus Antwerpen geflohen, um ihr eine schändliche Ehe zu ersparen. Donna Beatriz hat der Statthalterin von Gent die Stirn geboten, für das Glück ihrer Tochter unser aller Leben aufs Spiel gesetzt. Ich werde ihr nicht den Affront antun, ihre Tochter einem geldgierigen Juden zu verkaufen!»

Anscheinend hinterbrachte jemand meine Worte Mosche Hamon, denn am nächsten Tag besuchte er mich mit einem liebenswürdigen Lächeln. Er wischte sich die Stirn ab und seufzte vernehmlich. Offensichtlich wollte er etwas Wichtiges sagen, fand aber nicht den Mut dazu.

«Nun, Doktor? Habt Ihr unsere Angelegenheit voranbringen können?» fragte ich, um ihm zu helfen.

«Wißt Ihr, ich habe lange nachgedacht. Ich bin nicht mehr der Jüngste, und ich frage mich ... Ich meine, vielleicht bin ich ein bißchen zu alt für Donna Reyna», sagte er hüstelnd. «Aber was würdet Ihr sagen, wenn ich für meinen Sohn Daoud um ihre Hand anhalte? Er ist zwanzig und schön wie ein Prinz.»

Verständlicherweise dachte ich in diesem Augenblick mehr an Beatriz in ihrem Verlies als an Reyna. Die Zeit drängte. Ich gab nach und nickte. Hamon rieb sich die Hände und zog sogleich ein Heiratsversprechen aus der Tasche.

Ich unterschrieb es.

«Dieses unselige Heiratsversprechen, über das so viel Tinte verspritzt wurde und das so viel Staub aufwirbelte ... Wie du weißt, Caraffa, behauptet man noch heute, daß ich meine Cousine verkaufte, obwohl ich wußte, daß sie meine Frau werden sollte. Es wurde gemurmelt, daß Reyna nicht mehr Jungfrau war, da ich sie lange zuvor entjungfert hätte ... Solche Lügen verbreitete die Familie Hamon in der Stadt, um ihrer Wut Luft zu machen, als ich Reyna heiratete. Was hätte ich tun sollen, Caraffa? Was hätte ein Narr an meiner Stelle getan? Mein Leben lang mußte ich die Rolle des Verräters spielen, um Beatriz' Ehre zu bewahren ...»

Der Arzt des Sultans hielt sein Versprechen. Ein zuverlässiger Bote wurde beauftragt, einen Brief des Sultans an die Republik von Venedig zu überbringen. Er bat darin um die Freilassung der edelmütigen und weisen Donna Beatriz de Luna, ihrer Tochter Reyna und ihrer Schwester Brianda. Als Gegenleistung versprach Süleiman die Stadt Candia künftig vor Überfällen der Piraten zu schützen.

Mit dem nächsten Schiff schickte ich einen Brief an Lusitano, in dem ich erklärte, aus welchen Gründen ich mich gezwungen gesehen hätte, Mosche Hamons Sohn die Ehe mit Reyna zu versprechen.

Wenige Wochen später erhielt ich die Mitteilung, daß der nach Venedig entsandte Bote wieder zurück sei, und eilte zum Haus des Arztes. Hamon empfing mich puterrot vor Wut, wischte sich wie gewöhnlich fortwährend die Stirn und konnte vor Erregung kaum sprechen.

«Ja, mein Herr, der Mann ist zurück, aber ich begreife nicht, was er berichtet.»

«Was? Sind die Damen noch nicht frei?»

«Doch, das sind sie. Statt aber zu uns zu kommen, sind sie angeblich nach Ferrara gereist. Nach Ferrara! Warum dorthin, warum dieser Umweg?»

Ich frohlockte. Lusitano hatte demnach meinen Brief rechtzeitig erhalten, Beatriz gewarnt, und sie hatte sich für Ferrara entschieden, um ihre Tochter nicht der Familie Mosche Hamons ausliefern zu müssen.

«Noch etwas anderes überrascht mich», fügte Hamon hinzu. «Donna Beatriz ist unter einem Decknamen abgereist. Sie nennt sich nicht mehr de Luna und auch nicht Mendès. Sie hat sich entschieden, sich Gracia Nasi zu nennen.»

Gracia! Demnach trug Beatriz wieder ihren wahren Namen, den Vornamen ihrer Kindheit und unseren Namen Nasi. Ich hätte den dicken Mann fast geküßt.

«Wolltet Ihr nicht», sagte ich, «einen Beweis für die loyale Haltung von Donna Beatriz gegenüber unserer Religion? Jetzt habt Ihr ihn! Gracia ist ihr vor den Christen geheimgehaltener wahrer jüdischer Name.»

«Das ist gut», brummelte er verdrossen. «Aber warum nach Ferrara?»

Ich führte geschäftliche Interessen an, die wir in jener Stadt hätten, fabrizierte einige Lügen und versprach Hamon, daß die Damen unverzüglich nach Istanbul weiterreisen würden, wenn nicht, sei ich bereit, sie persönlich über das Mittelmeer zu holen. Dann ließ ich den Arzt mit seiner Enttäuschung allein.

Ich war verrückt vor Freude und beschloß, keine weiteren Nachrichten abzuwarten, sondern mich sofort nach Italien einzuschiffen. Diesmal würde ich Gracia Nasi gegenübertreten, nicht mehr der Witwe Mendès. Mit der Heimlichtuerei, den heuchlerischen Kabalen und den Täuschungsmanövern war es vorbei. Ob in Ferrara oder in Istanbul – wichtig schien mir nur, daß ich so schnell wie möglich die Gracia meiner Kindheit wiedersah.

Ich gedachte, die nächstbeste Galeasse zu nehmen, und wer befehligte sie? Der einstige Kapitän der *Sankt Tobias*! Er hatte das Schiff gewechselt. Das Schicksal wollte es, daß er noch einmal mein Führer auf dem Weg in die Freiheit wurde. Ich erzählte ihm in allen Einzelheiten von unserem Leben in Antwerpen und den wechselvollen Ereignissen in Venedig.

«Eine Frau wie Donna Beatriz im Gefängnis, das ist unfaßbar! Eine Frau wie sie...» rief der Kapitän immer wieder aus.

Eine Frau wie sie! Auf dem Landweg von der Hafenstadt Ancona nach Ferrara fragte ich mich immer nervöser, was für eine Frau sie wirklich war.

Ein Räuspern unterbrach den Herzog.

«Caraffa, hörst du mich? Nein? Zwischen Istanbul und Ancona muß er eingeschlafen sein. Dabei hat ihn die Herzogin beauftragt, sich keines meiner Worte entgehen zu lassen. Und wenn er die ganze Wahrheit erfährt, wenn er sie der Herzogin weitererzählt – was wird sie denken? Ich fürchte, dann erst wird sie richtig leiden... Ach, Beatriz, du bist nach deinem Tod noch grausamer, als du es zu Lebzeiten warst!»

Der Herzog von Naxos nahm seine Houppelande ab, deckte seinen Narren damit zu und zog sich selbst den Pelzkragen enger um den Hals.

«Wie kalt die Nächte sind», sagte er und starrte in die Finsternis.

IV

1550–1553
Die Bibel von Ferrara

Dienstag, kurz vor Morgengrauen

Es dämmert schon wieder. Die Sterne verschwinden einer nach dem anderen. Man hört schon den Krach, den die Janitscharen an den Toren des Serails machen. Das erste Licht kommt mit dem Ruf der Muezzins. Wenigstens das ändert sich kaum...

Auf der Fahrt nach Ancona fragte ich mich also immer von neuem, was für eine Frau Gracia Nasi jetzt wohl sei. Bald würde sie vierzig Jahre alt werden. Ob die drei Monate der Gefangenschaft sie verändert hatten? Würde ich sie mit grauen Haaren wiedersehen, mit einem Gesicht voller Falten, wie es Brianda ihr gewünscht hatte? Und wie mochte die in einem Kloster eingesperrte, von ihrer Mutter getrennte kleine Reyna diese Prüfung überstanden haben?

Trotz der Gesellschaft des Kapitäns schien mir die Reise endlos. Ich war manchmal sehr deprimiert, müde dieser ewigen Flucht, die unser Schicksal geworden war. Wieder einmal kehrte ich zu Beatriz zurück, und gewiß würde sie mich wieder einmal bitten, ihre Tochter zu heiraten. Alles in unserer Geschichte schien sich zu wiederholen, nur die Jahre vergingen, und die Namen der Fluchtorte änderten sich. Ich kannte Ferrara bisher nicht, aber ich wußte, daß es dort weder die *Marangona* gab noch Kanäle und daß keine Meeresbrise die unter der Sommersonne glühenden Häuser kühlen würde.

Es war März, die Jahreszeit der Stürme. Der Wind wühlte die

Wellen auf und brachte mich aus dem Gleichgewicht. Ich sah keinen Grund, warum wir in Ferrara weniger verfolgt werden sollten als anderswo – und ich begann, auf einen Schiffbruch zu hoffen.

In Ancona traf ich einige unserer Brüder sehr sorgenvoll an. Der Rat der Zehn hatte einen neuen Erlaß zur Ausweisung der Juden aus Venedig verkündet und darin betont, die Verordnung würde dieses Mal streng und gründlich durchgeführt werden. Von nun an war selbst der Handel mit den Neuchristen unter Gefängnisstrafe gestellt. In Antwerpen hatte der Bürgermeister ähnliche Maßnahmen getroffen. Die Gemeinschaft von Ancona verdankte ihre Sicherheit nur dem Papst. «Aber wenn Julius III. stirbt, Dom Micas, wer weiß, ob der nächste uns so gnädig sein wird?» sagte einer. «Wenn sie einen der Kardinäle von der Inquisitionsbehörde wählen, sind wir so gut wie tot. Nehmen wir zum Beispiel an, daß der jetzige Großinquisitor, der schreckliche Giovanni Pietro Caraffa, Papst wird – das wäre unser Ende. Er wird uns ohne Gewissensbisse allesamt verbrennen lassen!»

«Ich höre dich, Herr», brummelte der Bucklige und richtete den Kopf auf. «Ich habe darauf gewartet, daß du früher oder später den verfluchten Namen aussprechen würdest, dem ich meinen Narrennamen verdanke. Konnte man wirklich keinen anderen für mich finden als den eines meuchelmörderischen Papstes?»

«Du bist also wieder wach, Caraffa? Ich meine, du solltest es als Genugtuung empfinden, daß man jenen, der uns so viel Leid zugefügt hat, dadurch erniedrigt und lächerlich macht, daß man einen Narren nach ihm benennt.»

«Das ist deine Meinung, Herr. Was soll der ärmste deiner Diener dazu sagen? Ich gönne dir wohl diese kleine Rache. Mein Trost ist, daß ich in Wahrheit Josef heiße. Ja, auch darin liegt ein Witz, daß ich den gleichen Vornamen trage wie mein Herzog. Im übrigen hätte ich mich an Stelle unserer Brüder von Ancona, statt tatenlos zu lamentieren, rechtzeitig aus dem Staube gemacht.»

«Ebendies weigerten sie sich zu tun. ‹Von hier fortgehen›,

sagten sie, ‹alles im Stich lassen und zu den Türken fliehen? Das ist denn doch ein allzu schwerer Entschluß, und noch ist ja nicht alles verloren. Warten wir ab, ob Caraffa tatsächlich Papst wird.› So sprachen unsere Brüder von Ancona.»

Wie viele von uns sind spurlos verschwunden, einfach weil sie nicht bereit waren zu fliehen, nicht mit dem Schlimmsten rechnen mochten ... Ich gab es auf, sie eines Besseren zu belehren, und nahm mir nur fest vor, baldmöglichst Geheimboten nach Ancona zu schicken, die eine einzige Aufgabe haben würden: unsere Brüder von der Notwendigkeit der Auswanderung zu überzeugen. Ferner setzte ich mir zum Ziel, Beatriz dafür zu gewinnen, sofort nach Istanbul aufzubrechen, denn der Sultan würde den Bruch unserer Vereinbarung nicht dulden, und wir müßten obendrein mit der Bosheit Mosche Hamons rechnen, der seinem Herrn das von mir unterzeichnete Eheversprechen betreffend die Dame Reyna Mendès immer wieder ins Gedächtnis rufen würde.

Das waren meine guten Vorsätze, als ich Ferrara erreichte. Die Stadt kam mir merkwürdig streng und kalt vor. Gewiß, ich traf dort die gleichen Farben wie in Venedig an, doch den Marmor, von dem nur noch einige leuchtend weiße Spuren als Verzierungen übriggeblieben waren, hatte rauher Backstein verdrängt. Die Mauern, mehr rotbraun als rosa, wirkten abweisend. Der von tiefen schwarzen Gräben umgebene Herzogspalast hellte die Stadt auch nicht gerade auf.

Schnell fand ich das Haus aus gelblichem Stein, das Beatriz gemietet hatte. Die Frau, die ich nach dem Weg zu Donna Gracia Nasi fragte, wußte sofort, von wem ich sprach. Ich muß gestehen, daß ich Beatriz nicht gern mit diesem Namen nannte. Als sie für alle Beatriz war, wurde mir warm ums Herz, wenn ich ihr in meinen Gedanken den geheimen Namen Gracia gab. Von dem Tag an, wo dieser Name öffentlich wurde, hieß sie für mich plötzlich nur noch Beatriz.

Sie hatte sich entschieden, wie in Venedig das Viertel der Juden zu meiden, die berühmte Via Sabbioni, wo die Gemeinschaft von Ferrara seit einigen Jahrzehnten friedlich lebte. Sie tat es jedoch nicht, um sich zu verstecken, denn sie konnte hier ja vor aller Augen Jüdin sein. Es war nur so, daß die Via Sabbioni mit ihren schmalen Arkaden aus dem letzten Jahrhundert eng und dunkel war, und Beatriz hatte gern lichten Raum um sich.

Der kleine Palast, den unsere Damen bezogen hatten, war wie die anderen aus Backstein gebaut, aber mit einem Frontgiebel aus weißem Marmor versehen, und die ganze Vorderfront durch ockergelbe Sandsteinreliefs unterteilt und aufgehellt. Als ich von meinem Pferd abstieg, hörte ich durch ein offenes Fenster eine Frauenstimme *Al resplendor de la luna* singen, die Romanze, die ich für die Statthalterin von Gent gesungen hatte. Die Stimme hob sich mühelos, fiel plötzlich wieder wie ein Vogel, der die Flügel schließt, und schwang sich dann erneut in die Lüfte, gleich einer Lerche über den Feldern. Es war nicht Beatriz' Stimme – aber wessen Stimme war es dann?

Ich trat ein und fragte einen Diener nach Donna Nasi. Er schaute mich mißtrauisch an und verschwand ohne ein Wort. Ich hörte ihn die Treppe hochsteigen und eine Tür öffnen. Der Gesang brach ab, die Tür schlug zu, und Reyna kam, ganz in Schwarz gekleidet, langsam die Treppe herunter.

«Josef, bist du es?» hauchte sie.

Sie drückte die Liederrolle an ihre Brust, ich machte einen Schritt auf sie zu, sie wich erschrocken zurück, stolperte noch auf der letzten Stufe und legte ihre Hand vor die Augen.

«Sag mir, daß ich nicht träume, Josef. Uns war gemeldet worden, daß du am Galgen gestorben seist.» Sie eilte an mir vorbei dem Ausgang zu, als ob sie vor einem Gespenst fliehen wollte.

Es war nicht verwunderlich, daß man mich für tot hielt. Die Nonnen des Klosters, in das der Rat der Zehn Reyna gesteckt hatte, schienen ihr mehr oder weniger behutsam zu verstehen gegeben zu haben, daß ich zum Tod durch den Strang verurteilt worden sei.

Ich lief Reyna nach und umarmte sie fest.

«Erkennst du die Arme wieder, in denen du auf dem Weg nach Venedig so ruhig schliefst?»

Sie hob den Kopf, sah mir in die Augen und lächelte scheu. Ich küßte ihre Lider und ihr Lächeln wurde Lachen. Wie jung sie war! Ich küßte ihre Haut, wo sie nicht bedeckt war. Und sie lachte und lachte ...

Ich war ganz damit beschäftigt, sie wie ein junger Liebhaber zu küssen, als ich hinter uns jemanden schwer atmen hörte.

«Josef ...», sagte eine gebrochene Stimme.

Beatriz ... Sie hatte weißes Haar.

Im Gefängnis waren ihre Züge strenger, aber auch irgendwie reiner geworden. Ich bemerkte, daß ihr Kinn etwas schwerer geworden, ihr Kopf etwas nach vorn geneigt war, und ihre immer noch leuchtenden Augen das Leiden widerspiegelten. Ich ließ Reyna los wie ein ertappter Galan, schloß ihre Mutter in die Arme und hob sie hoch.

«Beatriz, meine Beatriz! Endlich sehe ich dich wieder!»

Sie war so leicht, daß ich sie wie eine Puppe hätte in die Luft werfen können. Mit ihren Händen auf meinen Schultern ließ sie es geschehen, daß ich sie herumwirbelte, wobei sie atemlos rief: «Nenn mich ... nicht mehr ... Beatriz, ... sondern ... Gracia.»

Ich setzte sie ab und kniete vor ihr nieder:

«Donna Gracia Nasi, ich bin Euer Diener. Möge Euer Gnaden befehlen, und ich werde für Euch bis ans Ende der Welt gehen, wie ich es ja beinahe schon getan habe. Wohin hat Euer Gnaden entschieden, das nächste Mal zu fliehen?»

«Wirst du endlich aufhören, Josef!» protestierte Beatriz, der ich einen Anflug von einem Lächeln entlockt hatte. «Wir sind keine Kinder mehr! Ich bin eine alte Frau! Siehst du das denn nicht?»

Ich hielt inne, nahm sie bei den Ellbogen und sagte mit fester Stimme:

«Schau mich gut an, Beatriz! Schau mich an, *carissima*. Du bist für mich die Schönste auf der Welt, und wir werden bis zu unserem Tod die zwei portugiesischen Kinder bleiben, die auf den Kais des Hafens von Lissabon spielten und heimlich den Bau einer Karaka beobachteten und sie *São João* nannten. Hast du den Mut, zu leugnen, daß du deinen jüdischen Namen in Erinnerung an unsere Jugendzeit von neuem angenommen hast?»

Sie strahlte, als ob die Sonne auf sie schien.

«So ist es, Josef», flüsterte sie. «Ich habe so schrecklich gelitten... Ich hielt dich für verloren.»

Reyna hatte sich diskret etwas entfernt und schwieg. Ich bemerkte ihren unruhigen Blick und zog sie zu uns heran.

«Zeigt mir euer Haus, und erzählt mir alles. Und du, Signorina Krähe, zieh dieses Trauerkleid aus, da ich doch noch am Leben bin.»

Plötzlich stutzte ich. Wo war Brianda? Ich sah sie nicht.

«Such nicht nach meiner Schwester, Josef», sagte Beatriz, die meine Gedanken erriet. «Sie ist mit ihrer Tochter in Venedig geblieben. Ich habe ihr das Erbteil ausgezahlt. Nachdem Brianda sich endgültig zum Christentum bekannt hatte, wurde ihr erlaubt, im Palast de Luna zu bleiben, wo sie nun ganz zurückgezogen lebt, so sehr schämt sie sich. Sag nichts gegen sie, Josef. Sie ist grausam bestraft – man kann sagen, daß sie vor Reue den Verstand verloren hat.»

Fortan durfte von Brianda Mendès lange Zeit nicht mehr geredet werden.

Reyna beschrieb mir das Kloster, in das man sie gebracht hatte. Es gehörte zum Glück nicht zu jenen Klöstern, die als Lasterhöhlen verrufen waren. Die Nonnen hatten sich damit begnügt, die Erbin der Mendès im Geist des Christentums zu erziehen. Reyna erfuhr alles über das Leben der Heiligen und lernte alle Gebete der Messe auswendig. Sie hatte den Zauber der hoch ummauerten Klostergärten, das Getuschel unter den Mädchen über ihre süßen kleinen Geheimnisse kennengelernt, und niemand hatte ihr weh getan.

«Aber vor allem habe ich gelernt zu verbergen, was ich

denke», schloß Reyna ihren Bericht. Ich erschauerte. Auch die Kleine war ernster und reifer geworden.

Beatriz hatte kein Wort gesagt. Sie strich mit gesenktem Kopf eifrig ihr ewig schwarzes Kleid glatt.

«Meine Mutter spricht nicht gern über das, was sie durchgemacht hat», sagte Reyna leise. «Sie hat unter Hunger und Kälte gelitten. Die Mauern des Raumes, in den man sie eingesperrt hatte, waren sehr feucht, und sie konnte den Himmel nie sehen...»

«Am Sederabend haben sie mir Schweinefleisch in fauligem Wasser gebracht», fügte Beatriz mit kaum hörbarer Stimme hinzu und rieb sich die Hände, als ob sie von ihnen Schmutz abwischen müsse.

Hatte Lusitano ihr von unserer gemeinsamen Sederfeier in Venedig erzählt? Ja, sie wußte davon.

«Josef, unser Gott hat deinen Weg mit sicherer Hand gelenkt und dich auf verschlungenen Pfaden zu sich geführt.»

Da war sie wieder, meine inspirierte Beatriz! Ich erzählte ihr von den Intrigen und Ehewünschen Mosche Hamons. Sie hatte das, was ich ihr in verschlüsselter Botschaft aus Istanbul mitteilte, erraten und daraufhin beschlossen, nach Ferrara zu fliehen.

«Trotzdem», sagte sie entschieden, «wenn wir in Istanbul sind, müssen wir den Mann für das ihm entgangene Glück einer Heirat mit Reyna entschädigen. Er hat offenbar großen Einfluß auf den Sultan, und ich möchte nicht, daß unser Leben durch seine Rachegelüste gestört wird. Wir werden bald aufbrechen. Ich bin auch deswegen nach Ferrara gekommen, um unser Vermögen in Sizilien, Neapel und Rom zu sichern. Ich habe dort vertrauenswürdige Verwalter eingesetzt, deren Hauptaufgabe es sein wird, die Netze wieder instand zu setzen. Durch den Verrat unseres Repräsentanten in Lyon, der für Brianda Partei ergriff, haben sie schweren Schaden erlitten. Wenn ich hier in Ferrara alles in Ordnung gebracht habe, können wir daran gehen, unsere Heimkehr nach Jerusalem vorzubereiten.»

Jerusalem! Nein, sie hatte sich wirklich nicht verändert, jedenfalls nicht innerlich. Erst später fiel mir auf, daß sie kein Wort mehr über meine Heirat mit ihrer Tochter gesagt hatte.

Wir brauchten eine Atempause, und Ferrara bot uns sogar noch mehr, einen Waffenstillstand. Am Anfang vermißte ich Venedig. Statt eines Canale Grande gab es nur das stille Gewässer der Gräben um die Herzogsburg. Keine Brise lüftete die Stadt, nur manchmal wirbelten plötzliche Windstöße den Staub der Straßen auf. Aber die dicken Mauern der geräumigen Patrizierhäuser schützten die Frische im Innern, und die Gärten waren geheime Paradiese voller Poesie.

In der Tat war die Poesie in Ferrara Königin. Zu ihren Lebzeiten hatte sich die Herzogin Lucrezia Borgia, über die man alle möglichen Verleumdungen hörte, mit einem Hof umgeben, an dem Dichter und Musikanten die Schönheit des Lebens und den Liebreiz ihrer fürstlichen Muse besangen. Donna Lucrezia hatte die Erinnerung an eine hochgebildete Frau hinterlassen, der Ferrara seinen Ruf als Stadt der Künste verdankte. Das gutartige Fieber der Poesie war auch an der jüdischen Gemeinschaft nicht vorbeigegangen.

Der jetzige Herzog, Ercole d'Este, hatte die humanistischen Ambitionen der Donna Lucrezia übernommen, und unser Volk erfreute sich durch seine Gunst eines friedlichen Lebens. Seit Karl V. 1538 begonnen hatte, von den flämischen Juden Lösegeld zu erpressen, bot der Herzog den Verfolgten Asyl. Ohne jede Beschränkung bot er allen, die man aus Portugal, Spanien und Flandern verjagt hatte, Ferrara als Zuflucht an. Ercole hatte eine französische Prinzessin geheiratet, die in jungen Jahren eine der kindlichen Verlobten des Habsburgers gewesen war, bevor er sich als sechsundzwanzigjähriger für seine Cousine Isabella von Portugal entschied. Zwei Jahre später hatte Renée de France den Herzog Ercole geheiratet. Vom ersten Augenblick an liebten die Ferrareser ihre neue Herrin, die sie «die Rose des Gartens von Frankreich» oder einfach «unsere Renata» nannten. Sie war nicht schön, doch besaß sie Anmut, wachen Geist und den Zauber der Güte.

Selbstverständlich brachte sie aus ihrer Heimat ihren Hofpoeten mit. Clément Marot, ein lebensfroher Geselle und begeisterter Leser von Vergil und Ovid, war zunächst von Diane de Poitiers, der Mätresse des Königs Heinrich II., unterstützt, dann von der selbst eifrig schriftstellernden Marguerite d'Angoulême, Gattin des Königs von Navarra, umsorgt worden, bevor er sich an Renée de France hängte, die ihn liebgewann und unter seinem Einfluß Protestantin wurde.

Nicht alle Dichter sind zerstreut und unbedacht. Clément Marot bemerkte das rasche Voranschreiten der Inquisition, flüchtete nach Lyon und schwor der Reformation ab. Zu seiner Rechtfertigung schrieb er die bezeichnenden Verse:

> Es ist besser, sich zu entschuldigen für Absenz,
> als verbrannt zu werden in Präsenz.

So sind die Hofpoeten: Glut im Herzen, aber Angst im Bauch. Herzogin Renata blieb bei dem Glauben, zu dem Marot sie bekehrt hatte. 1536 fand der große Calvin Asyl in Ferrara, dem Herzog war es recht, und die Untertanen respektierten ihre Herzogin weiterhin. Man hoffte, daß sie bald schwanger werden und darüber ihre religiöse Marotte vergessen würde.

Als ich in Ferrara eintraf, erwartete wohl niemand mehr, daß sie noch Mutter werden konnte, doch man liebte die Herzogin immer noch.

Bald wurden wir an den Hof eingeladen. Der Herzog, ein leidenschaftlicher, wenn auch ziemlich glückloser Spieler, erwies sich als sehr säumiger Zahler seiner Schulden und brauchte geduldige Bankiers als Freunde. Dank meines Rittertitels wurde ich für standesgemäß befunden und vom Herzog zu seiner Spieltischrunde gebeten. Immer wenn er eine Partie verloren hatte, erhob sich der reckenhafte Landesherr, hochrot im Gesicht, und warf vernichtende Blicke um sich. Nachdem er dreimal den Saal abgeschritten hatte, setzte er sich wieder, forderte Revanche – und verlor abermals.

«Ihr seid ein Hexenmeister, Ritter!» rief er aus. «Die Priester würden Euch dafür verbrennen, *certo*! Wenn Ihr weise seid, laßt Ihr mich zur Abwechslung auch einmal gewinnen.»

Bei jedem anderen wäre das eine ernstzunehmende Drohung gewesen, doch Herzog Ercole war ein guter Mann. Er kannte unsere tragische Geschichte und behandelte uns wie Freunde. Was blieb mir anderes übrig, als falsch zu spielen, nur damit er gewann. Er war darüber so glücklich, daß er mir zur Belohnung eine wunderbar schimmernde Perle schenkte.

Herzogin Renata spielte nie. Sie lauschte währenddessen den Madrigalen aus Venedig. Unter ihren Hofdamen fiel mir eine gewisse Bianca auf, eine Frau von kräftiger Gestalt mit Adleraugen, denen nichts entging. Diese Person erschien mir gefährlich.

Man kann sagen, ganz Ferrara stand unter dem Regiment seiner Damen. Auch in der Gemeinschaft unserer Brüder regierten sie unumstritten. Gewiß, Rabbi Soncino war sehr geachtet; man verehrte Pedro von Toledo, der Vizekönig von Neapel gewesen war, bevor er vom Habsburger vertrieben wurde, nur weil er jüdischer Abstammung war. Aber mehr noch sprach man von jenen drei Damen, die zu bestimmen schienen, was in unseren Kreisen Recht und Gesetz war. Die erste hieß Pomona Modena. Sie war lebhaft und amüsant. Beatriz und sie wurden bald Freundinnen und übten gemeinsam Mildtätigkeit gegenüber den Armen. Die zweite war die ungewöhnlich gebildete Bathseva, die alle Fioretta nannten, so taufrisch schien sie trotz ihrer fünfzig Jahre. Was die dritte betrifft, Donna Benvenida Abrabanel, Witwe des Don Samuel, so war sie die Schwiegertochter von Isaak, bekannt unter dem Namen Trismegistus, weil er ein Meister der geheimen *Magna Scientia* war. Wie Beatriz war Donna Benvenida eine Anhängerin des vermaledeiten David Rubeni, der meiner Tante einst den Kopf verdreht hatte. Donna Benvenida besaß sogar ein kostbares Erinnerungsstück von diesem falschen Messias, ein von ihr selbst besticktes Seidenbanner, auf dem man die Zehn Gebote lesen konnte. Sie hatte es für David Rubeni angefertigt und von ihm zurückerhalten, bevor er in Evora den Scheiterhaufen bestieg.

In der schönen Jahreszeit versammelten Fioretta, Pomona und Donna Benvenida der Reihe nach jeden Mittwochabend ihre Freunde in ihren Gärten. Ein großer Tisch aus blankem Holz mit Käse, Obst und Wein war der ganze Aufwand dieser Feste, doch die besten Musikanten der Stadt spielten dabei auf. Es gibt nichts Entzückenderes als die diskreten Flammen der Fackeln, die zwischen die niedrigen Zweige der Zypressen oder in die Geißblattranken gesteckt und bei hereinbrechender Nacht mit einer gewissen Feierlichkeit angezündet werden. Der Mode folgend hatte man zwischen die Buchsbäume antike Statuen gestellt. Nun erröteten die nackten Brüste der Göttinnen im Licht der Fackeln und verliehen der Feier etwas Frivoles und Heidnisches, das mich entzückte. Obendrein versammelten sich im dichten Laubwerk Hunderte von Sperlingen und Meisen zu einem lärmenden abendlichen Konklave.

Sobald die Vögel sich zur Ruhe begeben hatten, klatschte Fioretta in die Hände, und die Violen begannen zu spielen. Die eine oder andere der Damen gab eine der rührenden Romanzen in unserer Sprache zum besten. Meist machte Fioretta mit ihrer schönen tiefen Stimme den Anfang, dann fiel Pomona in höherer Tonlage ein und Benvenida folgte. Bei einem dieser Abende hatte sich auch Reyna vernehmen lassen. Von da an bat man sie öfter, als erste zu singen. Man schenkte sich lautlos zu trinken ein, man nahm vom Obst und Käse, und wenn der Gesang verklungen war, kam die Stunde der Poesie mit Gedichten, deren Vortrag unterschiedlichen Applaus hervorrief. Und was das Talent nicht vermochte, das bewirkte die Atmosphäre. Der Duft von Jasmin, Rosen und dem Harz der Zypressen verstärkte noch den Zauber solcher Nächte. Wir waren glücklich ...

Jede dieser drei bedeutenden jüdischen Damen von Ferrara nahm Beatriz auf andere Weise in ihre Obhut; jede brachte ihr etwas bei. Von Pomona lernte Beatriz den Umgang mit den Armen und Ausgestoßenen, Fioretta lehrte sie, wie man das Jubiläenbuch liest.

Unglaublich, wie unwissend wir waren. In Lissabon war uns unsere Religion verboten und darum auf ihre einfachsten Riten reduziert gewesen. Außer dem Sabbatbrauch, dem Versöhnungsfest und gewissen Ritualen zu großen Familienfeiern wie Hochzeiten und Geburten hatten wir keine Traditionen gepflegt. Das Lesen der heiligen Bücher wäre gefährlich gewesen, und so blieben sie in Schubladen oder Schränken versteckt, wurden nur selten herausgenommen.

Unsere Brüder in Antwerpen hatten sich dagegen als in der Lehre und dem überlieferten Wissen sehr bewandert erwiesen. Amato Lusitano ist das beste Beispiel dafür. Francisco Mendès, über den das Gerücht ging, daß er ein getaufter Rabbi war, hätte sich zweifellos unserer religiösen Erziehung gewidmet, wenn er Zeit dafür gehabt hätte. Aber er war zu sehr mit den Transaktionen der Bank und dem Ausbau unserer Handelsverbindungen beschäftigt. Deshalb waren Beatriz und ich ungebildet: Wir wußten tausend wichtige Dinge nicht. Hinzu kam, daß wir nach außen hin christliche Gläubigkeit zeigen mußten, und das bedeutete, den katholischen Katechismus auswendig zu lernen. Das hat uns als Kinder unvermeidlich verwirrt. Ich erkannte darin später auch die Ursache für all die Verwirrungen und die apathischen Zustände von Beatriz. Ihre verletzte Seele vermochte sich nicht anders zu wehren. Wer konnte sie nach dem Tod von Francisco und Diogo Mendès denn geistig führen? Sicherlich nicht ich, ungläubig wie ich bin ...

Doch in Ferrara fehlte es uns nicht an Lehrern, und die starke jüdische Gemeinschaft bot Beatriz den idealen Rahmen für eine profunde Erziehung in unserem Glauben. Rabbi Soncino nahm sie bei der Hand und führte sie in das Bibelstudium ein. Donna Benvenida Abrabanel übernahm die Einführung in die Exegese, eine komplexe Kunst, die sie besser als alle Rabbis von Ferrara beherrschte.

Auf diese Weise war Beatriz vielbeschäftigt, doch die Unterweisung in der jüdischen Lehre, die Dichterabende und die Wohltätigkeit schienen sie nicht zu befriedigen. Ich suchte Rabbi Soncino auf, der noch intensivere theologische Lektionen empfahl, aber das war es nicht, was mir vorschwebte. Zur rechten Zeit, genau, als ich ihn mir sehnlichst herbeiwünschte, hatte Lusitano die gute Idee, zu uns zu kommen, und wie gewöhnlich bat ich ihn um Rat.

«Ich kenne diese Erregungszustände und Ohnmachtsanfälle der Frauen», sagte er. «Beatriz muß sich unbedingt aktiv betätigen. Passives Anhören von Wissenswertem und von Gedichten füllen sie nicht aus. In welcher Verfassung sind die Netze? Sollte man nicht die ganze Organisation gründlich überprüfen? Was wissen wir zum Beispiel über die Sicherheit der Orte entlang den Fluchtrouten? Ich weiß nur, daß sich die Situation in Neapel verschlechtert hat und ziemlich viele unserer Vertrauensleute nicht mehr da sind. Diese Lücken sollten schleunigst geschlossen werden. An die Arbeit, Josef!»

So nahmen wir die Reparatur der Netze systematischer als zuvor in Angriff, und zwar mit Unterstützung des rührigen Rabbi Soncino, der behauptete, über die Verläßlichkeit der sephardischen Gemeinschaften in aller Welt genau Bescheid zu wissen. Beatriz war eifrig bei der Sache. Ihr Haar gewann wieder an Glanz, sie naschte wie früher von allen erreichbaren Süßigkeiten – kurz, die Tatkraft der Senyora brach sich wieder Bahn und ermutigte sie zu einer wichtigen Entscheidung.

Bis zu dieser Zeit waren alle unsere heiligen Bücher in hebräischer Schrift geschrieben und gedruckt. Beatriz kannte besser als jeder andere den Nachteil der Neuchristen, die niemand die Sprache Israels gelehrt hatte. Für viele Marranen war die Bibel ein begehrenswerter, aber unzugänglicher fremder Schatz. Jene, die sich nicht hatten taufen lassen, die «wahren Juden», wie sie sich selber nannten, warfen den Marranen diese «Unfähigkeit» nicht nur leise, sondern sogar öffentlich vor, und so gab es zwischen den Gemeinschaften der echten und der unechten Juden ständig Reibereien. Beatriz beklagte sich bei Rabbi Soncino darüber, der ihr den Ernst der Lage aller Juden vor Augen hielt und meinte, daß es unmöglich sei, die vom Hebräischen ins Judeo-Spanische übersetzte Bibel drucken zu lassen. Im übrigen würde ein solches Unterfangen zu kostspielig sein.

Beatriz liebte es, das Unmögliche anzustreben und zu verwirklichen. Also beschloß sie, das notwendige Geld zu geben, um die judeo-spanische Bibel in Ferrara drucken zu lassen. So, sagte sie, könnten alle Marranenbrüder, sogar die ärmsten, Zugang zu unseren heiligen Schriften finden.

Diese Idee rief Entrüstung hervor. Die Alten sahen darin einen Affront. In ihren Augen bedeutete das Hebräische, wenn es auch unverständlich war, die einzige Garantie der Treue den judäischen Traditionen gegenüber. Neue Wege gehen hieße Verrat üben. Die Jungen vertraten einen anderen Standpunkt und bekundeten spontan Begeisterung. Pomona, Fioretta und Donna Benvenida unterstützten Beatriz' Projekt ebenfalls. Nur Rabbi Soncino zögerte zuzustimmen. Zwischen der offensichtlichen Nützlichkeit einer für alle verständlichen Bibel und der Achtung vor der Tradition, für die er als Rabbi einstand, hin und her gerissen, wußte er nicht, wie er sich entscheiden sollte, und trotz seines hohen Gedankenfluges zeigte er eine Unentschlossenheit, die noch viel Ärger erzeugen sollte.

Die Partei der Frauen setzte sich durch. Beatriz legte genausoviel Leidenschaft in ihre Entscheidungen wie in ihre Wutanfälle, und das sagt alles. Ich selber hatte, was dieses Projekt betraf, keine bestimmte Meinung. Ich war nur glücklich, Beatriz wieder so aktiv zu sehen. Die beiden jüdischen Drucker, die sie mit der umfangreichen Arbeit betraut hatte, Abraham Usque und Yom-Thom Athias, kamen jeden Tag ins Haus, um Beatriz um Rat zu fragen. Allein schon die Transkription der Schrift war schwierig und nahm viel Zeit in Anspruch. Rabbi Soncino erklärte sich bereit, die Übersetzung auf ihre Richtigkeit zu prüfen.

Nach zweieinhalb Jahren war sie 1553 fertig, die Bibel von Ferrara, die wir alle kennen. Ich erinnere mich genau an den Augenblick, in dem wir sie endlich vor uns sahen. Durch das viele Gerede darüber hatte man schließlich nicht mehr an die Vollendung des Werks geglaubt, und die Gemeinschaft interessierte es beinahe nicht mehr. Die Drucker hatten sich hinter Schweigen verschanzt, und selbst Beatriz hatte wohl nicht mehr damit gerechnet, daß sie die Bibel eines Tages in ihrer Sprache lesen würde. Da tauchte nach längerer Zeit Abraham Usque wieder einmal bei ihr auf und teilte Donna Gracia Nasi mit, daß sein Bruder ihr am folgenden Tag ein Geschenk überreichen wolle.

Ich sehe diesen Samuel Usque, einen jungen bartlosen Mann, dessen Adamsapfel vor Erregung bebte, noch vor mir. Er hielt mit gestreckten Armen zwei offenbar frisch gebundene dicke Bücher. Das eine war die Bibel von Ferrara, das zweite hatte den Titel *Trost für die Leiden des Volkes Israel*, und Samuel Usque selbst war der Verfasser. Beatriz erwartete ihn feierlich gekleidet in einem riesigen Lehnsessel am Ende unseres großen Saals, den am Stirnband befestigten Saphir am Ansatz ihres weißen Haars.

Der arme Samuel war so aufgeregt, daß er mit seiner gelehrten Last stolperte. Die Bücher wären zu Boden gefallen, wenn ich sie nicht aufgefangen hätte. Er legte die Bibel Beatriz auf den Schoß, öffnete nach mehreren Verbeugungen das andere Buch, sein eigenes Werk, und las mit schwankender Stimme die berühmt gewordene Widmung, die die Senyora preist:

«... Und Ihr wart der Hilfe stets eingedenk, die Ihr selber auf Euren Wegen, seit Ihr Portugal verlassen mußtet, stets empfangen habt, bis Ihr wohlbehalten hier angekommen seid. Wer hat wie Ihr Gottes Erbarmen erlebt, das offenbar wird durch die Kraft, mit der ein Mensch sein Schicksal trägt! Wer hat wie Ihr der unerschütterlichen Frömmigkeit der Miriam nachgeeifert, die ihr Leben opferte, um ihre Schwestern zu retten, wer außer Euch besitzt die Umsicht der Deborah, die ihr Volk so klug regierte – wer die beispiellose Tugend und Heiligkeit der Esther, die den Verfolgten half – wer die Tapferkeit und Stärke der keuschen, edelmütigen Judith, die jene befreite, die an ihrer Aufgabe zugrunde gingen! Auf die gleiche Weise hat Gott der Herr heute unter den Erhabensten seiner Heerscharen Euch auserwählt, um die Macht seines Geistes in der weiblichsten und gerechtesten Gestalt aus dem Kreis der reichen Juden zu verkörpern.»

Die Weiblichste und Gerechteste der reichen Juden! Und dieser bombastische Vergleich mit Judith, Miriam, Esther... Aber das war noch nicht alles. «Sie wird unserem Volk», trug der zitternde Samuel weiter vor, «den Weg durch die rauhen Alpen und die Gebirge der anderen Länder weisen, und wenn ihr in höchster Not seid, inmitten der Schrecken und Leiden der langen Flucht, ist sie es, die ihre ganze Kraft einsetzt, um euch zu helfen. Sie steht euch mit mütterlicher Liebe und himmlischer Großzügigkeit zur Seite.»

Beatriz hob stolzer denn je das Haupt. Ihr Gesicht strahlte eine Heiterkeit aus, die ich nicht an ihr kannte. Bis zu jenem Tag hatte sie ihr Handeln allein auf ihre Zuversicht gestützt, die von meinen Bedenken und meinen Empfindungen für sie kaum gestärkt wurde. Wie hätte meine ungläubige Zuneigung ihr denn auch hilfreich sein können! Samuels von überschwenglicher Begeisterung erfüllte Laudatio jedoch versicherte sie ihres Ruhmes: Ihre Brüder feierten sie. Das jüdische Volk unserer Zeit hatte seine Heldin gefunden.

Vorsichtigerweise hatte Beatriz diese Bibelausgabe dem Herzog von Ferrara gewidmet. Die erste Seite trug aber auch noch einen anderen, weniger liebenswürdigen Vermerk: «Durchgesehen und geprüft vom Amt der Inquisition.» Abraham Usque und Yom-Thom Athias hatten gleich noch eine zweite Version für die Christen gedruckt, in der nicht ihre jüdischen, sondern ihre marranischen Namen zu lesen waren: Duarte Pinel und Jeronimo de Vargas. Und auch nur jene Bibel, die für unsere Gemeinschaft bestimmt war, enthielt die schmeichelhafte Widmung an die «allerherrlichste Senyora Gracia Nasi».

Mit diesem Augenblick begann die offizielle Geschichte der Senyora. Im Herzen dieser strengen, frommen Stadt, inmitten ihrer Freunde, umgeben von Gärten und den Liedern ihrer Tochter, fing Beatriz ihr neues Leben an. Sie hatte diese Lobrede zweifellos verdient. Die Gemeinschaft von Ferrara, vielleicht weil sie zu sehr beschützt war, hätte ohne den Antrieb jener hochherzigen Frau, die am eigenen Leib die Beschwernisse und Erniedrigungen ständiger Flucht und Vertreibung erfahren hatte, nie daran gedacht, eine Bibel für die Marranen drucken zu lassen. Es traf zu, daß sie stets die Sicherheit aller anderen Juden, die auf die Straßen Europas getrieben worden waren, über ihr eigenes Glück gestellt hatte.

Samuel Usque schlug das Buch zu und nannte mit ebenso lauter wie bewegter Stimme den Titel: *«Trost für die Leiden des Volkes Israel.»* Dann beugte er vor Beatriz das Knie und küßte ihre Hand.

War diese Königin, der man solche Huldigungen darbrachte, wirklich meine Beatriz? Ich konnte nicht anders, ich tat es Samuel gleich und kniete vor ihr nieder, vor Beatriz, der künftigen Königin von Palästina... Hatte der Seher David Rubeni etwa doch recht gehabt?

«Du solltest dich morgen nach Rom, Neapel und Palermo begeben, um den Zustand unserer Netze zu prüfen», flüsterte sie mir zu.

Ich protestierte nicht.

Es wurde eine lange Reise. Im Vatikan konnte ich mich ungehindert bewegen. Doch sobald ich mich auf dem Gebiet des Habsburgers befand, fühlte ich mich von allen Seiten beobachtet, wie eben in einem Reich, das seinen Untertanen wenig Freiheit erlaubt. Meine Aufgabe war wegen der ständigen Verschärfung der Inquisition schwierig. Beatriz hatte recht, die Zeit drängte. Ich suchte verbissen die ehrlichen Verwalter, die wir brauchten, um neue Netze aufzubauen und unseren Brüdern im Süden Italiens zu helfen, nach Istanbul zu gelangen. Ich mühte mich sechs Monate lang, nahm indes auch die Zeit wahr, um mich wieder in Galanterie zu üben, in einer Kunst, die in Ferrara wenig gefragt war. Ich lernte in Neapel schöne Frauen mit rabenschwarzem Haar kennen, die im Vergleich mit den ebenso schönen Venezianerinnen allerdings ziemlich schlecht erzogen waren und deren Achselhöhlen nach Schweiß rochen. Ich begriff, daß ich dem Zauber von Venedig nirgendwo anders begegnen würde, und versuchte, mich damit abzufinden.

Der Frühling war vorüber. Die Schatten wurden kürzer, und mein Pferd trabte, nicht weniger erschöpft als sein Meister, nur langsam. Wie damals, während der deutschen Kriege, sah ich auf dem Rückweg nach Ferrara Häuser in Flammen und Trauerzüge von weinenden Frauen ohne Begleitung eines Geistlichen. Ich gab meinem Pferd die Sporen.

Unseren Palast fand ich verschlossen. Erst nach langem Klopfen öffnete Beatriz selbst mir die Tür. Ihr Gesicht war von Sorgen verzerrt.

«Komm schnell rein, Josef. Seit einigen Tagen geschieht Beunruhigendes: Mehr Frauen als sonst sterben im Wochenbett, die Fehlgeburten häufen sich. Die Leute sagen, daß sie nachts Wehklagen von den Friedhöfen hören und in den Wolken Armeen von Skeletten zu sehen seien. Ein Priester hat geschworen, daß er am Himmel einen Kometen beobachtet habe. Du weißt, was das bedeutet – die Pest!»

Und die Pest wurde immer den Juden zur Last gelegt. Sie tauchte plötzlich auf und stets begleitet von übernatürlichen Erscheinungen. Es gab Leute, die nach drei Tagen im Schlaf starben, andere, die wie vom Teufel besessen tanzten, bis sie tot zusammenbrachen, und solche, die krebsrot wurden und von innen her verbrannten.

Die Stadt wurde von einer blinden Angst und Wut gepackt. Es wurde so stark mit Kräutern geräuchert, daß die jungen Schwalben in ihren Nestern erstickten. Die Ärzte stülpten sich zum Schutz eine spitze weiße Tüte auf ihre Nase, und das stinkende Gebräu aus Magie und Wahn, das die Pest jedesmal entstehen läßt, ergoß sich über Ferrara. Parfümgefäße mit Beifuß, grüner

Raute, Baldrian, Wacholderbeeren und rotem Farnkraut sollten die Luft reinigen und die Gemüter beruhigen. Auch Bernstein und Tabak galten als Wundermittel. Das Volk aß kein Geflügel, kein Schweinefleisch mehr und Wasservögel schon gar nicht. Olivenöl wurde für tödlich gehalten. Wenn die Kranken im Sterben lagen, legte man ein Stück Brot auf ihre Lippen. Es sollte mit dem letzten Atemzug das Gift aus dem Körper ziehen. Zum Schutz vor Ansteckung sollte man den eigenen Morgenurin zu sich nehmen, der gemischt mit Jakobskraut und süßem Öl auf ein Stück Brot gegossen werden mußte. Ich sah Verrückte, die sich mit Nesseln einrieben, um Blasen zu erzeugen, deren Wunden sie dann mit grobem Salz offenhielten. Talismane gab es im Überfluß. Die Amulette der Toten wurden an die noch Lebenden verkauft. Natürlich verhinderte nichts von alledem, daß die meisten Erkrankten starben.

Mutig war das Herzogspaar in Ferrara geblieben und hatte für sich nicht das Privileg in Anspruch genommen, als einzige aus der Stadt fliehen zu dürfen. Auch wenn die katholischen Priester den Grund für diese Gottesstrafe in der allzu großen Toleranz des Fürsten sahen, wußten sie doch, daß er ein guter Landesvater war. Doch weder Güte noch Autorität vermochten gegen die Seuche etwas auszurichten. Die Angst nistete in allen Köpfen, und die Leichen schienen die Stadt geradezu in Besitz zu nehmen.

Als hervorragender Arzt, der er war, schwor Lusitano, daß es sich nicht um die Pest handelte. Seiner Meinung nach war das von der Sommerhitze vergiftete Brunnenwasser die Ursache für die Krankheit. Man brauche, sagte er, keine luftverpestenden Räucherungen und keine Bußprozessionen zu veranstalten, es genüge, nur abgekochtes Wasser zu trinken.

Er erklärte mir und unseren Brüdern: «Die Pest ist erkennbar an geschwärzter Zunge oder Milzbrand mit Bluterbrechen. Die Eiterbeulen müßten so groß wie ein Ei sein. Ich habe die Kranken und die Leichen sorgfältig untersucht und keines dieser Symptome gefunden. Das hohe Fieber, die eitrigen Bläschen am ganzen Körper sind die Folge von schweren Entzündungen im Gedärm. Die Krankheit führt zum Tode, wenn man sie nicht richtig behandelt, aber es ist nicht die Pest.»

Leider vermochte diese medizinische Erkenntnis gegen die fixe Idee in den Köpfen der Ferrareser nichts auszurichten. Obendrein schien sich eine Erfahrung aus alter Zeit zu bestätigen: *In peste Venus pestem provocat* – während der Pest verursacht Venus die Pest. Statt sich zurückzuhalten, frönten die Leute wie verrückt der Liebeslust. Man konnte sie nachts auf offener Straße, sogar auf den Friedhöfen, auf den frischen Gräbern huren sehen. Bürgerstöchter gingen mit zerzaustem Haar und irrem Lächeln auf Freiersuche. Die städtischen Huren wurden reich. Erst wenn im Morgengrauen der Ruf der Totengräber erscholl: «Bringt eure Toten heraus!», flohen die Liebestollen von den Straßen.

Lusitano wiederholte immer von neuem seine Mahnung, kein Brunnenwasser zu trinken: «Das Wasser tötet euch!»

Ach, er predigte vergebens und zuviel. Die einen mißtrauten seinem Rat, weil er von einem Juden kam; die anderen, weil sie davon gehört hatten, daß die Juden allesamt Brunnenvergifter seien. Nachdem ein Priester vor unserem Haus sein mächtiges Kruzifix geschwenkt hatte, um den Satan aus ihm auszutreiben, hagelte es Steine gegen die Fensterscheiben.

Lusitano trat vor die Tür und versuchte, die erregte Menge zu beruhigen. Vergeblich! Ein scharfkantiger Stein verletzte ihn an der Stirn. Als Beatriz seine Wunde versorgte, sagte Lusitano mit einer Stimme, die keine Diskussion duldete:

«Meine Kinder, es hat keinen Sinn, auf diese Menschen einzuwirken. Die sogenannte Pest wird uns nicht umbringen, aber es ist sicher, daß man uns töten wird, wenn wir nicht von hier fortgehen. Es ist höchste Zeit, daß wir das Rezept des Arztes Rhasis von Arabien befolgen, der das weiseste und wirksamste Heilmittel gegen Pestilenzen aller Art formuliert hat: ‹Schnell, weit und lange fortgehen!› Es gibt keine bessere Medizin. Gehen wir also! Wir sollten schon morgen auf dem Weg sein.»

«Gib mir wenigstens noch Zeit, den Herzog um einen Schutzbrief zu bitten», sagte ich. «Er wird nicht zulassen, daß wir angegriffen werden, und uns bis an den Stadtrand einen Trupp Soldaten mitgeben.»

Der Herzog empfing mich ernst. Es war ihm offenkundig peinlich, bekennen zu müssen, daß er sich unter dem Druck des Klerus gerade dazu durchgerungen habe, alle Neuchristen aus Ferrara, die vor weniger als fünf Jahren angekommen waren, auszuweisen.

«Glaubt nicht, Ritter, daß ich diesen dummen Aberglauben teile. Warum solltet Ihr die Brunnen vergiften? Etwas Wahres könnte an der Behauptung sein, die Neuchristen hätten die Pest aus Deutschland mitgebracht, wo sie seit langem grassiert.»

Ich erläuterte ihm Lusitanos Auffassung von der Art und Ursache der Seuche. Der Herzog wiegte bedauernd den Kopf.

«Vielleicht hat er recht, Ritter. Es ist mir bekannt, daß die jüdischen Ärzte sehr gelehrt und erfahren sind. Aber ich habe keine andere Wahl. Es geht um Ruhe und Ordnung in meinem Herzogtum. Im übrigen drängt mich der Papst, dem Wunsch der verschreckten Christen zu willfahren. Ich schicke Euch nicht für ewig fort, nein, das nicht. Verlaßt Ferrara für einige Monate und kehrt zurück, wenn die Pest vorbei ist. Ich hoffe, wir werden noch oft miteinander Karten spielen.»

Dem guten Herzog blieb also nichts anderes übrig, als uns zu verstoßen. Ich hatte das Gefühl, einen Freund verloren zu haben. Beatriz suchte die Herzogin Renata auf und erfuhr von ihr im Vertrauen merkwürdige Geheimnisse: Die Dame Bianca, die mir von Anfang gefährlich erschienen war, hatte die Seuche zum Vorwand genommen, um unsere Abreise zu verlangen. Was sie damit bezweckte, war, uns loszuwerden, damit die Abrabanels, Toledos und Modenas, die alle vor mehr als fünf Jahren angekommen waren, von der Familie Nasi und ihren Geschäften keine Konkurrenz mehr zu fürchten brauchten.

Ein Trost war: Diesmal trachtete man uns nicht nach dem Leben, nicht einmal nach dem Vermögen. Man gab sich damit zufrieden, uns aus der Stadt zu vertreiben. Beatriz flehte, daß man die Marranen ziehen lassen möge, ohne uns auf dem Weg durch die Straßen niederzumetzeln. Die Herzogin versprach, zu Tränen gerührt, für sicheres Geleit zu sorgen.

Doch wohin sollten wir uns wenden? Das venezianische Nachbarland im Norden war für uns Feindesland; in dem vom Papst regierten Gebiet in südlicher Richtung herrschten die Inquisition und der Aberglaube, daß für die Pest die Juden verantwortlich seien. Wohin also, außer in die Wälder?

Wir luden auf stabile Wagen und Karren das, was wir brauchten, um unter freiem Himmel Notlager errichten zu können. Und da wir es mit Menschen zu tun haben würden, die schlimmer als Wölfe sind, versahen wir uns mit einer Anzahl Waffen. Die Hausgemeinschaft mit allen Dienern und Mägden war groß, und so brachen wir mit zwanzig Wagen und dreißig Pferden auf.

Von Lissabon nach Antwerpen, von Antwerpen nach Venedig, von Venedig nach Ferrara... Unter welchem Unstern würde es nun weitergehen?

Der Auszug aus Ferrara war furchtbar. Gruppen von Ferraresern und Männern vom Lande warteten am Straßenrand auf eine Gelegenheit, uns mit Knüppeln und Sensen anzugreifen. Die Wachsoldaten eskortierten uns bloß bis zur Stadtgrenze, die wir bei Einbruch der Dunkelheit erreichten. Dann kehrten sie um und überließen uns unserem Schicksal.

Am nächsten Morgen kamen wir an das Ufer eines Flusses und trafen dort auf eine Schar von Männern und Frauen, die zusammengekauert vor notdürftig aus Tüchern und Mänteln errichteten Zelten saßen. Pappeln säumten den Fluß, und nicht weit entfernt konnte uns ein dichter Wald bei einem plötzlichen Überfall als Zuflucht dienen. Die Leute zeigten sich zwar keineswegs feindlich gesinnt, doch ich holte vorsichtshalber meine Sattelpistolen heraus. Beatriz stieg von ihrer Karre ab und sagte: «Steck die Waffe weg, Josef. Siehst du denn nicht, daß es welche von uns sind?» Sie entschied, daß wir an dieser Stelle ebenfalls ein Lager aufbauen sollten.

Die andere Gruppe bereitete uns einen überaus freundlichen Empfang. Die Männer boten an, uns beim Abladen zu helfen. Bis zur Abenddämmerung hatten wir eine ganz ansehnliche Wagenburg geschaffen. Am Lagerfeuer schlossen wir mit unseren Nachbarn nähere Bekanntschaft. Sie waren wie wir verjagt worden, und es befanden sich unter ihnen auch einige Marranenbrüder. Beatriz zog sie sofort ins Gespräch und wollte vor allem von einem an sich wortkargen rüstigen Mann in reiferen Jahren das Woher und Wohin ihres Zuges wissen. Es dauerte eine Weile, bis der Mann seine Zurückhaltung überwunden hatte. Schließlich aber nannte er seinen Namen, Marsilio, erklärte, daß er Wissenschaftler sei, genauer gesagt, Astrologe – und, wie sich bald herausstellte, interessierte er sich wie in Ferrara Donna Benvenida besonders für die geheime und angeblich alles begreiflich machende *Magna Scientia*.

Dieser Marsilio bestätigte Lusitanos Meinung, daß das beste Heilmittel gegen Epidemien die Flucht sei: «Mein berühmter Namensvetter, der große Philosoph Marsilio Ficino, sagte schon zu seiner Zeit, daß man im Falle einer Pest die schönen Gärten besuchen und tief den Duft der Blumen einatmen solle. Es sei ferner zu empfehlen, nicht an den Tod zu denken und sich auf angenehme Gedanken zu konzentrieren. Man muß auch, und das ist sehr wichtig, das Herz stärken, indem man Edelsteine betrachtet.» Bei diesen Worten entnahm er einem kleinen Lederbeutel einige Edelsteine, die sogleich im Mondlicht funkelten, und zeigte sie auf der flachen Hand herum: Saphire, Smaragde, Amethyste, Rubine, die im Feuerschein herrlich aufblitzten.

«Ja, und das hätte ich fast vergessen», fügte er hinzu: «Man muß unbedingt melodische Arien dabei hören. Um die Wahrheit zu sagen, dies ist nach letzter Erkenntnis das einzige, was uns fehlt, um glücklich zu sein.»

Ich wandte mich der kleinen Reyna zu. «Würdest du etwas für uns singen? Ich bitte dich darum.»

Reyna zögerte einen Augenblick, dann ging sie, um ihre Gitarre zu holen. Kurz darauf brachte ihre schöne helle Stimme die Schwätzer zum Schweigen. Von den Flammen angeleuchtet, sah sie wie eine heidnische Göttin aus. Gesicht und Hände waren wie von rotem Licht durchflutet. Ich betrachtete sie so gefesselt, daß ich Beatriz' Atem kaum spürte, die sich neben mich auf den Rasen gesetzt hatte.

«Ist unsere Reyna nicht wunderschön?» fragte sie sanft. Ich zuckte zusammen. Beatriz hatte recht – und zum ersten Mal sah ich in Reyna meine Verlobte.

Die Nacht war so lau, daß niemand schlafen wollte. Das Firmament voller Sterne funkelte mit «mütterlicher Zuneigung», wie Marsilio es ausdrückte. Er erläuterte die Konstellationen und kritzelte dabei fortwährend etwas in ein kleines Heft. Es überraschte mich nicht, daß auch Beatriz ihres hervorgeholt hatte. Ich versuchte über ihre Schulter zu blicken, konnte aber nur erkennen, daß sie geometrische Zeichnungen skizzierte, die ich nicht zu deuten vermochte und die sie mir nie zu erklären bereit war. Die Schrecken von Ferrara schienen vergessen. Sommerdüfte umgaben uns, und im Grunde waren wir so frei wie noch nie zuvor. Ja, es war ein gesegneter Augenblick.

Ein sonderbar ruhiges Leben begann: Wir hatten genügend Nahrungsmittel, Waffen und Geld, mußten uns nicht um die Geschäfte des Hauses Mendès und den Unterhalt der Netze kümmern. Das taten inzwischen hoffentlich unsere Vertreter, und dafür sorgte im übrigen, worum wir täglich beteten, die Güte des Herrn. Mehr konnten wir angesichts unseres Nomadenlebens nicht tun. Tagsüber jagte ich Wasservögel, andere fischten im Fluß. Die Mägde wuschen die Wäsche, die dann zwischen den Pappeln trocknete. Reyna beaufsichtigte die Zubereitung der Mahlzeiten, und Beatriz diskutierte endlos mit dem Astrologen Marsilio.

Mit den anderen, auch mit mir, wechselte er nur die notwendigsten Worte, doch Beatriz nahm er schon am frühen Morgen beim Arm, und beide entfernten sich zu ihrem «Studienplatz», wie sie es nannten, am Fuß einer Ulme mit gekrümmten Wurzeln. Marsilio dozierte, Beatriz hörte zu und schrieb pausenlos in ihr Heftchen.

«Daß du hier ausgerechnet einen von diesen Erleuchteten treffen mußt!» sagte ich nach einigen Tagen verärgert zu ihr. Sie warf mir einen strengen Blick zu und ließ mich einfach stehen.

Das Leben in der Natur hatte sie verjüngt. Ihr Gesicht war wieder glatt, und ihre Augen glänzten wie in ihrer Jugend. Ich habe nie verstanden, warum sie sich so sehr zu dieser obskuren Wissenschaft von der Prophetie hingezogen fühlte. Und ich? Was hatte ich für eine Abwechslung, während sie sich mit ihrem Astrologen zurückzog? Höchstens Reyna und ihre Lieder – und den Wein natürlich.

Beatriz trank nie einen einzigen Tropfen von meinem Wein, und wenn ich sie deswegen verspottete, indem ich so tat, als wäre ich betrunken, sprang sie auf und ohrfeigte mich, als ob ich ein Junge wäre. Ach, was für eine schöne Zeit wir während der Pest von Ferrara hatten ...

Eines Tages nahm Beatriz mich beiseite, um mir einen «großen Plan» anzuvertrauen – leider. «Ich weiß, daß es einen Stein gibt, der solche Wunderkraft besitzt, daß man damit Gold erzeugen kann, Josef. Ich weiß auch, wo man diesen kostbaren heiligen Stein finden kann, der grün ist wie das Wasser dort, wo wir herkommen.»

Kein Zweifel, die Wahnsinnsidee stammte von Marsilio. Ich hatte schon von einem sogenannten Stein der Weisen gehört, den die Alchimisten angeblich brauchten, um Gold herzustellen, aber dergleichen immer für Scharlatanerie gehalten. Wo war Marsilio? Ich wollte ihm verbieten, Beatriz weiterhin mit solchem Hokuspokus zu behelligen.

«Such unseren Freund nicht», sagte sie. «Er ist gegangen, wohin sein Schicksal ihn rief. Doch zum Abschied hat er mir ein Geheimnis anvertraut: In diesen Tagen hält sich der Vizekönig von Indien in Venedig auf, um diesen magischen Stein zu verkaufen. Aber, wie es heißt, hat niemand genug Geld, um ihn zu erwerben. Ich will ihn haben! Geh nach Venedig, Josef, und besorge diesen Stein für mich.»

Auf meinen Kopf war ein Preis ausgesetzt – und sie wollte mich nach Venedig schicken! Ich war so konsterniert, daß ich keine Worte fand. «Nun, dann gehe ich eben selber», sagte sie mit dieser entschlossenen Stimme, vor der ich mich hätte in acht nehmen sollen. Doch ich glaubte nicht, daß sie verrückt genug war, sich in die Höhle des Löwen zu wagen. Für die Phantasterei eines Astrologen!

Aber am nächsten Tag war Beatriz verschwunden, und eines von unseren Pferden fehlte.

Ich stieß alle Flüche aus, die ich auf meinen Reisen gelernt hatte, sattelte ein Pferd, und ritt ihr nach. Umsonst. An der Grenze zu Venetien mußte ich umkehren. Wenn ich auch nur einen Schritt weiter ging, war ich so gut wie tot. Als ich wieder im Lager war, entdeckte ich, daß einige meiner Kleider fehlten. Offenbar hatte sie sich als Mann verkleidet. Bestürzt suchten Lusitano und ich nach einer Lösung. Es gab nur eines: Lusitano nahm all seinen Mut zusammen und machte sich auf den Weg nach Venedig, um Beatriz ausfindig zu machen, bevor sie das unsinnige Geschäft mit dem Vizekönig von Indien getätigt hatte. Reyna und mir blieb nichts anderes übrig, als zu warten. Meine Cousine achtete darauf, daß es uns zur Nacht an warmem Essen und an Decken nicht fehlte, denn die Nächte waren bereits kühler geworden. Sie führte die Diener und die Mägde mit ruhiger Autorität und erhob nie die Stimme. Doch singen wollte sie nicht einmal mehr, wenn ich sie darum bat.

Ich ging weiterhin viel auf die Jagd, nur war ich nicht mehr mit dem Herzen bei der Sache. Nicht, daß ich verzagt gewesen wäre. Ich war zuversichtlich, daß Lusitano unsere Beatriz auch dieses Mal in letzter Minute zur Vernunft bringen würde, aber ich hegte einen tiefen Groll: Gerade als wir eine Zeit wohltuenden Friedens genossen, mußte sie dieses Glück zerstören – für einen verdammten Edelstein! Für einen Aberglauben! Wie konnte eine in Geschäften so umsichtig taktierende Frau, wenn es um zweifelhafte Wunderdinge ging, jedesmal den Kopf verlieren ... die Senyora, die man in unserer Gemeinschaft für klug und weise hielt!

Bis zu Lusitanos Rückkehr vergingen fast zwei Wochen. Er hatte Beatriz bei ihrer Schwester gefunden, im Palast de Luna, den er uns nun als ein düsteres Geisterhaus beschrieb, in dem sich einige schweigsame Diener um ihre trübsinnige Herrin und deren Tochter kümmerten. La Chica schien alles Ungemach mit überraschend fröhlichem Gleichmut zu ertragen. Brianda war kaum wiederzuerkennen gewesen. Sie hatte sich in eine Nonne verwandelt, mit kahlgeschorenem Haupt, zusammengekniffenen Lippen, von Kopf bis Fuß in weißes Tuch gehüllt. Ihr Schweigen unterbrach sie nur, um lange Wehklagen über ihre Sünden hervorzustoßen, wobei sie sich zu Füßen eines großen Kruzifixes in einer Nische ihres Zimmers zu werfen pflegte.

Beatriz hatte sich also bei ihrer Schwester einquartiert, obwohl sie von ihr so schändlich verraten worden war. Sie erklärte unserem Freund, ohne mit der Wimper zu zucken, daß sie das Bedürfnis verspürt habe, sie wiederzusehen, daß alles vergessen und verziehen sei und sie die arme geistesverwirrte Brianda wie nie zuvor liebe. Lusitano gab zu, daß deren Zustand bejammernswert genug war, um die barmherzige Fürsorge der Schwester zu rechtfertigen, aber was mich viel mehr interessierte: Was war aus der fixen Idee mit dem Wunderstein geworden? Beatriz gestand Lusitano, daß sie am gleichen Abend während eines Maskenfestes eine weitere Unterredung mit dem Vizekönig von Indien haben werde.

Sie ließ sich durch gutes Zureden nicht aufhalten, sondern begab sich pünktlich, in einen schwarzen Umhang gehüllt und das Gesicht unter einer roten Halbmaske verborgen, in die Casa d'Oro. Lusitano folgte ihr in einigem Abstand und sah sie unerwartet schnell wieder herauskommen.

«Und? Hatte sie den Edelstein?» fragte ich gespannt.

Lusitano nickte bloß.

«O Gott! Hast du ihn gesehen?»

«Ja, Josef», antwortete er, «ich habe ihn gesehen. Es ist ein großer Smaragd, sehr schön, trotz einiger Unreinheiten. Aber eben nur ein Smaragd, kein Wunderstein.»

Beatriz war gerade dabei, Venedig in Begleitung Lusitanos zu verlassen, als sie abermals festgenommen wurde. Warum? Der Vizekönig hatte gegenüber seiner venezianischen Eskorte lediglich verlauten lassen, daß eine maskierte Dame ihm den Stein abgekauft habe, ohne um den Preis zu handeln, und die beträchtliche Summe auch bar bezahlt habe. Das schien dem Rat der Zehn nicht zu gefallen. Er ließ die Unbekannte ausfindig machen, und die scharfsinnigen Häscher kamen sogleich auf Beatriz.

«Und dann, Lusitano, und dann? Du bist doch nicht etwa zurückgekommen, ohne den Versuch gemacht zu haben, sie freizukaufen», sagte ich mit einem Kloß im Hals. Nun, diesmal war es wider Erwarten Brianda, die das Notwendige unternommen hatte. Wie schlafwandelnd befolgte sie Lusitanos Anweisungen, begab sich zu dem für die Neuchristen zuständigen Prokurator, bot ihm die Hälfte ihres Vermögens an, und er akzeptierte sofort. Beatriz wurde noch in der gleichen Stunde auf freien Fuß gesetzt – allerdings unter der Bedingung, daß sie in den Palast de Luna zurückkehrte und sich verpflichtete, die Stadt nicht zu verlassen, denn es würde eine Untersuchung, ein Verhör und möglicherweise einen Prozeß geben.

Zufällig befand sich ein Abgesandter des Sultans in Venedig, um die zähen Verhandlungen zwischen dem Osmanischen Reich und der Serenissima voranzutreiben. Lusitano fand einen Weg, sich bei ihm vorzustellen und die engen Beziehungen des Hauses Nasi zur Hohen Pforte ins Gespräch zu bringen. Der Türke willigte nicht ohne langes Bedenken und politisches Kalkül ein, bei der Serenissima zu intervenieren, und hatte Erfolg. Beatriz wurde freigestellt, Venedig zu verlassen, wann sie wollte.

Ich konnte mir schon denken, was Lusitano als Gegenleistung hatte anbieten müssen. Er hatte die verbindliche Zusage abgeben müssen, daß Donna Gracia Nasi unverzüglich nach Istanbul abreisen werde. Der Abgesandte hatte angedroht, die Dame im Falle ihrer Weigerung gewaltsam mit dem nächsten Schiff an den Bosporus schaffen zu lassen.

«Nun gut, wir werden so bald wie möglich nach Istanbul abreisen, aber warum ist Beatriz nicht mit dir gekommen?» wollte ich endlich wissen.

«Weil sie auch Brianda mitnehmen wollte, die jedoch nicht imstande ist zu reiten», seufzte Lusitano. «Sie werden wahrscheinlich morgen hier sein, spätestens übermorgen. Gracia ist entschlossen, zunächst noch einmal nach Ferrara zurückzugehen, um alles Hab und Gut der Familie für den endgültigen Aufbruch vorzubereiten. Sie schert sich nicht um das Aufenthaltsverbot des Herzogs, genausowenig um unsere Meinung, Josef.»

Zwei Tage später erschien, von einer Staubwolke umgeben, ein langer Zug von Karren mit dem Hausrat aus dem Luna-Palast. Beatriz stieg aus und fiel mir um den Hals wie ein junges Mädchen.

«Siehst du, Josef, ich habe es geschafft, ganz allein! Ich habe den Edelstein, und ich habe Brianda und die Kleine auch. Hast du vielleicht geglaubt, daß ich ohne dich nichts zustande bringen würde?» Stolz zeigte sie mir einen Ring mit dem großen Smaragd, den sie am Finger trug.

«Josef», fügte sie leise hinzu, «sei so gut und behandle meine arme Schwester mit größter Schonung.»

Als ich Brianda aussteigen sah, hatte ich nicht das Herz, sie zu quälen. Sie war ein unglückliches Geschöpf mit verstörtem Blick, und von ihrem ohnehin schwachen Verstand schien nichts mehr vorhanden zu sein. Wie nur hatte sie sich für Beatriz so hilfreich einzusetzen vermocht? Wahrscheinlich hatte Lusitano das Wunder allein vollbracht. Nachdem sie ausgestiegen war, blieb sie stehen, ohne sich zu rühren, blinzelte wie eine Eule im Tageslicht und drückte die Hand ihrer Tochter, der es nicht gelang, die Mutter auch nur einen Schritt vorwärts zu bewegen.

Beatriz mußte sie beim Arm nehmen und sie zwingen, einen Schritt nach dem anderen zu machen, bis zu einem Baumstamm, wo sie sie sanft hinsetzte.

«Ist es nicht schrecklich, was aus Brianda geworden ist?» flüsterte Lusitano an meiner Seite.

Wir verließen das Ufer unseres Flusses voller Wehmut und kehrten nach Ferrara zurück. Drei Monate waren verstrichen.

Lusitano versicherte, daß die Epidemie mit dem Ende der Hitzeperiode aufgehört haben müsse, und er täuschte sich nicht. Die angebliche Pest war tatsächlich vorüber, und die Ferrareser führten wieder ein ganz normales Leben.

Das Haus der Nasi roch muffig, doch es war nicht geplündert worden. Die Fenster, die so lange geschlossen gewesen waren, wurden weit geöffnet. Die antiken Statuen waren mit Moos bedeckt, der Garten war voller Unkraut, die vertrockneten Stiele und schwarzen Blätter der Blumen wiegte der Wind. Einige Herbstrosen blühten noch, und La Chica pflückte geschwind einen Strauß, um ihn ihrer armen Mutter zu schenken. Die Erwachsenen hatten freilich keine Zeit, sich um Unkraut und Rosen zu kümmern. Wir mußten unseren Auszug vorbereiten.

Beatriz und ich setzten uns an einen großen Tisch und stellten eine Liste mit den Leuten und den Gütern auf, die wir nach Istanbul mitnehmen würden. Unser Weg sollte in einem weiten Bogen nach Norden um Venedig herum, dann in südlicher Richtung über Ragusa und Saloniki zum Ziel, der Hauptstadt des Osmanischen Reiches, führen.

Wir zählten an die hundert Mägde, dazu kamen Kammerzofen und eine Anzahl von «Gesellschafterinnen», denen Beatriz diesen Titel mit dem einzigen Zweck gab, sie ebenfalls in Sicherheit zu bringen. Wir stellten ihnen «Ehemänner», wahre oder falsche, zur Seite; das machte zweihundert Personen mehr. Wie viele Soldaten brauchte man wohl, um all diesen Menschen und Wagen halbwegs sicheres Geleit zu geben? Ich rechnete, daß wir fünfzig gut bewaffnete Söldner benötigten.

Eine andere Möglichkeit war der Seeweg. Er wäre sogar sicherer als der lange Marsch durch vieler Herren Länder. Wir diskutierten darüber endlos. Beatriz wollte jedoch um jeden Preis auf festem Boden nach Istanbul gelangen.

«Auf diese Weise», sagte sie, «können wir weitere Brüder in unsere Obhut nehmen, die vielleicht unterwegs zu uns stoßen. Wir sollten vorsorglich einige leere Karren mitführen.»

Noch mehr Wagen! Es waren ja schon dreißig. Beatriz beauftragte mich, noch zwanzig weitere zu besorgen. Und auch das war noch nicht genug für die Völkerwanderung, von der sie träumte. Es kamen noch vier große Kutschen hinzu, eine für Reyna und La Chica, die zweite für Beatriz und Brianda, die dritte für Lusitano «und die vierte für dich, Josef».

Um Schutzbriefe bis zur Grenze des Osmanischen Reiches zu erhalten, mußte ich abermals beim Herzog d'Este vorstellig werden, doch nicht lange an seine Großmut appellieren. Sichtlich glücklich, die Ungerechtigkeit gegen uns, der er notgedrungen zugestimmt hatte, wiedergutmachen zu können, erteilte er Befehl, uns mit allen nützlichen Reisedokumenten und Siegeln auszustatten.

Wir verbrachten die Zeit, die uns blieb, mit jenen Freunden aus der Marranen-Gemeinschaft, die in Ferrara zurückbleiben würden. Wir trafen uns in ihren Häusern vor einem Kaminfeuer, das uns viel melancholischer stimmte als die Lagerfeuer am Flußufer und die Fackeln in den Zypressen bei unseren poetischen Sommerfesten. Brianda kauerte sich in eine Ecke und stieß von Zeit zu Zeit unverständliche kurze Schreie aus, die unseren leisen Gesang unterbrachen.

Beatriz versuchte immer wieder, unsere Glaubensgenossen zu überreden, sich uns anzuschließen. Daß es ihr schließlich gelang, Rabbi Soncino umzustimmen, löste in der Gemeinschaft große Überraschung aus. Der Rabbi war in ganz Italien bekannt, und Beatriz hatte seinen Einfluß und seine Berühmtheit als Hauptargument benützt, um ihn zu überzeugen. Indem er einwilligte, uns zu begleiten, würde er ein gutes Beispiel für alle geben und andererseits ein Bürge sein für das lautere Judentum der Familie Nasi. Damit würden sich, so hoffte Beatriz, die Spannungen zwischen den verschiedenen jüdischen Gemeinschaften in Istanbul, denen ein studierter und welterfahrener Theologe fehlte, beilegen lassen. Rabbi Soncino galt aufgrund seiner Weisheit als über den Dingen stehend. Seine wohltuend sanfte Überzeugungskraft konnte Wunder wirken. Eine Weile hatte es den Anschein, als würde seine Teilnahme an unserem Zug zur Beteiligung aller Ferrareser Juden führen, aber am Ende folgten sie uns doch nicht. Viele hatten volles Vertrauen in das Herzogspaar und fühlten sich in Ferrara in Sicherheit.

Wir brauchten einen ganzen Tag, um den Zug in eine Kolonne zu bringen. Die Mägde, die Gesellschaftsdamen und alle anderen Frauen stiegen auf die Wagen. Rabbi Soncino nahm in Beatriz' Kutsche Platz, in die man bereits die jammernde Brianda gesetzt hatte, die den Grund unserer Abreise nicht begreifen konnte. Die Wagenführer schwangen sich auf die Pferde, die angeheuerten fünfzig Wachsoldaten stellten sich zuerst in Reih und Glied auf und verteilten sich dann rechts und links von den Gespannen.

Unsere Freunde winkten und sangen, die Augen voller Tränen, alte sephardische Lieder. Es war meine Aufgabe, das Zeichen zum Aufbruch zu geben. Ich führte mein Pferd auf die Seite und hob den Arm. Mit einem unbeschreiblichen Getöse setzten sich die fünfzig Wagen und Karren sowie die vier Kutschen in Bewegung.

Wir brauchten Stunden, um das Stadttor zu erreichen, und die Fahrt durch die Straßen glich diesmal einem Triumphzug. Die Frauen kamen aus den Häusern heraus, die Handwerker unterbrachen ihre Arbeit und winkten uns zu, man schickte die Kinder mit Brotlaiben, Korbflaschen voll Wein und dem letzten Obst des Herbstes zu uns. Die Kleinen begrüßten uns so ungestüm, daß wir oft anhalten mußten, um sie nicht zu überfahren. Das war dasselbe Volk von Ferrara, das vom Herzog d'Este gefordert hatte, uns als die Pestbringer aus der Stadt zu jagen...

Der Herzog und die Herzogin hatten uns noch nicht Lebewohl gesagt. Zu unserer Freude erblickten wir sie draußen auf dem Lande, wo sie unauffällig in einer bescheidenen Karosse auf uns warteten. «Denkt an Eure Freundin, *carissima*», sagte Herzogin Renata und umarmte Beatriz, wobei sie ihr eine Rolle mit Gedichten in die Hand drückte. Ihr Gatte Ercole d'Este beteuerte mehrmals seine freundschaftlichen Gefühle für uns und versprach, für die zurückbleibenden Marranen zu sorgen.

Weil sich unser letzter christlicher Gebieter von unserem Auszug aufrichtig erschüttert zeigte, erinnerte ich mich an ihn als einen ehrlichen Mann im Vergleich zu den anderen Fürsten, die ich in Europa kennengelernt habe.

«Ich könnte weinen, Herr», sagte Caraffa und rekelte sich. «Endlich seid ihr unterwegs in die Freiheit. Die Sonne steht schon hoch, und mein Bart kratzt mich. Hast du nicht vor einigen Tagen gesagt, daß dein Mohr bereit wäre, mich zu rasieren, mein Herr?»

«Man braucht ihn nur zu rufen», sagte der alte Herzog und klatschte in die Hände.

Sofort erschien ein junger Schwarzer in grünem Kaftan mit einem Rasierbecken, Seife und einem Rasiermesser und machte sich schweigend an die Arbeit.

«Weißt du, Herr, trotz des Schaumes, der mir das Gesicht zukleistert, bin ich noch imstande zu denken», sagte der Bucklige, den Kopf im Nacken. «Glaubst du wirklich, daß du bald das Zeitliche segnen wirst? Ich finde, du siehst noch ganz rüstig aus!»

«Ich werde so lange leben, solange mein alter Freund, der Großwesir Mehmed Sokolli Pascha, am Leben ist. Der Tag, an dem er stirbt, wird auch mein Todestag sein, Caraffa.»

«Das ist, was dein Astrologe dir gesagt hat, nicht wahr?» lachte der Narr.

«Oh, nicht nur er. Mehrere andere Seher haben es vorausgesagt.»

«Und du hast den Mut, dich über den Aberglauben der Senyora lustig zu machen?»

Der Herzog antwortete nicht.

V

1553–1554
Der Auszug aus Ägypten

Mittwoch, im Morgengrauen

«Nein! Nein, Madame, er hat nichts Verleumderisches gesagt. Der Herzog von Naxos träumt, er grübelt nach, er läßt sein Leben und die ganze Welt noch einmal an sich vorüberziehen, das ist alles. Daß Euer Gatte von der Senyora spricht, das ist wahr, aber auch von Euch, Madame, sogar immer öfter, ich schwöre es Euch...», sagte der Narr.

Die Herzogin Reyna lag auf dem nackten Stein des Balkons und schüttelte schweigend den Kopf.

«Gestern erst wünschte sich der Herzog, daß Ihr Eure Lieder wieder singt», beharrte Caraffa.

Die Herzogin strich ihren weißen Schleier zurück, hob ihren müden Blick auf zu dem Narr und legte den Zeigefinger an ihre Lippen.

«Ich weiß, Ihr wollt Euer Schweigen bewahren, aber hören tut Ihr alles», brummelte Caraffa. «Er wartet auf seinen Tod, hat er gesagt. Aber sobald Euer Gatte in seiner Erinnerung alles bis zum Ende durchgegangen ist, wird er nicht mehr sterben wollen, sondern zu Euch zurückkehren.»

Sie wandte den Kopf ab und weinte.

«Außerdem, Euer Schweigen, Eure ständigen Tränen... Und warum kleidet Ihr Euch in diesen schweren türkischen Samt, der Euch um die Taille dicker macht, warum tragt Ihr diesen unnötigen Schleier, warum schmückt Ihr Euch nicht ein bißchen? Ihr wißt, wie er Eleganz liebt. Soviel ich weiß, hat Eure Mutter...»

Überraschend behende sprang die Herzogin auf, stürzte sich auf den Buckligen und zeigte ihm die Krallen.

«He, he, nun», sagte Caraffa und wich zurück. «Ihr seid eben doch ganz ihre Tochter! Ich will nichts gesagt haben. Aber verlangt nicht das Unmögliche von mir. Er hat sich auf sein Zimmer zurückgezogen. Wenn er nicht über sein Leben nachdenkt, schläft er. Und wenn er zurückkommt, sollte er Euch besser nicht hier finden. Bei mir ist das etwas anderes. Ich bin nur ein buckliger Schatten zu seinen Füßen; ich zähle nicht, sagt er. Aber Ihr, Ihr seid etwas ganz anderes!»

Herzogin Reyna warf ihrem Narren einen leidenden Blick zu, rückte ihre weite Pluderhose zurecht und verließ den Balkon mit einem Seidengeraschel.

Sobald sie fort war, hörte man schwere Schritte. «Das war höchste Zeit», murmelte der Narr und näherte sich dem Sessel.

«Ich will gar nicht wissen, mit wem du vorher gesprochen hast, aber ich weiß, daß du keine Antwort erhalten hast», sagte der Herzog.

Unsere Reise sollte fast ein Jahr dauern. Wir waren nicht die ersten, die dieses Abenteuer, diese verrückte Irrfahrt auf sich nahmen. Alle Marranen, denen die Senyora geholfen hatte zu fliehen, hatten die Meere überquert oder die gleichen Länder wie wir durchzogen. Ob jene, die heute in der Geborgenheit Istanbuls leben, noch manchmal an den langen Weg denken? Würden sie den Mut haben, ihn ein zweites Mal zu gehen? Werden sie eines Tages noch einmal ihre Sachen packen müssen, Haus und Heim verlassen, die ängstlichen Kinder beruhigen, über die holprigen Straßen trotten, immer in Gefahr zu stolpern, in der Nacht rasten in einer Kälte, die die Lippen rissig macht? Nichts ist sicher. Wir Juden können alles innerhalb von einem Tag verlieren. Ich war ein Herzog, ich wäre fast König geworden, und plötzlich war der Traum vorbei, man hat mir alles weggenommen, ich habe bloß noch einen wertlosen Titel, einen Palast – und Gold. Gold! Ja, davon habe ich sehr viel!

Schon früher hatten wir glücklicherweise stets genug Gold, um unser Leben zwischen Lissabon und Istanbul von Fürsten und Sultanen freizukaufen. Es ist das Gold, unser Vermögen und seine Macht, für die Beatriz im Namen ihres Gottes und des Volkes, das Er auserwählt hat, mein Glück geopfert hat...

Ich gebe nicht viel auf meinen Nachruhm. Was werden die Leute über Josef Nasi, Herzog von Naxos, nicht alles erzählen! Ein geiziger Bankier, ein Verräter wie alle Juden, ein Judas! Niemand wird von unserer Reise wie von einem Heldenepos sprechen; niemand wird die Winkelzüge preisen, mit denen wir uns gegen die Willkür der Fürsten verteidigen mußten. Alle werden Lorbeerkronen für die flechten, die uns verfolgt haben. Beatriz wenigstens hat ihr Andenken gesichert: Für sie sprechen ihre Ferrareser Bibel, ihre guten Werke und die Legende der Senyora. Aber ich, ihr Adlatus, ich bin der Böse, der Schwarze, der Spion der Senyora. Ihr Schwiegersohn und ihr Schatten. Nichts anderes.

Wir verließen unsere westliche Welt und zogen ostwärts, in Richtung Jerusalem. Wir sagten es nicht, aber alle dachten daran. Es galt noch nicht «nächstes Jahr in Jerusalem», denn das nächste würden wir in Istanbul verbringen, aber wir näherten uns mit jedem Schritt unserem endgültigen Ziel. Selbst wenn wir noch sehr viel leiden mußten, wollten wir eines Tages Jerusalem erreichen.

Wir mußten Mantua links liegen lassen, die gefährlichen Hoheitsgebiete der Serenissima umgehen, um an den Gardasee zu gelangen, wo wir den Winter über bleiben wollten. Im Frühling würden wir die Pässe der Alpen hinan- und bis Fiume wieder hinuntersteigen, dann durch Bosnien auf Ragusa zugehen. Dort wollten wir eine lange Rast einlegen, bevor wir uns auf den Weg nach Saloniki machten, nachdem wir ein Stück übers Meer die Küste entlanggefahren und danach wieder ein Bergland bezwungen hatten. Die verbleibende Strecke bis Istanbul würde dagegen ein Spaziergang sein.

Jede Rast an einem Flußufer erinnerte uns an unser idyllisches Lager bei den Pappeln nach der Vertreibung aus Ferrara. Die Tage wurden kürzer; wir brachen das Lager jedesmal mit dem ersten Licht des Morgengrauens ab und hielten erst wieder mit Einbruch der Nacht. Es gab keine Schwierigkeiten; unsere Damen fanden die Reise unerwartet angenehm, die Straßen waren eben, die Gasthöfe gut, es fehlte uns an nichts. Lusitano ritt von einer Kutsche zur nächsten, die Frauen lachten, die Kinder liefen am Wegrand mit, und der Rabbi verließ die Senyora nie.

So kamen wir an den Gardasee, wo wir genug Herbergen fanden, um die Damen warm unterzubringen. Die Männer mußten im Freien lagern, und es wurde immer kälter. Zuerst gingen schwere Gewitter nieder, dann ließen lange Winterregen uns die Glieder erstarren. Es gibt nichts Traurigeres als so einen grauen Dauerregen und die in Wasser getauchten Häuser, aus denen Rauch von Feuern stieg, die nicht für uns angezündet waren. Wir verbrachten eintönige, feuchte Wochen in der Nähe eines großen Marktfleckens, den wir noch reicher machten und wo wir deshalb gut behandelt wurden. Reyna, schweigsam und wachsam, mit der Lebensmittelversorgung beauftragt, stand als erste auf und ging nie schlafen, bevor sie sich vergewissert hatte, daß alle Frauen schliefen. Ich mußte jeden Abend meine Männer zum Appell antreten lassen, auf die Wartung der Waffen, Pferde und Wagen aufpassen. Lusitano ging bei jedem Wetter mit einer Wollmütze auf dem Kopf Heilkräuter suchen und brachte Arme voll Pflanzen mit, aus denen er Aufgüsse zubereitete. Beatriz redete mit Rabbi Soncino über Theologie, ohne die Hand von Brianda loszulassen, die bei ihr blieb, ins Leere schaute und manchmal ohne Grund leise aufschrie.

Der Februar 1553 war ziemlich mild. Wir warteten nicht länger mit der Weiterreise, und es begann die lange und beschwerliche Überquerung der Alpen. Wir konnten den Schnee nicht umgehen, auf dem die Pferde pausenlos ausglitten. Manchmal rutschte ein Wagen in den Graben, und es konnte Stunden dauern, bis wir es geschafft hatten, ihn wieder herauszuziehen.

Während der Rast verkroch man sich in den leeren Karren und rollte sich in Felle und Decken ein, die wir reichlich mitgenommen hatten. Dagegen hatten wir bald nicht mehr viele Reserven für unsere Mahlzeiten außer trockenem, scharfem Käse, Grütze und Polenta. Man befestigte schnell Planen zwischen den Bäumen, Reyna ließ große Feuer machen und wärmte Wein mit Zimt, Lusitano schüttete Zucker dazu und eine selbst zubereitete Gewürzmischung, deren Rezept aus Ostindien stammte. Schließlich flambierte er den Wein, bevor er uns den Trunk servierte, auf dem geheimnisvolle blaue Flammen tanzten. Dieses himmelblaue Feuer war unsere einzige tägliche Freude; der Alkohol und der nachfolgende Schlaf ließen die Mühen des Tages für ein paar Stunden vergessen.

Wir hatten das Glück, jeden Abend irgendwo Unterschlupf zu finden. Oft waren es nur Scheunen, aber wir verlangten nicht mehr.

Wir überwanden die verschneiten Pässe, und die Landschaft wurde wieder freundlicher, die Steine gingen von Braun zu Weiß mit roten Maserungen über. Statt der eisigen Gipfel umgaben uns nur noch Hügel, und Äcker nahmen den Platz der dürren Weiden ein. Es war dennoch eine schwierige Zeit. Die Frühjahrsmüdigkeit lähmte die Energie, und die Frauen, vor allem die Gesellschaftsdamen, litten wochenlang an Fieber und Husten.

Beatriz hustete nicht nur, sie erstickte fast; mit einer Stimme, die bei jedem Atemzug pfiff, klagte sie über starke Schmerzen, die ihren Brustkorb zu zerreißen drohten. Lusitano, der die Krankheiten der Senyora oft mit nachsichtigem Lächeln behandelt hatte, blieb ständig in ihrer Nähe. Zehnmal in der Stunde tupfte er ihre Stirn ab und beobachtete sorgfältig die Farbe ihrer Wangen, die wie von zuviel Wein erhitzt schienen.

«Ich werde es überleben, Josef», brachte sie mit Mühe hervor. «Ich werde mich anstrengen. Ich werde nicht so sterben! Erst wenn ich es will, nicht früher!» Und, die schweißnassen Haare an ihre Stirn geklebt, sank sie in einen ihrer beängstigenden

Dämmerzustände. Eine Woche lang blieb sie bewußtlos. Reyna sorgte sich nur, aber der Rabbi schluchzte an ihrem Bett. Gerade, als ich wieder einmal nach ihr schaute, erwachte sie aus ihrem Schlaf und sagte mit kindlicher Stimme zu mir:

«Josef, laß uns auf die Kais gehen, gleich morgen! Die Bären sollten jetzt da sein, weißt du, bei unserer Karaka!»

Sie phantasierte eine ganze Weile. Dann, eines Morgens, schien sie tot, sie war kalt und weiß, doch das kam uns nur so vor, weil das Fieber gesunken war.

Sie lebte wieder auf, wie sie es vorausgesagt, zum großen Erstaunen Lusitanos, der sie verloren geglaubt hatte. Andere erlagen den Anstrengungen: Eine alte Magd starb, obwohl sie sich nur ein Bein gebrochen hatte; auch ein Kind, das vom Wege abgekommen war und mit blauen Lippen bei Morgengrauen in einem Gestrüpp wiedergefunden wurde.

Der Frost und der tauende Schnee hatten das Leder unserer Stiefel angegriffen, unsere Kleider waren schmutzig, unsere Hände rissig. Die ganze Expedition fing an, einem Pilgerzug von Verzweifelten zu gleichen. Gewiß, wir glichen nur unseren Brüdern, die den Auszug aus Europa schon hinter sich hatten. Nie hatten wir uns wirklich vor Augen geführt, welche Prüfungen sie bestehen mußten. Wir hatten ihre Flucht mit Geldzuwendungen unterstützt und uns vergewissert, daß sie am Ziel wohlbehalten angekommen waren. Aber weitere Gedanken hatten wir uns nicht gemacht. Jetzt wußten wir, wie ihnen geschehen war.

Der Frühling wirkte Wunder. Während des ganzen Winters hatten wir die Mägde nicht singen hören. Mit den ersten warmen Sonnenstrahlen, den ersten Krokussen war die Freude am Gesang zurückgekehrt. Ich war damit beschäftigt, den verletzten Fuß eines Pferdes zu behandeln, als ich plötzlich eine Stimme hörte, die mir zu Herzen ging. Es war die gleiche, die ich aus dem ersten Stock des Palastes in Ferrara gehört hatte, als ich aus Istanbul zurückkam. Ich rannte zu den Wacholdersträuchern, um der Sängerin näher zu sein. Reynas Augen glänzten verzückt.

Wieder erschien sie mir wahrhaft schön. Doch sobald sie mich sah, hörte sie auf, und ihr Gesicht verschloß sich. Sie schien eine wunderbare Freude in ihren Gesang zu legen, die sie anders nicht auszudrücken vermochte.

Jeden Abend im Lager übertraf ihre Stimme die der anderen. Erst hörte um sie herum eine erste Stimme auf, dann eine andere, schließlich schwiegen alle Frauen, und nur der Gesang von Reyna blieb. Aber um ihr Herz zu hören, durfte man sie nicht anschauen. Je öfter ich dies bedauerte, desto langweiliger stellte ich mir unsere Ehe vor. Verheiratet würde sie sicher schweigen.

Wir hatten den strapaziösesten Teil des Weges hinter uns. Als es zum Meer hinabging, sahen wir bald die ersten immergrünen Salbeisträucher. Steineichen und Olivenbäume kamen hinzu, und das Zirpen der Zikaden belebte wieder die Mittagszeit. Dann verspürten wir deutlich einen Seewind. Das Meer war nicht mehr fern.

An einem Dorfausgang nahmen wir in einer Wolke von kalkigem Staub eine Gruppe von Reitern in Waffen wahr, die uns in Reih und Glied erwarteten. Sie steckten in dunklen Kaftanen und trugen hohe weiße Filzmützen und lange Federbüsche, woran ich die Janitscharen erkannte. Einer von ihnen löste sich von der Gruppe und ritt auf die Spitze unseres Zuges zu. Es war tatsächlich ein Kundschafter des Sultans, der sich von der Anwesenheit der Senyora unter uns vergewissern wollte.

Wir verließen für immer das Europa der christlichen Herrscher und betraten das Osmanische Reich. Im nächsten Dorf bemerkte ich die Minarette einer kleinen Moschee, nicht weit von einer Kirche, und das erste türkische Bad. Wir erfuhren, daß der Sultan ab Ragusa hatte Spahi-Wachen postieren lassen, die entlang des ganzen Weges unserem Schutz dienen sollten. Ich erkannte in dieser umsichtigen Maßnahme einmal mehr die perfekt organisierte Macht des Sultans Süleiman.

Allerdings war ich der einzige unter uns, der sie zu schätzen wußte. Die Frauen sahen die Janitscharen mit Schrecken an, und meine Männer hatten ihre Hände ein wenig zu oft an den Pistolen. Ich mußte von Wagen zu Wagen gehen, um alle zu beruhigen. Bei der nächsten Rast schalt Beatriz die Mägde und besänftigte die Damen, indem sie ihnen darlegte, daß ihre Ängste nur Unmut erregen würden. Wir betraten ein Land, das wir zu unserem neuen ständigen Aufenthalt gewählt hatten, man dürfe also nicht den geringsten Widerwillen und kein Vorurteil erkennen lassen. Die Lektion wurde verstanden.

Unsere Ankunft in Ragusa hatte nichts von dem triumphalen Aufbruch aus Ferrara. Wir sahen einfach jämmerlich aus, unsere Pferde kaum besser. Wir fühlten uns viel zu müde und ausgehungert, um unsere Kleider herzurichten. Wir müssen den Bewohnern der Stadt wie barbarische Gespenster erschienen sein.

Vor dem Tor erwartete uns eine Delegation der jüdischen Gemeinschaft, und es fiel ihr sichtlich schwer, uns für ihre Brüder zu halten. Einer von ihnen kam auf mich zu und fragte zögernd, ob mir die hochverehrte Donna Gracia Nasi bekannt sei.

«Ich bin ihr Neffe Juan Micas, mein Herr, und das ist ihr Zug!» sagte ich und deutete mit einer emphatischen Geste auf die Kutschen, Wagen und Karren.

Ich sah, wie der Ragusaner seinen Blick ungläubig über unsere Kolonne gleiten ließ.

«Das sollen die Leute von Donna Gracia sein? Sicherlich ist sie nicht unter diesen armen Teufeln, sondern folgt mit einer anderen Equipage.»

«Ganz und gar nicht, mein Herr, Ihr werdet sie in der ersten Kutsche hinter mir finden.»

Unser Bruder zögerte, dann ging er bis zu der Karosse. Ich sah ihn die Tür öffnen, hörte undeutlich, daß er zwei oder drei Fragen stellte, dann stieß er einen Freudenschrei aus und half Beatriz beim Aussteigen.

Die Mitglieder der Delegation kamen neugierig näher. Im tiefsten Schweigen stieg Beatriz aus. Sie hatte ein staubiges Gesicht, erbärmlich schmutzige Schuhe, um ihren Hals eine Halskrause, die alles andere als weiß war, und krause Haarsträhnen hingen unter der Haube herab. Doch sie stand aufrecht da, in der Haltung einer Königin und mit solcher Würde, daß die Juden, die die Gemeinschaft von Ragusa repräsentierten, sich tief vor ihr verneigten.

Wir hatten die Erlaubnis, uns in Ragusa sechs Monate aufzuhalten. Wie Beatriz meinte, brauchten wir soviel Zeit, um wenigstens die Hälfte unserer Bagage auf die Boote einzuschiffen, die von Ragusa nach Istanbul in See stechen würden. Wir hätten sie weder in Venedig noch in Ancona einschiffen können, wo die Überwachungskommission uns am Verladen gehindert hätte.

Unsere Brüder führten uns zu den Herbergen, wo wir uns endlich waschen konnten. Die Frauen nahmen aus den Truhen noch feuchte Röcke und zerknitterte Unterröcke und ließen sie auf der Terrasse trocknen. Die Männer zogen ihre Stiefel aus und statt dessen Filzschuhe über lange Kniestrümpfe an, wie es in der Gegend Brauch war. Beatriz rief La Chica und machte sich mit ihrer Hilfe daran, Brianda von Kopf bis Fuß umzukleiden. Man mußte ihr wie einem kleinen Kind helfen, ihr die Röcke über den Kopf ziehen, die Ärmel der Bluse hochziehen und sie kämmen. Allein konnte sie das alles nicht mehr.

Als die drei Damen Mendès, ganz in Schwarz, bereit waren, empfingen sie Mitglieder der Regierung der Republik, die mit großem Prunk auftraten. Sie trugen hohe gelbe und rote Kappen sowie osmanische Waffenröcke, die mit gerollten Gürteln gehalten waren. Donna Gracia und ihre Begleitung durften in der Stadt bleiben, so lange sie wünschte. Es sei, erklärte der Sprecher der Gruppe, für Ragusa eine Ehre, die von Süleiman dem Prächtigen beschützte «jüdische Prinzessin» zu empfangen, und er bedankte sich für das generöse Gastgeschenk von fünfhundert Dukaten.

Für den Seetransport unserer Güter war selbstverständlich ich verantwortlich. Beatriz gewährte mir eine Atempause von einer Woche; es war genug, um zehnmal um die kleine Stadt, ihren Hafen und ihre Paläste herumzugehen.

Ich mochte die Straßen, die mit Platten von Marmor belegt waren, der so weiß war, daß er im Mondschein leuchtete, die orangeroten Ziegeldächer, die türkisfarben gekachelten Fassaden, die wunderschönen schmiedeeisernen Balkone und die Blumen vor den Fenstern. Gewiß – aber Ragusa war nicht Venedig, bestenfalls ein sehr kleines Venedig ohne Lagune, Kanäle und Brücken, ohne den flirrenden Dunst. Man betrieb Glücksspiel und Schleichhandel in Ragusa; das Gold ging von Hand zu Hand; und wie in Venedig streiften in der Nacht Horden von jungen Männern durch die Gassen. Aber ohne Übermut und nicht auf Freiersfüßen. Keine Frau ließ sich blicken. Wir waren im Orient angekommen, wo das weibliche Geschlecht isoliert lebt, im Lande der Harems.

Was die Damen Mendès betrifft, so waren sie von Ragusa begeistert. Man muß dazu sagen, daß jeder Tag mit einem Fest zu ihren Ehren endete, die Musiker eigens für sie aufspielten und daß die Republik von Ragusa sich in jeder Hinsicht große Mühe gab, der Senyora den Aufenthalt so angenehm wie möglich zu gestalten. Reyna entspannte sich zusehends. Ich dagegen weniger: Es war aussichtslos, auch nur einen Tropfen Wein zu ergattern; denn ein strenges Gesetz verbot seinen Handel und seinen Genuß. Der Gedanke, meine vertrauten dickbauchigen Korbflaschen unterwegs wieder füllen zu können, ließ mich unsere Weiterreise herbeisehnen. Auch Beatriz wirkte heiter, ja verjüngt. Ich schrieb dies unserer Befreiung von Europa zu und sah darin natürlich eher ein gutes Zeichen als ein schlechtes.

Von unseren falschen Gesellschaftsdamen und ihren falschen Ehemännern hatten sich eine ganze Anzahl so sehr an die Reize Ragusas gewöhnt, daß sie beschlossen, dort zu bleiben. Manche hatten sogar entschieden, aus dem Schwindel Wahrheit zu machen und einander tatsächlich zu heiraten. Was meine Beatriz betraf, so fiel mir immer öfter auf, daß ein seltsames Feuer ihren Blick belebte und sie mich so abwesend und zerstreut behandelte, als sei ich nicht die ihr am nächsten stehende Person. Sie reagierte nicht einmal mehr auf meine Provokationen. Ihre

Bereitschaft zu Wutausbrüchen war in der warmen Sonne von Ragusa offenbar dahingeschmolzen. Oder hatte sie etwa einen neuen Magier gefunden, der sie verzauberte? Ich war gerade wieder einmal dabei, vergeblich Streit mit ihr zu suchen, als plötzlich ihr Blick sich fröhlich belebte. Ich vernahm eine Stimme, die sie aufstehen und erröten ließ, und ein Mann trat in das Zimmer. Ich schaute ihn verblüfft an. Es war der ebenfalls scheinbar jünger gewordene Rabbi Soncino.

«Bei des Teufels Hörnern, Herzog, du gehst zu weit! Die Senyora und Rabbi Soncino! Es weiß doch jeder, daß er der schlimmste Feind der Donna Gracia wurde! Du phantasierst, Herr, du hast Fieber. Die Erinnerung an unsere Dame so zu beschmutzen...»

«Wenn sie mich von dort hören, wo sie beide nun sind, Caraffa, lachen sie miteinander, da kannst du sicher sein. Außerdem, habe ich denn gesagt, daß sie die Sünde des Fleisches begangen haben? Sie wußten gar nicht so genau, was sie füreinander empfanden, Narr.»

«Wenn du die Wahrheit sagst, dann verstehe ich endlich, warum es heißt, daß Rabbi Soncino das Desaster der Mendès auf dem Gewissen hat. Wahrscheinlich wollte er Beatriz in Erinnerung an Ragusa dazu bringen, sich zu beugen.»

«Wahrscheinlich, Caraffa, wahrscheinlich. Die Leidenschaft, die sie beide in Ragusa ergriff, war so augenfällig, daß es genügte, sie zu sehen, um deren Unschuld zu erkennen.»

Rabbi Soncino war fast fünfzig, Beatriz hatte gerade ihren dreiundvierzigsten Geburtstag begangen. Sie hatte sich fast nicht verändert, ich war der einzige, der die Stellen ihrer venezianischen Falten kannte, die jetzt für alle anderen unsichtbar waren, der einzige, der sich ihres leichten Absinkens des Kinns bewußt war. Und was ihr weißes Haar anbelangte: Es ließ sie wie eine Fee aussehen. Der kleine, magere Rabbi mit seinem dünnen Bärtchen war gewiß kein schöner Mann, doch sein grauer, gefühlvoller

Blick hatte einen gewissen Reiz, und seine fleischigen Lippen zeugten von einer Sinnenfreude, die die Strenge seines Aussehens abschwächte.

Sie waren beide noch lebendig genug, um die Schauer einer gegenseitigen Verführung zu spüren. Aber weder der eine noch die andere war jung und leichtsinnig, sie hätten nicht gewagt, sich einzugestehen, daß sie ineinander verliebt waren. Im übrigen konnte der Rabbi nicht öffentlich nach der Liebe der Senyora streben, Beatriz ihrerseits hätte wegen eines Rabbi niemals ihre Ehre aufs Spiel gesetzt, und wenn er der gelehrteste der Welt war.

Habe ich damals gelitten? Ich weiß es nicht mehr. Ich erinnere mich nur, daß ich mich über dieses altbackene Paar, das ständig beisammen war, amüsierte. Vielleicht war ich auf das trügerische, kurzlebige Glück von Rabbi Soncino doch eifersüchtig. Aber warum? Hatte ich nicht mehr bei seiner Angebeteten erreicht als er? Also habe ich nun gelitten oder nicht? Je mehr ich darüber nachdenke – ja, wahrscheinlich.

Eines Abends sah ich sie beide zusammen unter den Arkaden spazieren. Ihre Konversation war ziemlich angeregt, so daß Rabbi Soncino ganz natürlich die Hand von Beatriz ergriff. Lusitano und ich saßen unter einer der großen Platanen mit gelben Blättern. Ich weiß nicht mehr genau, warum ich plötzlich aufsprang, aber ich erinnere mich sehr gut, daß mein Freund mich an meinem Umhang festhielt und mich zwang, mich wieder hinzusetzen. «Die Senyora ist frei, Josef, hörst du, frei! Du hast keinerlei Recht auf sie.»

Der sonst so Heitere wirkte auf einmal sehr ernst, und seine Hand zerdrückte meine fast. «Ich verbiete dir, sie zu belästigen. Gib ihr Zeit zu leben, Josef, sie ist eine Frau, und sie würde ersticken, wenn sie sich nicht bisweilen die Freiheit nähme, zu vergessen.»

Ebenfalls um zu vergessen, habe ich mich in Ragusa meiner Cousine genähert, unter dem Vorwand, uns auf die näher rükkende Hochzeit vorzubereiten. Ich tat, was Rabbi Soncino mit der Senyora tat: lange Spaziergänge mit der kleinen Reyna. Schüchtern, wie sie war, sprach sie kaum, und nur mit Mühe konnte ich von Zeit zu Zeit einen Blick erhaschen, der plötzlich losgelassen wurde und schnell wieder unter Kontrolle war. Der Zauber der Erinnerung an den armseligen Minzestrauß, den sie mir bei einer Rast in den Alpen geschenkt hatte, war längst erschöpft. Weil wir nichts miteinander zu reden wußten, bat ich sie zu singen. Wir gingen ihre Gitarre holen, und sie begann ein Lied, doch ihre Stimme starb nach drei Noten ab.

«Ich kann nicht, Josef. Nicht so, nicht allein vor dir. Bitte mich nicht darum», sagte sie und legte das Instrument auf ihre Knie. Der Schatten ihrer Mutter stand zwischen uns, und wir wußten es. Sobald Reyna allein mit mir war, fiel sie in eine Verzweiflung, aus der nichts sie wieder herausholen konnte. Ich blieb hartnäkkig bei ihr, um mich selber zu besiegen und um sie an meine Anwesenheit zu gewöhnen. Sie ließ es geschehen, und so gewöhnte wenigstens ich mich an sie – wie man sich an einen neuen Mantel gewöhnt. In Ragusa begann sie, die türkischen Westen über ihrem portugiesischen Rock zu tragen und die im Orient üblichen Schleier, die sie in ein merkwürdiges, zugleich vertrautes und fremdländisches Geschöpf verwandelten. Ich fand diesen Plunder lächerlich und machte mich pausenlos über sie lustig.

Ich hatte unter den Mägden übrigens Mätressen, aber das war gänzlich ohne Bedeutung.

Schließlich war es an der Zeit, Ragusa zu verlassen. Vor der Abreise nahm mich Rabbi Soncino beiseite.

«Ich habe wohl gesehen, daß du mir meine langen Gespräche mit deiner Tante übelgenommen hast, Josef», sagte er mir verlegen. «Siehst du, die Senyora hatte es sehr nötig, mehr über unsere Bibel zu wissen. Es war höchste Zeit, und es war mir ein Herzensanliegen, über die Schulung dieser schönen Seele zu wachen.»

«Ein sehr süßes Herzensanliegen, Rabbi», meinte ich ironisch.

«Ja, das ist wahr», antwortete er ernst. «Wir haben, denke ich, beide unsere Begegnungen mehr als nur angenehm empfunden. Unsere Senyora ist sehr überschwenglich, manchmal beunruhigt mich das. Du kannst mir nicht vorwerfen, daß ich sie in ihre Schranken hätte verweisen sollen. Schließlich ist sie eine Frau und hat wie ihresgleichen ein Herz, das schnell zu entflammen ist. Du weißt nur zu gut, daß sie sich ohne einen Führer gefährlichen Exzessen überläßt, die wir jetzt nicht zu erörtern brauchen.»

Der gute Mann hatte Tränen in den Augen.

Wir mußten uns vor unseren Gefährten, die sich verheiratet hatten, um sich in Ragusa niederzulassen, verabschieden; wir hatten von nun an weniger Wagen und weniger Leute, weniger Pferde, dafür mehr Esel und Maultiere. Der letzten Etappe unseres Unternehmens sahen wir mit Zuversicht entgegen. Was konnte so kurz vor dem Ziel denn noch passieren?

Die Spahi-Trupps lösten einander ab, wie der Beauftragte des Sultans angekündigt hatte. Ihre feurigen, schlanken Pferde ließen uns vor Neid erblassen. Was waren gegen sie unsere Berberpferde und die kleinen spanischen Hengste, auf die wir einst so stolz waren und die uns so gut gedient hatten! Meine Männer stellten verblüfft fest, daß die Krieger des Sultans unsere prächtigen Stutzbüchsen verächtlich anschauten. Die Janitscharen verabscheuten Feuerwaffen, die sie für schmutzig hielten, nur weil das Pulver die Finger schwärzte. Das fanden sie entsetzlich. Meine Leute schüttelten verständnislos den Kopf.

Ich ritt neben der Kutsche her, in der Beatriz saß, als der Rabbi den Kopf aus der Tür steckte und mich heranrief:

«Kannst du mir sagen, was die Soldaten da machen, Josef?»

Die Spahis hatten sich über den Mähnen ihrer Reittiere verneigt und rieben sich eifrig die Hände, die Arme und das Gesicht. Die Sonne war am Untergehen, sie hatten ihre Pferde angehalten und schauten alle in die gleiche Richtung.

«Sie beten», sagte ich.

Rabbi Soncino zog brummelnd den Kopf wieder ein. Ich für mein Teil bewunderte diesen Glauben, diesen Gott ohne Gesicht und seinen Propheten, der jedem Mohammedaner allerorten untrüglich eingibt, wo Mekka liegt.

Eines Abends errichteten wir ein Lager am morastigen Ufer eines Weihers, wo schon Feuer leuchteten, die uns angezogen hatten. Wir sahen Männer, die wild und verwegen aussahen und beim Anblick der Spahis keine Angst zeigten. Das war schon selten genug, um Erstaunen hervorzurufen. Ihre Frauen hängten sich mit unerschrockenen Augen an unsere Kutschen und öffneten die Wagenschläge beinahe gewaltsam, aber lachend. Es waren Zigeuner, die seit kurzem dort lagerten und uns bereitwillig halfen, unsere Zelte aufzuschlagen.

Als die Nacht hereingebrochen war, kam einer von ihnen an den Feuerplatz, begleitet von einer gedrungenen, gebeugten Silhouette, die sich zum Klang einer Trommel eigenartig hin und her bewegte. Beatriz begriff sofort. «Josef», rief sie, «ein Bär, es ist ein Bär, wie in Lissabon.» Das Tier tanzte schwerfällig, dann setzte es sich und öffnete das Maul, in das der Mann Wein goß. Unsere Leute applaudierten. Dieses Tier an der Leine schien ein fröhlicher, harmloser Gefährte. Als der Bär sich aber hoch aufrichtete und seine mächtigen Krallen zeigte, sah die Sache schon anders aus; man wich vor ihm zurück. Der Mann beherrschte ihn offenbar schlecht, denn das mächtige Tier kam auf uns zu, machte einen schnellen Satz, und plötzlich befand sich Beatriz zwischen seinen Pranken.

Sie war nicht zurückgewichen, genausowenig wie damals auf den Kais von Lissabon. Versteinert hatte sie den Bären auf sich zukommen lassen ... Sofort war ich bei ihr, einen Dolch in der Hand, und wollte gerade zustechen, als eine kleine Hand mich zurückhielt. Ich hörte eine Frauenstimme drei Befehlsworte sprechen, in einer Sprache, die nicht türkisch war, und das Tier löste brummend seine Umarmung. Beatriz hatte lediglich an ihrem rechten Arm eine Kratzwunde.

Die Frau ergriff den Bären an der Kette und brachte ihn zurück in die Dunkelheit, wohin er ihr auf allen vieren folgte.

Das Ganze hatte kaum einige Sekunden gedauert, doch während dieses kurzen Augenblicks hatte ich eine Art haarigen, kräftigen Mann Beatriz umarmen sehen, ihr Leben bedrohen – und sie hatte sich nicht verteidigt.

Reyna riß, noch zitternd, den Ärmel von Beatriz' Kleid entzwei; die Wunde war blutig und schmutzig, doch nicht sehr tief. Lusitano verband sie kunstgerecht. Die Zigeunerin kam zurück und hob die Haube von Beatriz auf, die der Bär ihr heruntergerissen hatte.

«Er hätte dich nicht getötet», sagte sie in schlechtem Türkisch. «Er mag dich, Dame, zu sehr.»

Ich zitterte mehr als Beatriz, die die Frau neugierig anstarrte. Ihre Haare reichten fast bis zum Boden und glänzten wie ein schwarzes Fell. Schwarz war auch ihre Tunika und das Tuch um ihre Schultern, an ihren Armen reihten sich bis oben hin Armbänder aus Elfenbein, an ihren Ohren hingen Ringe aus Gold, in einem der Nasenflügel glänzte ein kleiner Diamant. Sie kaute unbekümmert auf einem Kraut herum, musterte mit größter Aufmerksamkeit den Verband und machte über ihm ein Zeichen, blies dann auf den Arm und sah Beatriz ins Gesicht.

«Du bist nicht wie die anderen. Du hast keine Angst vor meinem Bären...» Sie nahm, ohne zu fragen, ihre Hand und betrachtete den Handteller. «Dein Mann ist seit langem in einem Kasten und doch immer bei dir. Sterne hier und dort, das meint: Viel Geld in den Truhen... Bist du eine Königin? Hüte dich vor der Schlange, sie wird dich töten. Liebe sehe ich nicht. Keine. Warte, warte, da...»

Beatriz schloß die Hand zu einer Faust. Die Zigeunerin brach in Gelächter aus und schmiegte sich an sie. «Ila wird neben der Königin schlafen», flüsterte sie. «Morgen wird die Königin mir eine Perle ihrer Ohrringe geben. Babur wird eifersüchtig sein», und sie legte sich mit einer Art zufriedenem Schnurren vor dem Zelt nieder. Ila war ihr Name, Babur der ihres Bären.

Am nächsten Morgen war sie verschwunden. Beatriz bemerkte, daß ihr eine Perle von ihrem Ohrgehänge fehlte. Als sie in die Kutsche stieg, entdeckte sie Ila, die zusammengerollt auf dem Sitz lag und mit der Perle spielte.

Die Zigeuner versuchten nicht, sie zurückzuhalten. Sie wußten nicht, woher Ila gekommen war. Sie war einfach eines schönen Tages mit Babur vom Himmel gefallen, und nun wollte sie offenbar mit uns weiterziehen. Zusammen mit Ila erbten wir ihren Bären, den wir in einem der Karren unterbringen mußten. Die junge Frau wußte ihr Alter nicht, sie war sicher noch nicht dreißig. Der Zigeuner, der ihren Bären hatte entwischen lassen, war, wie wir erfuhren, ihr Mann, doch auch er erhob keinen Anspruch auf sie. So kam es, daß die Senyora mit Ila und ihrem Bären in Saloniki eintraf.

Ich erinnere mich an den stürmischen Empfang dort. In den letzten Wochen hatte die Senyora in jedem Dorf, durch das wir kamen, viel Geld gespendet, um Schulen zu erbauen; das Gerücht war schneller gewesen als wir mit unseren Wagen und Kutschen. Die Marranen-Gemeinschaft von Saloniki erwartete die Senyora daher mit Girlanden und Palmen. Am Eingang der Stadt hatte man einen kleinen Bogen aus weißem Tuch errichtet, auf dem sie Lorbeerzweige befestigt hatte. Als Beatriz erschien, stießen die Marranen vibrierende Rufe aus, von denen ich einen Schrei verstand, nämlich: «Esther, Esther!», und einen anderen, den ich nicht verstehen konnte.

«Ha-Gavaret», riefen unsere Brüder auf hebräisch.

Die Dame! Es war das erste Mal, daß man sie so nannte.

Ich sah Beatriz den Kopf zwischen ihre Hände nehmen, dann stieg sie vor Rührung weinend aus der Karosse. Sogleich wurde sie von jenen, die sie berühren und ihr Kleid küssen wollten, erfaßt. Ich rief Ila zu Hilfe, und Babur brachte die Menschenmenge, die sie bedrängte, dazu, zurückzuweichen.

Beatriz hielt sich einige Wochen in Saloniki auf und unterstützte die jüdische Gemeinde mit einer beträchtlichen Summe für den Bau der großen Synagoge, die heute ihren Namen trägt, Ha-Geveret. Auch für eine neue Talmudhochschule reichte ihre

Stiftung. Es gibt keinen größeren Beweis für die Güte der Senyora als diese Samen, die sie so im Vorbeigehen säte. Sie keimten zu Kornähren und machten so einen Teil ihres Ruhmes aus.

Ich mußte noch einmal nach Ancona zurück, von wo aus ich unser gesamtes Vermögen, das sich in unseren europäischen Kontoren gesammelt hatte, nach Istanbul weiterleiten sollte.

Nichts von den Gütern der Bank Mendès sollte in Europa bleiben, weder die Edelsteine noch die Goldschätze und die Berge von Wechseln. Einige wenige Filialen würden erhalten bleiben und das Eintreiben der Schulden sichern, besonders jene des Königs von Frankreich, die noch immer nicht zurückgezahlt waren. Lusitano wollte mich unbedingt nach Italien begleiten, nicht zu meinem Schutz, sondern weil er sich so sehr nach Ferrara sehnte. «In Ferrara haben unsere Freunde meine Dienste nötiger als Ihr, die Ihr in Istanbul hervorragende Ärzte finden werdet», sagte er zu Beatriz, während er ihr die Hände hielt. «Die Reise bis hierher war gefährlich, so daß ich Euch unbedingt begleiten wollte, doch jetzt bin ich überflüssig geworden, und man erwartet mich in Ferrara, wohin ich versprochen habe zurückzukehren. Laßt mich gehen, und laßt uns Abschied nehmen.»

Beatriz versuchte vergeblich, ihm zu erklären, daß die Nachgiebigkeit des Herzogs d'Este die jüdische Gemeinschaft von Ferrara in Gefahr brachte, daß der Papst ihm jeden Augenblick die Ketzerei der Herzogin Renata vorwerfen konnte ... Es war nichts zu machen, Lusitano gab nicht nach. Auf dem Schiff gestand er mir, daß er Fioretta versprochen hatte zurückzukommen.

Wir trennten uns in Ancona, von wo aus er der Stadt seines Herzens zustrebte. Ich sah ihn nie wieder, doch ich habe gehört, daß es ihm gelang zu fliehen, als ausnahmslos alle Juden Ferrara verlassen mußten. In Ancona entkam er dem Scheiterhaufen, indem er seinen marranischen Namen, Juan Rodriguez, wieder annahm, und er kehrte nach Saloniki zurück. Vielleicht lebt er noch heute dort, vielleicht aber auch auf Zypern oder in Kairo, was weiß ich. Ich habe eines Tages sieben Bände seiner *Essays über die Medizin* von ihm erhalten, er hat sie mir gewidmet. Das einzige Werk mit einer Widmung an mich!

Wie Beatriz in Istanbul einzog, habe ich selbst nicht miterlebt, Caraffa. Aber du kannst mir das legendäre Ereignis sicherlich in Erinnerung rufen, und zur Abwechslung wirst du diesmal nicht mich korrigieren, sondern ich dich.»

Der Narr stand auf, rückte einen Fuß vor, legte eine Hand auf seine Brust und streckte die andere pompös zum Meer hin.

«Es war an einem Sommermorgen, als die Senyora in Istanbul eintraf, Herr. Ihre goldene Karosse war die erste einer langen Reihe von vierzig silbernen und purpurfarbenen Karossen, und unsere Brüder warteten auf sie weit vor dem Stadttor entlang der Landstraße. Der Sultan, Allah möge ihn beschützen, stieg von seinem Thron im Serail herab, um sie ebenfalls willkommen zu heißen, und verbeugte sich auf seinem Pferd, um ihr seine Gewogenheit zu bezeigen. Dann reichte er ihr die Hand, als wäre sie eine Königin. Auf dem Weg zu dem Palast in Galata, den der Sultan ihr geschenkt hatte, warf die Senyora immer wieder Silbermünzen unters Volk. Der Herrscher, seine Janitscharen und alle Frauen seines Harems eskortierten sie.»

«Gut, Caraffa, gut! Du kannst deine Lektion auswendig.»

«Genauso habe ich den berühmten Einzug von den Müttern unserer Gemeinschaft erzählt bekommen.»

«Begleitet vom Sultan persönlich und seinen Lieblingsfrauen. Ich kenne dieses Märchen. Glaubst du etwa, daß es wirklich so war?»

«Ich weiß nur, daß du das schöne Märchen zerstören wirst mit deiner Wahrheit. Du wirst mir sagen, daß die Karosse nicht aus Gold war, daß der Sultan nicht da war, daß die Favoritinnen den Harem nicht verlassen haben, um unsere Senyora zu empfangen. Laß mir doch meine Träume, Herr.»

Wenigstens ist es wahr, daß sie im Vorüberfahren Münzen auf die Straßen warf. Das ist der einzige Punkt, in dem die Legende nicht lügt. Es wäre natürlich schön gewesen und eines so großen Sultans würdig, wenn er Beatriz einen solchen Empfang bereitet hätte. Doch der Prächtige rührte sich nicht einmal für die Botschafter von Venedig und Frankreich vom Fleck, er ließ sie stundenlang vor dem Diwan warten. Seine Lieblingsfrauen fuhren nur einmal im Jahr aus und in geschlossenen Wagen, der Palast der Galata war ein düsteres, dunkles Haus, und die in die Kutschentür gestochenen Initialen aus Gold hatten unterwegs längst ihre Farbe verloren.

Es ist jedoch wahr, daß die Osmanen, soweit sie sich zurückerinnern können, nie Leute aus dem Westen in solchen Equipagen hatten ankommen sehen. Noch viel weniger eine solche von einer Frau angeführte Karawane. Nach dem, was mir Beatriz erzählt hat, sorgten unsere Mägde mit ihren freizügigen Dekolletés mehr für den Ruhm des Zuges, als es der Große Herr hätte tun können. Die Osmanen rissen die Augen auf. Sie hatten noch nie so viel helle Haut und unbedecktes Fleisch gesehen. Sogar unsere Istanbuler Brüder waren überrascht, denn sie hatten sich daran gewöhnt, ihre Frauen auf osmanische Art zu kleiden, bedeckt bis zum Hals und den Kopf in weiße Schleier gehüllt. Kein Wunder, daß die Gerüchte gleich rings um die Wagen entstanden, in denen die Mägde saßen. Zweifel mischten sich in die Freude, und die Zweifel verwandelten sich in konsternierte Abneigung. Es war einfach zu viel Geld, das da herausgeworfen wurde, es waren zu viele Reize, zu viele Frauen, zu viel von Europa...

Die Senyora war froh, als sie das schwarze Holzhaus erreichte, das der Sultan über seinen Arzt Mosche Hamon für sie bestimmt hatte, der den Zug mit herausgestrecktem Bauch und einem gönnerhaften Lächeln auf den Lippen erwartete. Beatriz hat mir erzählt, daß er Reyna mit einem kaufmännischen Blick abschätzte, «als ob er ein Schaf begutachtete». Er hieß sie als der Herr des «Palastes» willkommen und konnte sich nicht zurückhalten, eine Anspielung auf die «ehrwürdige Verbindung» zu machen, die ihm die «durchlauchte Senyora zugesagt habe». Beatriz warf ihm einen vernichtenden Blick zu, und der dicke Mann zog sich pikiert zurück.

Die Anstrengungen der Reise und die Müdigkeit, die einer glücklichen Ankunft folgt, hatten die Senyora gleichgültig gemacht. Den Arzt des Sultans nicht mit Rücksicht zu behandeln, war unvorsichtig von ihr gewesen.

Einige Tage später, erzählte sie mir, zeigten sich die ersten Zeichen einer feindseligen Einstellung unter unseren Brüdern. Niemand half unseren Mägden, die sich in der neuen Umgebung erst zurechtfinden mußten. Auf den Straßen wandten die Brüder den Blick ab und sprachen sie nicht an. Dann fingen die Kinder an, Steine auf sie zu werfen.

Eines Tages packte Rosalinda das Revers des Kasacks einer Jüdin, riß ihr die Haube ab und beschimpfte sie, um sie zu zwingen, Farbe zu bekennen. Endlich sprach die arme Frau.

«All diese schönen Leute, die von so weit her kommen, vielleicht sind die gar nicht richtige Juden», sagte sie zögernd. «Man sagt, daß sie getauft sind, aber nicht zu der richtigen Religion zurückgekehrt. Sie sind nicht Fisch, nicht Fleisch, sagt man, komische Leute halt... Warum hat man euch in euren Ländern Schweine genannt? Eßt ihr vielleicht Schweinefleisch? Die Frau, die man die Senyora nennt, trägt noch andere Namen, Madame de la Luna, Nasi und sonstwie, und ihr Neffe, dieser große, elegante Herr, der soll ganz und gar ein Christ sein... Man sagt auch, daß die Frauen mit den großen Busen Huren sind... Und da sollen wir nicht von euch enttäuscht sein!»

Wer hatte solchen Unsinn verbreitet? Wer wagte zu behaupten, daß sich die Neuangekommenen zu Unrecht als Juden ausgaben? Die Frau gestand: Es war der Arzt des Sultans.

Die ersten Wochen unseres Lebens in Istanbul verliefen chaotisch, inmitten von Kisten und Truhen, die wir in dieser unbekannten, feindseligen Welt auspacken mußten. Es fehlte uns an allem: an Holz für das Herdfeuer, an Milch für die Kinder, an

Gemüse, Obst – und Zucker für die Senyora. Beatriz weigerte sich, die Gerüchte zu beachten. Reyna hatte Angst, das Haus zu verlassen, und die Mägde gingen nur widerwillig zum Markt, aus Furcht vor Anpöbeleien. Die mutigere La Chica traute sich mit zwei Zofen auf die Straße: Man spuckte sie an. Unsere Männer wurden nervös und reinigten ihre Waffen. Dann kam eines Tages eine Mitteilung des Großwesirs. Donna Gracia Nasi mußte zwanzigtausend Golddukaten als Preis für ihre Aufnahme bezahlen.

In dieser Situation erreichte ich mit meiner Flotte Istanbul. Ich hatte auf drei Schiffen das ganze Geld bei mir, das ich von unseren Filialen eingesammelt hatte.

Wieder einmal eilte ich zu einem mir unbekannten Haus, um meine Beatriz in einem neuen Exil wiederzutreffen. Wir hatten viele Häuser bewohnt; sie waren alle schön und gemütlich. Keines war so düster wie dieses in Istanbul, nicht einmal das Haus in Lissabon nach dem Tod von Francisco Mendès.

Die Zimmer wirkten leer. Die wenigen, auf dem Holzboden ausgerollten Teppiche konnten die Möbel nicht ersetzen, die in der osmanischen Welt nicht üblich waren. Die schmalen Fenster ließen wenig Licht durch; die Gitter davor waren fein ausgearbeitete Ziselierarbeiten, aber eben doch Gitter. Es gab keine Kerzenleuchter, die kleinen Kohlenbecken gaben kein Licht, sie funkelten im Dunkeln nur; die in ihre Reisedecken eingehüllten älteren Mägde wärmten sich die Hände und dämmerten vor sich hin. Die anderen Frauen gingen schweigend auf und ab, während Beatriz mit verschlossenem Gesicht in die Glut starrte.

Zu ihren Füßen, nahe der Schatulle, in der das Herz ihres Vaters jeden Tag mehr eintrocknete, saß Reyna und legte duftende Reiser ins Feuer. Nur die furchtbaren Aufschreie Briandas unterbrachen die Stille.

«Da bist du ja, Josef», begrüßte mich Beatriz mit eintöniger Stimme. «Siehst du, das ist unser Gelobtes Land! Wir sind hier sehr unglücklich. Ich habe mich geirrt, ich habe mich geirrt...»

Sie wandte den Kopf ab. Meine Beatriz, die Senyora, die mutige Frau, die alle Härten dieser langen Reise ertragen hatte, mein Turteltäubchen, meine Freundin ... Ich kniete mich neben ihr nieder. Die schönsten Stunden meines Lebens hatte ich in dieser Haltung bei ihr verbracht; es waren kurze Augenblicke, während denen wir unsere Rolle in der Öffentlichkeit außer acht lassen und so tun konnten, als ob wir Frau und Mann wären, die sich gemeinsam von den Anstrengungen des Tages ausruhten. Sie legte ihre Hände auf meinen Kopf, und ich lehnte meine Schultern gegen ihre Beine. Wenigstens diese Vertrautheit konnte uns nicht genommen werden.

«Sag mir, Josef, wirst du uns aus diesem Käfig befreien? Wirst du es schaffen? Es ist dein Freund Mosche Hamon, der uns verfolgt. Und du weißt, warum.»

Ich erschrak, als ich diese zugleich rauhe und jammernde Stimme hörte. Es hatte keinen Sinn, ihr die Gründe für sein Verhalten zu erklären. Es war tatsächlich meine Schuld. Ich hätte das Heiratsversprechen zwischen Reyna und dem Sohn Mosche Hamons nicht unterschreiben dürfen. Beatriz zeigte mir den Befehl des Großwesirs.

«Wir werden bezahlen, meine Liebe. Ich bringe mehr Gold, als wir brauchen. Wir sind mit einer kaiserlichen Statthalterin fertig geworden, jetzt sind wir mit einem Arzt konfrontiert. Ich werde mit ihm sprechen. Er ist ein Feigling und wird nachgeben.»

«Schon gut, Josef», unterbrach Beatriz. «Aber ich hatte dich gebeten, meine Tochter zu heiraten. Wenn du es in Venedig getan hättest, dann hätte dieser Mann keine Macht über uns. Morgen wird er das ihm Zustehende einfordern. Er will unser Blut, verstehst du? Unser Blut, das ist der Zugang zu unserem Vermögen, und deshalb hatte ich meine Tochter dir bestimmt.»

Am nächsten Tag suchte ich Verbündete, um an den Großwesir persönlich heranzukommen. Rustem Pascha war kein Mann, den man ohne weiteres treffen konnte. Er hatte eine der Töchter von Süleiman und der roten, furchterregenden Sultanin geheiratet, die das Abendland Roxelane nannte, bevor er die Nachfolge des berühmten Großwesirs Ibrahim Pascha antrat, der einst der Freund, ja sogar der Liebhaber des Sultans gewesen war, bevor dieser ihn aus Eifersucht von seiner stummen Garde erwürgen ließ. Jetzt war der Prächtige alt und Rustem Pascha, sein Schwiegersohn, als Großwesir der Verwalter der Staatsgeschäfte.

Ich fand eine Vermittlerin. Es war eine reiche Jüdin, die den gelangweilten Favoritinnen im Harem Spitzen, Juwelen und Seide lieferte. Esther Kyra genoß die gleichen Vorrechte wie Mosche Hamon. So wie er durch das Serail ging, ging Esther Kyra durch den Harem. Sie war pummelig, immer außer Atem, hatte flinke Augen wie ein Spatz, wußte alles, war stets gut aufgelegt und raffte mit viel Geschick ein Vermögen zusammen. Ich ließ ihr venezianische Kleider, Geschirr und einen mit Blumen aus mundgeblasenem Glas verzierten Spiegel schicken. Dann besuchte ich sie und behandelte sie wie eine Königin, indem ich vor ihr niederkniete. Esther Kyra kannte die Geschichte der Senyora und wußte von den vom Leibarzt Hamon verbreiteten Gerüchten. Sie nahm den Spiegel als Geschenk an, lehnte den Rest jedoch ab und versprach, ihr Bestes zu tun, um uns zu helfen. «Dieser Mosche hat keinen guten Charakter», sagte sie und zwinkerte listig mit den Augen: «Ich werde ihm den Hals umdrehen, Ihr werdet sehen ...»

Esther war schnell. Schon drei Tage später wurde ich vom Großwesir empfangen. Ich ging zu Fuß, ohne Begleitung und ganz in Schwarz, wie es sich für einen aus dem Abendland Verbannten gehört.

Vor dem gewaltigen Tor des Serails lagerten die Janitscharen unter einer Platane rund um die großen Kochtöpfe, in denen ihr täglicher Reis kochte. Die Waffen, die im Gras lagen, die Feuer, die knisterten, der fade Geruch des Reiswassers, das Gebrüll, die neugierigen, mißtrauischen Blicke – alles gemahnte an die Macht des Sultans und seine bewährte Armee.

Ein Wachtrupp eskortierte mich. Neben den karmesinroten Wämsern mit ihren zahlreichen Goldknöpfen glich ich einer spanischen Krähe. Das große Tor öffnete sich – ich war geblendet. Einen Moment lang glaubte ich, Venedig wiederzusehen. Wie auf dem Sankt-Markus-Platz glänzten die weißen Kuppeln, der gleiche Marmor. Doch der Eindruck währte nur kurz, denn in Venedig gibt es keine Gärten. Und das Serail war ein riesiger Garten mit goldgedeckten Pavillons darin. Venedig lärmte von Geschrei und Geschwätz, das mit den auffliegenden Tauben durch die Luft surrte. Im Serail schwiegen sogar die Vögel. Eine ungeheure Stille erdrückte alles, sie nistete in den hohen Bäumen, sie erhob sich vom unsichtbaren Meer her, herrschte entlang den bemalten Säulen. Man vermutete als Bewohner ein Volk von Stummen und verschlossenen Seelen. Dennoch überquerten gemessenen Schritts Würdenträger, leise sprechend, die Wege, Händler eilten geschäftig umher, dennoch regierte man dort, verhandelte man dort über das Schicksal des Orients und Okzidents. Eine furchteinflößende Macht ging von diesem von der Außenwelt abgeschlossenen Bezirk aus. Am Ende der Gärten bemerkte ich zur Linken die zinnbedeckten, bläulichen Kuppeln, aus denen heller Rauch emporstieg: der neuerbaute Harem, der von der Schwarzen Garde bewacht wurde.

Rustem Pascha erwartete mich in einem der Pavillons. Ich hatte für ihn einen Kelch aus Alabaster und eine Kassette mit Gold mitgebracht, die die geforderte Niederlassungsgebühr enthielt. Der Großwesir schaute mich schweigend an, ein häßlicher Mann mit pockenvernarbtem Gesicht. Sein mit einem von Perlen eingefaßten Juwel geschmückter Turban war über die dichten Augenbrauen gerutscht und gab seinem Blick etwas Verächtliches. Doch ich bemerkte auch seine kurzen, gepflegt und beruhigend wirkenden Hände.

«Hoher Herr», begann ich devot, «meine Familie und ich gehören von nun an dem Sultan, dem Schatten Allahs auf Erden, der uns durch die Gnade seines Asyls vor dem Tode bewahrt hat. Die Fürsten des Abendlandes haben als Lösegeld große Summen von uns erpreßt. Wenn man uns nicht verbrannt hat, dann deshalb, weil man unser Gold und unsere Töchter wollte. Kaiser Karl V. war der erste, der uns quälte; der Papst ließ uns jetzt auch aus Ferrara jagen, und es wäre undankbar von mir, wenn ich den Rat der Zehn vergäße, der meine Tanten ins Gefängnis warf, meine Cousinen ins Kloster steckte und mich zum Galgen verurteilte.»

Im gleichgültigen Blick des Großwesirs leuchtete bei der Erwähnung der Serenissima kurz ein düsterer Glanz auf.

«Der Sultan, Allah möge seine Macht bewahren, hat, wie Ihr wißt, bei der Republik von Venedig interveniert, um uns aus den Klauen der Inquisition zu befreien. Wir glauben nun, hier die Toleranz und Sicherheit eines vom Himmel begünstigten Reiches zu finden, das Minderheiten respektiert, und sehen uns statt dessen neuerlich in Bedrängnis, hoher Herr. Es geht nicht um die Dukaten, die man uns abverlangt; sie sind hier, in dieser Kassette. Ich denke an den Leibarzt des Sultans, der meine Cousine Reyna für seinen Sohn zur Frau will, während sie seit ihrer Kindheit meine Verlobte ist.»

Bei der Erwähnung des Arztes zuckte Rustem Pascha leicht zusammen.

«Ich bitte Euch um Eure Unterstützung», fuhr ich fort. «Erlaubt mir, nach den Riten unserer Religion meine Cousine zu heiraten, setzt durch Euer Machtwort die ungerechten Forderungen des Arztes außer Kraft, und ich wäre der glücklichste Mann auf Erden.»

«Nach den Riten welcher Religion?» fragte Rustem Pascha. «Man sagt, Ihr seid Christ, Signor. Wir haben in Istanbul ebenso viele Christen wie Juden, aber ich sehe keinen Grund, in eine Angelegenheit zwischen fremden Glaubensgemeinschaften einzugreifen.»

«Ihr seht in mir einen wahren Juden, hoher Herr. Man hat mich Juan Miquez und auch João Miguez genannt und was weiß ich wie noch. Wir Marranen waren gezwungen, unsere Identität aufzugeben. Doch mein Geburtsname, jener, den ich heute wieder beanspruche, ist Josef Nasi. Und Nasi bedeutet Fürst. Vor der *Reconquista* war meine Familie eine der mächtigsten der jüdisch-spanischen Gemeinschaft.»

Es war das erste Mal, daß ich meinen Eigennamen nannte, ich war trunken davon und zugleich wütend darüber, mich derart anpreisen zu müssen. Der Großwesir machte eine wegwerfende Handbewegung.

«Euer Name tut nichts zur Sache, Signor Nasi. Wir brauchen verläßliche Berater, die fähig sind, dem Sultan zu dienen. Wir sehen in Euch einen Mann, der uns über die Pläne der Fürsten des Abendlandes unterrichten kann. Diese Dukaten sind nun mal die verordnete Gebühr, die Ihr für Eure Sicherheit zahlen müßt. Ihr habt dem Reich einige Kosten verursacht, ich zweifle nicht, daß Ihr dies einseht. Doch Eure Dukaten zählen weniger als die Dienste, die Ihr uns erweisen könnt. Verheiratet Euch unverzüglich und steht uns dann zu Diensten.»

Erst jetzt präsentierte ich den Alabasterkelch, den der Großwesir in all seinen Facetten lange bewunderte.

«Ihr habt Sinn für Schönes und diplomatisches Geschick, wir werden uns gut verstehen, Signor Nasi. Mein Rat ist: Überreicht diesen wunderbaren Gegenstand lieber dem Fettwanst von Arzt, der geschmeichelt sein wird, auch wenn er nicht fähig ist, das Kunstwerk zu schätzen», sagte er lächelnd. «Wir werden bald Aufträge für Euch haben, und bei unserem nächsten Zusammentreffen werde ich Euch ein wenig über das Reich erzählen, dessen Geheimnisse Ihr noch nicht kennt. Was Eure ehrwürdige Tante betrifft, so wünscht der Sultan, sie glücklich zu sehen. Ist sie gut untergebracht? Gefällt ihr das Haus? An Eurer Miene erkenne ich, daß keines von beidem der Fall ist. Wir werden das ändern. Ich habe gehört, daß man Euren Dienerinnen vorwirft, zu wenig bekleidet zu sein. Achtet darauf, daß sie nicht allzu aufreizend in Erscheinung treten. Im übrigen dürfte es genügen, wenn Donna Gracia hier das gleiche tut wie in Saloniki. Hilfsbereitschaft und Wohltätigkeit wird ihr auch bei uns hoch angerechnet werden und in der Metropole des Osmanischen Reiches ihren Ehrennamen Ha-Gavaret so bekannt machen wie anderswo. Auch mit ihr haben wir große Pläne, doch zuerst muß sie die hiesige Judengemeinschaft für sich gewinnen. Sagt das der Dame und gehabt Euch wohl, Signor Nasi», sagte er und führte zum Gruß die rechte Hand an die Stirn.

Ich hatte das Serail für mich gewonnen und meine Freiheit verloren, doch andererseits meinen ursprünglichen Namen wieder. Ich verbeugte mich und ging, trunken von einer Freude, die ich kaum verstand. Die Janitscharen schienen mir jetzt freundlicher gesonnen, ich vermeinte, daß sie mir komplizenhafte Blicke zuwarfen. Ich war wie von Sinnen, begann fröhlich durch die Straßen zu laufen und stieß mit Lastenträgern zusammen, die ins Wanken gerieten. Ein Stand mit Melonen und Trauben stürzte zusammen, die Früchte rollten mir hinterher. Die Händler schrien, ich drehte mich verwundert um, stolperte in eine Pfütze und stand von Kopf bis Fuß beschmutzt wieder auf. Ich zahlte für den Schaden mit einem Beutel Gold, was noch mehr Geschrei hervorrief, man umkreiste mich, versuchte vergeblich, mein Wams sauber zu bürsten. Ich befreite mich lachend und rannte noch schneller. In einem Laden kaufte ich einen Teller Kutteln, die ich direkt aus der Schüssel verschlang. Als ich in unser trauriges dunkles Holzhaus zurückkam, erkannte mich Beatriz kaum wieder.

«Wie siehst du aus, Josef! Hast du dich im Serail geprügelt? Hat man dich auf der Straße angegriffen?»

Ich lachte. Es war nichts dergleichen geschehen. Ich hatte einfach meinen Namen wiedergefunden: Josef Nasi.

Wir hielten uns strikt an die Anweisungen des Großwesirs, der uns als Gegenleistung den großen hellen Belvedere-Palast gab, den wir europäisch möblieren konnten. Zum Heizen dagegen hatten wir nur die eisernen türkischen Kohlebecken, die leider kaum wärmen. Doch nach und nach legten wir überall Teppiche aus, und ich ließ aus Florenz Intarsienschränke, Lehnsessel und Stühle kommen; ich besorgte ganz passable Gobelins, fand sogar eine weitere «Esther bei der Morgentoilette», die der von Diogo Mendès gleichkam, und hängte die Gemälde auf, die ich aus Ferrara mitgebracht hatte. Das Porträt von Faustina fand seinen Platz gegenüber meinem Bett. Bald schmückten Kerzenhalter aus Silber jedes Zimmer, außerdem Lüster, wie Beatriz sie liebte, nach Antwerpener Art, mit Kupferkugeln, in denen die Lichter sich spiegeln. Das Leben wurde allmählich angenehmer.

Beatriz besuchte eine Familie der jüdischen Gemeinschaft nach der anderen, und jeder brachte sie Geschenke, die sorgfältig nach deren Bedürfnissen ausgewählt waren: den Armen Lebensmittel und Geld, den Bürgerinnen Stoffe und Schmuck, den Gelehrten die Bibel von Ferrara und den *Trost für die Leiden des Volkes Israel.* Allen bot sie ihre Freundschaft an, allen schenkte sie ihr Lächeln – ein Lächeln voller Unschuld und Anmut, das sie mir nie zugestand, sondern anderen vorbehielt.

Durch die Spenden an alle Synagogen und alle Talmudschulen entwaffnete sie selbst die Feindseligsten. Innerhalb von einigen Wochen verehrte man sie wie in Ragusa und Saloniki, und sie wurde auch hier, trotz Mosche Hamon, zur Ha-Gavaret.

Um die Sache mit der Bekleidung unserer Frauen zu «regeln», wie er es nannte, ging der Großwesir in seiner Großmut so weit, eine Bekanntmachung zu veröffentlichen, die vom Sultan persönlich unterzeichnet war und die «ehrwürdige Gracia Nasi und ihre Dienerinnen» autorisierte, «die Tracht von Venedig zu tragen». Die Dienerinnen hüpften vor Freude, und sogar Beatriz trug aus Solidarität nun enggeschnittene Kleider, die unter einem durchsichtigen Hemd den Ansatz ihrer Brüste sehen ließen. Die Mode von Venedig tat es sehr rasch auch einigen jüdischen Matronen an, die bisher in ihren weiten, oft fleckigen Samttuniken und ihren mit Talmigold bedeckten Hauben häßlichen Götzenbildern geglichen hatten. Esther Kyra wurde zu einer eifrigen Verfechterin der neuen Mode; man sah die Tuniken verschwinden und mehr offene Haarpracht.

Meine Hochzeit mit Reyna fand im August, in der Zeit der größten Hitze statt. Beatriz wollte, daß das Fest der Nasi und der Mendès würdig begangen werde. Die Tore des Palastes standen während der drei Tage dauernden Feierlichkeiten stets weit geöffnet.

Es war die erste Hochzeit, die wir offiziell in einer Synagoge zelebrieren durften. Die Trauung vollzog Rabbi Soncino vor einer versöhnten Gemeinschaft. Mosche Hamon und sein Sohn standen abseits, doch sie waren gekommen, und die Senyora war freundlich zu ihnen.

Reyna hatte sich gewünscht, das schwarze, mit Gold bestickte Kleid zu tragen, das ihre Mutter bei ihrer eigenen Hochzeit angehabt und seitdem liebevoll aufbewahrt hatte. Das Kleid war jedoch zu eng, zu warm für diese Jahreszeit und nicht mehr modisch. Meine Braut sah darin wie eine Portugiesin aus längst vergangenen Tagen aus. Esther Kyra hatte in Reynas Haare goldene Bandornamente geflochten und hier und dort noch einige Blumen aus Edelsteinen hineingesteckt. Reyna sah gewiß nicht häßlich aus, aber sie lächelte nicht. Beatriz trug einen weißen Rock aus Brokat mit einer kurzen Schleppe, ein perlenbesticktes Mieder mit blutroten Schließen und weiten Ärmeln. Statt eines Hutes trug sie einen um den Kopf gewundenen Zopf aus Perlen in der Farbe ihrer Haare. An ihrem Ringfinger glitzerte der große Smaragd des Vizekönigs von Indien. Sie hatte ein wenig zugenommen und strahlte vor Jugend. Man hätte sie für die Schwester der Braut halten können.

Reyna stand neben mir mit gesenktem Kopf und zusammengekniffenen Lippen. Ab und zu warf sie einen verstohlenen, wilden Blick auf mich. Nur durch unsere Hände waren wir miteinander verbunden.

Am zweiten Tag des Festes schenkte sie den Darbietungen der Akrobaten auf dem Podium am Ende des Bankettsaals kaum Beachtung. Sie trug ein schweres nachtblaues Kleid, und in ihr Haar war diesmal Jasmin geflochten. Beatriz hatte sich für dieses Fest viele Zerstreuungen ausgedacht. Magier, Seiltänzer, Marionetten- und Schattenspieler traten auf. Die geschicktesten Zauberer kamen aus Ostindien; sie konnten mit ihrer Zunge Perlen auffädeln und einen Jungen in einem Weidenkorb verschwinden lassen. Eine Frau aus diesen Ländern führte das außergewöhnlichste Kunststück vor: Sie ließ sich auf die Spitze einer Lanze fallen. Die Spitze schien das Auge der Frau zu durchstoßen. Alle schrien erschrocken auf. Aber nein, sie stand auf, und ihre Pupille war heil geblieben. Ila brachte ihren Bären, der mit seinem schwankenden Tanz die Gäste amüsierte. Nur das Gesicht meiner Braut erhellte kein Lächeln.

Dennoch schien Beatriz in Glück zu schwimmen. Sie war in schwarzen Tüll ohne jede Verzierung gehüllt, auf ihrem geflochtenen Haar saß eine schwarze Toque, die mit grünen Federn geschmückt war, passend zu ihrem Smaragd. An ihrem Hals ließ eine Kette aus großen Naturperlen ihre Haut weißer denn je wirken. Ihre Augen hatten nie so geglänzt. Sie zog alle Blicke auf sich. Rabbi Soncino betrachtete sie mit Wohlgefallen, und der Großwesir trat immer wieder mit fasziniertem Staunen zu ihr. Ich konnte die maßlose Bewunderung schlecht ertragen, deren Gegenstand Beatriz war und nicht die Braut, die melancholisch die Augen senkte. Da sie nun einmal meine Frau wurde, wünschte ich ihr soviel Glanz wie ihrer Mutter. Reynas scheue Eifersucht weckte in mir eine Art Zuneigung, richtiger gesagt, ein Mitleid, das ich nie aufgegeben habe, obwohl man es mir offenbar nicht angemerkt hat. Aber lassen wir das.

In diesem Augenblick hatte ich mich entschieden, für sie wie für mein eigen Fleisch und Blut zu sorgen. Im Grunde war sie ja fast mein Kind, die Tochter meiner Beatriz, also fast meine eigene arme kleine verzweifelte Tochter.

Der dritte Tag war für jene bestimmt, die mit uns durch ganz Europa gezogen waren, für die Männer und Frauen aus Lissabon, Antwerpen, Ferrara, für unsere Brüder und Schwestern. Wir waren unter uns, im Familienkreis, und wir genossen das schlichte Vergnügen der gemeinsamen Erinnerung an all die Prüfungen, die endlich hinter uns lagen. Wir mußten uns nicht mehr in acht nehmen, konnten jetzt den verbotenen Wein trinken, den wir in der Anwesenheit unserer moslemischen Freunde lieber nicht angeboten hatten.

Die arme Brianda, die ihr Zimmer verlassen durfte, lächelte töricht und glücklich und aß ziemlich sabbernd. La Chica trug zum ersten Mal das Kleid einer jungen Dame und dazu eine Haartracht, die ihr gut stand, darüber ein Netz aus farbigen Seidenbändern. Die Zigeunerin Ila war für das Fest mit einem hochgeschürzten Kleid herausgeputzt und mit engen Schuhen, die sie bei jedem Schritt aufschreien ließen. Plötzlich flogen die Schuhe davon, der Rock fiel auf den Boden, der Spitzenkragen folgte. Ila, nur noch in einem roten Unterrock, griff den Schleier einer unserer Damen, bedeckte damit das Gesicht, sprang auf einen Tisch, fing an, wild zu tanzen, und begleitete sich mit einem rauhen Lied aus ihrem unbekannten Land und mit dem lustigen Klang der Reifen an ihren Beinen.

Unsere Brüder stampften mit den Füßen und klatschten in die Hände. Rabbi Soncino nahm die Hand der Senyora und drückte sie leidenschaftlich. Ich nahm die Hand meiner Braut, aber sie blieb schlaff und reglos. Ich flüsterte ihr ein aufmunterndes Wort ins Ohr, aber Reyna antwortete nicht. Beatriz beugte sich zu mir.

«Nach so vielen Jahren, Josef...»

Zwanzig Jahre. Zwanzig Jahre waren seit dem frischen Minzestrauß auf der Flucht nach Venedig vergangen. Meine kleine Reyna hatte nicht mehr das Alter der Braut des Hohenlieds, war aber jetzt unwiderruflich meine Frau.

«Ja, meine Senyora, nach so vielen Jahren», antwortete ich mit gebrochener Stimme. «Du hast gewonnen, Beatriz, aber unsere kleine Prinzessin lächelt nicht.»

Ihr Gesicht verzerrte sich, und sie schaute ihre Tochter mit einem Blick an, aus dem ich eine Art Haß las.

«Sie ist deine Gattin, Josef, und das genügt. Sie liebt dich!»

Und voller Wut drehte sie sich zu ihrem alten Verehrer herum.

Mit einem letzten Wirbel hielt Ila plötzlich vor der Braut.

«Sing! Sing für Babur», bat sie mit einem unwiderstehlichen Lächeln, das ihre weißen Zähne entblößte.

Die ganze Gesellschaft schloß sich der Zigeunerin an, um Reyna ein Lied abzubetteln. Eine Zofe holte die Gitarre, und Reyna stand fügsam auf. Alle schwiegen. Wenigstens ihre Stimme war immer noch jugendfrisch, und die sephardischen Romanzen paßten zu ihrer Traurigkeit. Die Gäste gerieten ins Träumen, die Frauen legten den Kopf auf die Schulter ihres Nachbarn, und wir fanden in Istanbul die bukolische Atmosphäre der Nächte von Ferrara wieder. Die Kerzen leuchteten im Dunkeln, und das Parfüm der Zypressen drang durch die Fenster des Palastes. Tränen der Rührung schimmerten in allen Augen, Rabbi Soncino wischte sich die Augen und küßte zärtlich das Handgelenk der Senyora, die jedoch plötzlich aufstand und sich zurückzog.

Sobald ihre Mutter weg war, belebte sich Reyna, ihre Wangen röteten sich, ihre Augen glänzten, und sie warf mir einen fast heiteren Blick zu. Ich legte sanft die Hand auf die Saiten ihrer Gitarre, zog sie in meine Arme und küßte sie.

Das war, soweit ich mich erinnere, unser einziger Augenblick von Glück.

Im Morgengrauen ließ ich Reyna in unsere ehelichen Bettlaken eingehüllt zurück und wanderte in der erwachenden Stadt umher. Ich trank eine Schale des bitteren schwarzen Trunks, der in Istanbul gerade Furore machte. Erst kurz zuvor hatte der Sultan, um seinem Volk einen Gefallen zu erweisen, nach langem Bedenken den öffentlichen Ausschank des Kaffees gestattet. Man sagte, daß er den Appetit verschlage und der «dunkle Feind des Schlafes und der Kopulation» sei. Genau das brauchte ich! Aber der Kaffee genügte nicht, um meine Angst zu beruhigen, und ich kehrte zum Belvedere-Palast zurück, um meinen Wein zu trinken. Ich trank mich diesmal fast zu Tode.

«Und wie fühlte *sie* sich, Herzog?» fragte der Bucklige. «Hast du auch nur einen Augenblick an ihr Erwachen gedacht? Das leere Bett neben ihr, kein Gatte, niemand, der sie streichelte?»

«Sie hatte für unsere Hochzeitsnacht eine aufgerauhte, altmodische, lächerliche, himmelblaue Unterhose angezogen... Das schlimmste war, daß sie mich trotzdem noch immer abgöttisch liebte. Bin ich der Mann, der solche Art Vergötterung erträgt? An jenem Morgen fand ich sie schon völlig angezogen, ernst und fürsorglich. Sie goß mir immer wieder Wein nach, ohne ein Wort zu sagen. Und als ich richtig betrunken war, als ich endlich vergessen konnte und zusammensackte, begann sie mir die Füße zu massieren. Ich glaube, im Schlaf die Melodie eines Liebesliedes vernommen zu haben, doch ich bin nicht sicher.»

«Und die Senyora?»

«Wir haben sie eine Woche lang nicht gesehen. Sie hatte sich in ihrem Zimmer eingeschlossen. Ruf jemanden, daß man mich ein wenig massiert und mir damit die einzige angenehme Erinnerung an den Morgen nach meiner Hochzeitsnacht zurückruft.»

Der Bucklige klatschte in die Hände, ein dünnes Läuten erklang und eine faltige, in schwarze Schleier gehüllte Alte erschien.

«Du bist es, Schwarzfüßige, meine arme Ila!» seufzte der Herzog. «Komm her. Hier sind meine Beine, die dir vertraut sind. Seit dem Tod deines Bären tanzt du zwar nicht mehr, aber du massierst gut. Wenigstens hast du deinen schönen Zigeunerschmuck behalten, deine letzte Zierde.»

Die Alte legte, weil sie lächeln mußte, die Hand über ihren zahnlosen Mund und näherte sich dem Sessel.

VI

1554–1558
Die Handelssperre der Senyora

Donnerstag, bei Einbruch der Nacht

«Man erstickt auf diesem Balkon!» stöhnte der alte Herzog. «Dieser September ist fast so warm wie jener, der auf meine Hochzeit folgte; ich ging damals nur nachts spazieren, sehr zum Verdruß meiner Frau. Es waren traurige Tage.

Reyna versuchte zu singen, doch die Gitarre fiel ihr aus den Händen, und ich fand sie auf den Kissen ausgestreckt, mit schmachtenden, unterwürfigen Blicken wie eine Haremstänzerin. Manchmal kam sie mit den Armen voll Pfingstrosen ans Bett. Meine Frau liebte sie, ich dagegen hasse den betäubenden Duft dieser Blumen, in dem ich einen Anflug von Verwesung rieche. Ich wurde wütend. Die Rolle der Verführerin paßte nicht zu ihr. Obgleich sie wußte, daß es mich störte, blieb sie bei der Kleidung der Frauen vom Balkan. Sie hielt die weiten Gewänder wegen der Hitze für bequemer. Wo ihr doch ein venezianischer Rock und ein Mieder mit gekreuzten Bändern so gut stand!»

Beatriz trat eines schönen Morgens aus ihrem Zimmer und verkündete entschlossen, daß sie nach Palästina aufbrechen werde, um in der heiligen Erde die sterblichen Überreste ihres Gatten beizusetzen, wie sie es ihm versprochen hatte. Ich nahm es wortlos zur Kenntnis. Niemand hielt sie zurück, und ich begleitete sie auch nicht. Mir fehlte der Mut dazu, und seit meiner Heirat hegte ich ihr gegenüber auch einen viel zu heftigen Groll.

Die Senyora schiffte sich ohne männliche Eskorte, nur in

Begleitung von drei Dienerinnen und der Zigeunerin ein. Ihre Tochter und ich sahen sie auf eines unserer Schiffe steigen und an der Reling entlang nach vorn gehen, wo sie sich steif aufrichtete, eine dunkle Buggestalt, die regungslos über ein einbalsamiertes Herz wachte.

Der Großwesir hatte verlangt, mich wiederzusehen; am ersten Jahrestag meiner Hochzeit hatte er den Befehl noch einmal wiederholt. Ich nahm dies zum Vorwand, dem Belvedere-Palast häufiger zu entfliehen, und stattete Rustem Pascha nun täglich einen Besuch ab, um mich in die Geschäfte des Reiches einweihen zu lassen. Der Großwesir war gerade aus dem Orient zurückgekehrt, wo er eine wichtige Verhandlung geführt hatte. Dann war er in die Hauptstadt zurückgekehrt, da jetzt sein Herr sich auf die Reise begeben mußte.

Der Sultan war aufgebrochen, um sich mit seinem Sohn Mustapha dem Großzügigen zu versöhnen, der die Tochter des Königs von Persien heiraten und eine orientalische Allianz schließen wollte. Der Thronerbe hatte vorsichtshalber Truppen aus den Grenzländern zusammengezogen, um seinem Vater entgegenzutreten, der seine Pläne mißbilligte. Rustem Pascha hatte die Versöhnung vorbereitet und der Großwesir zeigte sich heiter und vertrauensselig, denn er war stolz auf das, was er erreicht hatte: Das feierliche Zusammentreffen von Vater und Sohn, dem sich zuvor beide entgegengestellt hatten, sollte einem gefährlichen Konflikt ein Ende bereiten und den Frieden in dem entzweiten Clan wiederherstellen. Süleiman der Prächtige erwies sich als alt; er wurde leicht jähzornig; der kluge, energische Mustapha hingegen schien besonnen und ein hervorragender Nachfolger, mit allen Tugenden versehen. Er mußte es sein, denn in Europa überstürzten sich die Ereignisse. Bald darauf jedoch ließ der Vater den Sohn vor seinen eigenen Augen ermorden.

Rustem Pascha riet mir, Prinz Selim in seiner Landeinsamkeit zu besuchen. Ich hatte große Lust, die stickig-schwüle Hauptstadt zu verlassen, und ging auf den Vorschlag ein, ohne zu zögern. Unter dem Siegel der Verschwiegenheit empfahl Rustem Pascha ferner, genug von unserem italienischen Wein mitzunehmen, denn der Prinz langweilte sich sehr und trank gern. Da der Koran den Weingenuß verbietet, waren allerdings größte Vorsicht und Feinfühligkeit geboten. Ich durfte den Sohn des Sultans nicht kompromittieren, und Rustem Pascha ließ mich schwören, darauf zu achten, daß Selim sich nicht betrank. Der Sultan haßte Betrunkenheit über alles.

Ich brach nach Manisa, der Hauptstadt der Provinz, die Prinz Selim regierte, mit einigen Fässern Bordeaux auf; vom Rest meines italienischen Weins mochte ich mich nicht trennen. Ich hatte einen Armenier gebeten, mir eine Karawane zu organisieren. Der Händler verschaffte mir eine Pelzmütze für die Nacht, einen Leinenturban für das Land, um wie ein Muselmane auszusehen, einen anderen, weißblauen Turban, um in den Städten einem Christen zu gleichen, außerdem einen Filzhut gegen den Regen. Trotz meiner Proteste mußte ich alles anprobieren. Daraufhin brachte er Teppiche, Decken, Kissen, ein rundes Lederpolster als Tisch, einen Weinschlauch, einen Wasserschlauch, mit Leder bezogene Holzschachteln für Käse, Fleisch und Obst. Was noch? Einen kleinen Sack Kaffee, sogar eine Hacke, um Holz zu spalten, einen Kochtopf für Reis, Geschirr in Mengen, für die Reisenden, die uns abends besuchen sollten. Pferde und Maultiere natürlich nicht zu vergessen.

«Man sollte meinen, daß wir Monate unterwegs sein werden!» sagte ich zu ihm.

«Der Herr wollte eine Karawane, und eine Karawane läßt sich ohne all dieses Zubehör nicht denken», antwortete er jedesmal, wenn ich seinen Eifer bremsen wollte.

Die Route führte vom Bosporus über Üsküdar, die erste Stadt Asiens, zuerst nach Bursa, dann entlang der Küste, bevor sie ins Landesinnere abbog. Ich wechselte, brav den Anweisungen des Armeniers folgend, die Kopfbedeckung, wurde nirgendwo belästigt und kam gut in Manisa an. Trotz ihrer Gärten hatte die Stadt nichts von der Lebendigkeit Istanbuls und schon gar nicht dessen Pracht. Es war nicht verwunderlich, daß ein junger Mann sich trotz seines Harems dort zu Tode langweilen konnte. Ich hatte Briefe von Rustem Pascha, die ich dem Regierenden der Provinz überreichen sollte. Es machte daher keine Schwierigkeiten, eine Audienz bei Selim zu bekommen.

Der Prinz hatte die gleiche imposante Statur wie sein Vater, wirkte indessen etwas ungelenk. Wie Süleiman hatte er eine blasse Gesichtsfarbe und ein wachsames Auge, doch leuchtend rotblondes Haar. Er hörte mir zu, ohne zu lächeln, und richtete einen mißtrauischen, starren Blick auf mich. Ich bemerkte seine riesigen, unglaublich kräftigen Hände. Der Mann schien kaum liebenswürdig; ich verstand die Zuneigung nicht, die Rustem Pascha ihm entgegenbrachte. Bald hatte ich alles gesagt, was zu sagen war, und erwähnte vorsichtig mein Gastgeschenk.

Selims Blick erhellte sich wie der eines Kindes. Er stand rasch auf, und jede Schwerfälligkeit fiel von ihm ab. Ich wußte nicht, was ich als nächstes machen sollte und er auch nicht. Er schaute mich mit seinen großen dunklen Augen an, die nun ein wenig schlechtes Gewissen zeigten, doch mehr noch Freude.

Er klopfte mir gutmütig lachend auf die Schultern und fragte mich, wo die Fässer seien. Man brachte sie auf einen Wink von mir, ein Diener öffnete eines, ein anderer rannte, um den Kelch des jungen Prinzen zu holen, ein wunderschönes, mit Feingold ziseliertes Stück aus hellgrüner Jade. Selim probierte den Wein, lachte wieder, dann füllte er mit vor Begeisterung glänzenden Augen den Kelch erneut und reichte ihn mir.

Ich wußte, daß er mir keine größere Ehre erweisen konnte, als mich aus seinem eigenen Kelch trinken zu lassen. Ich kniete vor ihm nieder und trank so feierlich, als wäre es ein frommer Ritus. Wir hatten Freundschaft geschlossen, und dazu hatte der Wein gedient. Dieser schwerfällige, schwergewichtige Prinz hatte bisher nur die Bewohner des Serails gekannt. Man kann sich die Kindheit eines Prinzen in solcher Abgeschiedenheit nicht vorstellen: getrennt von seiner Mutter, ohne die Wonne menschlicher Zärtlichkeit, umgeben von Sklaven, denen er mißtraut, in ständiger Angst vor dem Vater, von Verboten und umständlichen Zeremonien erdrückt. Selim kannte kein Vertrauen und Freundschaft noch viel weniger. Für das Geschenk, das ich dem Prinzen machte, dankte er mit seiner Zuneigung, aus dem einfachen Grund, weil er nie zuvor von jemandem eines erhalten hatte, das von Herzen kam.

Natürlich war ich nicht völlig desinteressiert, das ist wahr. Aber ich war merklich älter als er und hatte weder einen jungen Bruder noch ein Kind. Nur Beatriz hatte alle Zärtlichkeit gegolten, zu der ich fähig war. Plötzlich empfand ich für diesen einsamen Jüngling eine Art Vaterliebe, die ich selbst nicht begriff, die Liebe zu einem Sohn, den ich nie haben würde.

Rustem Pascha hatte es wohl vorausgesehen, aber der Zauber dieses Zusammentreffens war so stark, daß er alle politischen Berechnungen wegwischte. Ich bemerkte an Selim eine liebenswerte Schwäche, die von seiner öden Kindheit, der Strenge des Lebens im Serail herrührte, doch auch eine ungebrochene Kraft, die ihn mutig, waghalsig, leidenschaftlich machte. Ich entdeckte ferner, daß er ein Poet war.

Im Laufe der Tage lernte ich, ihn zu leiten. Ich ermutigte ihn zu Geduld und List; er seinerseits zwang mich, ihm mehr Wissen anzuvertrauen. Ich brachte ihm Lebenserfahrung bei und er mir die Raubtierjagd in der Wüste; ich machte ihn mit dem Wein bekannt und er mich mit der Kunst der Falknerei. Meine Haltung ihm gegenüber war nie unterwürfig, dennoch erinnere ich mich, daß er mit seinem Lieblingfalken auf der behandschuhten Faust von seinem Pferd herab einmal hervorstieß: «Du bist ein Feigling, Jussuf, wie alle deines Volkes. Man hat dir nicht zu kämpfen beigebracht, du weißt deine Feinde nicht zu töten ... Ich werde sie für dich töten!» Und er nahm die Haube vom Kopf des Vogels ab, der seine Klauen öffnete und zu den Hügeln flog. Dann rieb er nachdenklich die Handschuhe, auf denen der Falke Kratzer hinterlassen hatte, und verglich mich mit ihm.

«Ich habe zwei Freunde: meinen Falken und meinen Juden.

Eines Tages werde ich dich den Luchs jagen lassen, Jussuf, und du wirst zurückkommen, um dich auf meine Hand zu setzen, wie der Falke, schau...»

Der Vogel kam zurück, setzte sich, glättete seine Flügel und ließ sich mit der von kleinen roten Federn verzierten Kappe bedecken, um die eine Goldkette hing.

Mein Freund sprach fast nie von seinem Harem. Seine Favoritin hieß Nur Banu, und eines Tages sagte er, während er verlegen in seinen blonden Haaren wühlte, daß sie sich nicht wohl fühlte. Ich wußte wenig über sie, eigentlich nichts weiter als das, was so herumerzählt wurde. Sie entstammte angeblich einer venezianischen Familie von hohem Rang und hieß in Wirklichkeit Cecilia Venier-Baffo. Seeräuber hatten sie auf einer Schiffsreise gefangen und an den Harem des Sultans verkauft. Sie mußte ziemlich schön sein, um den Namen Nur Banu, «Licht des Himmels», zu erhalten. Man sagte, daß Prinz Selim sie sehr verehrte. Mir selbst war bisher nur aufgefallen, daß er eine schwärmerische Leidenschaft für seine Mutter hegte und von seinem Vater mit Haß sprach.

«Er erstickt sie fast», sagte er bitter, «er drangsaliert sie, hält sie gefangen... Heute, wo sie nicht mehr die Jüngste ist, würde sie sich gern frei bewegen, sich von der Bürde der Pflichten befreien. Sie hat ihre Herkunft nicht vergessen und sagt uns immer wieder, daß wir im Grunde Söhne von Sklaven sind, daß ihr Vater ein russischer Pope war und sie, seine kleine Alexandra, entführt worden sei, als sie noch ein Kind war.»

Selim schämte sich für die Fortsetzung der Geschichte seiner Mutter, das merkte man ihm deutlich an.

«Dann wurde sie auf dem Sklavenmarkt verkauft, aber davon spricht sie nie. Ich bin oft dorthin gegangen, habe die Mädchen mit den geschminkten Brüsten gesehen und die Käufer, die ihnen den Mund weit öffnen, um ihre Zähne zu prüfen. Meine Mutter hatte Glück. Sie war so schön, daß sie direkt an den Harem meines Vaters verkauft wurde, ohne durch die Hände vieler Zwischenhändler zu gehen. Ich weiß nicht, wie lang ihre Lehrzeit bei den anderen Frauen war. Irgendwann bemerkte er sie, bald wurde sie seine Favoritin, dann Sultanin, und ihr Leben änderte sich. In ihrer ersten Nacht mit dem Sultan ist sie dem alten Ritual nicht entkommen: Meine Mutter, denk dir nur, mußte wie ein lahmer Hund auf den Ellbogen und auf den Knien kriechen, um das Lager ihres Meisters zu erreichen... Hör zu, wenn ich Sultan werde, erzähle ich dir noch mehr.»

«Warum», fragte ich, «wird sie in Venedig Roxelane genannt?»

«Wenn du sie sehen würdest, mein Freund, würdest du mich das nicht fragen!» entflammte er sich sofort. «Meine Mutter hat rote Haare, und wie rot! So rot wie der Pelz eines Fuchses, und sie knistern. Man möchte glauben, daß sie Funken sprühen. Ihr Haremsname ist für Ausländer schwierig auszusprechen: Hürrem, die Lachende. Die europäischen Botschafter haben vielleicht den Namen Roxelane gewählt, um diese Schwierigkeit zu vermeiden. Roxelane, die Rote und zugleich die Russin, das paßt gut zusammen. Und wegen dieser roten Farbe sagt man wahrscheinlich auch, daß sie grausam sei... Grausam, meine Mutter? Schau diese geschlossene Tulpe mit ihrem ganz geraden Stengel an – so ist meine Mutter.»

Außer dem Wein, der Jagd und der Poesie hatte Selim eine weitere Leidenschaft: Die Tulpen, die er mit ängstlicher Sorgfalt in einem Garten züchtete, den er jeden Tag besuchte. Und wie zu diesen Blumen kehrte er jeden Tag zu seiner Mutter zurück, wenn auch nur in Gedanken.

«Der Beiname ‹die Lachende›, den man ihr gegeben hat, paßt nicht zu ihr. Es heißt, daß sie, als sie seine junge Favoritin war, meinen Vater zum Lachen brachte, während sie Schach spielten. Sie spielt wirklich gut, aber sie lächelt nur sehr selten. Heute lassen meine Tulpen den Kopf hängen. Das bedeutet, daß meine Mutter traurig ist. Ich wette, daß mein Bruder Djihangir wieder eine Krise hat. Der Tod unseres Halbbruders Mustapha hat ihn sehr niedergeschlagen.»

Der jüngste Sohn der Lachenden war von Epilepsie befallen,

und er hinkte. Seine außerordentliche Intelligenz verdammte ihn nach der Meinung der Astrologen dazu, jung zu sterben. Er sang entzückend, während er sich dazu auf dem Rebab, der türkischen Geige, begleitete, und er begab sich oft zu den Sufi-Derwischen, die ihn als einen Eingeweihten betrachteten, so staunenswert war seine Seele. Selim sprach mit Zärtlichkeit von Djihangir, vom Leben im Serail aber wie von einer Kerkerhaft und von seiner Zukunft mit großer Unsicherheit.

«Die Söhne des Sultans sind Sklavensöhne», wiederholte er oft, «und unsere Mütter Fremde. Seit die Gattin eines meiner Vorfahren, nach einer Niederlage in Gefangenschaft geraten, an den Handgelenken am Triumphwagen des Siegers festgebunden wurde und so durch die Straßen laufen mußte, haben die Sultane die Ehe mit Töchtern der Aristokratie aufgegeben und nehmen sich hübsche Frauen, die von den Janitscharen irgendwo aus den riesigen Territorien des Reiches herangeschafft werden. Meine Mutter wurde in Ruthenien an der Grenze zu Rußland geboren und von dort entführt. Mein Vater hat der Regel der Sultane nicht gehorcht und sie feierlich geheiratet. Sie kann den Titel *Hasseki* tragen, doch ich bin dennoch bloß ein Bastard, einer der Prinzen, die mein Vater zur Reserve hat, und er kann von einem Augenblick zum anderen beschließen, mich umbringen zu lassen, wie er es mit dem armen Mustapha getan hat. Und was glaubst du, Jussuf, was in Istanbul gerade gemunkelt wird? Daß meine Mutter Jüdin ist!»

Es war in seinen Augen zweifellos eine Beleidigung.

Ich dafür erzählte ihm vom Los der Juden seit der Vertreibung durch die katholischen Könige. Ich versuchte nicht, ihn zu rühren, sondern zeigte ihm auf, was die Könige des Abendlandes durch das Verjagen der Juden verloren hatten: den Reichtum der Händler, das Geld der Bankiers, das Wissen der Ärzte, Naturforscher und Philosophen. Selim erwies sich als guter Schüler, und der Wein half, Pläne zu entwerfen, die wir später verwirklichen wollten, wenn er Sultan sein würde. In dem Moment unterbrach er mich und brach in Gelächter aus.

«Wenn ich Sultan sein werde ... Wie könnte ich die Nachfolge meines Vaters antreten, Jussuf? Vergiß nicht, daß jetzt mein Bruder Bajazet Thronerbe ist.»

Als ich schließlich wieder abreiste, umarmte er mich. «Du hast den Verbannten zum Freund gewählt, und du wirst es nicht bereuen müssen.»

Ich sorgte mich kaum um die Zukunft. Ich wünschte nur, daß der Prinz seinen Vater überleben würde und ihm kein Leid geschah. Er nahm mir das Versprechen ab, daß ich bald wiederkommen würde, und meine Karawane machte sich in Richtung Izmir auf den Weg, von wo aus ich eine Feluke nahm, um auf dem Seeweg schneller nach Istanbul zu kommen.

Als ich in der Hauptstadt eintraf, war der Belvedere-Palast in Unruhe. Gewiß, Beatriz, die aus Palästina zurückgekehrt war, hatte das Herz von Francisco Mendès dort begraben. Dies zumindest war vollbracht. Doch während meines Aufenthalts in Manisa hatte Reyna schlechte Nachrichten aus Italien erhalten. Papst Julius III. war gestorben, und sein Nachfolger war niemand anderer als der furchtbare Inquisitor Gian Pietro Caraffa, der unter dem Namen Paul IV. den päpstlichen Thron bestiegen hatte.

«Aha!» rief der Bucklige aus. «Jetzt betritt also jener den Schauplatz, dessen Namen ich trage. Aus welcher Bosheit heraus hast du seinen Makel auf mich übertragen? Ich hätte auf dieses Geschenk gut verzichten können.»

«Meiner Treu, als ich dich bei Lepanto aus dem Meer gefischt habe, wo du verzweifelt an einem Segelfetzen hingst, sahst du so erbärmlich aus, daß mir sofort die Idee gekommen ist, diesem armen Teufel den Namen jenes Mannes zu geben, der die Tiara entehrte und der heute in der Hölle der Christen schmort. Vor ihm zitterten unsere marranischen Brüder von Ancona, und dieser Unhold ist Papst geworden.»

Bis dahin hatten die Päpste das Fortschreiten der Inquisition mehr recht als schlecht im Zaum gehalten, um sie nicht zu mächtig werden zu lassen. Paul III., dann sein Nachfolger Julius III. hatten die Marranen von Ancona sogar von der hohen Steuerlast befreit und einen Erlaß unterzeichnet, mit dem sie sie vor den Verfolgungen der geistlichen Tribunale, die Inquisition inbegriffen, schützten. Die Neuchristen von Ancona mußten kein Kennzeichen tragen, und sie unterstanden lediglich der pontifikalen Rechtsprechung. Dafür zahlten sie jährlich pro Kopf tausend Dukaten. Die nicht gerade selbstlose Toleranz dieser zwei Kirchenfürsten ist scharf kritisiert worden. Man hat sie der Korruption beschuldigt, um so mehr, als ihre Staaten auf einmal einen großartigen Aufschwung nahmen. Kardinal Caraffa, der spätere Paul IV. also, hatte sich schon durch das von ihm befohlene Autodafé hebräischer Bücher in Rom unrühmliche Ehren verschafft. Das war 1553. Zwei Jahre später galt seine Wahl als Zeichen des Triumphes der Inquisition über das Papsttum.

Seine erste Sorge war es, eine Bulle zu erlassen, die allen Marranen des Kirchenstaates eine unwürdige Beschränkung auferlegte. Von nun an war es ihnen untersagt, Häuser zu bauen, Grund und Boden zu haben, ihre Feste zu feiern. Die Christen durften sich nicht mehr von unseren Ärzten behandeln lassen, obwohl sie die besten der Welt sind; und sie durften nicht einmal mehr von den reichen Neuchristen Geld leihen. Die Marranen mußten die Beretta tragen, diese scheußliche Mütze, die sie kennzeichnen sollte, und ihre Frauen ein bläuliches Abzeichen auf der Haut. Die Marranen auf dem Territorium des Papstes hatten kein Bürgerrecht mehr. Es ging nicht darum, den einen oder andern des Rückfalls in den alten Glauben zu bezichtigen, sie wurden einfach alle als schuldig angesehen.

Am Tag meiner Rückkehr aus Manisa trafen im Belvedere-Palast erneut schlechte Nachrichten ein. In Ancona hatte Vincenzo Fallongonio, ein mit Vollmachten ausgestatteter Legat des Papstes, zwanzig unserer Brüder ins Gefängnis werfen lassen.

Beatriz ging mit vor Wut geblähten Nasenflügeln auf und ab und stieß Verfluchungen aus wie eine Prophetin. Rabbi Soncino versuchte vergeblich, sie zu beruhigen.

«Ich bitte Euch, Donna Gracia, sie sind ja nicht tot. Ihr seid auch eingekerkert gewesen, und heute seid Ihr die Triumphierende. Ich bitte Euch...»

«Schweigt, Rabbi, ich triumphiere nicht, wenn meine Brüder in den Staaten des Papstes im Gefängnis sind, dieser Teufel! Habt Ihr vergessen, wie ich zu meinem Namen Senyora gekommen bin? Wie oft muß ich Euch wiederholen, daß ich wie Judith sein möchte! Nein, Rabbi, nein, ich will mich nicht beruhigen, nicht tatenlos zusehen. Ich werde etwas tun. Tretet zur Seite oder ich schlage zu!»

Die Szene war nicht gerade idyllisch, und um unsere Judith davon abzuhalten, den Holofernes-Ersatz, der ihr zur Verfügung stand, zu enthaupten, schlug ich vor, den Legaten Fallongonio zu bestechen.

Einer unserer Kapitäne reiste mit Anweisungen und Geld ab und kam einige Wochen später wieder zurück. Er war erfolgreich gewesen: Der Legat hatte die inhaftierten Marranen einen nach dem anderen entfliehen lassen. Wir atmeten auf, mit dem nächsten Schiff erhielten wir jedoch einen Brief, aus dem hervorging, daß der Papst die Korruption des Legaten bemerkt hatte. Er hatte einen anderen ernannt, diesmal einen Unbestechlichen, Cesare della Nave aus Bologna, und fünfzig unserer Brüder wanderten ins Gefängnis. Der erste Befehl des neuen Legaten lautete, sie alle aneinanderzuketten. Wir erfuhren auch, daß der Papst sich seinerseits erlaubt hatte, den Habsburger wegen seiner jüdischen Abstammung anzugreifen. Keine Macht leistete der Inquisition noch Widerstand.

Am nächsten Tag kam ein levantinischer Händler, der aus Ancona zurückgekehrt war, um der Senyora vom Tod eines unserer Brüder zu erzählen, dessen Hinrichtung durch den Wippgalgen er mit eigenen Augen gesehen hatte. Nachdem man ihn schon fünfmal von oben auf den Boden des großen Platzes hatte fallen lassen, hatte der Sterbende dem Händler zugerufen: «Geh und melde das der Senyora!»

«Es war ein so alter Mann, Senyora, ein so alter Mann...Und all die anderen Gefangenen mußten angekettet zusehen.»

Der Händler wischte sich mit dem Ärmel die Augen. Beatriz biß sich nervös auf die Lippen. Was sollte man tun?

Die Inquisition zwang in der Folge die Marranen von Ancona durch ein Dekret, das auf öffentlichem Platz verkündet wurde, ihrem Glauben abzuschwören, bevor sie erdrosselt und ihre Leichen verbrannt wurden. Unter den ersten Opfern befand sich Josef Oheb, ein Verwandter von Amato Lusitano, der vor einiger Zeit Ferrara verlassen hatte, um in Ancona zu leben. Etwa vierzig Marranen versuchten ihrem Los zu entkommen, indem sie sich weigerten zu essen. Beatriz beschloß zu fasten, um mit ihnen zu leiden; doch dadurch wurden sie auch nicht befreit.

Schließlich erfuhren wir im Juli 1555, daß fünfundzwanzig Marranen, die sich geweigert hatten, ihrem Glauben abzuschwören, verbrannt worden waren. Was für eine Feuersbrunst! Einer von ihnen, Salomon Jachia, sprach zur Menge, erklärte ihr, daß er sein Leben im Namen unseres Gottes opferte, und stürzte sich, *Chema Israel* singend, freiwillig in die Flammen.

Man sprach fortan von den «Märtyrern von Ancona», und es wurden zu ihren Ehren Gedichte geschrieben. Obendrein erfuhren wir, daß unser eigener Kommissionär, der unglückliche Jacob Mosso, sich unter den noch lebenden Gefangenen befand. Das Haus Nasi konnte nicht untätig bleiben.

Rabbi Soncino ließ in der Synagoge, deren Großrabbiner er geworden war, Gebete lesen, doch das schützte niemand. Die Marranen, die nachgegeben und feierlich ihre Rückkehr an den Busen der Kirche bekräftigt hatten, wurden zur Galeerenarbeit verurteilt und nach Malta geschickt. Einigen gelang es zu entkommen, indem sie sich von ihren Wächtern mit Hilfe eines Dolchs befreiten, den einer auf sich versteckt hatte. Sie flohen nach Saloniki. Es dauerte nicht lange, bis Lusitano verhaftet wurde. Sein Haus und seine medizinische Bibliothek waren ihm schon zuvor weggenommen worden.

Diesmal hatten die Netze der Senyora zu nichts gedient. Beatriz, vom Fasten geschwächt, verließ ihren Sessel nicht mehr. Mit starrem Blick wartete sie jeden Tag auf neue Nachrichten aus Ancona. Ich hatte die Idee, mich an den Sultan zu wenden. Da er bei der Republik Venedig interveniert hatte, um die Senyora zu retten, würde er vielleicht bereit sein, sich ein zweites Mal für uns einzusetzen. Rustem Pascha, den ich deswegen aufsuchte, hörte mir aufmerksam zu, strich sich dann nachdenklich seinen schwarzen Bart und sagte schließlich:

«Es stimmt, Signor Nasi, daß, wenn der Papst gegen die jüdischen Händler aufzutreten wagte, die das Osmanische Reich zu ihrem Wohnsitz gewählt haben, der Sultan verpflichtet wäre, seine Untertanen zu verteidigen. Doch im Augenblick erläßt der Papst nur Gesetze für seine eigenen Territorien. Da ist keine Einmischung möglich. Seine Heiligkeit muß erst noch etwas weitergehen... Oder Eure Senyora wird neue, überzeugendere Argumente finden müssen.»

Entmutigt kehrte ich zu Fuß vom Serail zurück. Die Alleen, die mich normalerweise entzückten, betrübten mich. Die Gärten neben dem Hippodrom, die Tauben vor der Hagia Sophia, die Gläubigen, die eifrig ihre Füße wuschen – all das schnürte mir das Herz zusammen. Ich begegnete einem dieser jungen Taugenichtse, die mit einem riesigen, rot angemalten männlichen Glied aus Lumpen die Passanten provozieren und sich als Strichjungen anbieten, doch ihre obszönen Gesten und ihr aufreizendes Augenzwinkern amüsierten mich nicht. Wir lebten in Sicherheit, und unsere Brüder in Ancona wurden auf öffentlichen Plätzen verbrannt!

Eine Woche später teilte Rustem Pascha mir mit, daß der Sultan wünsche, die Senyora persönlich zu sehen. Eine verblüffende Nachricht: daß der Sultan einer Frau eine Audienz gewährte!

Beatriz' Blick war voll tiefer Verzweiflung. «Wieder einmal muß ich Geld anbieten, die Situation erklären, überzeugen, niederknien ... Wir sind noch immer nicht aus Ägypten herausgekommen. Wir müssen Israel erst noch wiedererrichten.»

Sie schlug mit der Faust auf die Lehne ihres Sessels und stand schwankend auf.

«Gut. Ich werde diesen Philister besuchen, da er es will und er der Herrscher ist.»

Ich instruierte sie entsprechend. Sie mußte einen schwarzen Schleier tragen, durfte ihn unter keinem Vorwand abnehmen, sollte dem Sultan abermals danken, daß er sie aus dem venezianischen Kerker befreit hatte, und innerhalb des Serails mit niemand anderem sprechen.

Als wir in den Hof der Janitscharen eintraten, wandte die schwarzverschleierte Beatriz den Blick von den Köpfen der einen Tag vorher hingerichteten ungehorsamen Soldaten nicht ab, die in den Nischen beim Tor auf Pfählen aufgespießt waren. Sie blieb angesichts der zahllosen Wächter und der Eunuchen ruhig und ließ sich von mir durch die schweigsamen Höfe, wo Tausende von Blicken die jüdische Frau verfolgten, bis zum Diwan-Palast führen, wo der Prächtige, Allahs Schatten auf Erden, auf sie wartete. Ich nahm Beatriz' Hand.

Sultan Süleiman war alt geworden. Man sah nur wenig von seinem abgezehrten Gesicht, das von einem weißen Bart bedeckt war und über dem ein strahlend weißer Turban, an dem ein Smaragd glänzte, aufragte. Um ihn herum starrten uns die Würdenträger mit hochmütiger Miene an. Sie waren wie ihr Herr ganz in Weiß gekleidet, hatten das Gesicht gepudert, die Augen geschminkt. Am Ende des Saals hielt sich eine Reihe von stummen Dienern bereit, jeder mit einem Falken auf der Faust. An den Seiten standen Janitscharen Spalier. Ich spürte, daß Beatriz zitterte, und machte ihr ein Zeichen, als der Augenblick gekommen war, das Knie zu beugen.

Zwei bald spöttisch lächelnde, bald durchdringend dreinblikkende Augen bannten uns. Der Sultan schwieg wie seine Gärten.

Endlich machte er eine müde Handbewegung, und Beatriz fing an, das Bittgesuch vorzutragen, das ich Wort für Wort mit ihr einstudiert hatte – und vergaß die Hälfte.

«Möge Allah die Güte haben, den Padischah, Sultan des Osmanischen Reiches, der Schatten ... zu schützen ... Der großmächtige Padischah hat vielleicht», sprach sie hastig weiter, «in seiner Weisheit ... von unseren Brüdern in Ancona gehört.»

Der Sultan runzelte die Stirn. Beatriz hatte seinen Titel abgekürzt und vergessen, für die Gnade der Audienz und die Befreiung aus dem Kerker zu danken. Ich schubste sie leicht mit dem Ellbogen und sprach an ihrer Stelle weiter.

«Der Padischah, Allahs Schatten auf Erden, hatte die Güte, der Retter unserer Familie zu sein, die dank seiner Großmut heute die Ehre hat, zu den Untertanen des Reiches zu gehören, und ...»

Er unterbrach mich.

«Ihr seid nicht aufgefordert zu sprechen. Wir wissen, wer Ihr seid und daß unser Sohn Selim Euch ins Herz geschlossen hat. Aber wir haben Eurer Tante die Audienz gewährt und nicht Euch. Sie soll ihr Anliegen selbst vorbringen.»

«Wenn der Padischah nicht beim Papst interveniert, wird er bald auch nach dem Leben der Juden in den osmanischen Gemeinden Italiens trachten», fuhr Beatriz mit lauter Stimme fort. «Der Papst wird nicht auf halbem Weg haltmachen, auf die Interessen und Rechte des Sultans keine Rücksicht nehmen. Der Padischah aber sollte sich vom Herrn der Christenheit nicht demütigen lassen, sondern sich vor unsere Brüder stellen, die in ihm seit langem ihr Heil sehen. Von ihm huldvoll eingeladen, werden alle jüdischen Händler hierher flüchten, wie wir selber es getan haben. Sein Reich wird dadurch gewinnen, und der Padischah wird als Befreier gerühmt werden.»

Der Prächtige sagte nichts und schaute den schwarzen Schleier an, den der Atem der Senyora bei jedem Wort bewegte.

«Unglaublich, was diese Ungläubigen treiben», sagte er nach einem Schweigen. «Verbrennen wir vielleicht die Christen?»

Und er schwieg wieder. Nichts ging voran.

«Es ist unwahrscheinlich, daß der Papst auch nach dem Leben unserer Untertanen trachtet», sagte er schließlich und strich über seinen Bart. «Dieses Argument gilt nicht. Es sei denn ...»

Beatriz wäre beinahe aufgestanden. Stellte sich der Sultan taub? Ich hielt sie, von einer Vorahnung bewegt, fest. Dann fing er wieder an, als ob er mit sich selber sprach.

«Kaiser Karl hat zu Gunsten seines Sohnes Philipp dem Thron entsagt und sich in ein Kloster zurückgezogen», murmelte er. «Das Reich des Habsburgers zerfällt allmählich, und dieser Papst wähnt sich allmächtig. Schon gut», schloß er und stand auf. «Wir werden ihm schreiben und ihm sagen, daß wir die Juden schützen, egal, wo sie sind.»

Beatriz stieß einen lauten Seufzer der Erleichterung aus und hob gedankenlos den Schleier. Süleiman wich zurück. Sich in der Öffentlichkeit zu entschleiern war Frauen strikt verboten.

«Verschleiert das Gesicht dieser Frau, verschleiert es!» rief er, und die Würdenträger stürzten sich auf die Senyora, die ganz schnell ihren Schleier wieder vor das Gesicht zog.

Der Sultan war gelb geworden und rieb nervös die Hände.

«Schon gut, schon gut», sagte er, um sich zu beruhigen. «Der Tod sollte einen Kaiser im Kampf treffen. Sich zurückziehen, das Schlachtfeld räumen wäre eines Streiters für den wahren Glauben unwürdig. Aber so sind die Christen – feige. Oder Karl von Habsburg ist verrückt geworden.»

Er trat einen Schritt zurück, Befehle schallten, seine Wache umringte ihn, und er entfernte sich ohne Verabschiedung.

Doch die Partie war gewonnen.

Beatriz rührte sich nicht, als habe sie sich auf der Stelle in ihren inneren Frieden zurückgezogen.

«Wie viele leben hier?» fragte sie plötzlich.

«Zwanzigtausend, dreißigtausend, sagt man ...», antwortete ich und schaute in die letzten Strahlen der Sonne, die die Dächer des Serails erleuchteten. «Komm, sie zünden schon die Fackeln an. Wir können nicht hier bleiben, Beatriz.»

Mit dem Alter war der Sultan unvorstellbar prüde und wie Karl V. bigott geworden. Es hätte nicht viel gefehlt, und unser Bittgang wäre am nackten Gesicht von Beatriz gescheitert. Ich dachte aber nicht nur daran, sondern auch an meinen alten Feind, den Kaiser, mit seinen von Gicht geschwollenen Füßen und versuchte vergeblich, ihn mir in der Zurückgezogenheit eines Klosters vorzustellen.

Antwerpener Händler berichteten, daß die feierliche Abdankung in Brüssel stattgefunden und die Statthalterin von Gent ebenfalls abgedankt hatte. Der Kaiser hatte noch den Frieden von Regensburg unterschrieben, dann sein Reich zwischen seinem Sohn Philipp, dem er Spanien und den Königstitel vermachte, und seinem Bruder Ferdinand von Österreich aufgeteilt, dem er seinen Titel als Kaiser hinterließ, sonst aber nichts. Philipp bekam das Gold der beiden Amerikas, Ferdinand blieb arm. Die Ostflanke Europas würde weniger geschützt sein denn je, und Süleiman wußte es. Noch einmal könnte er wie 1529 versuchen, Wien zu erobern. Es sah so aus, als ob die Türkenkriege noch nicht zu Ende waren. Der Sultan würde Geld brauchen, und das bedeutete, er würde *uns* brauchen. Und so ließ sich sein Entschluß einer Intervention beim Papst erklären.

Karl zog sich nach Spanien zurück, wo er wartete, daß eine schlichte Residenz für ihn in der Nähe des Klosters von Yuste zu Ende gebaut wurde. Das Leben in seinem Reich war nie heiter gewesen; nun würde es düster werden. Die Bewohner von Brüssel hatten das schwarze Büßergewand des alten Kaisers und die schwarze Robe des neuen Königs von Spanien mit Sorge betrachtet. Wer würde von jetzt an dem Heiligen Vater die Stirn bieten?

Eine Woche später reiste ein Gesandter des Padischahs nach Rom ab, um im Namen der Hohen Pforte die Freilassung der gefangenen Juden zu fordern, doch der Gesandte kam unverrichteter Dinge zurück. Der Papst wollte mit dem Ungläubigen nicht verhandeln. Mehr noch, er ließ sofort eine Anzahl levantinischer Händler einsperren. Der Sultan hatte nicht mit der Freude des Papstes an Willkürakten gerechnet.

Rustem Pascha forderte den Botschafter des Herzogs von Florenz im Laufe einer lautstarken Unterredung auf, so schnell wie möglich bei den latinischen Fürsten zu intervenieren, um deren Unterstützung gegen die Übergriffe des Papstes zu gewinnen. Unter den festgenommenen Händlern, erklärte er, seien Türken, die nur auf Durchreise in Ancona waren. Der Sultan habe durch die Beschlagnahmung von Geldern und Waren vierhunderttausend Dukaten verloren. Dieser Spaß gehe zu weit.

Der Botschafter von Frankreich, Codignac, zeigte mir einen Brief, den er auf Verlangen des Sultans weiterexpedieren sollte. Der Prächtige schrieb an Seine Heiligkeit im Jahre 934 der Hedschra, das heißt, am 9. März des schlechten Jahres 1556: «Wenn Ihr diesen Brief mit kaiserlich-göttlichem Siegel erhaltet, werdet Ihr bereits wissen, daß gewisse Angehörige der jüdischen Rasse die Hohe Pforte darüber informiert haben, wie einige unserer Untertanen und Tributpflichtigen, die sich in Eure Territorien begeben haben, um Handel zu treiben, ihrer Güter und Besitztümer verlustig gegangen und auf Eure Anweisung gefangengenommen worden sind...» Der Ton war bestimmt, trotz der Höflichkeitsfloskeln, die dem infamen Papst Glück wünschten, wie es üblich war.

Die Reaktion darauf waren weitere Verhaftungen und Verbrennungen noch im gleichen Monat. Auch Jacob Mosso endete auf dem Scheiterhaufen. Drei Monate später geruhte der Kirchenfürst endlich, dem Sultan zu antworten. Die wahren Juden hätten nichts zu befürchten, wenn sie die Verordnungen der Bulle befolgten, doch die Neuchristen hätten kein Recht auf Nachsicht. Er willigte ein, die osmanischen Untertanen freizulassen, wenn sich darunter solche befänden, die irrtümlich verhaftet worden waren – vorausgesetzt, daß sie beweisen konnten, nie Christen gewesen zu sein. Seine Heiligkeit forderte, den Unterschied zwischen Männern und Sklaven machen zu können.

Der Prächtige unterließ, darauf etwas zu erwidern.

Dann kam ein Brief von einem unserer Brüder, Judah Farah.

Seine Nachricht war niederschmetternd. Er setzte seine letzte Hoffnung auf die Senyora. Es wäre an der Zeit, dem ganzen Universum zu zeigen, schrieb er, daß alle Kinder Israels füreinander einstünden. Nicht ein einziger Dukaten dürfte mehr mit den Staaten des Papstes ausgetauscht werden, nicht ein einziges Schiff sich dorthin begeben. Judah Farah brach nach Saloniki auf, um seine Brüder zum Handeln aufzurufen, und er kam dann nach Istanbul, wo Beatriz ihn weinend empfing.

Am Tag nach seiner Ankunft ließ mich Beatriz in ihr Zimmer kommen. Sie hatte nicht geschlafen und trug dennoch leidenschaftliche Entschlossenheit zur Schau.

Der Herzog von Urbino, sagte sie, sei bereit, unseren Händlern den Hafen von Pesaro anzubieten. Er war ihnen bereits entgegengekommen, Judah Farah war Zeuge davon gewesen.

«Großartig, Josef. Wir werden unseren ganzen Handel über Pesaro leiten. Dieser Herzog Guidubaldo sucht dabei Profit, und er soll ihn haben. Wir werden unsere Brüder retten, wir werden dabei nichts verlieren, die Osmanen auch nicht, und die Staaten des Papstes werden unsere Schiffe nie wieder sehen.»

Ich verstand nicht recht.

«Willst du damit sagen, daß du die Staaten des Papstes auszuhungern hoffst? Du weißt genau, daß unsere Flotte ihnen ihre Reichtümer heranschafft. Sie werden kein Salz, keine Gewürze, keine Wolle, kein Kampfer und auch kein Elfenbein mehr haben. Sie werden ihre gewinnträchtigsten Einfuhrwaren und Steuern verlieren.»

«So ist es!» sagte sie. «Der Erzengel Gabriel hat uns Judah Farah geschickt und uns den Herzog Guidubaldo zur Seite gestellt. Wenn seine Kassen leer, seine Staaten verarmt sind, wird der Papst gezwungen sein nachzugeben. Der Sultan muß nur eine totale Handelssperre befehlen.»

Weiterhin bereit, uns zu unterstützen, und überzeugt von der Wirksamkeit dieser Maßnahme, die er schon einmal gegen Venedig angewandt hatte, ließ der Padischah den gesamten Warenverkehr mit dem Hafen Ancona unterbinden.

Das Ergebnis war zuerst wie gewünscht. In wenigen Wochen sahen die Einwohner von Ancona, ihrer Einnahmequelle beraubt, die Preise in beängstigender Geschwindigkeit steigen, und Unruhen brachen aus. Die Ratgeber des Papstes empfahlen, dem Druck nachzugeben, und man löschte die Scheiterhaufen. Doch Beatriz wollte den Papst ein für allemal bestrafen. Wenn er völlig ruiniert sei, könne er nicht in Versuchung geraten, den Juden von neuem den Garaus zu machen.

Man mußte also durchhalten. Es war klar, daß es dem Papst selbst an nichts fehlte, während seine Untertanen litten. Der niederträchtige Caraffa konnte lange ausharren. Doch Beatriz ließ in ihrer Rache nicht locker, unsere Blockade fing tatsächlich an, auch in Rom spürbar zu werden.

«Das ist erst der Anfang», versicherte Beatriz hochgemut.

Ich wiegte skeptisch den Kopf und plädierte dafür, die Blockade zunächst auf acht Monate zu beschränken. Verlängern könne man sie dann immer noch. Grund für diesen Vorschlag, dem Beatriz übrigens nicht widersprach, waren gewisse Klagen unserer Händler in Pesaro. Der dortige Hafen war enger als jener von Ancona; einige Galeassen waren bei Manövern gesunken, und die Ausrüstung der Kais entpuppte sich als für ein so großes Warenaufkommen unzureichend. Der Herzog von Urbino hatte eine Erweiterung der Anlagen zugesagt, aber die Arbeiten kamen kaum voran, und unsere Seeleute schimpften.

Die Händler von Ancona meldeten ebenfalls Bedenken an. Sie wußten etwas, das wir noch nicht wußten und das uns einer von ihnen unter dem Siegel der Verschwiegenheit mitteilte: Der Rabbi von Ancona, Mosè Bassola, fürchtete um seine Leute, die keine getauften Juden waren, und überließ die Marranen ihrem Schicksal. Es bestand die Gefahr, daß der Papst die Verfolgung auf die wahren Juden ausdehnen würde, wenn sie das Embargo unterstützten, und man wollte vermeiden, den Zorn Pauls IV. noch mehr herauszufordern. Der alte Rabbi genoß in Ancona unbestreitbare Autorität.

Ein weiterer Kampf begann. Beatriz kochte vor Wut und

wollte nichts von Nachgeben hören. Daß der niederträchtige Caraffa als Christ einen Unterschied zwischen Marranen und Juden machte, mußte man hinnehmen. Daß aber ein Rabbi sich diesen Unterschied zu eigen machte, war gottlos. Die Befürchtungen des Rabbi Mosè verrieten bloß seine Feigheit.

«Juden contra Marranen also? Nein! Keine Unterscheidung zwischen den Juden hier und anderswo, wahren und nicht wahren, alten und neuen. Wir halten durch, das ist alles», wiederholte sie jedem, der es hören wollte.

Ich war nur wegen eines Details beunruhigt: Der Rabbi selbst hatte die Händler beauftragt, die Botschaft der Senyora zu überbringen, und sie hatten es ohne Zögern getan. Das hieß, daß sie die Befürchtungen ihres Rabbis teilten. Wenn solche Besorgnisse den ganzen mediterranen Raum erfaßten, wenn sich unsere Brüder in wahre Juden und Neuchristen, die zum Judentum zurückgekehrt waren, trennten, wenn man, um die einen zu retten, die anderen opfern mußte, würde die Handelssperre in einer Katastrophe enden. Was würde aus dem Traum der Senyora werden, der Wiedererstehung eines vereinten Volkes von Israel?

Ich irrte mich nicht. Bald spaltete sich die Gemeinschaft von Istanbul in zwei Lager: Die Juden aus Spanien und Portugal teilten Beatriz' Haltung mit Eifer oder zumindest aus Treue zu ihrer Senyora. Aber jene, die aus dem Heiligen Land, aus Griechenland und von der italienischen Halbinsel kamen und schon lange vor uns eingetroffen waren, hatten eine ganz andere Meinung und schienen nicht bereit zu sein, die Juden von Ancona – oder auch nur ihre Handelsgeschäfte – für eine Handvoll Marranen zu opfern.

Zwei Juden aus Bursa, Solomon Bonsenior und Josef Hodere, fingen an, kritische Äußerungen über die Handelssperre zu verbreiten; sie hielten Lobreden auf den Rabbi Mosè Bassola, der eine Wallfahrt nach Palästina gemacht hatte, mit aufschlußreichen Dokumenten zurückgekehrt war und einen Wegweiser zu den heiligen Stätten herausgebracht hatte – kurz auf einen hervorragenden Mann, eine heilige Seele... Ohne es auszusprechen, stellten sie die Meriten des Rabbis von Ancona denen der Senyora – einer einfachen Frau – gegenüber.

Eines Morgens erfuhren wir, daß drei Schiffe im Hafen von Ancona angelegt, die Handelssperre also durchbrochen hatten.

Nun waren die Marranen von Ancona und die von Pesaro miteinander konfrontiert. Die einen wollten die Handelssperre beenden, die anderen sie aufrechterhalten. Die Marranen von Ancona beschuldigten die von Pesaro, das ganze jüdische Volk in Gefahr zu bringen, hielten sie für verantwortungslos und habgierig. Sie behaupteten auch, daß eine Pest die Seeleute in Pesaro dezimierte. Als Antwort nannten die von Pesaro sie Lügner; es gab keine Pest, es sei ein Gerücht ohne Grundlage. Die Bauarbeiten im Hafen gingen jetzt tatsächlich voran, und es bestand die Gefahr, daß der Herzog von Urbino sich bei den Marranen schadlos halten werde, wenn die Handelssperre nun plötzlich aufgehoben würde. Wir erhielten von unseren Brüdern ängstliche Anfragen. Sollen wir weitermachen? wollten sie wissen.

Der Ablauf der Blockadefrist von acht Monaten näherte sich. Gerade, als Beatriz sich entscheiden wollte, ob sie die Frist verlängern sollte oder nicht, erhielt sie einen aufgeregten Brief von den Marranen aus Pesaro: Die Handelssperre nicht zu verlängern hieße, sie, die Marranen, in große Gefahr zu bringen. Sie waren sich über die Absichten von Herzog Guidubaldo nicht mehr sicher, dessen feindselige Haltung sich verstärkte. Er wollte nicht mehr für ihre Sicherheit bürgen. Wenn man die Gemeinschaft von Pesaro retten wollte, mußte man die Handelssperre unbedingt fortsetzen.

Die Senyora wurde bleich, als sie die Mitteilung bekam. Es sei, meinte sie, höchste Zeit, in den Köpfen der Juden des Mittelmeerraums Ordnung zu schaffen. Ich sah Beatriz dennoch an, daß sie verwirrt war.

«Beatriz, liebe Schwester, stell dieses verdammte Embargo ein. Sonst machst du dich am Ende schuldig, die Marranen-Gemeinschaft gespalten zu haben. Vergiß nicht, daß der gute

Herzog d'Este angesichts des Drucks eines Papstes nachgab, der immerhin besser als Caraffa war.»

«Hör auf, Josef!» schrie Beatriz empört. «Ich will nichts davon hören. Wir wirken für ein neues Israel, und ich denke an unser *eines* Volk, wenn ich unsere Brüder zu einem gemeinsamen Widerstand zusammenführen will. Sag mir nicht, daß sie sich trotzdem entzweien werden, das weiß ich selbst. Aber wir müssen lernen, uns zu verteidigen, statt stets nur zu fliehen... Ich habe die Flucht von Tausenden unserer Brüder vorbereitet, aber jetzt geht es nicht mehr um geheime Netze. Wir müssen kämpfen! Wir dürfen vor Repressalien keine Angst mehr haben, weil diese Drohung immer über unseren Köpfen schweben wird, und jetzt ist Schluß. Es ist Schluß mit der Angst. Ich will ein jüdisches Volk, das aufrecht steht!»

Sie war nicht mehr die Senyora, sondern die Königin von Palästina, Esther und Judith zugleich, der Menschenleben nicht achtend, die sie in Gefahr brachte – eine kühne, leichtfertige, exaltierte Kriegerin.

Ich überließ sie ihrer Wut und ging, um mich mit der Gemeinschaft von Istanbul zu besprechen.

Judah Farah hatte eine Idee. Wir könnten eine Versammlung der Rabbis der Metropole einberufen, und alle zusammen würden sie eine Entscheidung für oder gegen die Verlängerung der Handelssperre treffen. Beatriz war über diesen Vorschlag empört. Die Entscheidung sollte ihr also abgenommen werden! Sie ließ es jedoch geschehen, daß Judah ausging, um Unterschriften für die Handelssperre zu sammeln.

Die erste bekam er unverzüglich. Rabbi Josef ibn Loeb war der Leiter einer der von der Senyora gegründeten Schulen, der Akademie der Talmud-Thora. Er konnte seiner Wohltäterin nichts abschlagen und übernahm die Führung der Pro-Blokkade-Partei. Zwei weitere Rabbis schlossen sich ihm sogleich an. Die vierte Unterschrift mußte Rabbi Abraham Jerushalmi auf seinem Totenbett entrissen werden. Rabbi Josef, ein energischer Mann, begab sich in das Haus des Sterbenden, zwang die in

Tränen aufgelöste Familie hinauszugehen, forderte, daß man ihn für kurze Zeit mit dem Kranken allein lassen solle, und führte ihm die Hand, die so schwach war, daß sie kaum mehr unterschreiben konnte. Es war nicht unkorrekt. Der arme Rabbi Abraham hatte noch genug Verstand, um mit einer Kopfbewegung zuzustimmen, und seine Augen, berichtete Rabbi Josef, leuchteten vor Freude bei dem Gedanken, seinem Volk im Angesicht des Todes noch zu helfen.

An einer weiteren Unterschrift zweifelte niemand, an der von Soncino, der Rabbi der Großen Synagoge geworden war, wo meine Hochzeit stattgefunden hatte. Rabbi Josef ibn Loeb wollte seinen Bruder nach dem Abendgebet aufsuchen. Wir sahen keine Probleme.

Oh, dieser Abend, an dem er an das Tor unseres Palastes klopfte ... Es war spät, und wir erwarteten ihn schon nicht mehr. Rabbi Josef, der sonst so Unerschütterliche, wischte sich die Stirn, obwohl es sehr kalt war. Er wagte nicht, die Senyora anzusehen, die nervös ihre Tarotkarten befragte.

«Nanu, Rabbi», scherzte ich, «seid Ihr auf den Straßen der Stadt einem Monster über den Weg gelaufen?»

«Ihr wißt gar nicht, Signor Nasi, wie recht Ihr habt.»

«Was soll das heißen? Wollt Ihr uns etwa melden, daß Rabbi Soncino sich geweigert hat zu unterschreiben?»

«Genau so ist es, genau so ...»

Beatriz drehte wieder eine Karte um.

«Ihr habt vielleicht nur mit einem Diener gesprochen, Rabbi. Er wird Euch nicht verstanden haben, das ist alles.»

Und sie vertiefte sich in ihr Tarot, als ob der arme Rabbi nicht existierte.

«Senyora, ich versichere Euch», seufzte er, «Rabbi Soncino will nicht unterschreiben. Er hat politische Gründe, talmudische Argumente auch, jedenfalls behauptet er das. Ich habe ihn an Eure gemeinsame Flucht erinnert, Eure lange Reise, Ragusa, Saloniki, Euer Wohlwollen, Eure Freundschaft, aber es war nichts zu machen. Er hat mir sogar die Tür vor der Nase zugeschlagen.»

Beatriz warf ihre Karten auf den Tisch.

«Also gut! Geht und sagt ihm, daß er zu mir kommen soll, gleich nach Morgengrauen. Wenn er ablehnt, fragt ihn, warum er Ferrara verlassen hat.»

Erst gegen Mittag kam Rabbi Soncino und ohne Hast, aber mit leutseliger Miene, gerade so, als ob wir ihn zum Essen eingeladen hätten. Beatriz, die allein schon über seine Verspätung wütend war, weigerte sich, ihn zu empfangen, und sperrte sich in ihre Gemächer ein. Ich war im Grunde erleichtert, weil ich mir mehr davon versprach, ohne Beatriz mit ihm zu reden. Ich hatte allerdings nicht viel Zeit. Der Sultan war im Aufbruch nach Edirne begriffen, und ich sollte erstmals zu seinem Gefolge gehören. Ich empfing also unseren alten Freund Soncino. Rabbi ibn Loeb war ebenfalls anwesend.

Soncino trat ein und rieb sich dabei fröhlich die Hände. In seinem sonst so schüchternen Blick brannte ein herausforderndes Feuer.

«Rabbi Josua, Ihr werdet sofort Eure Unterschrift unter diese Erklärung setzen, die Ihr schon kennt. Hier ist die Feder», sagte ich.

«Sofort, Josef», sagte Soncino und näherte sich ohne Zögern dem Tisch.

Ich tauschte mit Rabbi Josef einen Blick aus, der seine Augen erstaunt aufriß. Gut! Dieser Rabbi hatte sich also nur ungeschickt angestellt, was ich ihm bei Gelegenheit unter die Nase reiben würde. Soncino hatte die Feder schon in der Hand, als er sich umdrehte.

«Es versteht sich von selbst, Josef, daß ich nur unter einer Bedingung unterschreibe», sagte er mit überraschend fester Stimme.

«Welche Bedingung, Rabbi?»

«Unter der Bedingung, daß die Handelssperre sofort aufgehoben wird, wenn sie unseren Brüdern in Ancona ernsthaft schadet, nicht wahr? Ich irre mich doch nicht?»

Was redete er da? Ich schaute Rabbi ibn Loeb an, der die Arme zum Himmel hob. Rabbi Josua hielt die Feder gezückt und wartete.

«Nur unter dieser Bedingung bin ich bereit zu unterschreiben, Josef, um Donna Gracia einen Gefallen zu tun. Doch ich verlange, daß diese einschränkende Bedingung unseren Brüdern in Saloniki und Ancona bekanntgegeben wird.»

Die Unterschrift von Rabbi Soncino, von dessen enger freundschaftlicher Beziehung zu Beatriz jeder wußte, reichte, um die Fortsetzung der Handelssperre zu sichern, doch mit dieser Einschränkung, die den Kernpunkt des Problems betraf, machte sie die ganze Aktion zunichte. Ich überlegte, wie ich Soncino noch umstimmen konnte. Der Rabbi, der mein Schweigen für Einverständnis hielt, beugte sich über den Tisch.

«Sehr gut», sagte er. «Du sagst nichts, demnach akzeptierst du. In diesem Fall setze ich die Klausel hinzu und unterzeichne dann.»

Mit einem Satz war ich bei ihm.

«Zum Teufel, Rabbi!» brüllte ich und hielt seinen Arm fest. «Tut das nicht! Geht, Soncino – und seid verflucht!»

Rabbi Josua zog, ohne mit der Wimper zu zucken, seine Houppelande wieder an und entfernte sich. Beatriz hatte mein Gebrüll gehört, kam die Treppen herunter und sah gerade noch, wie der Rabbi das Haus in Eile verließ.

«Er hat also nicht unterschrieben», konstatierte sie.

Ich wußte nicht, was ich sagen sollte.

«Jetzt kann nur noch ich ihn überreden. Vielleicht hat er es nur darauf angelegt, von mir persönlich darum gebeten zu werden», murmelte sie. «Wir haben es falsch angefangen, Josef. Ich hätte ihn selber empfangen müssen. Nein, begleite mich nicht, ich muß ihn allein aufsuchen.»

Die Senyora brach in der Abenddämmerung auf. Kurz danach begann es zu schneien. Ein solches Ereignis ist in Istanbul nicht häufig. Mußte es ausgerechnet dann zu schneien anfangen, als Beatriz in dunkler Nacht durch die Straßen ging?

Mit verdreckten Schuhen, nasser Robe und roten Augen kehrte sie zurück. Sie hatte erklärt, gefleht, sich gedemütigt, aber Rabbi Soncino hatte nicht nachgegeben. Alles, was sie erreicht hatte, war, daß ein Bote nach Venedig und Padua geschickt würde, um die Meinung anderer Gemeinschaften zu erfragen, was die Debatte nur ausdehnte.

«Soncino hat dich hereingelegt, Beatriz», sagte ich. «Die italienischen Gemeinschaften wollen das Risiko der Repressalien, die sich gegen sie richten werden, selbstverständlich nicht eingehen. Sie fürchten die Maßnahmen des Papstes mehr als deinen Zorn. Der Rabbi gewinnt Zeit, und die Zeit spielt gegen uns. Begreife doch endlich, Beatriz, daß die Inquisition die Macht im Abendland hat.»

Sie mußte sich plötzlich auf mich stützen, und ihr Rücken krümmte sich.

«Er hat es gewagt, mir zu sagen, daß ich meinen Ehrennamen Senyora nicht verdiene und mein Stolz mich zugrunde richten wird... Er hat gesagt: ‹Meinethalben geht nach Rom, um den Papst zu verführen und ihm dann den Hals abzuschneiden, da Ihr Euch doch für Judith haltet. Das wäre eine große Tat, die von Zeitalter zu Zeitalter weitererzählt werden würde.› Statt den Kriegsherrn zu spielen, solle ich mich auf meine Rolle als Frau besinnen... Er hat mir mit seiner widerlichen süßen Stimme zugeflüstert, daß er genau wisse, warum ich mich so gebärde. O Josef, wie er sich über mich lustig gemacht hat! Aber ich bin mit diesem Verräter noch nicht fertig», sagte sie und hob ihren Kopf. «Es gibt genug Rabbis rings um das Mittelmeer, die mir helfen werden, ihm den Schnabel zu stopfen. Wir werden doch mal sehen!»

Ohne sich erst ein wenig Ruhe zu gönnen, ließ sie am frühen Morgen den Ältesten der Großen Synagoge, den greisen Moses de Segura, kommen, der bedauerte, sich ihrer Auffassung nicht anschließen zu können. Darauf schickte sie per Schiff einen

Boten nach Palästina mit dem Auftrag, die Zusage der beiden Rabbis von Zefat zu ihrem Plan einzuholen. Sie waren schon zu dieser Zeit die höchsten geistigen Autoritäten des ganzen Mittelmeerraumes. Sie bekam, was sie wollte. Josef Caro und Moses ben Jacob Mitrani schlossen sich der Senyora an, weil sie keine Mühe gescheut hatte, um das Herz ihres Gatten nicht weit entfernt von Tiberias und Zefat zu begraben. Abseits von der Welt und vom Welthandel mußten diese Rabbis nicht auf die Gemeinschaften von europäischen Kaufleuten Rücksicht nehmen. Die beiden frommen und gelehrten Männer auf ihrer Seite zu haben, war für Beatriz daher leider ein ziemlich wertloser Sieg.

Im übrigen Mittelmeergebiet standen die Rabbis vor einer unzumutbaren Wahl. Wie konnten sie sich zwischen den Marranen von Ancona entscheiden, die von Papst Paul bedroht wurden, und denen von Pesaro, denen der Fürst Guidubaldo zusetzte? Das ganze Jahr 1557 verging in theoretischen Auseinandersetzungen, während das Leben von vielen, die man retten wollte, bereits ausgelöscht war. Die Rabbis weigerten sich, eine klare Position einzunehmen. So verursachte die von Beatriz so gutgemeinte Blockade unendliche Konflikte. In Istanbul konnte die Partei der Senyora zwar zwei wichtige Synagogen, die der Kastilier und die der Portugiesen, für die Handelssperre gewinnen; die anderen zögerten wegen Rabbi Soncinos strikter Ablehnung.

Sooft ich den Großwesir sprach, verheimlichte er mir seine Zweifel nicht.

«Eine schlimme Sache! Da Eure Juden ihren Streit in die Öffentlichkeit getragen haben, setzen sie sich einer großen Gefahr aus. An dem Tag, an dem die Rabbis Eure Tante gezwungen haben werden, die Blockade definitiv zu beenden, werden die Inquisitoren sich wie Raubvögel auf die unbotmäßigen Juden stürzen. Daran kann kein Zweifel bestehen. Donna Gracia ist kein Heerführer, aber sie führt einen Krieg.»

«Aber von den Juden unserer Zeit ist sie die einzige, die kämpft. Das müssen ihr alle, die uns für feige halten, doch hoch anrechnen.»

«Gewiß. Nur vergißt sie unglücklicherweise, daß sie in einem Reich lebt, dessen Herrscherin sie nicht ist. Indem sie die Stellung des Sultans untergräbt, beraubt sie sich selbst der Gnade, von ihm fernerhin unterstützt zu werden. Tag für Tag bemühe ich mich, die Wut des Padischah gegen diese Jüdin zu besänftigen, die ihn beim Papst umsonst um die Freilassung der Juden von Ancona intervenieren ließ. Er wird dergleichen nie wieder tun, da könnt Ihr sicher sein, und das ärgste an der ganzen Sache ist, daß sein Alter ihn für die Affronts der Fürsten des Abendlands immer verletzbarer macht. Es wäre vernünftig, wenn Ihr Euer Vermögen nicht länger an fruchtlose Unternehmungen vergeuden würdet. Der Sultan könnte es Euch sehr übelnehmen», schloß der Großwesir.

Wir waren nicht in unmittelbarer Gefahr, weil wir noch genug Geld zu verleihen hatten, um den Zorn des Prächtigen zu besänftigen, aber wir waren ihm mißliebig geworden. Ich versuchte nicht einmal, Beatriz zu warnen. Sie würde nicht bereit sein zu verstehen.

Rabbi Soncino übernahm es, die Handelssperre zu beenden. Er entfaltete eine ungewöhnliche Energie, um alle «Vernünftigen» auf seine Seite zu ziehen. Die Senyora wurde beschuldigt, alle Welt mit Geld bestechen zu wollen, nur an ihre politischen Ambitionen zu denken, die geistlichen Institutionen des Volkes von Israel zu übergehen oder zu täuschen, zum Beispiel die Rabbis von Zefat. Dennoch hielt die Handelssperre immer noch und zählte noch ziemlich viele Anhänger. Die Händler, die auf den unbeschränkten Verkehr mit Italien angewiesen waren, bauten indessen auf Soncino und setzten ihm immer mehr zu.

Dann brachte der zum Politiker gewordene Rabbi ein Memorandum gegen die Handelssperre der Senyora in Umlauf. Das rabbinische Gesetz verbiete, schrieb er, daß jemand seinen Vorteil zum Schaden von anderen suche. Juristisch gesehen war dies unwiderlegbar. Er drohte mit den schlimmsten Flüchen über die Marranen, die, statt den religiösen Institutionen zu gehorchen, die Einheit der Juden in Gefahr brachten. Der Rabbi wandte sich auch gegen jene, die sich weigerten, sich unter die tolerante Autorität des Sultans zu stellen, und Italien nicht verlassen hatten, als sie es noch konnten. Das Manöver war geschickt: Soncino verleugnete die Netze der Senyora nicht, deren Mustergültigkeit er erwähnte; er erwähnte auch, wieviel man ihr verdanke, hob jedoch ebenso den Konflikt in seinem ganzen Ausmaß hervor.

Nichts war gefährlicher als Soncinos Fazit: die Spaltung der Gemeinschaften. Indem er zu ihrer Wiedervereinigung aufrief, beschuldigte er die Senyora, die Spaltung ausgelöst zu haben.

Rabbi Soncino schloß, indem er beschwor, daß er nicht zögern würde, die gottlosen Marranen aus der Synagoge auszuschließen.

Dann schickte er sein Pamphlet an alle Gemeinschaften des Morgenlandes. Beatriz schrieb sofort einen Brief, den sie an alle Rabbis der Gemeinschaften des Osmanischen Reiches sandte. Sie appellierte darin, an die Juden von Pesaro zu denken und an ihr furchtbares Schicksal, wenn man die Handelssperre beendete. Das Memorandum des Rabbis und das Schreiben der Senyora wurden überall verbreitet, widersprachen einander, wurden in den Synagogen kommentiert. Aber während die Rabbis diskutierten, handelten die Händler, und der Hafen Anconas nahm seine volle Tätigkeit wieder auf.

Wir hatten verloren. Die Senyora war gedemütigt. Zum ersten Mal in ihrem Kampf gegen die Mächte des Abendlandes erlitt sie eine Niederlage, und sie war ihr von ihren eigenen Brüdern zugefügt worden.

Aus Solidarität mit den Marranen von Pesaro und wegen ihres persönlichen Ansehens traf Beatriz eine rigorose Entscheidung: Unsere Schiffe, das heißt, die Handelsflotte der Mendès und Nasi, durften nie wieder in Ancona anlegen. Noch heute zögere ich, das, was von der Handelssperre der Senyora übriggeblieben ist, aufzuheben. Ich habe das Gefühl, daß sie selbst im Grabe darunter leiden würde.

Die Katastrophe war vollständig. Beide Gemeinschaften mußten für die Spaltungen unter Juden und Marranen bezahlen. Die Marranen von Ancona wurden einer nach dem anderen verhaftet, die von Pesaro wurden vom Fürsten von Urbino allesamt verbannt. Das Desaster traf auch Ferrara: Kardinal Michele Ghislieri, ein römischer Generalinquisitor, von dem ich später sprechen werde, zwang den Fürsten d'Este, seine Juden zu bestrafen. Die Druckerei von Samuel Usque wurde geschlossen. Lusitano konnte nach Saloniki fliehen; vom Schicksal der Damen Pomona, Fioretta und Benvenida ist nichts bekannt. Ob sie den Tod fanden oder ob es ihnen ebenfalls gelang zu fliehen, ich weiß es nicht.

Rabbi Soncino war nicht sehr stolz auf seine Tat. Als Preis für seinen Sieg über die Senyora mußten drei Gemeinschaften – Pesaro, Ancona und Ferrara – sterben. Sein Starrsinn hat viele Menschenleben gekostet. Beatriz vergab ihm nie, trotz seiner scheuen Versuche, sich ihr noch einmal zu erklären. Niemand kann sagen, was passiert wäre, wenn alle Gemeinschaften der Senyora gefolgt wären. Hätte Papst Paul nachgegeben? Man wird es nie wissen.

Seit unserer triumphalen Ankunft im Osmanischen Reich waren vier Jahre vergangen. Vier Jahre von Ängsten, verlorenen Schlachten, vier Jahre, in denen unsere Sache immer mehr an Boden verlor. Das Gepränge meiner Hochzeit schien mir sehr weit zurückzuliegen. Wir hatten unsere Kräfte im Kampf gegen das Papsttum verbraucht, und die unselige Handelssperre hatte uns gezwungen, gegen unsere eigenen Brüder vorzugehen. Und das Resultat? Beatriz war nicht mehr die Senyora aller Juden!

Sie verlor endgültig die Frische ihres Teints, ihr Blick seinen Glanz. Ich sah nie mehr diese eiskalten Blitze, aus denen Kraft und Leben sprühten. Sie schleppte sich im Palast herum, staubte einen Tisch oder eine Vase ab; sie naschte ständig Halwa, ließ es wieder, fastete tagelang und schloß sich in ihr Zimmer ein. Wenn sie einmal herauskam, war es nur, um den Rabbi zu verfluchen, den sie, wie sie sagte, einst gerettet und der sie verraten hatte. Reyna versuchte, ihre Mutter durch Haushaltsprobleme abzulenken, wurde aber jedesmal von einer jähzornigen Senyora angefahren, die erklärte, sich um nichts mehr kümmern zu wollen. Manchmal hörte ich sie in ihrem Zimmer schluchzen. Die Freunde, die sie unter den Rabbis von Istanbul noch hatte, besuchten sie regelmäßig. Doch sie warf ihnen immer wieder vor, versagt zu haben, und kehrte ständig zu den spitzfindigen Argumenten Soncinos zurück, um herauszufinden, wie man sie hätte widerlegen können. Rabbi ibn Loeb, dem sie die Hauptschuld an ihrer Niederlage gab, kürzte seine Besuche ab und kam schließlich gar nicht mehr.

Das letzte Jahr der Handelssperre endete mit einer Überraschung. Um mich von unserer Niederlage abzulenken, schlug Rustem Pascha vor, das Arsenal von Kassim Pascha im Hafen zu besichtigen. Die Zerstreuungen, die der Großwesir vorschlug, verbargen immer geheime Absichten.

«Ihr kennt die wirkliche Macht des Reiches immer noch nicht, Signor Nasi», sagte er. «Ihr habt Eure Handelsflotte, und ich, als Anführer der Armee, habe meine Flotte und möchte Euch für sie interessieren.»

Das Arsenal von Kassim Pascha entpuppte sich als eine Stadt für sich, in der Griechen, Georgier oder Leute von den Inseln lebten, die das Holz- und Eisenhandwerk beherrschten. In dem riesigen Dock, wo man die Schiffe baut, konnte man fünfzig verschiedene Formen von Galeeren sehen. Überall wurde mit einem Wahnsinnseifer gearbeitet. Die nackten Rücken der Sklaven trieften vor Schweiß. Zu Lebzeiten Süleimans schufteten im Arsenal etwa dreißigtausend Männer, zumeist Moskowiter und Tataren.

Als Kind in Lissabon, dann als Beatriz und ich unsere Karaka bestiegen und später beim Arsenal in Venedig, wo ich gern hinging, um die neuen Galeeren zu betrachten, habe ich oft das duftende Holz der halbfertigen Schiffe gerochen. Doch das osmanische Arsenal übertraf alle ähnlichen Einrichtungen. Rustem Pascha genoß mein Staunen.

«Seht, Nasi, das Holz kommt vom Schwarzen Meer, das Harz und das Pech aus Albanien und Mytilene, das Eisen stammt aus Saloniki und der Hanf aus Ägypten; die Segel sind aus Anatolien und die Seile aus Trapezunt. Was das Zinn betrifft, das stammt aus dem Abendland und ist das einzige Produkt von dort. Hier habt Ihr das ganze Reich vor Euren Augen. Meine Flotte ist sein getreues Abbild. Ihr werdet mich bald verstehen, bald ... Ihr seid ein wenig Seemann, Nasi, auch wenn Ihr nie ein Schiff kommandiert habt. Interessiert Euch für meine Flotte. Eines Tages wird es Euch nützlich sein.»

Was meinte er?

«Wenn Prinz Selim Sultan sein wird, werde ich Euch aufklären», fuhr er fort, als ob er meine Gedanken gelesen hätte. «Ihr habt mit der Handelssperre Eurer Tante genug Zeit verloren. Jetzt seid Ihr dran. Übrigens, ich weiß, daß der Padischah entschieden hat, Eurer Familie über den Schmerz hinwegzuhelfen, der sie getroffen hat.»

Mit diesen rätselhaften Andeutungen ließ er mich stehen, und ich hatte von ihm gelernt, keine Fragen zu stellen.

Du sollst es genauso halten, Caraffa, denn die Erinnerung an die Handelssperre belastet mich immer noch. Von allen Taten meiner Tante war es die einzige, die mit einer Niederlage endete. Auch wenn ich sie nicht abzuwenden vermochte, werde ich mir die Demütigung, die der Senyora widerfuhr, nie verzeihen ... Lassen wir nun die Nacht ihre Aufgabe erfüllen und uns ein wenig durch Vergessen trösten.

VII

1558–1566
Die Maulbeerbäume von Palästina

Donnerstag, bei Mondschein

«Kein Laut mehr», flüsterte der Herzog von Naxos. «Alles schläft. Sogar Caraffa und Ila, die man beauftragt hat, über mich zu wachen, sind eingeschlummert. Wenn nicht das Atmen der Stadt wäre, würde ich denken, daß der Tod gekommen ist.»

Während unserer Besichtigung des Arsenals der osmanischen Flotte hatte Rustem Pascha von einer Ehre gesprochen, die der Sultan mir erweisen wollte. Ich hatte mich bereits vom Großwesir verabschiedet und schickte mich an, auf mein Pferd zu steigen, als er mich zurückrief.

«Nasi, der Sultan hat mich beauftragt, Euch zu informieren, daß er Euch auf Bitte des Prinzen Selim zum Fürsten ernennt.»

Ich ein Fürst! Zum ersten Mal hatte das Schicksal etwas für mich allein bestimmt. Bis dahin war alles, was mit mir geschah, von Beatriz und ihrem Geschick abhängig gewesen. Sie hatte unser beider Leben so eng aneinander gebunden, daß ich mich damit zufriedengab, ihr Schatten zu sein, und ich war glücklich darüber, ich verlangte nicht mehr. Bei unseren osmanischen Herren begnügte ich mich mit dem Vertrauen, das mir Rustem Pascha hinsichtlich mancher geheimer Angelegenheiten des Reiches schenkte. Dieses Halbdunkel paßte mir sehr gut. Um ehrlich zu sein, ich dachte über meine Rolle nicht weiter nach. Und da bot mir nun plötzlich dieser junge schwerfällige Prinz, mit dem ich Freundschaft geschlossen hatte, ein Leben als Fürst an.

Von der Senyora wußte Selim gerade nur, daß es sie gab. Er war nicht neugierig, mehr von ihrem Wirken zu erfahren. Mit Selim zumindest konnte ich über etwas anderes als über die Senyora sprechen. Sein Interesse galt wirklich mir allein. Während ich mit ihm plauderte, genoß ich das arglose Vergnügen, mir eine Vergangenheit ohne Beatriz zu erfinden, und er war vertrauensselig genug, um mich ohne Vorbehalte zu bewundern, und zu unschuldig, um die Erscheinung hinter mir zu bemerken, deren Abbild ich war. *Enfanghi Bey*, so lautete mein Adelstitel.

Ich war der einzige Jude in Istanbul, der sich so nennen durfte, und Beatriz hatte keinen Anteil daran. Die Fürsten des Abendlandes würden gezwungen sein, mich als hohen Würdenträger anzuerkennen. Ich stellte mir den Tag vor, an dem Selim Sultan werden würde...

«Nun, Signor Nasi, in welche Träume habt Ihr Euch verloren?» fragte mich eine Stimme, die von weither zu kommen schien. «Wie, kein Wort des Dankes und des Wunsches, Euch zu Füßen Eures Sultans, Allahs Schatten auf Erden, zu werfen?»

Der Großwesir hatte recht, mich zur Ordnung zu rufen. Verwirrt wiederholte ich dreimal: «Allah beschütze ihn» und ritt davon.

Beatriz war empört.

«Das ist Verrat, Josef! Du willst einen osmanischen Titel annehmen? Daß der verabscheuungswürdige Mosche Hamon darauf Wert legt, ‹Leibarzt des Sultans› genannt zu werden, begreife ich noch, denn es ist zugleich eine Berufsbezeichnung, und er stammt aus kleinen Verhältnissen. Aber du, ein Nasi, daß du dich über eine solche Schimäre freust! Mach dich nicht lächerlich. Nenne dich meinethalben einen Gerechten, aber nenne dich nicht Fürst. Ich bitte dich!»

Sie richtete ihren kleinen stolzen Kopf auf. Sie hätte mich weich gestimmt, wie gewöhnlich, wenn sie nicht plötzlich aus lauter Verachtung auf den Boden gespuckt hätte.

Das tat sie! Wenn sie in Wut geriet, ging sie stets zu weit und wurde vulgär. Als sie jung war, fand ich diese Exzesse reizvoll, aber an diesem Tag begriff ich, daß sie alt und verbittert geworden war. Von ihren zitternden Lippen gingen tiefe Falten aus; zwischen ihren Augenbrauen durchfurchte ein senkrechter Strich den Stirnansatz; unter dem Kinn quoll das Fleisch auf. Ich wandte meine Blicke traurig ab und antwortete nichts. Oder fast nichts.

«Arme Beatriz. Betrachte dich im Spiegel und sag mir dann, wer von uns beiden lächerlicher ist», schlug ich ihr vor.

Sie wurde blaß, setzte sich und starrte mich tief getroffen an.

«Josef...»

Die arrogante Senyora ließ den Kopf in ihre Hände sinken. Und jetzt, wo sie sich geschlagen zu geben schien, betete ich sie wieder an wie eh und je. Ich machte drei Schritte auf sie zu, aber sie kam mir zuvor, erhob sich und schaute an mir vorbei.

«Es ist wahr, ich bin eine alte Frau, Josef. Ich brauche weder einen Spiegel noch dich, um das zu wissen. Aber wenigstens bin ich die Senyora. Du, du bist nichts, Josef, außer ein europäischer Fürst von Sultans Gnaden. Du stehst von nun an im Sold eines moslemischen Herrschers. Und ich habe geglaubt, daß du ein Gerechter seist, ein *Zaddik*!»

«Ich bitte dich, Beatriz! Wie sollte ich das Zeug zu einem *Zaddik* haben? Kennst du mich noch immer nicht? Ich lebe in der Welt, und ich liebe sie, wie sie ist, wie einen lebendigen alten Baum mit seinem Moos und seinen Nestern auf den Ästen. Während ich das Leben nahm, wie es ist, flohst du vor ihm. Schau dich an, Beatriz! Du bist die Senyora, aber wer ist die Senyora? Eine traurige Frau mit einem verkniffenen Mund. Und du verlangst, daß ich auf die Ehre verzichte, ein Fürst zu sein? Nein, Beatriz. Es genügt mir, daß du mich als Schwiegersohn genommen hast statt als Mann, obwohl...»

Sie stürzte zu mir und erstickte mit ihrer Hand die Worte, die ich ihr zuschreien wollte.

«Kein Wort mehr, Josef! Sei ein osmanischer Fürst. Aber laß mir meinen Lebenstraum. Ich will dich nicht mehr sehen. Geh!»

Diesmal war es nicht mehr nur eine unserer gewöhnlichen

Streitereien. Sie hatte mich wie einen Ziegenbock festgebunden gehalten und das Seil nur für zugestandene Eskapaden losgelassen. Sie hatte meine Liebesaffären mit Frauen toleriert, die ihr nicht weh getan hatten, weil sie ihre politischen Ziele nicht durchkreuzten. Nun, da ein großer Herrscher meine Verdienste gewürdigt hatte, zerriß ich das Seil, ob sie es duldete oder nicht. Ich ging hinaus.

Sie rief mir nach: «Kümmere dich von nun an mehr um deine fürstliche Gattin, Enfanghi Bey! Daß du dir die schönsten unserer Dienerinnen als Mätressen hältst, mag einem Fürsten wohl anstehen, aber vernachlässige wenigstens nicht die Toiletten meiner Reyna. Staffier sie als Fürstin aus!»

Da hatte sie nicht unrecht. Ich ging zu ihrer Tochter, meiner Gattin, und schickte mich an, ihr zu erklären, daß eine europäische Fürstin auf osmanische Gewänder verzichten und Röcke nach venezianischer Mode tragen sollte. Reyna schaute mich ängstlich an und beugte dann willenlos wie immer den Kopf.

Ich ließ aus Venedig steife bestickte Kleider, mit Perlen durchwirkte Korsagen und aus goldenen Ketten geflochtene Stirnbänder kommen. Doch als meine traurige gehorsame Gattin in dieser Garderobe vor mir stand, sah sie so linkisch aus, daß ich verzweifelte. Ihre schlecht gekämmten Locken hingen in allen Richtungen herab, und sie selbst hielt sich krumm und geduckt, als ob sie Schläge erwartete. Ich versuchte vergeblich, ihre Haare zu bändigen, den Sitz des Stirnbands zu korrigieren, und war dabei, ihre Korsage zurechtzurücken, als sie floh und die Tür hinter sich zuschlug.

Wie konnte ich dieses unglückliche Kind lieben? Indem die Senyora uns verheiratet hatte, hatte sie uns endgültig auseinandergebracht. Daran war nichts zu ändern, wir wußten es beide. Was also hielt mich noch im Belvedere-Palast?

Gerade zur rechten Zeit tauchte ein Cousin aus Lissabon auf, der erst spät den Entschluß gefaßt hatte, sich mit seiner osmanischen Familie zu vereinigen. Samuel Nasi war zehn Jahre jünger als ich. Er war ein braver, ruhiger, diskreter junger Mann, der sich im Palast sogleich nützlich machte. Ich merkte am Eifer der Mägde und dem Getuschel der Zofen, daß er einen vorteilhaften Eindruck machte, und es kam mir gelegen, daß er mich teilweise von meinen Familienpflichten zu entbinden vermochte.

Beatriz beschloß sofort, ihn mit La Chica zu verheiraten, die als fügsames Mädchen ohne Murren einverstanden war, zumal der Cousin gut aussah. Sie wurden bald das einzige wahre Ehepaar in diesem Haus, und sie waren beide so hübsch, daß sie mich aufheiterten. Sie brachten etwas Freude in unsere zerrüttete Familie. Samuel kümmerte sich also um den Haushalt, und ich konnte mich ganz meiner politischen Tätigkeit widmen. Die Regierung des Reiches interessierte mich viel mehr als die religiösen Ziele der Senyora; und wenn sie einen Gerechten brauchte, hatte sie ja von nun an diesen jungen Mann, den sie dazu heranbilden konnte.

Während ich mich vom Hause Nasi mehr und mehr trennte, nahm Rustem Pascha mich ganz unter seine Fittiche. Wir erörterten vor allem die neue Entwicklung in den großen Reichen Europas. Wie ich geahnt hatte, erwies sich der Erbe Karls V. als ein streitsüchtiger Patron, der die alten Animositäten zwischen Abendland und Morgenland wieder aufleben ließ. Man kann sogar sagen, König Philipp von Spanien hatte dem Osmanischen Reich den Untergang geschworen, und er verfolgte dieses Ziel mit Geduld und Hartnäckigkeit. Im Gegensatz zu seinem Vater erwies er sich im diplomatischen Ränkespiel als sehr geschickt. Zu Anfang zerbrach er die geheime Allianz, die seit langem unseren Sultan und den König von Frankreich verband, indem er mit dem Franzosen familiäre Verbindungen knüpfte: König Philipp, der Witwer geworden war, spannte seinem Sohn Carlos die Verlobte, Elisabeth, Tochter Heinrichs II. von Frankreich, aus und heiratete sie. Die «Königin des Friedens», wie sie genannt wurde, ehelichte den Vater statt den Sohn. Man sagte, daß Prinz Carlos ein armer Krüppel war, ein ziemlich böses Monster, den nur seine Stiefmutter zähmen konnte. Man sagte auch, daß der König auf den Sohn ziemlich eifersüchtig war. Ungeliebt und von seinem Nachbarn im Norden nicht länger bedroht, konzentrierte sich der König von Spanien auf seinen Plan, die Herrschaft der Osmanen über das Mittelmeer zu beenden.

Er griff Djerba an. Großadmiral Piali Pascha ließ sofort Segel setzen und Tunesien ansteuern. Rustem Pascha rieb sich die Hände.

«Der Spanier irrt sich, wenn er denkt, uns auf dem Meer schlagen zu können. Das Meer gehört uns, es ist ein Teil unseres Reiches! Ihr werdet sehen, Enfanghi Bey, daß Piali Pascha vor Wintereinbruch als Sieger zurückkehrt.»

Der Großwesir behielt recht. Im Oktober fuhr Piali Pascha auf seinem Flaggschiff mit den grünen Farben des Islam wieder in den Bosporus. Fünfzehn rote Galeeren bildeten im Lärm der Salven und Trompeten den Triumphzug. Nach jedem Sieg bot der Sultan seiner Hauptstadt solch ein Spektakel, das die Herzen seiner Untertanen mit Stolz erfüllte. Die osmanische Seeherrschaft schien in der Tat unbesiegbar, und damit es so blieb, ließ der Padischah noch strenger als zuvor den Genuß des Weins verbieten. Es hätte nicht viel gefehlt, und das gleiche Verbot hätte auch für den Kaffee gegolten.

Da der Sultan seinen Sohn aus Manisa zurückgerufen hatte, um ihn künftig auf seinen Feldzügen mitzunehmen, hatte er Gelegenheit, die Schwäche seines Sohnes für den Wein zu entdecken, und das hatte ihn noch wütender gemacht, als er gemeinhin schon war. Er verfluchte den Alkohol, «die Mutter der Niedertracht», und beschloß, ihm für alle Zeiten den Weg in sein Reich zu versperren. Bis dahin waren nur die Mohammedaner zur Abstinenz verurteilt gewesen. Nach dem Sieg bei Djerba galt das Verbot für alle Bewohner des Reiches. Das traf nicht nur Selim, sondern auch mich hart. Selim war noch immer nicht Sultan, und wenn auch in der Verbannung, lebte sein älterer Bruder Bajazet noch. Der Sultan tat ein übriges und schickte Selim wieder in seine Provinz zurück. Bevor er nach Manisa abreiste, bat er mich, ihm «einige Fässer» zu besorgen, die er heimlich mitnehmen würde.

«Tut das nicht, mein Prinz!» flehte ich. «Wenn der Padischah davon erfährt, bin ich verloren und Ihr auch. Man soll vom Wein lassen. Euer Vater hat recht, der Wein macht die Sinne schwer, verwirrt den Verstand, erregt die Wut…»

«Fängst du auch schon an zu moralisieren? Wirst du wie deine Tante, die Senyora? Oder trittst du vielleicht für meinen Vater ein, bist vielleicht ebenso melancholisch und grausam wie er? Ich werde nicht mehr mit dir reden, Jussuf!»

Und er warf mir eines der Sitzkissen an den Kopf. Was sollte ich tun? Es ist mir beim besten Willen nicht gelungen, ihn vom Trinken abzubringen, und er ist später ein richtiger Trunkenbold geworden. Ich wurde also schwach, und Selim bekam seine Fässer.

«Das paßt zu dir, Herzog», grinste der Bucklige. «Woran, glaubst du, wirst du sterben?»

«Den Ärzten zufolge sind es die Steine, die ich in den Nieren habe, Caraffa. Ich liebe den Wein, weil ich das Leben liebe, zu dessen Annehmlichkeiten er gehört, und seit den Handelsmessen in Antwerpen bin ich ein veritabler Weinkenner. Für Selim ist der Wein etwas ganz anderes: Er fing aus Empörung an zu trinken. Gewiß, der junge Mann, den ich in Manisa kennenlernte, berauschte sich wie ein Poet, und er sprach vom Wein wie von dem Kuß eines Mädchens, aber dann wurde er vor Begier stumpfsinnig. Prinz Bajazet floht nach Persien und verriet seinen Vater an den Schah. Selim hinterging den Sultan mit dem Wein. Der Prächtige hat das begriffen.»

«Ach was! Das sind Finessen eines großen Herrn. Ich sehe keinen Unterschied zwischen der Trunkenheit eines Dichters, eines Schiffers aus Genua und eines europäischen Fürsten. Das Ergebnis ist, daß alle wie Tiere schnarchen.»

«*Sancta simplicitas*, du bist das Tier! Oder kann ich mich etwa mit dir wie mit einem Dichter unterhalten?»

Ich konnte Selim nicht begleiten und vor sich selber schützen. Das Haus Nasi hatte mit der Krone von Frankreich gerade einen fürchterlichen Streit auszufechten. Wir hatten dem König hohe Summen geliehen, wie es häufig vorkam, und der neue Botschafter bei der Hohen Pforte, Monsieur de la Vigne, weigerte sich strikt, unsere Schuldforderungen anzuerkennen.

Bald verbreitete sich dieser einfältige Landedelmann über den «falschen Fürsten» Josef Nasi, brachte mein Todesurteil der Republik von Venedig wieder ins Gespräch, machte aus mir den Bettgenossen des Prinzen Selim und nannte mich beharrlich «dieser gewisse Juan Micas», wenn er von mir sprach. Während des darauffolgenden Winters gelang es, einen der Kurierbriefe abzufangen, die er an seinen König schickte. Er beschwor darin seinen Herrn, mich beim «Grand Seigneur», wie die Franzosen den Sultan bezeichnen, als Verräter zu denunzieren.

Rustem Pascha gluckste vor Freude. «Memmen sind diese Franzosen, Enfanghi Bey. Unser Sultan will Euch als Antwort sogar noch mehr ehren. Er wünscht, daß Ihr Eure Schuldforderung wiederholt. Der französische König, das versteht sich von selbst, muß gedemütigt, sein Helm ihm wieder einmal heruntergeschlagen werden. Erst dann wird er zahlen. Wißt Ihr, was wir tun werden? Da der Titel des europäischen Fürsten nicht reicht, um diesen Monsieur Vigne zum Schweigen zu bringen, wollen wir Euch mit Landbesitz versehen. Was schlagt Ihr vor?»

Ich hatte sofort eine Idee. Eine Idee, die Beatriz ausfüllen und sie aus ihrer hochfahrenden Mißstimmung herausholen würde. Welches Stück Land? Nein, nicht irgendeines, sondern genau dieses:

Palästina!

Ich würde meine Pläne sogleich der Senyora unterbreiten. Sie konnte Städte wieder aufbauen, Schulen gründen, neue Synagogen errichten.

Rustem Pascha lächelte.

«Ihr plädiert gut, Enfanghi Bey. Aber Ihr täuscht mich nicht. Dieser Plan ist nicht der Eure. Es ist ein alter Plan der Senyora, und er ist gut», seufzte er und strich sich über den Bart, «denn die Juden sind fähig, dem Land neues Leben zu geben, und Ihr tätet unrecht, ihn nur als Zeitvertreib anzusehen. Erinnert Euch, es war Sultan Selim I., der Vater unseres Padischah, der die Juden ermunterte, sich in Palästina niederzulassen. Ihr wißt, was es damit für eine Bewandtnis hat. Ich persönlich sehe keinen Grund, Euch dieses Geschenk einer Wüstenlandschaft nicht zu machen, in der nur exaltierte Rabbiner und Beduinen leben. Treibt dort Handel für uns, Fürst Nasi!»

Einige Tage später ließ mich Rustem Pascha abermals kommen. Die Sache schien perfekt.

«Der Padischah in seiner großen Weisheit fügt noch etwas hinzu, Enfanghi Bey. Er gewährt Euch persönlich das künftige Weinmonopol in seinem Reich», flüsterte mir der Großwesir zu, während er verschmitzt lächelnd meine Hand schüttelte.

Im ersten Augenblick faßte ich, was ich da hörte, als einen kränkenden Witz auf. Was bedeutet das Monopol auf einen Handel, der im ganzen Reich verboten war? Eine Sekunde später begriff ich: Wenn Selim Sultan geworden war, würde er die Macht haben, das väterliche Verbot abzuschaffen.

Wie sollte ich das großmütige Angebot des Sultans der Senyora erklären? Wir hatten seit einigen Wochen nicht mehr miteinander gesprochen. Ich begegnete ihr im großen Saal, grüßte sie als meine Schwiegermutter, sie reichte mir ihre Hand zum Kuß und zog sie sogleich wieder weg, ohne einen Blick auf mich zu werfen. Ich nahm meinen ganzen Mut zusammen und suchte sie in ihrem Zimmer auf.

Jene, die noch heute unter ihren schwarzen Schleiern schläft, Ila, dieser Haufen alter Knochen, die so entsetzlich laut knacken, hatte die Gewohnheit angenommen, ihrer Gebieterin nicht von der Seite zu weichen. Wer die Senyora sehen wollte, mußte zuvor diesen Zerberus überwältigen, das heißt, über die vielen roten Röcke der Zigeunerin steigen. Ein- oder zweimal hatte ich die Wilde bei der Taille ergriffen und auf den Hals geküßt;

jedesmal hatte sie sich im Nu befreit und irgendwoher ein kleines, spitzes Messer gezogen.

Ich öffnete sacht die Tür. Quer vor dem Eingang hielt Ila, auf einem schäbigen Pelz liegend, Wache. Am Ende des Zimmers saß Beatriz neben einem Kohlebecken vor einem großen Tisch und wandte mir den Rücken zu.

Ila schenkte mir ihr Wölfinnenlächeln.

«Du sehen, Herrin will allein sein.»

«Laß mich vorbei, Schwarzfüßige. Ich muß mit ihr reden», sagte ich, während ich an ihr vorbeizuspringen versuchte.

Mit einem Satz stand sie vor mir, einen Dolch auf mein Herz gerichtet.

«Unmöglich, Herr, sie will nicht», sagte sie dicht an meinem Ohr. «Du hinaus, ich habe Befehl. Vor allem du fort!»

Ich wollte die Zigeunerin wie eine Wespe mit einem Hieb vertreiben, doch sie stach mir mit einem durchdringenden Schrei in die Hand. Aus einer dunklen Ecke des Zimmers kam böses Knurren. Der Bär Babur näherte sich schwankend.

«Babur, kusch!» rief die Senyora heftig, ohne sich von ihrem Platz zu rühren, und das Tier reckte drohend den Kopf, bevor es sich wieder hinlegte. Ila blieb mit dem Dolch in ihrer verkrampften Hand stehen. Ich konnte nicht an ihr vorbei. Beatriz legte weiter ihre Tarotkarten aus, während sie ihr Halwa aß, und sah nicht zu mir.

«Guten Abend, mein Sohn!» warf sie mir schließlich zu.

«Guten Abend, meine Mutter! Ihr seid besser bewacht als die Lieblingsfrauen im Harem, und Eure Zigeunerin ist hundert Eunuchen wert. Wirklich, sie hat Euch mutig verteidigt, und beinahe hätte Euer wildes Tier mich angefallen. Wie geht es der Senyora?»

Ich erhielt keine Antwort.

«Die Senyora wird vielleicht glücklich sein, zu erfahren, daß der Padischah, Allah möge ihn beschützen ...»

«Der Herrscher», fuhr sie kühl dazwischen, während sie eine Karte umdrehte, «ein schlechtes oder gutes Zeichen, das hängt von den anderen Karten ab. Hört auf, in der Sprache der Mohammedaner zu sprechen, mein Sohn.»

«Allah möge ihn beschützen», wiederholte ich mit lauter Stimme. «Unser Sultan hat die Absicht, Donna Gracia Nasi ein Stückchen Palästina zu schenken.»

Nicht ein Laut war zu hören.

«Hat die Senyora vielleicht nicht gehört?» fragte ich unruhig.

«Doch», antwortete sie scheinbar uninteressiert.

Es blieb still. Sie legte ihr Tarot. Ich wußte nicht, was ich machen sollte. Ich kannte Beatriz gut genug, um die Erregung zu erraten, die sie durchfahren hatte, doch sie war zu stolz, als daß sie es zeigte. Ich verlor die Geduld.

«Beatriz, Beatriz, warum sagst du nichts, wenn ich dir dein Königreich darbringe?» schrie ich.

Ich stürzte mich auf sie und schüttelte sie mit ganzer Kraft. Ila rannte ihrer Gebieterin zu Hilfe und hob einen Arm, den Beatriz mitten im Zustoßen festhielt.

«Es ist gut, Ila. Du kannst gehen.»

Mit zusammengebissenen Zähnen steckte die Zigeunerin die Waffe wieder in ihren Rock. Dann nahm sie ihr Tier am Hals, und beide verließen das Zimmer. Beatriz wandte sich, die Augen voller Tränen, endlich mir zu.

«Josef, ich verzeih dir deine Abwesenheiten und deine Versäumnisse. Ich hatte mir geschworen, dich für deine schlechten Manieren meiner Tochter gegenüber büßen zu lassen. Ich ertrage es nicht, dich den Sultan umschmeicheln zu sehen, ich verabscheue diesen Fürstentitel, der dir viele Annehmlichkeiten bringt. Aber nun machst du mir eine so große Freude, Josef!»

Sie nahm mich bei den Armen.

«Zeig mir deine Wunde, Josef. Mein Gott, du blutest ja. Es ist ein richtiger Schnitt.»

Sie führte die verletzte Hand an ihre Lippen und leckte das Blut ab. Die Feindschaft war vorbei, die uns wie zwei Ziegen auf einer engen Brücke mit gesenkter Stirn und ineinanderverschränkten Hörnern gegenübergestellt hatte. Ihre Zunge auf meiner Haut besiegelte den Frieden.

«Was wirst du aus unserem Palästina machen, meine Beatriz?» flüsterte ich ihr ins Ohr, als ob wir fünfzehn Jahre alt wären. Mit gesenktem Blick küßte sie meine Finger, ohne aufzuhören. Ich richtete ihren Kopf mit sanfter Gewalt wieder auf.

«Laß», sagte ich, «es ist nicht so schlimm. Siehst du, ich blute nicht mehr. Schau, deine Hände sind trocken und faltig. Palästina wird ihnen guttun. Deine Haut, deine Arme brauchen Zärtlichkeit und Wärme. Ich werde ihnen Sonne und Erde geben. Was willst du aus unserem Palästina machen?»

«Wir werden Tiberias wiederaufbauen, Josef, wir werden alles wieder instand setzen, und die Rabbis von Zefat werden in der Synagoge Gott preisen», murmelte Beatriz.

«Wir werden den Weinhandel neu beleben», fügte ich hinzu und wiegte sie sanft.

«Wir werden Maulbeerbäume pflanzen, Seidenraupen züchten, ich werde ein Haus haben, ein einfaches weißes, wo der große Philosoph Cordovero leben wird.»

«Wir werden Reben pflanzen, die ich selber aussuchen werde.»

«Wir werden unsere Brüder versammeln, ihnen das Spinnen und Weben beibringen und die Pergamentherstellung. Ich werde eine Markthalle für unsere Handelswaren errichten lassen. Und du wirst dich mit Reyna dort niederlaßen ...»

Die Aufzählung fand ein plötzliches Ende. Ernüchtert ließ ich meine Vielgeliebte los.

«Ich werde nicht mitgehen, Beatriz. Mein Platz ist hier in der Hauptstadt des Reiches, und ich werde mir mein Leben nicht ein zweites Mal stehlen lassen!» rief ich heftig.

«Du wirst mitkommen», wiederholte Beatriz, mehr denn je ganz die Senyora.

«Nein! Im übrigen verstehen wir nichts von Seidenherstellung. Diese Ideen entbehren jeden Sinns.»

«Glaubst du, daß ich dich hier deine Trunksucht kultivieren

lassen werde? Du und dein Selim, ihr habt ja schon gegorene Herzen.»

«Und du, glaubst du, ich hätte den Namen dieses verrückten Cordovero noch nie gehört? Nach dem wenigen, was ich weiß, übertrifft er alle anderen. David Rubeni war ein Waisenknabe neben diesem Obskuranten! Du brauchst wohl Eunuchen, um dich Judith zu nennen, was?»

Sie wurde bleich, ich sah ihre zusammengeballten Fäuste. Meine waren es auch. Warum mußten wir uns ständig streiten? Ich rannte zum Fenster, öffnete es weit und atmete die eisige Winterluft ein. Meine Hand fing wieder zu bluten an; der Schnitt schien doch tief.

«Komm zu mir, Beatriz», sagte ich plötzlich besänftigt. «Wir sind nicht mehr fünfzehn. Du wirst deine Rabbiner wiedersehen, und ich werde keine Reben anpflanzen. Die Sterne strahlen heute heller als sonst, und du bist unter allen der strahlendste. Komm ...»

Sie kam an meine Seite, nahm wieder meine Hand und küßte sie. Aus unseren Mündern kamen zwei Atemwolken, die sich in der Kälte vereinten. Die Nacht hatte die regungslose Klarheit der Winterhimmel, und das Goldene Horn lag in einer ungewöhnlichen Stille.

«Man würde meinen, die Stadt sei tot», sagte sie ganz leise.

«Der Stadt ist einfach kalt, Beatriz.»

Wir blieben lange so stehen und wärmten uns aneinander. Beatriz drückte sich an mich. Ich öffnete mein Wams und versteckte meine Senyora darin.

«Und du wirst nach Palästina mitkommen, Josef?» fragte ihre halb erstickte Stimme.

Ich wollte den Frieden dieser Nacht nicht stören, antwortete nicht, und wir traten wieder ins Zimmer zurück. Auf ihrem Spitzenkragen hatte meine Hand einen langen roten Streifen hinterlassen, und ihre Lippe war mit Blut beschmiert.

Der plötzliche Tod von Rustem Pascha hätte unseren Träumen beinahe ein Ende bereitet. Ich trauerte um diesen Mann, mit dem ich mich so gut verstanden hatte. Doch Süleiman traf, indem er Ali Pascha, bald Ali der Große genannt, zum neuen Großwesir ernannte, eine Wahl, die uns von großem Nutzen sein sollte. Ich kannte Ali Pascha. Er war weniger listig als sein Vorgänger und gehorchte seinem Herrn blind. Rustem Pascha hatte nicht gelogen. Die Senyora mit Palästina zu belehnen, war der Wunsch des Sultans gewesen.

«Ihr seht, Enfanghi Bey, es zahlt sich aus, unserem Sultan zu dienen», sagte Ali Pascha emphatisch zu mir. «Er hat in seiner großen Güte entschieden, daß Euch das Stück Palästina gehören soll, das an den Tiberiassee grenzt. Man hat unserem Padischah, Allah möge ihn beschützen, berichtet, daß Eure Tante, Ihre Hoheit Senyora Nasi, sehr glücklich wäre, zu ihrem Besitz die heilige Stadt von Zefat zu zählen, deren Rabbiner ihr ergeben sind.» Er war wirklich ein treuherziger Mann und stellte sich unseren Plänen nicht in den Weg.

Beatriz begann die Vorbereitungen. Sie ließ Architekten kommen und Pläne für die Talmud-Schule und die Synagoge erstellen. Ich war überrascht, als ich feststellte, daß sie sich, was die Seidenraupen anging, nicht mit Träumereien zufriedengab. Chinesische Händler kamen ins Haus, und sie forderte mich auf, von ihnen alles über die wertvollen Kokons in Erfahrung zu bringen.

Wir besuchten die Seidenraupen-Plantagen rings um Edirne. Wir brauchten drei Tage dahin. Beatriz lehnte die Sänfte ab, sie wollte neben mir reiten. Ich erinnere mich, daß sie trotz ihres Alters schwungvoll aufstieg. Den Kopf hatte sie in eine Art dunkelblauen Turban gewickelt, der sie vor der Sonne schützte und ihr das Aussehen eines rätselhaften jungen Mannes gab. Sie wollte auch im Freien schlafen, unter einem Zelt mit nur drei Kissen als Bett. Vorausgesetzt, sie fand Zucker in ihrer Reichweite, war sie zufrieden. Beim Morgengrauen fand ich sie schon bei der Betrachtung des Sonnenaufgangs über den Palmen und den kalkweißen Häusern in der Ferne.

Am Ziel angekommen, zeigte man mir eine weiße Raupe auf den glänzenden Blättern eines Maulbeerbaums; ich hatte Mühe zu glauben, daß die schöne glänzende Seide aus einem so winzigen Körper kommen konnte.

Dann kam die Zeit, unsere zukünftigen Kolonisten zu rekrutieren. Es war nicht schwierig, unsere Brüder, die als letzte in die Stadt gekommen waren, zu gewinnen, doch diejenigen, die sich in Istanbul bereits eingewöhnt hatten, sträubten sich. Palästina? Das war eine Wüste in weiter Ferne. Das Land unserer Väter? Vielleicht wäre es ja eine Sünde, sich dort schon vor der Ankunft des Messias niederlassen zu wollen. Und die Senyora – für wen hielt sich diese Frau eigentlich, daß sie das Volk Israel regieren wollte?

Beatriz machte sich nichts daraus. Sie zählte auf unsere bedrohten Brüder in Europa. Sie wollte jene, die es bisher vorgezogen hatten, auf ihre Kosten und Gefahr in Italien zu bleiben, wissen lassen, daß kein fremder Exilort, sondern die angestammte Heimat ihrer Väter auf sie wartete. Sie ließ ein Manifest drucken, das unsere Kommissionäre überall, wo es möglich war, verteilten – vor allem in den Staaten des Papstes, wo sich die Lage kaum gebessert hatte.

Eines Tages – was für ein Sieg! – erfuhren wir, daß die Bewohner von Cori in Italien entschieden hatten, geschlossen nach Tiberias zu ziehen. Beatriz kämpfte, um die Ausreisebewilligung für die Leute zu bekommen. Wir verfolgten aus der Ferne die Vorbereitung ihres Exodus, die langen Verhandlungen ihrer Vertreter mit den Fürsten, ihren beschwerlichen Weg bis nach Pesaro, wo unsere Galeassen sie erwarteten.

Nicht alle Ausreisewilligen durften das Land verlassen. Es gelang gerade einer Handvoll von ihnen, zu entkommen. Das war ein harter Schlag. Ich fürchtete schon, daß Beatriz alles aufgeben würde. Doch glücklicherweise waren die ersten Kolonisten bereits abgereist und bauten Häuser. Es war beschlossen worden, daß Beatriz und ich zu ihnen stoßen würden, sobald die Synagoge aus dem Boden gestampft war.

Dazu brauchte es ein gutes Jahr. Beatriz sperrte sich nicht mehr in ihr Zimmer ein, sie arbeitete den ganzen Tag am langen Tisch im Saal, und im Palast wimmelte es von Leuten. Sie verlor an Gewicht, fand ihre Leichtigkeit wieder, und auch ihr Haar glänzte wieder. Ila hörte auf, vor der Tür der Senyora Wache zu halten, und begann wieder, zusammen mit ihrem Bären zu tanzen. Sie war beinahe so zahm wie Babur, es gelang mir, sie durch Schmeicheleien für mich einzunehmen, sie von Zeit zu Zeit auf den Hals zu küssen, ohne daß sie gleich ihren Dolch zog, und eines Abends landete ich wie selbstverständlich in ihrem Bett.

Der Cousin Samuel war ein perfekter Hausverwalter geworden. Die Vorbereitungen für Palästina brachten neues Leben in den Palast, sogar Reyna richtete sich ein bißchen besser her. Zu meiner Überraschung sah ich, daß sie Ohrringe trug und Ketten um den Hals – sie, die sich geweigert hatte, Schmuck zu tragen!

Mitten in dieser Geschäftigkeit beschloß Beatriz, aus Lissabon den Sarg kommen zu lassen, in dem sie den Leichnam ihres Gatten beerdigt hatte. «Du mußt das verstehen, Josef», sagte sie aufgeregt, «das Herz sehnt sich so ganz allein in Palästina. Ich habe erst einen Teil meines Versprechens erfüllt. Weder er noch ich werden Ruhe finden, bevor nicht sein ganzer Körper dort nach dem Ritus begraben liegt. Wir haben ja noch ein Jahr vor uns. Außerdem habe ich es beschlossen, das genügt.»

Sie sprach nicht traurig von dieser Pflicht. Wir waren weit entfernt von den sentimentalen Ausbrüchen nach unserer Abreise von Lissabon. Nein, sie war nicht mehr wehleidig. Es waren im Grunde Organisationsfragen. Alles sollte planmäßig vor sich gehen. Das war alles. Und während die jüdischen Siedler das Fundament der Synagoge von Tiberias gruben, durchkreuzte ein Schiff das Mittelmeer, passierte die Straße von Gibraltar und erreichte Lissabon, wo gut bezahlte Totengräber heimlich den wurmzerfressenen Sarg von Francisco Mendès aus der Erde holten.

Während die Siedler in Zefat die Mauern der Synagoge hochzogen, kehrte das Schiff in den Hafen von Istanbul zurück. Man hatte den stark beschädigten Sarg in eine große Kiste aus Sandelholz gesteckt, und ich stand neben Beatriz, als er ausgeladen wurde. Alle Hausbewohner waren gekommen, um den toten Gatten der Senyora zu empfangen. Sogar der Großwesir Ali Pascha an der Spitze einer Kompanie von Janitscharen erwies ihm die Ehre.

«Nun sind wir endlich zusammen, Josef», sagte sie leise. «Ich meine, *alle* zusammen. Ich brauche ihn, um mich frei zu fühlen.»

«Was sagst du da, Beatriz?» murmelte ich zurück.

«Man schaut uns an, Josef. Eines Tages werde ich es dir erklären. Später. Laß mich jetzt meine Pflichten erfüllen.»

Sie beugte sich über die Kiste und küßte sie feierlich.

Man stellte den unansehnlichen hölzernen Sarkophag in den Vorraum des Palastes, und Beatriz betraute die Zigeunerin und den Bären mit seiner Bewachung. Man mußte nur noch warten, bis der Bau in Tiberias beendet war.

Seit dem Tod von Rustem Pascha hatte ich mich wenig um die Angelegenheiten des Reiches gekümmert. Ali der Große, der sonst alles wußte, schien keine Kenntnis von den geheimen Missionen zu haben, die Rustem Pascha mir anvertraut hatte. Er ließ mich nicht rufen und mein Prinz Selim auch nicht, der sich in Manisa langweilte. Mir blieb nichts anderes übrig, als der Senyora nach Palästina zu folgen. Sie ließ sich schnell davon überzeugen, daß es besser sei, Reyna in Istanbul zu lassen.

«Du hast recht, Josef. Cousin Samuel wird für Reynas Wohlbefinden zuverlässig sorgen. Es ist für alle besser so», sagte sie mit einem Lächeln, das ich entzückend fand.

Merkwürdig, wir waren beide um die fünfzig, aber wir verhielten uns wie alt gewordene junge Leute …

Wir schifften uns im Frühjahr ein. Als ich Beatriz am Bug des Schiffes sah, zitterte mein Herz. Seit wie vielen Jahren waren wir nicht zusammen übers Meer gefahren? Nach unserer Reise aus Lissabon war ich oft auf See gewesen, doch immer ohne sie. Sie ihrerseits war auch mit dem Schiff gefahren, nämlich nach Palästina, um das Herz ihres Gatten zu begraben, aber sie war allein gewesen. Zum ersten Mal sah ich sie wieder auf der Brücke eines Schiffes, so wie in den Zeiten der Jugend und der Verzweiflung. Sie stand vor dem weiten Horizont, unverändert, mit ihrem willensstarken Kinn und ihren zum Himmel gerichteten Augen. Zugleich segelte in seiner Kiste das Skelett Francisco Mendès' seiner letzten Ruhe entgegen.

Die Küste von Palästina tauchte auf, in bläulichen Dunst getaucht. Als wir anlegten, stieg Beatriz vom Schiff, küßte den Boden von Jaffa und hob für unseren Gott eine Faustvoll Erde in die Höhe.

Ich führte zu Pferde den Zug nach Tiberias an, dessen Mittelpunkt die wie eine Königin in ihrer Sänfte sitzende Beatriz war. Hinter ihr zogen acht Maultiere die auf einem Karren festgezurrte Kiste.

Schließlich tauchten die Stadtmauern, die Janitscharenwachen und der Lichtschimmer des Sees von Tiberias auf. Tiberias war in schlechtem Zustand. Unsere Siedler bemühten sich, die zerstörten Stadtmauern wiederzuerrichten. Auf dem Weg sahen wir Männer Steine schleppen, andere mischten Erde und Stroh, um Lehmhäuser zu bauen. In der Ferne grasten einige Schafe; ihre Hirten waren nicht zu sehen. Es war unser Land, und es blieb noch so viel zu tun.

Wie in Ragusa und Saloniki hatten unsere Brüder einen Festzug vorbereitet. Sie schwenkten Palmwedel, warfen die ersten Blumen der Saison, Anemonen- und Zyklamenkränze, und riefen wie immer: «Es lebe die Senyora! Es lebe die neue Esther!» Die Rufe klangen eher ernst als heiter. Wir befanden uns in Palästina, und der Zug war weder so prächtig noch so fröhlich wie der in Saloniki. Aber wir waren im Heiligen Land, und es war uns zurückgegeben worden.

Wir schliefen im schönsten Haus von Tiberias auf gestampftem Lehmboden, doch das machte uns nichts aus. Die neue Synagoge war noch nicht ganz fertig, doch das war gar nicht wichtig. Im Beisein der Senyora, die ihren Kopf ganz verschleiert hatte und ein einfaches Gewand aus weißem Leinen trug, das sie nun nicht mehr ablegte, enthüllten die versammelten Rabbis feierlich die Thorarollen.

Um die Überreste von Francisco zum letzten Mal zu bestatten, mußten wir sie in den Süden von Palästina transportieren, wo sein Herz im Tal von Josaphat begraben lag. Ich war darauf gefaßt, diese Aufgabe übernehmen zu müssen. Aber als die Feier zu Ende war, schaute Beatriz in die Ferne zu der blauen Linie der Hügel in Richtung Zefat.

«Kümmere dich um unsere Plantagen, Josef, und mach dir keine Sorgen um mich. Du wirst mich einige Tage entbehren können», sagte sie. «Ich werde im Tal der Toten alles vorbereiten lassen.»

Die Senyora hatte gesprochen. Ihr Ton schloß jede Widerrede aus. Sie reiste ab, und ich gab Anweisungen, wo das Land zu pflügen war, wo die Maulbeer-Pflänzlinge gesetzt werden sollten, die wir im Bauch des Schiffes mitgebracht hatten. Dann ordnete ich an, das Haus bauen zu lassen, in dem die Seidenraupen die glänzenden Blätter in Ruhe verschlingen konnten. Ich dachte nur noch an die Seide und wartete Tag für Tag vergeblich auf Beatriz' Rückkehr.

Nach drei Wochen war sie immer noch nicht zurück. Die Raupen hatten bereits begonnen, ihre Kokons zu spinnen. Ich konnte nicht mehr warten, machte mich auf den Weg nach Zefat und suchte dort sogleich Cordovero auf, den unbestrittenen Meister der Rabbis, der mich freundlich empfing.

«Es würde mir eine Ehre sein, eine so berühmte Dame zu beherbergen», sagte mir der alte Mann, «aber Ihr müßt wissen, mein Bruder, daß die Senyora die Lehre von jemandem befolgt, der größer ist als ich. Ihr werdet sie bei meinem Schüler, dem Rabbi Isaak Luria, finden. Er ist noch jung, gewiß, aber ich erkenne in ihm den unübertrefflichen Meister, und ich beuge mich dem Willen des Herrn. Besucht ihn und Ihr werdet selber sehen.»

Sie hatte also einen neuen Zauberer gefunden! Ich begab mich in Rabbi Lurias Haus und traf bereits im Hof auf den Mann, von dem ich in diesem Augenblick noch nicht wußte, daß er mir meine Beatriz weggenommen hatte.

Sie saß zu seinen Füßen!

Blutjung, sah Rabbi Luria mit seinem struppigen Bart und seinem sehr mageren Körper nicht gerade wie ein Prophet aus. Seine Augen waren geschlossen, seine Hände lagen in seinem Schoß, er trug ein weißes Hemd, das auf der Brust offen war. Beatriz wandte sich um, sah mich, und der Rabbi öffnete langsam seine Augen.

Was für ein Feuer! Als ob er mir Glut in die Augen geworfen hätte. Beatriz stand auf.

«Josef, hier ist unser aller Meister. Er weiß, wer du bist. Betrachte den Rabbi Isaak. Er spricht die Sprache der Tiere, er kann die Schlangen zähmen, kann das Schlagen seines Herzens anhalten, er weiß alles von der Welt. Er ist der Prophet Israels, Josef! Wirf dich zu seinen Füßen!»

Der junge Rabbi lächelte und bewegte sich nicht. Ich stammelte eine Begrüßung, worauf sein Blick sich verdüsterte und fast schmerzlich wurde. Minutenlang herrschte tiefes Schweigen. Ich hatte mich auf den Boden gesetzt und wußte nicht, auf was wir warteten. Beatriz schaute den Rabbi an, und der Rabbi schaute ins Leere. Nach einiger Zeit taten mir die Beine weh, und ich änderte meine Stellung; Beatriz warf einen tadelnden Seitenblick auf mich. Dann hustete ich nervös, von Beklemmung und Langeweile erfaßt. Endlich sah ich erleichtert einige Schüler kommen, die die Füße des Rabbis berührten, einen Fußfall vor ihm machten und sich dann niederhockten. Wir warteten weiter; meine Knie knackten öfter. Verärgert stand ich auf; Beatriz griff nach meiner Wade und forderte mich durch eine Handbewegung auf, mich wieder zu setzen.

«Der Meister wird jetzt sprechen, Josef. Ich will, daß du zuhörst.»

Tatsächlich begann er endlich mit einer langsamen und hohen

Stimme zu sprechen. Ich muß gestehen, daß ich nicht viel verstand. Die Rede des Rabbi Isaak dauerte ziemlich lange und war ungeheuer langweilig.

Ich mußte gerade gähnen, als Rabbi Isaak ein Wort sagte, das mich erschauern ließ: *Tzimtzum*. Es war das geheimnisvolle Wort, das Beatriz auf dem Schiff in Lissabon sprach und das sie seitdem in ernsten Situationen wiederholt hatte. *Tzimtzum*, die Zusammenfassung aller Unordnung und allen Übels, der Anfang der Unruhe der Welt... *Tzimtzum*, das Unglück des Universums und seine Gottlosigkeit. War es das, was sie sagen wollte, als wir Lissabon verließen? War es eine Vorahnung unserer langen Reise, der Verfolgung, des Exils? Oder deutete das Wort auf ein anderes unüberwindliches, unbegreifliches Unglück, das uns noch nicht getroffen hatte?

Ich zitterte. In diesem Augenblick starrte Beatriz den Meister nicht an, sondern warf einen langen strahlenden Blick auf mich.

«*Haberim*, Gefährten», sagte der Rabbi, «der Augenblick ist gekommen, um unsere Mahlzeit von Brombeergestrüpp und bitteren Kräutern zu essen.»

Man stand auf, man reckte sich, und ich entspannte mit Mühe meine armen Beine. Dann ließ man reihum eine dunkle abscheuliche Brühe gehen, die Beatriz allerdings zu genießen schien. Ich kann nicht bestreiten, daß in der Schlichtheit der Gesten eine gewisse Größe lag, aber es gab keinen Zweifel, daß dieser Rabbi genauso verrückt war wie die früheren Lehrer der Senyora. Ich mußte Beatriz nach Tiberias zurückbringen.

Um Beatriz' Verzauberung zu brechen, verkündete ich ihr, daß die ersten Kokons sich gebildet hätten. Sie schüttelte nur den Kopf. Ich hatte es erwartet und noch eine zweite Waffe bereit.

«Beatriz, im Heiligen Tal wartet das Grab auf den Leichnam deines Gatten», murmelte ich sanft. Mit vorwurfsvoller Miene folgte sie mir, aber ohne zu protestieren. Ich hatte die erste Schlacht gewonnen.

Wir kehrten nach Tiberias zurück. Ich schaffte es, Beatriz in das Haus mitzunehmen, in dem die Raupen ihre Kokons spannen. Mit meinen Fingern tauchte ich einen der weißen lebenden Bälle in kochendes Wasser, nahm den Kadaver der Puppe heraus und haspelte langsam das Wundergarn.

«*Tzimtzum*», sagte Beatriz ruhig. «Gott muß viel tun, damit Seide entsteht, Josef», fügte sie plötzlich hinzu. «Wenn die Zeit gekommen ist, mußt du mich sterben lassen, einverstanden? Du bist der, der den Kokon meines Lebens haspelte, du bist der, der ihn zu Seide verarbeitete.»

Merkwürdige Kreatur! Ich sah nur einen sich auflösenden Kokon. Warum sprach sie dabei mit mir über den Tod? Ich war blind und taub. Ich war der, der nie begriff. Plötzlich hatte ich keine Lust mehr und ließ den Kokon fallen.

Am nächsten Tag bereitete ich den Trauerzug für die Reise ins Tal der Toten vor.

Die Maultiere und die Sänfte setzten sich in Bewegung. Es war heiß, und wir kamen nur langsam voran. Endlich sahen wir die hohen grauen Mauern der Heiligen Stadt Jerusalem vor uns und überquerten den Kidron, der bloß ein Rinnsal war. Überall waren Erdrutsche, Ruinen, Felsblöcke, und zwischen den Steinen unzählige Lilien.

Wir waren im Tal der Toten angekommen. Das Grab von Francisco Mendès war offen und stand inmitten Tausender anderer Gräber dieses tristen Friedhofs. Beatriz wollte die Schatulle wiedersehen, die sie ins Exil begleitet hatte; man fand sie mit Erde bedeckt und verrostet. Während man die Kiste aus Sandelholz mit großer Behutsamkeit hinuntergleiten ließ, rieb die Senyora die Kassette mit einer Ecke ihres Schleiers, dann drückte sie sie mit der altgewohnten Geste an sich.

Ich sehe sie noch, wie sie in ihren faltigen Händen das Tabernakel mit dem Herzen ihres Mannes hielt, bevor sie es wieder in die Erde legte – und ich sehe sie zurückweichen. Sie hatte doch nicht den Mut, den sie sich zugetraut hatte.

«Ich kann es nicht, Josef, ich kann es nicht!» stotterte sie und schluchzte. «Ich habe nicht die Kraft, mich von ihm noch einmal zu trennen.»

Und zur großen Verblüffung der versammelten Rabbis floh die Senyora mit der Kassette, in der das Herz ihres Mannes ruhte.

Als Francisco begraben, die Synagoge eingeweiht, die Seidenraupenzucht aufgebaut war, hatten wir unsere Pflichten erfüllt. Die neue Gemeinschaft von Tiberias konnte fortan eigentlich ohne uns auskommen. Doch es gab neue Unruhe, drohte neue Gefahr. Ein von bewaffneten Banditen umgebener uralter Scheich war aufgetaucht und hatte Drohungen gegen unsere Brüder ausgestoßen. Nachts geschahen Raubüberfälle, und tagsüber kam es immer wieder zu Streitereien. Beatriz beschloß, den Scheich zu treffen und dazu ihr Gesicht zu verschleiern, um ihm nicht zu mißfallen.

Wir suchten ihn mehrere Tage lang und fanden ihn, als er vor einem schwarzen, mit farbigen Fähnchen geschmückten Zelt gerade seine *Huka* rauchte. Er schaute uns zu und blieb ganz still, als wir Seidenrollen, Geschirr und Goldmünzen zu seinen Füßen legten.

«*Salam aleikum*», sagte er und berührte mit seiner Hand die Stirn, seine Lippen und sein Herz. «Ich grüße die Senyora der Juden und den europäischen Fürsten, die den Beduinen das Land entwenden, ohne ein Gewissen zu haben, und ich warne sie: Dieses Land wird, was immer sie auch tun, an uns zurückfallen. Ich bin sehr geduldig, ich hasse Euch nicht. Ihr müßt jedoch wieder weggehen; Ihr seid hier nicht daheim.»

Beatriz hob mit einer nervösen Handbewegung ihren blauen Schleier. Ein Zeichen, wie aufgeregt sie war. Um seine Aufmerksamkeit auf mich zu lenken, erklärte ich dem alten Mann, daß es kein Land auf der Welt gebe, das uns mehr als dieses gehöre, auch wenn hier Beduinen ihre Zelte hätten. Und wenn in Istanbul Türken mit Christen und Juden in Frieden zusammenlebten, so sollte es doch auch möglich sein, daß in Palästina die Beduinen, ihre Herden und die Maulbeerbäume der jüdischen Siedler zusammen in Frieden leben.

Der alte Scheich lächelte ohne Bosheit.

«Es wird aber nicht so sein. Die Wüste gehört uns. Ihr werdet sie nicht lieben, und sie wird sich rächen. Sie» – er zeigte mit dem Kinn auf Beatriz –, «wird vielleicht hier sterben können. Aber Ihr sicherlich nicht.»

Damit zog er sich in sein Zelt zurück, das er mit einer heftigen Bewegung zumachte.

Beatriz predigte den Siedlern, geduldig zu sein; ich prüfte indessen ihre Waffen. Die Beduinen waren nicht zahlreich, und ihr Scheich war alt. Die Lage schien mir nicht allzu bedrohlich. Es brauchte nur ein bißchen Verständnis, um nebeneinander zu bestehen.

Vor unserem Aufbruch wählte Beatriz einen Obstgarten, neben dem sie ihr Haus bauen lassen würde.

«Weiß und ganz einfach soll es sein, Josef. Ich habe genug von diesem Prunk, in dem wir gelebt haben. Ich werde die Dienerin Gottes und seines Propheten Rabbi Isaak sein.»

Sie verkündete allen, daß sie bald zurückkehren werde. Der Abschied der Senyora von Rabbi Luria fand unter vier Augen statt. Ich wartete voller Angst während vier langer Stunden: Und wenn sie sich entschloß, schon jetzt hier zu bleiben? Aber nein, sie kam zurück, ohne ihre Pläne geändert zu haben. Ich hatte ein zweites Mal gewonnen.

Dann reisten wir nach Jaffa zurück. Alles Grün war verdorrt, der Sand wehte uns entgegen, und der Wollschweiß der Schafe stank. In der Abenddämmerung warfen sich die Beduinen auf den Teppichen vor ihren Zelten in Richtung Mekka nieder. Unser Palästina blieb getrennt in zwei Welten.

Beatriz und ich verließen nicht das gleiche Tiberias: Jenes, das ich für immer verließ, war eine neue Stadt, wo Siedler die Zukunft unseres Volkes aufbauten; jenes, das sie schweren Herzens verließ, war eine himmlische Stadt, in der man mit den Schlangen in der Sprache der Erlösung vom Bösen redete. Unser Aufenthalt hatte vier Monate gedauert. Wir hatten viel erreicht, doch die Sicherheit für die jüdische Kolonie in Tiberias, die das Osmanische Reich garantierte, bestand nur auf dem Papier.

Meine Berichterstatter erwarteten mich schon. Gerüchte von Krieg kursierten in Istanbul und hallten vom Abendland wider. Der Padischah bereitete sich darauf vor anzugreifen. Am Hof von König Philipp in Madrid wie im Vatikan zog man die Möglichkeit eines Überfalls der osmanischen Flotte in Betracht. Würde er stattfinden, würde er nicht stattfinden? Es hieß, daß der Herzog von Medinaceli dem König von Spanien empfohlen hatte, *Señor del Mar* zu werden, Herr der Meere.

Den Großadmiral Piali Pascha brachte die Nachricht zum Lachen.

«Machen wir uns keine Sorgen, Enfanghi Bey», sagte er. «Sie bauen Schiffe groß wie Kathedralen, die so schwer sind, daß unsere Galeeren sie innerhalb von Minuten versenken können. Wir sind schnell, Enfanghi Bey. Sie werden uns nicht verfolgen können.»

Ich sagte mir dennoch, daß die Flotte des Kolumbus trotz ihrer schweren Schiffe eine neue Welt erobert hatte. Aber das Osmanische Reich bestand aus der Mittelmeerküste und Wüsten. Die Türken konnten sich weder den unermeßlichen Ozean noch die großen Neuerungen vorstellen, die seine Bezwingung von den Schiffbaumeistern verlangte. Man setzte einfach auf die Schnelligkeit der Galeeren. Die Zukunft sollte zeigen, daß dies ein Fehler war.

Das Arsenal von Istanbul entfaltete eifrige Geschäftigkeit. Piali Pascha vertraute mir mit etwas Schadenfreude an, daß man hundertfünfzig Galeeren, zehn Galeassen, zwanzig Fregatten baute. Wo würde diesmal der «türkische Überfall» stattfinden? Der Großadmiral weigerte sich, es mir zu sagen.

«Es wird auch für Euch eine Überraschung sein, Enfanghi Bey. Ihr werdet sehen, es wird inmitten der Ungläubigen, in einer Festung des Christentums sein», sagte er geheimnisvoll.

1565 griff Piali Pascha die Insel Malta an, wo die Ordensritter sich tapfer verteidigten, während sie auf die Hilfe der Spanier warteten. Der Großadmiral hatte im Mai zugeschlagen, die Spanier kamen erst im September an, aber die Belagerten hatten nicht aufgegeben, und die erschöpften osmanischen Truppen mußten die sicher geglaubte Beute aus den Krallen lassen.

Die Wut über ihre Niederlage ließen die Muselmanen an den christlichen Griechen von Galata aus, die sich nicht mehr aus ihren Häusern heraustrauten. Sobald man einen sah, wurde er mit Steinen beworfen. Ich empfahl unseren Mägden, die violette Farbe der Juden von Istanbul zu tragen, um jede Verwechslung zu vermeiden; ich selber trug den langen Kaftan unserer Brüder, der mir nicht besonders gut stand und in dem ich dauernd stolperte. Ali der Große war über die Niederlage seiner Flotte und Armee so aufgebracht, daß er an einem Schlaganfall starb. Und nun wurde jener Mann Großwesir, der mein größter Feind werden sollte.

Ich dachte nicht, daß zwischen mir und Mehmed Sokolli Pascha eines Tages eine derart erbitterte Feindschaft entstehen würde. Ich bewunderte diesen großen dürren Mann mit seinen gramzerfurchten ernsten Zügen. Sokolli stammte aus Bosnien; er hatte eine einzige Leidenschaft, das osmanische Großreich, dem er mit seiner überragenden Intelligenz vorbehaltlos diente. Solange Süleiman der Prächtige noch lebte, war Sokolli freundlich zu mir, aber er vertraute mir kein einziges Staatsgeheimnis an. Er respektierte in mir den Schützling des Sultans, aber ich spürte seine Reserviertheit. Viele Janitscharen haben von den christlichen Wurzeln ihrer Religion den Haß auf die Juden behalten, wie er auch im islamischen Gesetz zum Ausdruck kommt. Wie Rustem Pascha hatte Sokolli eine christliche Kindheit gehabt; dann wurde auch er fortgeschleppt und wurde Mohammedaner und Janitschar. Schließlich hatte er ebenfalls eine Tochter des Sultans geheiratet. Wie Rustem Pascha hatte auch er seine Residenz prachtvoll ausgestattet, und man erzählte sich, daß ein venezianischer Maler dort Fresken auf eine Wand gemalt

gemalt hatte, die trotz des Verbots des Korans Männer mit ihren Gesichtern zeigten. Mit ihm einigermaßen auszukommen, schien mir möglich, aber sein unbeugsamer wilder Charakter stand meinen guten Absichten nur allzusehr im Wege.

Der neue Großwesir bereitete als erfahrener Feldherr den Gegenschlag des Reiches gegen das Abendland vor. Sultan Süleiman war inzwischen ein sehr alter Mann. Gewiß konnte seine Anwesenheit die Janitscharen mitreißen, die er mit Kühnheit schon bis vor die Mauern von Wien geführt hatte – aber umsonst. Würde man das Risiko noch einmal eingehen? Würde Sokolli bis Wien ziehen? Ich wußte nicht, was im Diwan-Palast ausgeheckt wurde. Piali Pascha, der nicht mehr viel zu vermelden hatte, schwor mir, daß der Angriff diesmal nicht vom Meer aus stattfinden würde. Ich nutzte die Zeit der nächsten Kriegsvorbereitung, um die Sache meiner französischen Schuldforderungen wiederaufzunehmen. Bald würde der Padischah eine Menge Geld brauchen und deshalb daran interessiert sein, mich beim Eintreiben meiner Schulden zu unterstützen.

Der neue Großwesir begriff sofort, genehmigte mein Gesuch und wählte einen Würdigen aus, der als Bevollmächtigter nach Frankreich gehen sollte, um die Schuldforderungen des Bankhauses Nasi geltend zu machen. Hadji Murad Bey hatte alle erforderlichen Eigenschaften, um Königin Katharina Medici, seit dem Tod ihres Gatten Heinrich II. nach einem Turnierunfall Regentin für den minderjährigen König Karl IX., trotz ihrer allbekannten Strenge und Kälte zu imponieren. Hadji Murad war ein eleganter, hochgewachsener Diplomat, der mit seinen exzellenten, osmanischen Manieren die raffiniertesten französischen Edelmänner derb erscheinen ließ. Außerdem hatte er auserlesene kostbare Gastgeschenke bei sich: mit Rubinen verzierte Goldetuis und fein ziselierte Silberdolche für den jungen Monarchen und sein Gefolge; Fruchtschalen aus Jade, Schreibgarnituren aus Jaspis mit Smaragd-Intarsien und geblümte Brokatstoffe für die Regentin. Mit solch einem Botschafter würde meine Sache gut vorankommen, meinte ich.

Aber als ich ihn abreisen sah, wollte mein Herz zerspringen. Hadji Murad würde Europas Himmel wiedersehen, in Venedig Station machen ... Ich weiß nicht, wie mir plötzlich geschah. Ich kam auf einen bizarren Einfall, der etwas von Beatriz' mystischen Inspirationen hatte. Immerhin haben wir ja das gleiche verrückte Blut, das uns zu wilden Taten drängt. Kurz, meine Sehnsucht nach Venedig war so stark, daß ich den Botschafter der Serenissima in Istanbul um einen Geleitbrief bat, da ich ausersehen sei, den Abgesandten der Hohen Pforte zu begleiten. Das war reiner Unsinn und andererseits lebensgefährlicher Leichtsinn. Ich war in Venedig schließlich noch immer zum Tode verurteilt. Aber ich sagte niemandem ein Wort, weder über meine Verurteilung noch über meinen Plan.

Die verträumten Kanäle wiedersehen, das Plätschern an den Gondelwänden hören, die frische Morgenbrise einatmen, die Landfrauen, die mit nackten Brüsten vorbeigingen, anschauen ... Ich hatte die Minarette, die Muezzins, die erhabenen Sonnenuntergänge über dem Goldenen Horn, die verschleierten Frauen, meine Gattin und meine Liebesaffären mit Mägden satt. Ich erstickte – und ich war noch jung! Was sind fünfzig Jahre für einen Josef Nasi?

Der venezianische Botschafter verweigerte mir den Passierschein unumwunden. Ich möge verstehen, daß auch ein mächtiger Fürst der Hohen Pforte einem Todesurteil nicht entkommen könne, das keineswegs aufgehoben war. Sein Blick sagte alles. Ich würde Venedig nie wiedersehen. Und ein wilder Haß auf die Serenissima überkam mich.

Sokolli erfuhr von meinem dummen Streich und machte ein saures Gesicht. Er wies mich darauf hin, daß der Name Sokolli «Adlerhorst» bedeute, und fügte hinzu: «Glaubt nicht, unersetzbar zu sein, weder Ihr noch die Senyora, Enfanghi Bey. Ich kenne einen Griechen namens Michael Khantakuzen, der – übrigens ohne Jude zu sein – ein unermeßliches Vermögen besitzt, das uns zur Verfügung steht.»

Beatriz zuckte gleichgültig mit der Schulter; ihre Gedanken

waren immer noch in Palästina und ihre Finger in einer Bonbonniere. Dafür wurde ich langsam unruhig. Dieser Sokolli konnte uns aus Istanbul verjagen und unsere Geschäfte in Gefahr bringen. Es war höchste Zeit, daß endlich Selim Sultan wurde.

So war der Stand der Dinge, als der charmante Hadji Murad Bey nach einem langen Jahr ohne Nachricht von sich aus Frankreich zurückkehrte. Sobald er dem Serail seine Aufwartung gemacht hatte, lud ich ihn in den Belvedere-Palast ein, damit er uns über seine Reise berichtete. Hatte er den König gesehen?

«Der König von Frankreich ist ein nervenschwacher Jüngling. Die Regentin, Königinmutter Katharina, sah ich.»

Mit welchem Erfolg?

Hadji Murad Bey schlug die Hände über dem Kopf zusammen.

«Ich weiß es nicht, Enfanghi Bey. Zuerst müßt Ihr den ganzen Weg in Betracht ziehen, den ich zurücklegen mußte, um den Hof von Frankreich zu erreichen. Ich wußte nicht, daß die Könige dieses Landes eine so große Neigung für das Reisen haben.»

Der Arme war genau in dem Augenblick in Marseille gelandet, in dem die Königinmutter, um die Position ihres Sohnes zu stärken, eine feierliche Zusammenkunft der Königsfamilien von Frankreich und Spanien vorbereitet hatte. Als die Nachricht kam, daß ein Botschafter der Hohen Pforte versuchte, den König zu treffen, wurde die Regentin Katharina sehr unruhig, und zwar nicht nur wegen der anstehenden Schuldforderungen. Die Ankunft eines osmanischen Emissärs störte die laufenden Verhandlungen, denn die Spanier betrachteten die Türken ja als ihre Erzfeinde. Also bemühte sich die Regentin heftig, die Anwesenheit von Hadji Murad Bey im Königreich Frankreich zu verheimlichen, und gab ihm keine Gelegenheit zu einem Zusammentreffen mit dem jungen König.

Murad hatte also nichts auszurichten vermocht. Zu dem Groll, den ich der venezianischen Republik gegenüber hegte, kam jetzt der gegen Frankreich, das Land des Leichtsinns und des Geizes. Um diese Zeit starb Papst Pius IV., der Nachfolger des grausamen Caraffa. Der neue Papst, Kardinal Ghislieri, nahm den Namen Pius V. an. Da er ziemlich alt war, schien es ihm nicht bestimmt zu sein, lange auf dem Heiligen Stuhl zu sitzen. Er aß nur Brotsuppen, Salate und Kompotte. Es hieß, daß er ein Fanatiker wie Caraffa sei, aber man hoffte, er werde mit seinen Breien und Suppen nicht viel zuwege bringen. Das erwies sich als ein großer Irrtum.

Seine erste Entscheidung war, die Wiederaufrüstung der von den Osmanen geschwächten spanischen Flotte zu unterstützen und damit König Philipps *Señor del Mar*-Hirngespinst. Piali Pascha rieb sich die Hände. Er schien überzeugt, daß seine Flotte mit dem König und dem Papst fertig werden würde, doch ich runzelte die Stirn. Dieser altersstarrsinnige Pius ließ mich Schlimmes befürchten.

Der Sturm brach an der ungarischen Grenze los, wo man ihn nicht erwartete. Der neue König von Ungarn war kein anderer als mein Antwerpener Jugendfreund Maximilian. Er griff die osmanische Streitmacht an, die der Sultan entlang der Grenze aufgestellt hatte. Der Krieg war unvermeidbar.

«Begreifst du endlich, daß sich alle unsere Verbindungen mit Europa verhängnisvoll auswirken?» sagte Beatriz ironisch, ungeachtet meiner Traurigkeit. «Dein Freund ist jetzt auf der anderen Seite. Er würde dich ohne Gewissensbisse töten lassen. Das sollte dir eine Lehre sein. Du hast für diesen Prinzen von Habsburg und Österreich immer eine unverständliche Zuneigung gehegt.»

Beatriz hatte recht. Ich verehrte die Mächtigen, an denen ich trotz allem stets heimliche Tugenden fand. Ich habe Karl V. respektiert, Maximilian geliebt und Selim... Unser jüdisches Volk, das keinen Herrscher hatte, interessierte mich weniger als die Kaiserreiche.

Der Krieg in Ungarn fing eines Morgens im Jahre 1566 mit einem dumpfen Rauschen an, das vom Serail herüberdrang. Die Kapitäne und Offiziere marschierten an der Spitze ihrer Besatzungen und Regimenter zum Hafen; große Trommeln schlugen den Rhythmus des Aufbruchs ins Feld. Die Truppen defilierten an einer aufgeregten, jubelnden Menschenmenge vorbei. Den Abschluß bildete eine mit goldenen Vorhängen verschlossene Sänfte, der eine weiße Standarte vorausgetragen wurde, auf der ein Satz des Korans in Silber gestickt war. Die Trommeln wurden leiser, als ob man jemand zu Grabe trüge, und plötzlich wurde es ganz still.

Eine abgezehrte Hand schob den Vorhang beiseite und grüßte die Janitscharen. An dem Ring erkannte ich Süleiman, der zu schwach war, um zu reiten. Jedesmal, wenn der Padischah ins Feld zog, marschierte seine Armee durch die Stadt, aber zum ersten Mal sah man von ihm nur diese knochige Hand. Sein weißes Pferd folgte der Sänfte in prachtvollem Geschirr.

Mehmed Sokolli ritt mit in den Krieg. Der Feldzug würde lang werden und versprach einige ruhige Monate. Ich nahm die Zeit wahr, um unsere Vermögenslage zu überprüfen und um für den Fall einer Gefahr unsere hastige Abreise vorzubereiten. Ich erwog gerade, wieder nach Tiberias zu fahren, das uns als Zufluchtsort hätte dienen können, als ich hörte, daß Selim Manisa in Eile verlassen habe.

Was war geschehen? Konnte es sein, daß der Sultan sich entschieden hatte, ihm die Führung der Armee anzuvertrauen? Die Nachrichten vom Feldzug waren gut. Der Padischah belagerte Szegedin, und es hieß sogar, daß die Stadt schon gefallen sei. Wollte der Prächtige seinen Sohn am Sieg teilhaben lassen?

Ich eilte ihm auf der Straße nach Manisa entgegen und ritt dabei mein Pferd zuschanden. Selim wußte so gut wie nichts. Er hatte lediglich den Befehl seines Vaters erhalten, auf dem schnellsten Weg nach Szegedin zu kommen.

«Begleite mich», schlug Selim mir vor. «Ich werde dich beschützen, hab keine Angst», fügte er mit diesem kindlichen

Lächeln hinzu, das mich immer entzückte. Ich war trotz Beatriz' Beschwörungen bereit.

Edirne, Sofia, Nisch ... Wir durchquerten pfeilgeschwind diese Städte, die sich vom Durchzug der Armee noch nicht wieder erholt hatten ... Auf dem ganzen Weg träumte Selim nur vom künftigen Ruhm.

Endlich kamen wir in Szegedin an, wo wir erwartet wurden. Im Lager der dreihunderttausend Soldaten herrschte Siegesjubel. Die Lockerung der Disziplin hatte schon zu den schlimmsten Missetaten geführt. Man schnitt Bauern die Kehle durch und raubte ihre Höfe aus, schlachtete das Vieh, legte Feuer, und die mit Gewalt weggeschleppten Mädchen schrien wie am Spieß. Andere Soldaten priesen ganz im Gegensatz dazu mit ihren alten, melancholischen Liedern die Heimat und den zurückgekehrten Frieden. Die osmanische Armee erholte sich von ihren Eroberungen; nichts schien auf ein Komplott gegen meinen Selim hinzuweisen.

Auf dem Gipfel eines Hügels, zur ungarischen Ebene hin, hoch auf dem Dach des rotgoldenen Herrscherzeltes flatterte das silberbestickte weiße Banner. Daneben warteten die Sänfte und das Pferd des Sultans.

Sokolli grüßte den Kronprinzen respektvoll. Dann half er ihm, von seinem Pferd abzusteigen, nahm ihn fest am Arm und zog ihn ohne Umstände mit sich.

«Kommt, mein Prinz, Euer Vater erwartet Euch.»

Ich hatte gerade Zeit genug zu bemerken, daß er die Vorschriften verletzte und bei der Erwähnung des Sultans nicht die ihm gebührenden Titel genannt hatte; er hatte nicht einmal Allah zum Schutz Süleimans angerufen. Das war seltsam. Ich folgte zögernd. Der Sultan war nicht zu sehen. Sokolli bot dem Kronprinzen einen Sitz an, der jedoch ungeduldig fragte:

«Der Padischah, mein Vater, Allahs Schatten auf Erden, hat mich dringend rufen lassen. Seine Eile entspricht meiner. Wann werde ich ihn sehen?»

Sokolli öffnete, ohne ein Wort zu sagen, einen Vorhang.

Süleiman der Prächtige ruhte leblos auf einem Prunkbett. Selim stieß einen Schrei aus und stürzte zu dem Toten hin. Er schluchzte, vielleicht genauso über sich selbst wie über den Tod seines Vaters. Sokolli schob mich nach draußen.

«Ja, Enfanghi Bey», sagte er leise, «unser Padischah ist tot. Doch noch weiß es niemand. Jetzt ist der neue Sultan angekommen, und das Geheimnis ist kein Geheimnis mehr. Am Tag vor dem Sieg entzündeten sich plötzlich seine Eingeweide. Er hatte noch die Kraft, mir zu befehlen, daß wir den Krieg weiterführen und die Armee dem Kronprinzen anvertrauen sollten. Er starb am Tag des Angriffs im Morgengrauen. Seine letzten Worte galten dem Kampf. «Höre ich nicht die Trommeln des Sieges?» fragte er mich in dem Augenblick, in dem er verschied. Ich mußte seinen Tod verheimlichen, sonst hätten wir die Schlacht verloren. Ihr habt vielleicht bemerkt, Enfanghi Bey, daß man die Soldaten nach dem Sieg auf andere Gedanken gebracht hat.»

«Ihr sagt, daß er am Morgen des Angriffs gestorben ist. Aber das war doch schon vor einigen Wochen. Wie habt Ihr verhindert, daß sein Leichnam ...?»

Sokolli machte eine vage Geste.

«Ein guter Arzt weiß, was in solchem Fall zu tun ist.»

Selim erzählte mir später, daß auch der Großwesir wußte, was zu tun war. Die Soldaten, die in die Schlacht stürmten, hatten keine Ahnung, daß in der verhängten Sänfte des Sultans eine Leiche saß. Von Zeit zu Zeit beugte sich Sokolli von seinem Pferd zu dem kleinen Fenster herab und tat so, als ob er vom Padischah Befehle empfing. Diese Finte genügte; die Täuschung war perfekt, und die Osmanen siegten auf Befehl von Allahs Schatten auf Erden. Sokolli ließ den Kronprinzen aus Manisa kommen, die Leibgarde des Sultans war ohnehin stumm, und der Arzt, der Süleiman einbalsamiert hatte, bekam keine Gelegenheit mehr zu reden. Sokolli ließ ihn mit den Eingeweiden des Toten von den Stummen hinter einem Hügel begraben.

«Nun ist der Moment gekommen», sagte Sokolli zu mir, «der Armee die Wahrheit zu sagen. Sie muß ihrem neuen Sultan den Treueeid schwören. Euer Freund, Fürst, ist von nun an Euer absoluter Herr.»

Sokolli hatte loyal gehandelt und alles vorbereitet. Es wurde entschieden, daß die Sänfte am nächsten Tag schwarz verschleiert sein würde. So würde die Armee erfahren, daß sie ihren Heerführer verloren hatte, und würde glauben, daß er in der Nacht verstorben sei. Dann würde sie Selim als dem künftigen Sultan huldigen. Die feierliche Thronbesteigung sollte nach der Rückkehr in Istanbul stattfinden.

Sokolli behandelte mich mit Ehrerbietung. Schließlich war ich der Günstling des neuen Sultans. Wir besprachen bis zum Morgengrauen alle Details des bevorstehenden Zeremoniells. Nachdem ein stummer Schneider Selims Maße genommen hatte, um ihm in wenigen Stunden eine Trauerkleidung anzufertigen, fiel mein neuer Herr todmüde auf ein Bett.

Ich kann mich nicht erinnern, je zuvor mit solchen Gefühlen den nächsten Tag erwartet zu haben. Selim Sultan – endlich!

Der Himmel wurde langsam weiß, und bald hallte der erste Schrei, von vielen anderen gefolgt, durch das Lager. Schluchzen setzte sich in Wellen von Zelt zu Zelt fort. Die Armee wußte es jetzt, die ganze Ebene wogte. Ich half Selim beim Ankleiden. Sokolli gab Befehle, um die Armee in Reih und Glied aufzustellen.

Die Leibwächter des Sultans legten die Leiche Süleimans in einen Sarg, den man auf einer mit dem grünen Tuch des Islams bedeckten Kanonenlafette befestigte. Die Trauerbanner wurden gehißt, Trompeten erklangen.

Sokolli geleitete Selim auf den Platz und legte den gold-weißen Staatsturban in seine Hände.

«Auf den Sarg, Eure Herrlichkeit, auf den Sarg müßt Ihr ihn legen.»

Selim trat steif vor. Ohne zu zittern, legte er den Turban nieder und schlug die Hände über dem Kopf zusammen. In diesem Augenblick erklang die erste Sure des Korans, darauf folgte ein ohrenbetäubendes Geschrei. Mein Prinz war Sultan geworden: Selim II.

Zwei Stunden lang nahm er auf dem weißen Pferd seines Vaters die Parade der Truppen ab. Die Janitscharen liebten ihn von jeher, begrüßten ihn freudig und erwarteten seine ersten Befehle: den Krieg weiterführen oder nach Istanbul zurückkehren? Sokolli ließ Selims ersten Diwan, seinen ersten Kriegsrat zusammentreten. Die Offiziere konnten sich nicht einigen. Sokolli ersuchte den neuen Sultan um seine Entscheidung.

Selim zögerte. Ich gab ihm einen sanften Stoß. Ein Sultan zögert nie!

Er zuckte zusammen und befahl mit markiger Stimme die Rückkehr. Der Leichnam des Prächtigen würde von Szegedin bis Istanbul auf der Kanonenlafette von so vielen Pferden gezogen werden, wie nötig wären. Die Offiziere gingen vor sich hinfluchend weg.

«Eure Herrlichkeit hat mit ihnen nicht über die Gratifikation anläßlich der Thronbesteigung gesprochen», bemerkte Sokolli kalt. «Es wird unterwegs Unruhe geben.»

Selim verschob die Angelegenheit auf den nächsten Tag und dachte auch dann nicht daran, als er die Führung des endlosen Heereszuges übernahm. Seine Gedanken waren mit dem Zustand der Leiche seines Vaters beschäftigt. Drei Wochen waren schon vergangen, und wie viele Tage würde man noch bis zu seiner letzten Ruhestätte brauchen?

«Der Sultan soll sich keine Sorgen machen, Enfanghi Bey», sagte mir Sokolli. «Ich habe den Körper des Padischah mit Baumwolle und aromatischen Gewürzen füllen lassen. Er wird einfach austrocknen. Im übrigen wird er schon merken, daß das Reich ganz andere Sorgen hat als diese.»

Er irrte sich nicht. Drei Tage später, als die Armee noch mehr oder weniger ruhig schien, bekam der neue Sultan Besuch von zwei Stammesfürsten, der eine aus Rumelien, der andere aus Anatolien. Die zwei recht frommen Männer waren gekommen, um Selim zu bitten, den Erlaß über das Weinverbot im Reich beizubehalten. Jetzt schon!

Selim geriet in helle Wut und warf sie hinaus. Sokolli nahm mich beiseite.

«Es liegt bei Euch, Enfanghi Bey, ob unser Sultan die heiligen Gesetze des Islams achtet. Überzeugt ihn, und wir werden Freunde. Sonst, mein Herr, wird er die Achtung seines Volkes verlieren, und ich werde Euch nie verzeihen. Ihr habt es verstanden, den Jüngling zu unterhalten, nun erzieht den Sultan zur Reife.»

In diesem Augenblick schien sich mein Schicksal zu entscheiden. Ich unterschätzte den Großwesir, hielt ihn nur für bigott. Außerdem, einen Großwesir konnte der Sultan jederzeit durch einen anderen ersetzen...

«Wieso?» antwortete ich leichtsinnigerweise. «Seid Ihr nicht weise genug, um ihm selber Ratschläge zu geben? Ich bin nur ein europäischer Fürst, ich bin kein Großwesir!»

Wie er mir versprochen hatte, verzieh er mir nie.

Wie zufällig ertönte kurz darauf das unangenehme Geräusch der Löffel, die die Janitscharen gegen die umgeworfenen Suppenkessel schlugen. Nichts ist schrecklicher für einen Sultan, als dieses Signal des Aufruhrs seiner Armee zu hören.

«Man sollte die Bräuche bei der Thronbesteigung nicht ignorieren, Eure Herrlichkeit», sagte Sokolli ruhig.

«Das Geld, Sokolli, verteilt es schnell!» schrie Selim.

«O nein, nicht sofort. Laßt sie sich die Lunge aus dem Halse schreien. Erst dann werdet Ihr nachgeben.»

Den Wortwechsel verschluckte ein einstimmiges Gebrüll: «Folg dem alten Brauch! Folg ihm, Sultan Selim!»

Nach einer Weile bat der schlaue Sokolli den neuen Sultan formell um die Erlaubnis, die Truhen zu öffnen, die schon bereitstanden. Jeder Soldat erhielt zwanzig Dukaten, jeder Janitschar das Doppelte, die Offiziere je nach ihrem Rang noch viel mehr – und alles schien wieder in Ordnung. Aber Sokolli hatte gezeigt, daß er unentbehrlich war.

Auf dem weiteren Heimweg teilte Selim seine Zeit zwischen Sokolli und mir auf. In den Gesprächen über die Zukunft des Reiches führte stets der Großwesir das Wort. Am Abend fand ich einen Selim, dem der Sinn nur noch nach Wein stand. Ich massierte seine Füße, brachte ihn zum Lachen, das war alles, was ich für ihn tun konnte. Mir war klar, daß Selim den Großwesir seines Vaters nicht entlassen würde und ich vor allem mit der Organisation seiner Freuden beschäftigt sein würde.

Eines war sicher. Er hatte beschlossen, das Weinverbot abzuschaffen, was auch immer geschehen mochte.

«Ich werde dich zum Herzog machen», sagte er und gähnte. «Setz dich neben mich. Du langweilst mich wenigstens nicht wie dieser Sokolli. Ja, du wirst Herzog», wiederholte er jeden Abend, bevor er einschlief.

Die Schattenseite dieser Ehre war mir wohl bewußt: Mehmed Sokolli würde versuchen, mich auszuschalten.

«Und er hat es geschafft. Wenn er dazu auch zwölf Jahre brauchte», resümierte der Narr und erhob sich. «Wenn du deinen Sultan überzeugt hättest, auf die Abschaffung des Verbots zu verzichten, hättest du deine Macht nicht verloren.»

«Aber ich hätte Selim verloren, Caraffa!»

«Ja, gewiß. Aber es wäre besser gewesen, weil du ihm ohnehin nie Glück gebracht hast, Herr. Außerdem hatte die Senyora recht. Warum mußtest du dich auch dermaßen in die Angelegenheiten des Reiches einmischen?»

«Warum, warum, Caraffa? Sie lehnte die Welt ab und ich nicht. Tiberias war ein zu strenger Ort. Ich konnte mir nicht vorstellen, daß ich dort ohne Paläste, ohne Vergnügungen und ohne Luxus alt werden könnte. Mit Selim teilte ich wenigstens die eine Leidenschaft. Ich war in seiner Gesellschaft berauscht, fühlte mich glücklich und frei.»

«Ich wette, daß die Senyora sich dir in den Weg stellte ...»

«Richtig, Narr. Es blieb ihr nur eines, um mich bei der Religion unserer Väter zu halten. Aber reden wir nicht davon ...»

Der Herzog war aufgestanden und betrachtete die Stadt, die vom Mondlicht erhellt wurde.

«Solange Sokolli lebt, werde ich auch leben, Caraffa ... Diese Prophezeiung läßt mir keine Ruhe. Dort, im Serail, in dem ich so viele Jahre verbracht habe, schläft dieser Mann jetzt, der mich haßt, doch sobald er die Augen öffnet, wird er dem Nachfolger meines Selim zu Diensten stehen: Mehmed Sokolli, der einzige Überlebende der Schlachten, die mein Leben füllten ...»

VIII

1566–1569
Eyüp oder die Liturgie des Abschieds

Freitag, bei Tagesanbruch

Ein leiser Schrei ließ den Herzog sich umwenden. Ein Schatten floh in die Dunkelheit.

«Ach! Meine Gattin, die ich wieder einmal vergessen hatte und die auch noch lebt», seufzte er. «Nein, Caraffa, frag nicht weiter. Du willst natürlich wissen, warum ich deine Herzogin nicht sehen will. Du wirst es bald wissen. Dann magst du urteilen.»

«Ich bin in der Tat neugierig», sagte der Narr, «endlich die Ursache der schlechten Behandlung zu erfahren, die du meiner Herzogin angedeihen läßt. Schluß mit deinen Rätseln! Sag es mir jetzt! Du hast es schon so lange versprochen.»

«Du kannst wohl vorher nicht einschlafen, Halunke. Geh und vergewissere dich, daß die Herzogin nicht zuhört. Sie würde sehr darunter leiden, glaube mir.»

Sokolli hatte den neuen Sultan, meinen Selim, dazu bestimmt, sich bereits im Serail zu befinden, wenn die Truppen in der Hauptstadt eintreffen würden. Das war ein vernünftiger Rat, denn jede Erbfolge bringt die Gefahr von Unruhe und Rebellion mit sich. Also verließ der Prinz mit mir heimlich den Heereszug. Wir ritten jeden Tag bis spät in die Nacht hinein und passierten die Wachposten des Serails, indem wir uns als Sokollis Emissäre ausgaben. Es war noch vor Sonnenaufgang. Selim ließ mich gleich in seinen Pavillon kommen, und wir trafen mit Hektik die letzten Vorbereitungen für die Übernahme der Macht im Reich.

Dann wollte er sich ausruhen, und ich begab mich zu unserem Belvedere-Palast.

Niemand erwartete mich. Die Hausbewohner erwachten erst gerade. Einige Mägde wischten den Boden des großen Saals, andere machten sich in der Küche zu schaffen. Ich nahm mir im Vorübergehen ein paar Trauben. Plötzlich erstarrte mir das Blut in den Adern. Reyna sang.

«In der Nacht habe ich mich verliebt...»

Ich kannte diese Romanze nicht. Seit Jahren hatte ich ihre Stimme nicht mehr gehört, die immer noch so frisch und heiter war wie in ihrer Jugend, während der kurzen Rasten auf unserer langen gemeinsamen Reise. Ich lief voller Erwartung schnell die Treppe hinauf. Hatte Reyna vielleicht die Freude am Leben wiedergefunden?

Ich öffnete die Tür. In der Morgensonne begleitete sich Reyna auf der Gitarre. Und... Ich kann es nicht sagen. Ich, der Zyniker, zittere noch heute, wenn ich daran denke: Um den Nacken meiner Gattin lag die Hand eines Mannes! Mit der anderen streichelte er ihren Arm. Es war der Cousin Samuel! Der unschuldige Samuel, der beflissene Verwalter des Hauses Nasi, der Gatte von La Chica. Selbst wenn der Blitz mich getroffen hätte, wäre es nicht ein so harter Schlag gewesen.

Meine Frau hob den Kopf und sah mich. Ihre Augen glänzten. Doch im nächsten Augenblick schwand das Blut aus ihren von Lust geröteten Wangen. Sie setzte das Instrument ab und schlug ihre Hände vors Gesicht. Ich stürzte mich auf den Cousin, schlug ihn nieder und zertrümmerte mit den Füßen die Gitarre. Reyna hob schützend ihre Arme. Ich warf sie zu Boden.

«Für ihn hast du also gesungen! Nie wieder will ich deine Stimme hören, Reyna... nie wieder! Du hast dein Spiel gut gespielt, Cousine. Für mich stets eine kummervolle Miene, für ihn ein Lächeln und das Beste an dir.»

Und ich behandelte sie wie ihre Gitarre, mit Tritten. Hinter mir hörte ich die Schreie von Beatriz.

«Du wirst sie töten, Josef! Laß sie! Josef, bist du wahnsinnig!»

Meine Wut legte sich plötzlich. Die Senyora rannte zu ihrer stöhnenden Tochter, um ihr aufzuhelfen; der Cousin war humpelnd davongerannt.

Das geschah mir also, als ich unerwartet aus Szegedin zurückkam.

Beatriz legte ihre Tochter auf das Bett, zog die Bettvorhänge zu und drängte mich aus dem Zimmer. Ich war wie betäubt und ließ mir alles gefallen. Sie führte mich auf den Balkon, auf dem ich mich jetzt befinde.

«Nun beruhige dich, Josef. Ich verstehe deine Wut. Aber wenn du meine Reyna nicht im Stich gelassen hättest, wäre es nicht soweit gekommen. Du hast ihr nie die Aufmerksamkeiten eines Mannes für seine Frau zukommen lassen, die sie zu Recht erwartet. Immer warst du im Serail, nie ein Zeichen von Zärtlichkeit, statt dessen unerträgliche Mißachtung, Spötteleien über ihre Kleidung und ihre einsamen Nächte ... Ohne von deinen Mätressen zu reden. Hast du wirklich das Recht, eifersüchtig zu sein, Josef?»

«Ich wollte sie nicht heiraten, Beatriz», seufzte ich. «Und was machst du mit La Chica, sie ist genauso betrogen wie ich.»

«Sie weiß nichts davon», beteuerte sie.

Da kam mir ein Verdacht.

«Beatriz, sag mir, hast du gewußt, daß Reyna und Samuel ...?»

Sie antwortete nicht, sondern senkte nur den Kopf mit einer Verlegenheit, die ich nicht an ihr kannte.

«Sollte ich meine Tochter lieber unglücklich lassen?» schrie sie plötzlich. «Ja, ich habe es bemerkt, und ich habe nichts gesagt. Ich habe Reyna nicht auf den Pfad der Tugend zurückgebracht. Und jetzt, verurteile mich, wenn du die Stirn hast!»

Ich hatte Lust, sie zu erwürgen, ich beschränkte mich indessen darauf, sie zu ohrfeigen. Sie ließ es geschehen, rieb sich dann ihre Wange, und schneller als gedacht hatte sie sich wieder gefaßt.

«So! Ich werde dir sagen, was du jetzt machen wirst, Josef», sagte sie in ruhigem Ton. «Du vergißt, was du gesehen hast. Du störst den Frieden unseres Hauses nicht mehr. Du machst keinen Skandal wegen einer unschuldigen Tändelei. Du tötest den Cousin Samuel nicht. Und wer weiß, alles in allem», fügte sie mit verkniffenem Gesicht hinzu, «macht dich diese Erfahrung nachdenklich. Vielleicht bringt die Eifersucht dich endlich zu meinem unglücklichen Kind zurück.»

Ich verstand. Beatriz hatte die Liebelei ihrer Tochter toleriert. Reyna hatte ein wenig Glück gefunden, das ich ihr nicht gab, und wenn ich eifersüchtig wäre, könnte das ein Zeichen sein, daß ich sie vielleicht doch begehrte. Was für eine klägliche Farce...

«Meine Mutter», antwortete ich mit hartem Ton, «als die Senyora vereint Ihr alle Tugenden in Euch, und niemand hat mehr Mut als Ihr. Aber Ihr solltet Euch nicht mit Gefühlen befassen; denn Ihr wißt nichts von der Liebe. Ihr seid zu kalt, um amouröse Ränke zu schmieden. Man kann nicht gleichzeitig Judith sein wollen und die Schwächen des Fleisches tolerieren... Abgesehen von Eurer Gier nach Süßigkeiten besitzt die geringste Eurer Mägde mehr Sinnlichkeit als Ihr.»

Ich hörte aus der Ferne Geschrei, das mich beunruhigte. Ein Aufstand? Oder im Gegenteil, Vivatrufe? Ich mußte zu meinem Sultan...

Die Senyora lachte kurz auf. «Ich soll nichts von der Liebe verstehen, Josef – ich?»

«Adieu, meine Mutter», warf ich eiskalt ein. «Euer Wunsch sei mir Befehl. Ich werde mich meiner Gattin gegenüber wie in der Vergangenheit benehmen, aber ich werde sie nie wieder züchtigen. Was den Cousin betrifft: Mag er im Hause bleiben – vorausgesetzt, daß er mir aus dem Weg geht und ich nicht noch einmal Zeuge seiner Seitensprünge werde, will ich mich, wie Ihr, damit abfinden.»

Ich hörte später, daß Reyna sich zu Bett gelegt und man um ihr Leben gefürchtet hatte. Es hieß, daß sie schwanger war, das Kind jedoch meine Schläge nicht überlebt hatte. Ich habe nie die Wahrheit darüber erfahren. Wir verloren einen guten Verwalter, weil Cousin Samuel so diskret aus dem Palast verschwand, wie er gekommen war. Die Senyora schickte ihn mit seiner kleinen Gattin nach Ferrara, von wo sie rechtzeitig flohen, als auch dort die Verfolgungen der Inquisition anfingen. La Chica hatte von der Affäre ihres Mannes offenbar wirklich keine Ahnung. Heute leben sie in Saloniki, glaube ich.

Ich begab mich zum Serail. Meine Ohren hatten mich nicht getäuscht, und was ich gehört hatte, war tatsächlich der Lärm eines Aufstands. Trotz aller Vorsichtsmaßnahmen wurde Selim im Serail erkannt. Die Janitscharen, die dort Wache hielten, wußten nicht, was sie von der Heimlichtuerei halten sollten, hatten sich in der Nacht betrunken und den Weg zum Serail mit Fässern versperrt, so daß ich nicht hineinkonnte. Selim saß in seinem Pavillon wie ein Gefangener.

Der Trauerzug zog in die Stadt ein. Die Janitscharen des Feldheers vereinigten sich mit ihren betrunkenen Kameraden, und die Sache nahm eine sehr schlimme Wendung. Die Aufrührer schleppten zwei Offiziere als Geiseln vor den neuen Sultan, der gezwungen wurde, den Sold zu erhöhen. Die Unruhe wurde immer heftiger. Das war zuviel: Sokolli befahl einigen ihm ergebenen Wachsoldaten, zehn beliebige Janitscharen zu ergreifen, deren Köpfe sofort abgeschlagen wurden. Als nach dieser drastischen Abschreckungsmaßnahme wieder Ruhe eingekehrt war, konnten die Bestattungsfeierlichkeiten beginnen. Der aus seinem Pavillon befreite Selim geleitete den Sarg seines Vaters, der von Soldaten bis zu dem Mausoleum hinter der Süleiman-Moschee getragen wurde.

Von nun an verstrich kein Tag, ohne daß Selim mich nicht um Rat fragte. Von sich aus hatte er schon das Weinverbot aufgehoben und mein sogenanntes Weinmonopol bestätigt. Er wolle aber noch mehr für mich tun, erklärte er. Ich sollte ihm frei heraus meine Wünsche nennen. Nach einigem Nachdenken sagte ich:

«Wenn mein geliebter Sultan mich so fragt, würde ich sagen, daß Eure Herrlichkeit seinen Freund und Diener benützen sollte, um das Königreich von Frankreich zu bestrafen, das uns Geld schuldet und sich weigert, diese Forderungen anzuerkennen. Der Padischah möge mir Vollmacht geben, eine Handelssperre über die französischen Schiffe zu verhängen. Es sollen einige in den nächsten Tagen in Alexandria ankommen.»

Selim lachte.

«Eine Handelssperre! Das ist wohl deine Spezialität. War die von Ancona noch nicht folgenschwer genug für uns? Laß uns sehen ... Ja, ich glaube, daß ich es dir doch erlauben werde, Jussuf. Ich mag diesen neuen Botschafter nicht, der auf de la Vigne gefolgt ist und dich ständig zu verleumden sucht. Grandchamp ist sein Name, nicht wahr?»

«Der Großwesir schätzt ihn sehr», sagte ich.

Selim blickte mir tief in die Augen und nahm mich bei der Schulter.

«Beschlagnahme die französischen Schiffe, Jussuf, und halte dich an ihnen schadlos.»

Zuerst mußte freilich der kleine Grandchamp überlistet werden. Dieser junge Mann träumte davon, eine reiche osmanische Erbin zu heiraten. Also war es kein Problem, ihm eine Falle zu stellen. Er hatte seine Augen auf die Tochter des Woiwoden der Walachei geworfen und tat so, als ob er in sie verliebt sei. Auf den Rat seiner Freunde, die von mir bestochen waren, hatte er seiner Schönen überaus teure Geschenke geschickt. Ich erbot mich, ihm Geld zu leihen, und wurde sein Gläubiger. Nun machte es keine Mühe mehr, die Ehepläne des jungen Vogels zu hintertreiben. Ich hatte ihn in der Hand. Ohne genauer hinzuschauen, unterzeichnete er ein Schuldanerkenntnis, das ich auf die Schuld des Königreichs Frankreich ausgedehnt hatte. Unfaßbar, nicht wahr? Dieser Dummkopf las das Papier nicht einmal. Der Herr Botschafter hatte also seinen König verpflichtet, ohne es zu merken, und ich hatte das Recht auf meiner Seite. Ich konnte aufgrund dieses Dokuments fünf französische Handelsschiffe konfiszieren lassen, deren Ladung in etwa die Schuldforderungen der Bank deckten.

Ausgerechnet am Tag nach diesem finanziellen Sieg wurde der korsische Patriot Sampiero Corso auf seiner geliebten Heimatinsel von Unbekannten ermordet. Sampiero war ein Schützling von mir, den ich seinerzeit auf Rat von Rustem Pascha unterstützt hatte, als er auf Korsika mit Hilfe französischer Freischärler eingefallen war, um es den Genuesen zu entreißen. Sicher, es fehlte nicht an Verdächtigen, doch für mich stand fest, daß Sokolli den Mord befohlen hatte, damit die Mittelmeerinsel nicht unter französische Kontrolle geriet. Und wenn er sich erdreistete, einen Rebellen, der ursprünglich ein Verbündeter des Osmanischen Reiches war, ermorden zu lassen, konnte es ihm plötzlich ebenso in den Sinn kommen, sich einen jungen, schwer lenkbaren Sultan vom Hals zu schaffen. Ich konnte Sokolli nicht ohne überzeugenden Beweis beschuldigen, aber wenigstens konnte ich meinen Freund Selim schützen. Mit dem Vorwand, mich bei dem Sultan für die Hilfe zu bedanken, die er mir in der Sache der Pfändung der französischen Schiffe gegeben hatte, ließ ich ihm einen großen, dreifach versiegelten Korb bringen.

In meinem Beisein schaute er sich die Siegel an.

«Wieder einer von deinen Streichen, Nasi? Mach auf und zeig mir die Geschenke. Ist es eine kunstvoll gearbeitete Schale, vielleicht eine Statue oder ein Gemälde?»

Ernst wie ein Sammler nahm ich aus dem Korb einen Topf Hühnerbrühe, Lammfleisch in süßsaurer Sauce, die nach Glühwein roch, Sahnetörtchen und eine mit Veilchen parfümierte Essenz heraus, alles von meinem Koch zubereitet. Dann zauberte ich zwanzig Flaschen von meinem besten Wein hervor. Alles stellte ich zu Füßen meines Sultans.

«Glaubst du, daß ich nicht gut genug ernährt werde, Josef?» fragte Selim lachend. «Lammfrikassee, das kriege ich jeden Tag. Und Huhn wird mir gefüllt mit Reis und Eiern, gewürzt mit Zimt serviert. Ich kriege alles, was ich will, das weißt du doch. Diese Gerichte sind gewiß phantastisch, aber was bezweckst du mit dieser Gabe?»

Ich erklärte meinem Herrn, daß es in seinem Interesse läge, sein Essen versiegelt und garantiert ohne Giftbeimengung zu bekommen. Sein Gesicht verfinsterte sich. Ich hielt ihm vor, daß solche europäischen Gerichte an seinem Hof nicht üblich waren, daß niemand wegen seines ausgefallenen kulinarischen Verlangens beleidigt sein würde und daß er nur dann mit gutem Appetit essen könne, wenn seine Mahlzeiten außerhalb des Serails angerichtet würden.

«Willst du damit sagen, daß du mir von jetzt an jeden Tag mein Essen schicken lassen willst?»

Ich nickte. Selim umarmte mich gerührt.

«Du bist der einzige, der sich aufrichtig um mich kümmert. Ernähre mich also, mein Freund, ich bin einverstanden. Ich werde kein Gericht annehmen, daß nicht dein Siegel trägt. Aber ich will, daß du ein Siegel verwendest, das dich als Herr eines Reiches ausweist. Das Siegel eines europäischen Fürsten ohne Land genügt mir nicht. Sag mir, was du willst, und du sollst es sogleich haben.»

Zypern! Blitzartig sah ich die Pinien, die Zypressen, Faustina vor mir. Ich wollte diese Insel haben. Sie gehörte Venedig und war sein Prunkstück vor der Tür des Osmanischen Reiches. Die Insel schien mir nicht schwierig zu erobern. Ich würde mein eigenes Reich daraus machen, ein Reich tausendmal sicherer und fruchtbarer als Palästina. Endlich würde ich König sein!

«Du redest Unsinn, Josef! Sokolli will keinen Krieg. Zypern, nein, das geht nicht. Vielleicht später, wir werden sehen. Aber eine kleinere Insel, die uns nicht in Schwierigkeiten bringen würde... Laß mich nachdenken.»

Er empfahl Naxos, und die Hauptinsel des Kykladen-Archipels wurde mühelos ihrem bisherigen Herrn, Giacomo III. Crispo, Lehnsmann der Serenissima, entrissen. Diese schöne Insel hatte Salz, Wein und weißen Marmor zu bieten. Die Griechen nannten sie die «ganz Runde». Ich erhielt also ein ehemaliges venezianisches Herzogtum. Es war nicht Zypern, aber es war nicht schlecht.

Man steckte den armen Herzog Giacomo ins Gefängnis. Ich wurde Herzog von Naxos, Graf von Andros und Paros, Herr von Milos und Herrscher eines ganzen Inselreiches.

Zuerst ließ ich mir ein neues Wappen schneiden. Sobald ich den Ring aus Karneol in der Hand hielt, auf dessen Siegel der Mond und der Löwe das N von Naxos und Nasi umschlangen, sobald ich den Löwen meines Herzogtums und den marranischen Namen von Beatriz de Luna zusammen sah, konnte ich der Versuchung nicht widerstehen, sie wiederzusehen.

Ich entschloß mich, zu unserem Palast zu gehen, wo ich seit Monaten nicht mehr gewesen war. Ich fand Beatriz in ihrem alten Lehnsessel mit ihren Tarotkarten beschäftigt. Nichts hatte sich geändert.

«Seht an, eine Geistererscheinung, von nun an Herzog von Naxos, habe ich gehört!» sagte sie.

«Ich bin's, meine Mutter», antwortete ich ironisch. «Ich komme, um Euch meine Aufwartung zu machen und Euch unser frisch eingeschnittenes Wappen zu zeigen.»

Sie hatte die Güte, den Ring zu nehmen, beugte sich förmlich über ihn, betrachtete den Stein mit distanzierter Miene und drehte ihn gegen das Licht, die Brauen runzelnd.

«Ich sehe kein Zeichen unserer Familie, mein Sohn. Das N von Naxos deckt das N von Nasi und erstickt es, das ist alles. Was ist daran so wunderbar?»

Sie wollte mir den Ring zurückgeben, doch ich drückte ihn ihr fast gewaltsam wieder in ihre geschlossene Hand.

«Schaut ihn nochmals an, meine Mutter. Ihr könntet ein Detail erkennen, das Euch angeht.»

Sie studierte den Ring noch einmal.

«Ich kann wirklich nichts dergleichen entdecken», sagte sie ärgerlich. «Ich erkenne einen Löwen und einen Mond...»

Sollte sie sich nicht an ihren marranischen Namen erinnern? Nein, sie schaute, ohne zu begreifen. Ich tat feierlich. «Würde Donna Gracia Nasi es dulden, daß ich sie Senyora de Luna nenne?» fragte ich.

Sprachlos betrachtete sie den Karneol abermals, dann ließ sie den Ring von Naxos auf den Boden rollen.

«Beatriz, ich sehe, daß du verstanden hast. Der Löwe und der Mond, ist das nicht eine gute Idee?»

«Du haßt mich also nicht, Josef? Du hast mir verziehen?» fragte sie und breitete ihre Arme aus.

Ich fiel ihr zu Füßen. Mein Gott, wie alt waren wir! Der endlose Streit war zu Ende. Sie streichelte meinen Kopf, und wir waren wieder zusammen, ohne Zorn, am Rande unseres Lebensabends, mit den Narben unserer Kämpfe. Wir hatten alles vergessen, den Cousin Samuel, unsere Starrköpfigkeit, die Meinungsverschiedenheiten und sogar meine unglückliche Ehe. Wir segelten wieder auf unserem intimen Meer, das uns nie mit Stürmen überrascht hatte, das ruhige Meer unser beider Zärtlichkeit. Ich brach das Schweigen.

«Senyora de Luna, wir sollten gemeinsam nach Naxos segeln. Ihr müßt bei meiner Krönung dabei sein. Wißt Ihr, wie viele Inseln mir gehören?»

Sie zählte einige an ihren Fingern auf: «Santorin, Milos, Syros und Paros», sagte sie stolz.

«Und du vergißt weitere, Beatriz. Antiparos, Nios, Niamfo, Andros, Mykonos, Seriphos, Siphanto und natürlich Naxos. Eine Menge kleiner Inseln, Beatriz, aber mein Königreich.»

«Nimmst du Reyna mit?» fragte sie unruhig.

Die Glücksmomente mit Beatriz dauerten nie lange. Ich seufzte, küßte ihre Finger und stand auf.

«Ich muß es, Mutter. Aber Ihr werdet neben uns sein und mit Euren Augen sehen, wie ich meine Leidenschaften bezwinge. Seid Ihr nicht in dieser Kunst die geübteste Frau der Welt?»

Es gelang ihr zu lachen.

Meine Inseln, auf dem Mittelmeer zerstreut und mit vergessenen Göttern bevölkert...

Ich brauchte viel Zeit, um sie alle zu identifizieren. Es sind schöne Inseln. Einige sind trocken wie die Wüste und vom Wind leergefegt; nur Unkraut und Wüstenblumen wachsen dort. Andere sind mit Zypressen und kletternden Glyzinien bepflanzt. Aber keine gleicht Naxos, der Perle meines Herzogtums.

Wir landeten dort im Frühling. Auf dem Kai wartete vollzählig der Hofstaat des früheren Herzogs Crispo. Diese Barone in frisch gewaschenen Houppelandes, diese Frauen in schwarzen Kleidern mit altmodisch aufgeplusterten Ärmeln hatten eine würdevolle Steifheit behalten. Einige Damen trugen immer noch den Kopfputz aus dem vergangenen Jahrhundert. Nicht gerade lautstarke Hochrufe hießen uns willkommen, ausgebracht von Landleuten, die hinter einem Spalier von Soldaten armselige Blumensträuße schwenkten. Ich nahm resolut den Arm der Senyora. Die Herzogin von Naxos, meine Gemahlin, folgte uns scheu.

Die beiden Damen stiegen in eine staubige Kutsche, und der Verwalter des Hauses Crispo reichte mir die Zügel eines alten müden Pferdes. Wir fuhren zur Burg hinauf. Mein Gott, war die Insel schön! Sie war ein einziger Obstgarten, in dem Oliven, Feigen, Orangen und Granatäpfel durcheinander wuchsen; Brunnen und Quellen sprudelten überall; die besten griechischen Weinberge grüßten mich.

Das Kastell mit den zwölf Türmen gemahnte an den König, den die Osmanen einst verjagt hatten. Alles war so altertümlich, daß man sich zwei Jahrhunderte zurückversetzt fühlte. Es gab wenig Teppiche in den Räumen, meist nur Stroh oder Heu, das man jeden Morgen frisch auf den Boden warf. Ich fand einige venezianische Gläser, aber viel mehr Zinnbecher, für die Herrschaft Teller, aber für die anderen nur Holzbretter wie auf dem Lande. Und einen Bottich für alle, um sich zu waschen.

«Was sollen wir hier?» murmelte Beatriz. «Wir werden hier nie zu Hause sein, Josef.»

Ich ließ den Verwalter kommen. Er war ein alter, aufrechter, schweigsamer Mann. Ich stellte ihm präzise Fragen. Langsam wurde er lebendiger. Ich erfuhr, daß die Insel regelmäßig von Piraten heimgesucht wurde. Türken, Algerier, Italiener, Korsen… Es verging kaum eine Woche ohne Plünderung. Die

Bewohner der Insel hatten den Herrscherwechsel schlecht aufgenommen.

«Und Ihr?» fragte ich ihn frei heraus.

«Euer Gnaden weiß wohl nicht, wer ich bin», antwortete er. «Mein Vater war der Großrabbiner von Sevilla zur Zeit der Katholischen Könige.»

«Ist das möglich?» rief Beatriz. «Seid Ihr der Sohn von Abraham Senior, der als erster Marrane getauft wurde?»

«Ja, Hoheit, ich bin tatsächlich der Sohn von dem, der Fernando Coronello geworden war; ich trage seinen Namen. Ich war eines von den Kindern, die in der Kathedrale von Sevilla getauft wurden. König Ferdinand war mein Pate, Königin Isabella meine Patin. Unter allen Christen, die Euch heute begrüßen, bin ich zweifellos der einzige, der Eure Verdienste kennt, weil ich vielleicht kein wirklich guter Katholik bin. Mein Herz erschauerte vor Freude, als ich den Namen unseres neuen Herrschers erfuhr.»

Der alte Coronello war so bewegt, daß er mit Augen voll Tränen innehielt. Beatriz umarmte ihn und trocknete seine Tränen.

«Euer Gnaden mögen mir verzeihen. Ich konnte nie mit jemandem von meiner Vergangenheit sprechen. Aber Ihr habt mich gefragt, und ich habe geantwortet.»

Die Nachrichten, die er für uns hatte, waren nicht gut. Die alten Edelleute, die wir auf dem Kai gesehen hatten, waren nur widerwillig zu unserer Begrüßung erschienen. Sie hatten bereits einen Boten an den Sultan geschickt mit der Bitte, den Herzog Giacomo Crispo zurückzuschicken, der in Istanbul gefangen saß. Die Piraten kreuzten um die Insel herum in der Hoffnung auf eine Volkserhebung, die ihnen Naxos zur leichten Beute machen würde, und die Bauern fürchteten Steuererhöhungen. Coronello schlug mir einen Plan vor.

«Setzt die Zeremonie der Krönung so bald wie möglich an, am besten gleich morgen. Zwingt die Bewohner, den Eid auf Euch abzulegen. Das ist für sie wichtig. Aber erwartet, scharf abgewiesen zu werden. Es wird eine Prüfung sein. Dann kündigt an, daß Ihr die Steuern für die zweite Hälfte des Jahres erlassen werdet. Das kostet Euch Geld, aber es nimmt für Euch ein. Verkündet, daß Ihr bei der Hohen Pforte um Unterstützung für die Vertreibung der Seeräuber bitten und der Piraterie in dieser Gegend ein Ende bereiten werdet. Es wird Euch nicht gelingen, aber allein der gute Wille zählt. Schließlich solltet Ihr erklären, daß Ihr den Sultan um die Begnadigung von Herzog Crispo gebeten habt, der, dank Euch befreit, sich sein Exil selber wählen darf.»

Wenn er nicht Francesco Coronello gewesen wäre, hätte ich den Mann hinausgeworfen. Aber er war es, und ich hörte auf ihn.

«Gebt mir Feder und Pergament.»

«Es ist nicht nötig, Euer Gnaden, das Schreiben ist schon fertig», sagte er und zog eine Rolle aus seinem Wams.

Der Brief war perfekt. Dann erläuterte mir Coronello das Ritual der Krönung.

Sie fand am nächsten Tag statt. Ich muß zugeben, daß die Herzogin eine gute Figur machte. Der weite, mit Hermelin besetzte Herzogsmantel aus rotem Brokat stand ihr besser als ihre gewöhnlichen Kleider.

Ich vernahm Hüsteln und Spucken an den Seiten. Eine schlecht beherrschte Feindseligkeit und verächtliches Lächeln. Ich verspürte keinerlei Rührung, als ich die Krone auf den Kopf der vor mir knienden Reyna setzte. Der älteste der Würdenträger hielt eine kurze langweilige Ansprache, in der die Liebe Christi für seine Gemeinde, die von Bacchus zu Ariadne und meine zur Herzogin Reyna miteinander verquickt waren.

Einige Wochen später kam mein alter Freund Piali Pascha, um die Insel zu inspizieren, und wies einige Mohammedaner aus, die verdächtigt wurden, unter den Christen, meinen Untertanen, Unruhe zu stiften. Ich war glücklich, ihn wiederzusehen – so glücklich, daß meine Freude ihn nachdenklich stimmte.

«Ich sehe Euch an, daß Ihr im Mantel eines Herzogs nicht glücklicher als vorher seid.»

Ich gab es zu.

«Kehrt nach Istanbul zurück, mein Freund!» sagte Piali Pascha, dem ich von meiner Langeweile erzählte. «Ohne Euch wird unser Sultan Unfug treiben, um sich abzulenken. Sokolli, der Euch nicht liebt, wird sein Bestes tun, um Euch zu schaden. Er wird Euch Fallen stellen, so daß Ihr Euer Herzogtum schnell wieder verliert. Ihr habt mir gesagt, daß Euer Verwalter sehr gut ist. Vertraut ihm Naxos an und kehrt zum Serail zurück, um Eure Stellung dort zu halten.»

Auf dem Schiff, das uns nach Hause brachte, zeigte Piali Pascha mir einen Punkt am Horizont.

«Dieses Eiland gehört dir nicht, Nasi!»

Es war eine winzige Insel, die den Zugang zu den Dardanellen beherrschte, ein dunkler Fleck auf der geraden Linie des Horizonts: Tenedos. Piali Pascha lächelte.

«Die einzige Insel, die dir zu deinem Ruhm fehlt. Tenedos gehört der Serenissima. Das solltest du in das Ohr deines erlauchten Freundes flüstern: Nehmen wir Tenedos in Besitz, wird sich Venedig ärgern und reagieren, dann haben wir einen Grund, die zyprische Festung Famagusta anzugreifen, und Zypern wird endlich uns gehören.»

«Du willst also einen neuen Seekrieg herausfordern», antwortete ich perplex.

«So ist es, Herzog. Wir sollten nicht warten, bis Spanien seine Flotte zu Ende aufgerüstet hat. Eines Tages werden alle Fürsten des Abendlandes sich verbünden, um uns zu zerstören. Wir brauchen Zypern unbedingt als Stützpunkt. Schon morgen!»

Jedesmal, wenn ich nach Istanbul zurückkehrte, mußte ich feststellen, daß die Intrigen gegen mich zugenommen hatten. Auch die Nachrichten aus Europa beunruhigten mich immer mehr. Der kranke Papst Pius V. klammerte sich an das Leben und flehte pausenlos die europäischen Monarchen an, sich in einem Kreuzzug gegen das Osmanische Reich zu vereinigen.

«Es war höchste Zeit, daß du zurückkamst, Jussuf! Ich war

brav und habe nur das gegessen, was von deinem Koch kam, aber es waren zu oft die gleichen Gerichte.»

Selim fand meine Beschreibung des Hofs von Naxos lustig. Er hörte aufmerksam dem Bericht über die Plage der Seeräuberei in meinem Inselreich zu und versprach widerwillig, den abgesetzten Herzog Crispo freizulassen. Ich sprach auch von Tenedos und wiederholte die Worte von Piali Pascha.

«Er hat recht, Jussuf», sagte Selim. «Der Papst wird allzu dreist, wir dürfen nicht länger warten. Ich werde meinen Großwesir veranlassen, zum Krieg gegen die vereinigten europäischen Fürsten zu rüsten. Doch laß uns zuerst Tenedos einnehmen und dann Zypern. Du wirst König, wie ich dir versprochen hatte.»

Obwohl Sokolli Bedenken hatte, befahl Selim, den Angriff auf Zypern vorzubereiten. Bald also würde ich König sein. Beatriz sah dem Unternehmen, was meine Rolle dabei betraf, mit unguten Gefühlen entgegen.

«Sie hat recht. Der Krieg ist nicht deine Sache, Jussuf», sagte der Sultan zu mir, «er ist meine Sache und jene meines Großwesirs. Beschäftige dich mit der Seidenraupenzucht, beschütze deine Insel vor den Piraten und die Juden vor Verfolgungen. Treibe Geld für mich auf, erweitere deinen Handel, unterhalte die Künstler und verheirate die Franzosen, wenn es dir Spaß macht, aber schicke mir weiter jeden Tag deine himmlischen Korbflaschen mit Samoswein.»

Erst nach seinem Tod begriff ich die Weisheit des Sultans Selim II., den das Abendland nur für einen Säufer hielt. Mehmed Sokolli und Josef Nasi repräsentierten die zwei Aspekte seines konsequenten Denkens. Der Bosnier mit dem Adlerauge beschützte das Reich und riegelte es gegen fremde Einflüsse ab; der Jude sorgte im Gegensatz dazu für die Balance in der kosmopolitischen Gesellschaft des Reiches. Sokolli verkörperte die Armee, ich das Geld. Wenn mein Sultan nicht unter so traurigen Umständen gestorben wäre, was für ein großer Herrscher wäre er gewesen!

«Hör Ihr, Herr … *Yangin var* rufen die Wächter vom Turm von Galata. Feuer!» schrie der Narr und sprang auf.

In der Ferne läutete es Sturm; Schreie stiegen auf.

«Ein Brand!» sagte er und suchte die Dunkelheit ab. «Aber wo? Man kann nichts sehen … Doch, dort, hinter der Kirche des Heiligen Georg. Es ist nicht weit. Die Flammen schlagen schon ganz hoch, seht nur!»

Der alte Herzog stand auf.

«Es ist ein Zeichen des Himmels», sagte er finster. «Die armen Leute. Es wird die ganze Nacht brennen. Ich weiß nicht, wie viele Häuserzeilen ich gesehen habe, die auf diese Weise zerstört wurden. Das Holz brennt wie Zunder, und die Wasserfässer reichen nicht. Man wird wieder sagen, daß der Sultan befohlen habe, Galata abzubrennen. Man hört schon die Soldaten. Sie werden die gefährdeten Häuser wieder plündern, statt sie zu retten.»

«Was sagst du da, Herr? Sprichst du im Rausch?»

Der Herzog wandte sich weg, um die Flammen nicht mehr zu sehen. Der Feuerschein warf einen blassen Goldschimmer auf den Samt seines Mantels.

«Hör zu», schimpfte er. «Ich habe nie herausbekommen, ob es Selim war, der den Befehl gegeben hatte. Kurz nachdem er mir seine Befürchtungen über eine Rebellion der Janitscharen anvertraut hatte, brach der Brand von 1569 aus, der schlimmste, den ich je gesehen habe.»

Er fing in einer der Kirchen des Viertels Pera an, erreichte das griechische Viertel Galata und bedrohte schließlich sogar den Nasi-Palast. Unsere Männer verbarrikadierten die ganze Nacht hindurch die Umgebung mit Sandsäcken. Man sah Gebäude innerhalb von wenigen Minuten einstürzen, Kinder schreiend aus den Fenstern springen. Die Janitscharen kamen, wie sicherlich jetzt auch, und stürmten in die vom Feuer bedrohten Häuser. Mit meinen eigenen Augen habe ich einen Offizier gesehen, wie er seine Leute ermunterte zu plündern. Sie ließen es sich nicht zweimal sagen, stachen die Bewohner, die sich ihnen in den Weg stellten, nieder und vergewaltigten die Frauen. Es war grauenhaft!

Der Palast wurde vom Wind gerettet, der sich während der Nacht drehte. Unsere mit Arkebusen bewaffneten Männer hielten Wache. Beatriz auf der einen Seite und ich auf der anderen beaufsichtigten die Gräben – die beste Deckung gegen Feuer –, die ausgehoben worden waren. Wir sahen nicht, daß Brianda fortging, die seit langem in einem abgelegenen Zimmer eingesperrt lebte.

Sie wurde uns am nächsten Tag, noch lebend, in einem Leichentuch gebracht. Sie war in Panik einfach davongerannt, war irgendwo zu nahe an die Flammen herangekommen, und ihr Kleid hatte Feuer gefangen. Sie hatte keine Haut mehr auf den Armen; Beine und Brust waren verbrannt; das Gesicht fast unkenntlich. Ihr Todeskampf war entsetzlich; ihre Schreie zerrissen einem das Herz. Beatriz, die nicht einmal die Hände ihrer Schwester anfassen konnte, schluchzte verzweifelt. Brianda starb als das verstörte, armselige Wesen, das wir von Venedig mitgenommen hatten. Das war jedoch nicht alles. In dieser Nacht traf Beatriz ein weiterer Schlag. Unsere Männer, die zu sehr damit beschäftigt waren, unseren Palast zu schützen, bemerkten nicht, daß auch Reyna sich zu weit entfernt hatte, um einem Kind zu helfen.

Reyna wurde von einer Gruppe Janitscharen entführt, die mit ihr ihren Spaß hatten. Sie warfen sie auf ihre Pferde und schleuderten sie einige Male zwischen sich hin und her. Sie taten ihr nicht sehr weh, aber sie hatte so große Angst, daß sie die Sprache verlor. Darum sieht man sie jetzt stumm in diesem Palast umherirren, den sie nicht mehr verlassen will.

Ihre Schwester wie auf einem Scheiterhaufen lebendig verbrannt, ihre Tochter stumm geworden ... Die Senyora versank wie einst in apathische Gleichgültigkeit, was die Geschäfte betraf. Sie widmete sich nur noch ihrer Tochter, ohne es zu schaffen, sie von ihrer Stummheit zu heilen. Rabbi Soncino ließ als

Zeichen der Versöhnung in der Synagoge Gebete für die Senyora sprechen. Um die Wahrheit zu sagen, bangten wir um ihr Leben. Es dauerte Wochen, Monate … Um sie abzulenken, versuchte ich, ihr die köstlichsten Süßigkeiten zu schenken, aber sie lehnte alles ab.

Ich ließ im Dorf Eyüp, das wegen seiner guten Luft beim Hofstaat als Sommerfrische beliebt war, ein *yali*, ein Landhaus, bauen. Ich liebte dieses kleine Haus aus schwarzem Holz am Wasser neben den Weiden, mit einem schönen Judasbaum davor und einem schönen Garten dahinter, der voll mit Osterglocken und Tulpen war. Doch als das *yali* fertig war, behauptete Beatriz, daß sie zu schwach sei, um im Kajik das Goldene Horn zu überqueren. Ich fuhr deshalb allein dorthin; manchmal hatte ich die Idee, die Mägde mitzunehmen, die meine Mätressen waren, aber ich hatte das Gefühl, daß ich damit ein furchtbares Verbrechen begehen würde. Das Haus in Eyüp war für Beatriz bestimmt. Ich genoß die Einsamkeit, als ob meine Träume sie wie durch Zauberei herbeischaffen könnten.

Ich glaubte nicht, daß Beatriz wirklich vor Kummer sterben würde. Langsam fand sie in das Leben zurück – was man so Leben nennt. Eines Tages kam sie wieder die Treppe herab, wobei sie sich auf die Schulter der Zigeunerin stützte, und ließ mich rufen. Die energischen Stirnfalten, die stets einen großen Entschluß ankündigten, ließen mich nichts Gutes ahnen.

«Ich würde gern ein bißchen Wein trinken, Josef», sagte sie mit betont ruhiger Stimme.

Ich holte schnell meinen besten Wein, aber von der süßeren Sorte, und schenkte ihn ihr ein. Sie war so schwach, daß ich den Becher an ihre Lippen bringen und ihr wie einem Kind helfen mußte, in kleinen Schlucken zu trinken. Ein bißchen Farbe kam auf ihre eingefallenen Wangen. Sie betrachtete ihre Hände.

«Sie haben schon Altersflecken», stellte sie fest. Dann steckte sie mit einer jugendlichen Bewegung eine Haarsträhne hoch und lachte leise.

«Ich sehe furchtbar aus, nicht wahr, Josef?»

Ihr Frohmut beunruhigte mich. Sie bat um einen Spiegel. Statt hineinzublicken, spielte sie mit den Spiegelungen der Sonne auf den Wänden des Zimmers. Endlich schaute sie sich lange an, drehte den Kopf nach allen Seiten, um sich besser zu sehen.

«Gehen wir, Josef! Es ist Zeit. Diesmal sagt es mir mein Gesicht.»

«Was willst du tun?» stotterte ich.

«Aufstehen», antwortete sie ruhig.

Sie machte einige Schritte.

«Die Senyora hat Mühe zu gehen, mein Herr!» sagte sie und stützte sich auf meinen Arm. «Erinnerst du dich an Beatriz de Luna auf den Kais von Lissabon? Die kleine Beatriz ist die alte Senyora geworden, João.»

Wie ist es möglich, daß ich nicht sofort verstand? Ich war wohl außer mir vor Freude, daß sie sich an unsere gemeinsame Kindheit erinnerte. Ich half ihr, im Haus herumzugehen. Sie hielt jeden Augenblick an.

«Diese schöne Kanne. Paß auf sie auf. Sie gehörte meinem Vater. Stell sie ins Zimmer deiner Gattin», bat sie, als wir uns in ihrem Zimmer befanden.

Ich blieb stehen.

«Das heißt?»

«Alles andere, die Silberleuchter und die Vasen, geht an die Große Synagoge», sagte sie, vorsichtig allein weitergehend. «Der Vorhang mit den nackten Göttinnen, den du mir geschenkt hast – nimm ihn wieder zurück. Das Geschirr ist immer noch in gutem Zustand, oder etwa nicht?»

«Beatriz», sagte ich außer mir, «wenn du eine Bestandsaufnahme für dein Testament machen willst, dann bitte jemand anderen, dir dabei zu helfen. Hast du vor zu sterben?»

Ich sah, wie sie zitterte.

«Red keinen Unsinn. Hol einen Rechtsgelehrten. Und laß so schnell wie möglich ein Schiff seeklar machen. Ich will wieder nach Zefat segeln.»

Sie hatte nicht Tiberias gesagt, wo ihr weißes Haus auf sie wartete. Sie hatte von Zefat gesprochen, doch ich hatte nicht darauf geachtet. Alles, was ich begriff, war, daß sie fortgehen wollte und daß sie am Leben war. Eine Reise nach Zefat würde ihr sicherlich nicht schaden.

In den nächsten Tagen schloß sie sich mit dem Rechtsgelehrten ein. Dann benachrichtigte sie mich, daß sie anläßlich der Unterzeichnung ihres Testaments ein Fest geben werde.

Sie trug an diesem Abend eines ihrer alten weißen festlichen Gewänder, saß in ihrem Lehnsessel und hielt Reynas Hand. Und sie hatte ihre Wangen leicht geschminkt. Sie begann mit einer feierlichen Ankündigung. Von dem Datum ihrer Abreise nach Zefat an gebe sie alle ihre Güter ab. Die Männer und Frauen, die zum Haus Nasi gehörten, defilierten an ihr vorbei. Jeder erhielt etwas von den Dingen, die unser Leben verschönt hatten: Teppiche aus Persien, Wandteppiche aus Lyon, Spiegel und Gläser aus Venedig, Pelze ... So viele Sachen, die sie nie gebraucht hatte. Ila, der Zigeunerin, schenkte sie ihre sämtlichen Juwelen. Ihre Bibliothek mit all den Zauberbüchern, den *Tröstungen* von Samuel Usque und der Bibel von Ferrara vermachte sie mir. Da verstand ich: Beatriz würde aus Zefat nie zurückkehren. Sie wollte nicht zurückkommen.

Dieses war das einzige Fest, um das sie sich selber bis ins kleinste Detail kümmerte. Sonst war die Vorbereitung aller Feste meine Sache gewesen; dieses war das erste und das letzte, dessen Ablauf allein sie bestimmte. Auf ihren Wink rollten die Diener die Teppiche aus, streuten die Mägde Blütenblätter und bespritzten den Saal mit Rosenwasser; die Köche machten mit ihren Kupfertabletts voller Süßigkeiten die Runde. An die Kinder des Haushaltes wurden kleine Holzpferde, Kreisel und Kuchen verteilt. Eine Laute, drei Tamburine und eine Flöte waren plötzlich zur Stelle, ich weiß nicht woher. Beatriz befahl den Frauen zu tanzen.

Die Alten versuchten, sich an die Tanzschritte ihrer Jugend in Lissabon zu erinnern; diejenigen, die wir in Antwerpen eingestellt hatten, drehten sich zu den für sie ungewohnten Sarabanden und Saltarelli; die Venezianerinnen führten ihre Rondos vor. Sie waren alle nicht mehr ganz jung, aber sie tanzten nach Herzenslust, und Beatriz klatschte im Tankt. Ila wirbelte wild mit ihrem Bären umher.

Plötzlich bat die Senyora um eine Gitarre. Ich hatte sie nie singen gehört: «*Al resplendor de la luna ...*», begann sie mit ihrer dunklen und tiefen Stimme. Seit fünfzehn Jahren hatte ich dieses Lied nicht mehr vernommen, das Reyna so gern sang und das ich ins Ohr der Statthalterin von Gent gesummt hatte.

«Warum hast du nie gesungen, Beatriz?» fragte ich, als sie geendet hatte.

«Ich überließ es meiner Tochter», antwortete sie ernst. «Sie sollte auch etwas Persönliches haben, Josef.»

Dann bat sie um Ruhe. Alle erhoben sich und traten neugierig näher an ihre Herrin heran.

«Meine Kinder», sagte sie mit zitternder Stimme, «ich werde euch verlassen. Ich reise nach Zefat, wo ich meinen Lebensabend verbringen werde. Deshalb muß ich euch jetzt wohl Lebewohl sagen.»

Ein allgemeines Schluchzen brach aus. Beatriz streckte besänftigend die Arme aus.

«Nein, kein Geheul, keine Tränen. Ich will, daß meine Abreise ein heiteres Fest ist. Ich habe mein Leben dem Schutz unserer Brüder und dem Wiederaufbau unserer Heimat gewidmet. Von jetzt an werde ich unseren Gott suchen. Es gibt also keinen Grund zu weinen. Laßt uns tanzen, Kinder, wie König David vor der Bundeslade. Dann werden wir uns umarmen und uns für immer verabschieden.»

Niemand rührte sich. Unsere Leute trockneten dicke Tränen, die sie nicht zurückhalten konnten. Dann kniete ich vor der Senyora nieder.

«Komm, Beatriz, komm, meine Senyora ...»

Ich nahm ihre Hände. Wir machten schweigend einige langsame Schritte des Passamezzo, des einzigen Tanzes, den sie kannte. Dann fing die Flöte zögernd an, und die Tamburine begannen zu rasseln.

«Singt!» rief ich den Frauen zu.

Sie stimmten eine Melodie an und klatschten nach portugiesischer Art. Wir tanzten langsam. Beatriz drehte sich um sich selbst, ich hielt sie an den Handgelenken, sie kam außer Atem, lehnte sich an meine Brust, und lächelnd fing sie wieder an, sich im Takt zu wiegen. Die Männer faßten ihre Frauen um die Taille und tanzten mit uns. Beatriz gab mir durch eine Handbewegung zu verstehen, daß sie aufhören wollte; eine weiße Locke löste sich aus ihrer Perlenhaube.

«Tanz mit deiner Frau, Josef, es ist dein Abschiedsgeschenk», sagte sie und drückte meine Hand. Ich verbeugte mich vor Reyna und führte sie zu einer Pavane.

Das Tanzen währte lange, als ob unsere Leute alles daransetzen wollten, um die Abreise der Senyora hinauszuzögern. Aber sie wurden am Ende doch müde und fielen erschöpft auf die Kissen. Erfrischende Getränke wurden gereicht; die Senyora stand auf und umarmte alle, die sie seit der Abreise von Lissabon und Ferrara begleitet hatten. Dann ging sie zur Tür und sagte:

«Ich werde im Geiste immer bei euch sein. Ich verlasse euch nicht wirklich. Lebt wohl, Kinder, lebt wohl...»

Sie verschwand – und ich sah keinen Weg, das Unabänderliche doch noch aufzuhalten.

Am nächsten Tag erhielt ich ein Briefchen, das ich hier in meinem Wams bei mir trage und von dem ich mich nie trennen werde. Ich kenne die Worte auswendig:

«Die Zeit ist gekommen, uns zu trennen, Lieber. Finde Dich bei Morgengrauen im Hafen auf unserem Kajik ein. Komm allein!»

Mir war entsetzlich zumute. Ich verließ das Haus wie ein von Schmerzen gepeinigter betrunkener Mann. Ich glaube, daß ich nie zuvor so furchtbar gelitten habe. Ich irrte die ganze Nacht durch die Straßen, begegnete Nachtwächtern, besoffenen Janitscharen, Bauern ohne Quartier, die einsam im Dunkeln vor sich hin dösten. Mir entging nichts, und es war mir, als ob ich alles zum letzten Mal sähe und sogleich sterben würde.

Ich kam im Hafen lange vor der Zeit an und bestieg den Kajik, auf dem der Schiffer noch schlief. Ich hatte eine Feldflasche voll Wein mitgenommen und trank ein bißchen daraus. Das weiße Morgenlicht erschien hinter der Süleiman-Moschee, und die Rufe der Muezzins setzten sich von einem Hügel zum anderen fort. Der Lärm in den Straßen wurde lauter und lauter. Normalerweise liebte ich das Erwachen von Istanbul, aber an diesem Tag glaubte ich mich nur von Feindseligkeit umgeben. Ich werde diesen Morgen nie vergessen, dessen Kommen ich fürchtete, weil er mir Beatriz wegnehmen sollte und mir die Augen über die Kehrseite meines privilegierten Lebens öffnete.

Die Sänfte der Senyora tauchte auf. Beatriz, schwarzverschleiert, stieg heraus. Ich half ihr über den Steg an Bord, sie machte dem Schiffer ein Zeichen, und der Kajik setzte sich in Bewegung.

«Wo führst du mich hin, Beatriz?» fragte ich.

«Nach Eyüp, um dieses *yali* zu sehen, das du für mich gebaut hast», antwortete sie mit scheinbar harmloser Miene. «Ich will nicht abreisen, ohne es gesehen zu haben. Wir werden zuerst beim Grab dieses heiligen Schülers des Propheten anhalten, das so viele Pilger anzieht. Ich wollte diesen Ort schon immer sehen.»

Ich drückte sie an mich. Ihre Hände waren eiskalt.

«Ich muß dir so viel sagen», sagte sie und lachte kurz. «Ich weiß nicht, wo ich anfangen soll.»

«Willst du nicht diesen Schleier abnehmen, so daß ich deine Augen sehen kann?» flüsterte ich in ihr Ohr.

«Nein! Denn wenn du mich anschaust, kann ich nicht sprechen.»

«Was könntest du mir sagen, das ich nicht schon weiß, meine Beatriz? Alle diese Jahre nebeneinander...»

«Nebeneinander... Das ist es, Josef», sagte sie und lachte bitter. «Wir haben unser ganzes Leben nebeneinander verbracht, deshalb weißt du im Grunde fast nichts von mir.»

Ich spürte diesen Sturm in mir aufsteigen, der mich in ihrer Nähe stets ergriffen hat. Die riesige Wut der Nasis: Wie schaffte Beatriz es nur, mich immer wieder zur Raserei zu bringen? Ich ballte die Fäuste. Sie nahm ihre Hand weg und seufzte.

«Warte... Erinnerst du dich an unsere Karaka?» fragte sie mit ihrer süßesten Stimme. «Die *São João*? Dort hatte ich mir geschworen, für alle Zeiten dir zu gehören. Ohne zu überlegen, unschuldig, wie Kinder es tun.»

«Ich hatte es mir auch geschworen, Beatriz», stellte ich klar.

«Ich weiß... Sprich leise. Ich will nicht, daß der Schiffer uns hört. Wir brauchen nicht alte Eide auszutauschen. Wir wissen beide Bescheid. Aber später, als ich eine Frau war, mußte ich darüber nachdenken; João Miquez war der Sohn meines Bruders, und der Schwur bei der Karaka durfte nie in Erfüllung gehen, nie. Ich wollte diese Erinnerung töten. Aber sie lebte immer von neuem wieder auf, Josef. ‹Ich gehöre dir für immer...› Als ob diese Worte mich verhext hätten. Gegen meinen Willen war ich dein. Und dein bin ich geblieben, Josef.»

«Ich auch, Beatriz», beteuerte ich von ganzem Herzen.

«Ja, du gehörst mir, es ist wahr», bestätigte sie. «Aber auf deine Weise, wann es dir beliebte. Ich habe dich oft leichten Herzens weggehen sehen, zu leichten Herzens nach meinem Empfinden. Du flohst, um weit weg von mir atmen zu können, das spürte ich. Manchmal schickte ich dich mit einem Auftrag ans andere Ende der Welt, in der vergeblichen Hoffnung, von dir loszukommen. Doch du hattest deinen Spaß irgendwo anders, während ich einsam auf dich wartete. Mein Leben war eigentlich nur ein langes Warten, Josef.»

«Warum sollen wir über das sprechen, was unabänderlich vorbei ist, Beatriz? Es wäre einfacher gewesen...»

«Ach, zu einfach! Sei still, laß mich ausreden», unterbrach sie mich schroff. «Als mein Vater mit mir über meine Heirat mit

Francisco Mendès sprach, erklärte er mir, daß unsere Familie diese Verbindung brauche. Ich hatte nichts einzuwenden; die Sache war überdies schon beschlossen. Außerdem hatte mein Vater mich daran erinnert, daß du mein Neffe warst. Ich schämte mich zu Tode. Der Schwur, den ich dir heimlich geleistet hatte, erschien mir auf einmal als Sünde. Ich war entlarvt. Mein Vater schärfte mir ein, daß ich für dich nicht mehr als keusche Zuneigung fühlen dürfe, ‹so wie sie eine Tante für ihren Neffen empfindet›. Das waren seine Worte. Mein Vater ahnte jedoch, daß er mich vergebens ermahnt hatte. Ich war verloren – ich bin es immer noch. *Tzimtzum*, Josef. Das bist du, die erste Unruhe, der erste Sturm, die ewige Unruhe.»

«Aber Francisco, dein Mann, du liebtest ihn!»

Sie schüttelte kaum wahrnehmbar den Kopf. Es war ein Nein, das ich nie vergessen werde.

«Er machte mich mit sanfter Hand gefügig und ließ mich nie leiden. Er war sehr gut zu mir, aber zu alt für mich, Josef, zu alt. Am Tag unserer Hochzeit vermied ich es, deinem Blick zu begegnen, Josef, und ich hielt mich von dir fern. Ich bemühte mich mit all meinen Kräften – vergeblich. Nach dem Tod deiner Eltern kamst du, um unter unserem Dach zu leben. Du wurdest reifer, und es wurde ein Desaster.»

«Aber warum hast du dann das Herz deines Mannes nach seinem Tod behalten, warum hast du die Schatulle nie aus den Augen gelassen? Um mir Leid zuzufügen?»

«Um mich an meine Pflichten zu erinnern, Josef. Um nie zu vergessen, daß ich nur einen einzigen Ehemann, Francisco Mendès, hatte. Um mich vor meiner Liebe zu schützen. Um mich am Leben zu halten ...»

«Das ist zuviel Grausamkeit! Und ich mußte ohne dich leben ... Du bist wahnsinnig!» sagte ich leise und hielt sie am Handgelenk fest.

«Ich tat für dich alles, was mir erlaubt war», fuhr sie fort. «Ich bat Francisco, dich zum Weltmann zu erziehen; Diogo brachte dir das Handelswesen bei. Mit mir wurdest du der Verwalter unserer Geschäfte; ich machte den Bankier der Monarchen aus dir, einen Nasi, und ich beteiligte dich an meinem Leben.»

«So sehr, daß du mich gezwungen hast, dein Schwiegersohn zu werden!»

«Aber Reyna liebte dich!» schrie sie unbeherrscht. «Was sollte ich machen? Du hast nie von meinem Leiden in den Nächten erfahren. Am Tag durfte ich dich wenigstens betrachten. Das war meine ganze Freude. Du wurdest der charmanteste der Kavaliere, ich hatte es so gewollt, und ich verzehrte mich in Schmerzen neben dir, ohne dein Wissen. Jeden Abend, bevor ich ins Bett ging... und du bemerktest nichts.»

«Doch, Beatriz», flüsterte ich. «Spiel nicht die Unverstandene. Erinnerst du dich: In Ferrara, als ich aus Istanbul zurückkam, hielt ich dich in meinen Armen. Ich werde dein Zittern nie vergessen.»

Sie senkte schweigend den Kopf. Der Smaragd des Vizekönigs von Indien glänzte an ihrem Finger.

«Was für eine Schande...»

«Nein, was für eine Freude war das für mich, meine Senyora!»

«Hör auf, hab Erbarmen», flehte sie und schaute zu dem Schiffer hinüber, als ob sie vor ihm Angst hätte. «An jenem Tag wurde mir klar, daß ich ein unüberwindliches Hindernis zwischen uns stellen mußte. Reyna sollte deine Frau werden, ich schwor es mir. Nie würde ich meine eigene Tochter betrügen. Ich mußte dir abscheulich erscheinen oder wenigstens für deine Empfindungen unzugänglich. Ich tat, als ob ich kühl wäre, hielt meine Wutanfälle nicht mehr zurück, die immer wilder wurden, und tat mein Bestes, um dir die schlimmsten Bosheiten zuzufügen.»

«Ja, du hast mir sehr viel Leid zugefügt. War das wirklich nötig?»

Der Kajik stieß an das Ufer. Es war taghell.

«Ich weiß nicht», flüsterte Beatriz. «Ich weiß es nicht mehr. Reyna war deine Frau geworden. Du und ich... Es wäre solch ein Sakrileg gewesen. Mach mir keine Vorwürfe, daß ich dich jetzt verlasse, *mein Liebster*. Es ist das erste Mal, daß ich diese beiden Worte laut aussprechen darf, die ich so oft vor mich hingeflüstert habe. Ich weiß nicht, ob ich richtig gehandelt habe, Josef. Die Zeit, um diese Frage zu beantworten, ist vorbei. Ich wollte dir entfliehen, unseren Gott finden. Ich habe seinem Ruf gehorcht. Ich habe alles getan, um unsere Brüder zu retten, und es ist mir gelungen. Du hast dich über meine Schwärmereien und die Meister, denen ich gefolgt bin, genug lustig gemacht. Jetzt will ich dir alles erklären. Steigen wir aus.»

Ich half ihr, aus dem Kajik zu steigen. Sie zog sich mit Mühe an mir hoch und fiel fast, als sie auf ihren schwarzen Schleier trat.

«Siehst du, mit mir ist nicht mehr viel anzufangen», sagte sie lächelnd. «Es ist Zeit, daß ich weggehe.»

Das war Anfang September 1569, im Jahr des Brandes, das uns für immer trennte. Die Luft war mild, das Goldene Horn glänzte in der Morgensonne. In der Ferne zitterten die Zypressen der Friedhöfe.

Sie wollte die Grabstätte des heiligen Eyüp Ansari sehen, und wir mußten eine Weile vor dem Tor aus getriebenem Kupfer warten, wo die Pilger sich trotz der frühen Stunde schon drängten, um ihre Hände auf die steinernen Kämpferstatuen über dem Grab zu legen, während sie laut den Tod des Weisen beklagten.

Dahinter fing der erste Friedhof an. Die Senyora setzte sich am Rande eines Grabes, das von einem Turban aus Marmor überragt wurde.

«Lege deinen Kopf auf meine Knie», sagte sie, «wie du es so oft gemacht hast, Josef. Es waren die einzigen Augenblicke, in denen du mir wirklich nahe warst. Hier sind wir allein, und ich kann mit dir offen sprechen. Weißt du, was Eifersucht ist? Eine unüberwindliche Besessenheit, ein Stein über dem Herzen, die Gewißheit, daß man nicht mehr ganz bei sich ist, ein Stilett aus Feuer, das deinen Körper durchdringt und deinen Geist ausdörrt. Als du mein armes Kind mit dem Cousin Samuel ertapptest, sagtest du, daß ich nichts von der Liebe verstehe, erinnerst du dich? Dafür habe ich wenigstens die Eifersucht gekannt.

Jeden Tag habe ich unter ihr gelitten. Ich war eifersüchtig auf deine Liebesaffären, deine Prostituierten, in Venedig auf diese Faustina, von der ich wußte, und sogar auf die häßliche Statthalterin von Gent, diese alte Frau mit ihrer Lederhaut, die du auf meinen Befehl verführtest. Jede Frau konnte dich haben, deine Lippen küssen, deinen Atem fühlen und deine Zunge in ihrem Mund – nur mir war es verboten! Willst du wissen, warum wir uns so oft stritten? Weil ich eifersüchtig war.»

Und ich war blind und taub gewesen, der blindeste und taubste Mann unter den Männern...

«Aber du kannst mir doch nicht aus Eifersucht deine eigene Tochter ins Bett gelegt haben», stammelte ich verständnislos.

Sie streichelte meinen Kopf.

«Ich werde dir alle meine Fehler gestehen, Josef. Ich will, daß du weißt, wie verrückt ich war. Ich habe dich immer von meinen Leuten beschatten lassen. In Antwerpen war es Rosalinda, die mir ergeben war; in Venedig die alte Minna, die an Lungenentzündung starb, als wir die Alpen überquerten; in Ferrara eine der Mägde von Donna Benvenida, die Mitleid mit mir hatte; in Istanbul löste Ila sie ab. Ila, die du eines Tages bei der Taille genommen hast und die mir sofort davon erzählte... Ila, die du wie alle anderen in dein Bett gezogen hast. Und einmal bin ich dir sogar gefolgt. Du warst zu Faustina gegangen. Ich wußte, daß du sie liebtest, und ich wollte sie sehen. Ich konnte keinen Zollbreit ihrer Haut sehen, aber ich hörte den langen Seufzer, den du ausstießest, als du sie besessen hast, und ich glaubte, ich würde sterben. Ich tat alles unter dem Vorwand, meiner Tochter beizustehen, zu ihrem Besten, ich mußte so tun. Ich merkte nicht, wie sehr ich mich selbst betrog. Keine von deinen Liebesaffären ist mir verborgen geblieben, Josef...», sagte sie außer Atem.

«Aber wie konntest du deine Tochter so hintergehen?» schrie ich.

«Du willst nicht verstehen», schrie sie zurück und schob mich heftig weg. «Ich war auch auf sie eifersüchtig. Manchmal habe ich sie sogar gehaßt, genau wie du, und für sie sind wir beide Monster gewesen. Ach, ich hätte nicht sprechen dürfen, ich hätte mich weiter in Schweigen hüllen sollen. Hab ein Herz, Josef, hilf mir! Ich habe mein Heil in dieser Strenge gefunden, die du, wie ich weiß, nicht magst», schloß sie und wandte ihren Blick ab. «Du hast David Rubeni gehaßt, dem ich in Lissabon anhing; du hast in Antwerpen van Almaengien verachtet; du liebtest Rabbi Soncino nicht; und du findest es falsch, daß ich nach Zefat zu Rabbi Isaak reise, nicht wahr? Manchmal hoffe ich geradezu, daß du vielleicht auch eifersüchtig gewesen bist, und noch heute würde ich alles tun, um dich zur Eifersucht zu reizen, wenn es nicht zu spät wäre.»

«Wer zwingt dich wegzugehen, Beatriz?» sagte ich und ergriff wieder ihre Handgelenke.

«Meine erste Liebe und meine letzte, Josef», sagte sie leise. «Da ich dich nicht bekommen konnte, gehe ich auf das zu, was ich von unserem Gott bekommen kann. Ich werde ihn nicht von Angesicht sehen, aber ich hoffe auf die Verschmelzung meiner Seele mit ihm. Und es wird mir gelingen.»

«Willst du mich auf Gott eifersüchtig machen? Du bist verrückt!» brach ich in Zorn aus.

«Verrückt. Das ist ein Wort, das ich mein Leben lang von dir gehört habe. Das letzte Mal ist nicht so lange her», sagte sie. «Kein Streit mehr, einverstanden? Ich werde nie deine Umarmungen kennenlernen, mein Liebster, aber ich wette, daß sie dem Erdbeben der Legende gleichen, das die Welt auslöschen und den Körper mit unvergleichlicher Freude erfüllen wird. Meine Freundinnen in Ferrara nannten diesen Zustand ‹Gottes Gegenwart›. Du wolltest nie den Grund meiner Schwächen wissen, Josef. Du hast sie sicherlich auf meine unerfüllten Begierden zurückgeführt. Das war ein halber Fehler. Denn es gelang mir, sie zu stillen, ohne dich zu betrügen. Der furchterregende und liebevolle Gott besitzt mich, wie ich mir gewünscht hatte, daß du es tätest, Liebster. Und er ist es, den ich in Zefat am Ende meiner Lebensreise treffen werde.»

Ich flehte sie an, uns nicht zu verlassen. Ich küßte ihre alten trockenen Hände.

«Beruhige dich, sag kein Wort mehr», bat sie und entzog sich mir. «Ich bin zu müde. Ich fühle mich schuldig, weil ich meine arme Schwester nicht besser beschützt habe. Und tausendmal mehr schuldig, daß ich mein Kind durch die Ehe mit dir, die ich dir auferlegt habe, ins Unglück gestürzt habe.»

«Endlich bist du bereit, es einzugestehen. Bisher hast du nur deine Tochter und mich getadelt. Glaubst du, daß mein Leben unter deinen Verrücktheiten nicht gelitten hat? Du hast mich der Liebe beraubt, Beatriz.»

«Aber du, Josef, hast zum Ausgleich immerhin Macht errungen. Du bist ein Fürst, ein Herzog, bald wirst du König von Zypern sein. Was willst du mehr? Reyna wird unter meiner Abreise leiden. Sie ist längst nicht so schuldig, wie du behauptest, und sie hat dein Verzeihen verdient. Kümmere dich um meine Tochter, Josef, weil ich Gewissensbisse habe, sie in ihrem traurigen Zustand zu verlassen. Was hingegen dich betrifft: Ich schäme mich nicht, dich zu verlassen; denn ich erspare dir die Gegenwart einer alternden Senyora, deren Beine bald ihren Dienst versagen werden, deren Hände schon zittern und deren Zähne bald verdorben sein werden, die wie eine alte Frau stinken wird – und deren Kopf dich vielleicht langsam vergessen könnte. Würdest du mich gern unbeweglich, mit offenem Mund sehen? Kannst du dir dich an meinem Sterbebett vorstellen? Nein. Ich will, daß du als letztes Bild eine Beatriz zwar mit braunen Flecken auf den Händen und Falten auf den Wangen, aber aufrecht an deiner Seite in Erinnerung behältst. Und dann bedenke, daß nach allem, was ich dir heute gesagt habe, unser weiteres Zusammenleben von diesen Geständnissen belastet wäre, die ich mir geschworen hatte, erst beim Sterben abzulegen.»

Sie schaute zu den Zypressen. Ihr Schleier bewegte sich im Wind. Sie hielt sich so aufrecht wie lange nicht mehr, die Hände lagen auf ihren Knien gefaltet.

«Ich bin durstig. Gib mir etwas, um meine Lippen zu befeuchten», sagte sie zärtlich.

Ich nahm meine Feldflasche und reichte sie ihr.

«Ich trinke diesen Wein zu deinen Ehren, Josef, es wird der letzte Wein meines Lebens sein», sagte sie und beugte den Kopf zurück. «Du solltest das nicht mißdeuten, Liebster», sagte sie und gab mir die Flasche zurück.

Dann rang sie ihre Hände.

«Das Härteste liegt noch vor uns», flüsterte sie ernst. «Du mußt mich jetzt zwingen, dich zu verlassen. Du bist der einzige, der mir helfen kann, das irdische Band zwischen uns zu zerschneiden. Ich glaube mit meiner ganzen Seele, daß wir uns nach dem, was die Menschen Tod nennen, wiedertreffen werden. Die Funken unseres Geistes werden nicht gelöscht, und vielleicht werden wir in einem anderen Leben das Ehepaar sein, das wir hätten sein sollen. Rabbi Isaak, der unsere Geschichte kennt, denkt, daß wir uns in diesem Leben geirrt haben, das ist alles. Wir werden uns nicht auf ewig verlieren, Josef.»

Sie schwieg. Die Brise rauschte leise in den Platanen und schaukelte die Wipfel der Zypressen. Der Friede war mit uns. Verse, die ich vergessen glaubte, kamen auf meine Lippen.

«‹Als ich meine Geliebte sah, verlor ich mein Leben . . .›» Ich merkte, daß sie hinter dem schwarzen Schleier lächelte. Sie hob ihre Hand, um mir zu widersprechen.

«Nein, Josef. Im Gegenteil: ‹Es war einmal ein König›», sang sie mit der Stimme des Kantors in der Synagoge, «‹dessen Tochter schön, gut und vollkommen war. Er verheiratete sie mit einem Prinzen und schenkte ihr Kleider, eine Krone, Geschmeide und viele andere Reichtümer. Aber kann der König fortan ohne seine Tochter leben? Nein! Kann er ständig bei ihr sein? Nein! Was macht er also? Er baut ein Fenster zwischen ihr und sich, und jedesmal, wenn der Vater die Tochter braucht oder die Tochter den Vater, treffen sie sich an diesem Fenster.› So steht es geschrieben. Die ganze Pracht der Tochter des Königs ist innen, und ihr Gewand ist mit Gold verziert. Es gibt keinen Unterschied zwischen Gottesliebe und der Liebe, die ich für dich empfinde, Josef. Wir werden uns wiedersehen, weil du, wie der König ohne seine Tochter nicht leben kann, ohne mich nicht leben kannst. Das Fenster wird für uns beide offen bleiben.»

Sie stand mit Mühe auf und schaute mich an.

«Hör mir noch einen Augenblick zu, bevor wir uns auf dieser Erde trennen werden», flüsterte sie, hob ihren Schleier und näherte ihren Kopf meinem Mund. «Als die Shekinah das Allerheiligste verließ, drehte sie sich um, um die Mauer und die Säulen des Tempels zu umarmen und zu küssen, dann sagte sie weinend: ‹Ich grüße dich, mein Allerheiligster, ich grüße dich, Haus meiner Gewalt, ich grüße dich, Haus meiner Pracht.›»

Ich spürte ihre Hände auf meinen Wangen, ihre Lippen auf meinem Hals; sie schmiegte sich an mich und wiederholte leidenschaftlich diese Worte: «‹Ich grüße dich›», flüsterte sie und küßte mich, «‹mein Allerheiligster, ich grüße dich, Haus meiner Gewalt›», und ich erstickte sie mit Küssen, «‹ich grüße dich, Haus meiner Pracht.›»

Die Senyora war mein Weg, meine Synagoge gewesen und ich ihr Tempel, ohne mir dessen bewußt zu sein. Unsere lange gemeinsame Reise war hier und jetzt zu Ende. Wie sie aus dieser Welt zu verschwinden gedachte, wußte ich nicht. Den Rest meines Weges mußte ich allein zurücklegen.

«Wir blieben eine ganze Weile umschlungen. Wegen dieses einen Augenblicks, dem kostbarsten meines Lebens, habe ich gewollt, daß du mir zuhörst, Narr, damit er in deiner Erinnerung nie verlorengeht, wie er im Sand unseres Lebens voller Irrtümer verlorengegangen ist. Sobald ich dahingeschieden bin, wirst du deiner Herzogin alles berichten, und ihr Schmerz wird dadurch gelindert werden. Aber du trocknest deine Tränen zu früh, Caraffa. Ich bin noch nicht am Schluß des Dramas. Der Brand wütet noch, und wenn er bis hierher kommt, sollen mir die Flammen willkommen sein, Narr.»

Beatriz war erschöpft und wurde plötzlich in meinen Armen ohnmächtig. Ich legte sie auf ein Grab, öffnete den Kragen ihres Kleides, und kraftlos ruhte sie sich aus. Ich wachte zum letzten Mal bei der Senyora. Dann kehrten wir langsam zu unserem Boot zurück. Wir besichtigten nicht mehr das Haus aus schwarzem Holz, das sie nie kennenlernen und dessen abwesende Herrin sie doch bleiben würde. Ich wollte gerade befehlen, zu unserem Anlegeplatz in Galata zu fahren, als sie den Auftrag gab, direkt zum Hafen zu gehen. Wollte sie sich etwa sofort nach Zefat einschiffen?

«Ich verbringe keinen Tag mehr mit dir, Liebster», sagte sie leise. «Was ich mitnehme, ist schon auf dem Schiff, und es ist bereit, in See zu stechen. Reyna muß schon am Kai sein und Rabbi Soncino auch, mein alter Widersacher, mein armer, jetzt blinder Verehrer, der sich über unsere Zwietracht grämt und den man trösten muß, verstehst du ...»

Wir schwiegen auf der Heimfahrt. Unsere Hände aber blieben verbunden. Beatriz hatte ihren Schleier abgelegt. Ich bemerkte, daß ihre schwarzen Pupillen von einem milchblauen Strich umrandet waren und ihre dunkle Iris beinahe magisch aussah. Die Sonne entfachte auf ihrem weißen Haar ein blasses Feuer in den Farben der Ewigkeit. Ich küßte ihren für mich verbotenen Mund. Wir hatten kein Alter und keine Geschichte, wir waren am Anfang der Welt, der alte Adam und seine alte Eva. Wir waren gerade erst geboren, und sie verließ mich, um zu sterben ...

Als der Kajik in der Stadt ankam, zog die Senyora ihren Schleier wieder vor das Gesicht.

«Vergiß die Shekinah nicht, Geliebter. Schütze unsere Brüder in Palästina. Stürze dich nicht in Kriege, um deine Macht noch zu vergrößern, denn sonst werden sich die Osmanen eines Tages gegen dich wenden. Und wenn du kannst, sei gut zu meiner armen Reyna. Nimm», sagte sie und ließ den Smaragdring von ihrem Finger gleiten, «nimm diesen Edelstein. In seiner Fassung ist ein rasch wirkendes tödliches Gift, das ich mir besorgte, um den Flammen des Scheiterhaufens zu entkommen, wenn ich ihn hätte besteigen müssen. Daran erkennst du die Feigheit der Senyora, die man für so mutig hielt, die Angst dieser erbarmungslosen Judith ... Sie fürchtete sich davor, leiden zu müssen. Ich gebe dir meinen Smaragd, damit du weißt, daß ich dieses Gift nie nehmen werde. Behalte den Ring, trage ihn an deinem Ringfinger, aber benütze ihn nur, wenn du eines Tages unerträglichen Schmerz fürchtest, Josef. Ich verbiete dir, verstehst du, ihn zu leichtfertig und zum Schaden anderer zu benutzen.»

Das Schiff wartete im Hafen. Auf dem Kai sah ich meine Frau in osmanischer Kleidung und den blinden Rabbi Soncino, der sich mit beiden Händen krumm auf einen Stock stützte. Sobald Beatriz ihn sah, lief sie auf ihn zu. Er erkannte sie an ihren Schritten und suchte sie behutsam mit seinem Stock, um sie nicht zu stoßen. Als der Stock Beatriz' Kleid berührte, brach der alte Mann in Schluchzen aus und nahm die Frau in seine Arme, die Frau, die er so sehr geliebt und so sehr bekämpft hatte.

Reyna umarmte ihre Mutter, ohne ein Wort zu sagen, und knotete an ihr Handgelenk einen weißen Schal als Abschiedszeichen. Vor der endgültigen Trennung gab es zu meiner Überraschung ein letztes Zeremoniell. Reyna reichte ihrer Mutter die Schatulle, die das Herz von Francisco, ihrem Vater, enthielt. Die Senyora nahm sie, zögerte, dann drehte sie sich plötzlich um und übergab sie mir.

«Nehmt dieses Herz, mein Herr», sagte sie laut zu mir, so daß alle es hören konnten. «Es steht euch rechtmäßig zu; denn es hat Euch immer gehört. Lebt wohl!»

Ich war der einzige, der diese Worte verstand. Durch den schwarzen Musselin sah ich ihre Augen glänzen. Sie machte eine winkende Handbewegung, ging zum Bug des Schiffes und schaute nicht mehr zu uns zurück.

Reyna fing an zu schreien. Ich bat Rabbi Soncino, sich um sie zu kümmern; er nahm ihre Hand und zog sie an seine Schulter. Ich wandte mich ab, um dem Schiff nachzuschauen, das mir meine Senyora entführte. Dabei bemerkte ich nicht weit entfernt den langen rot-goldenen fünfzehnreihigen Kajik des Sultans, dessen lange Ruder sich alle gleichzeitig hoben, als ob sie die Senyora grüßten. Selim machte eine Fahrt auf dem Bosporus und die Senyora über das Mittelmeer. Beide Schiffe setzten sich unter den Rufen des Steuermanns gleichzeitig in Bewegung.

Und das war das letzte Bild von ihr, ich habe es immer vor Augen: Sie stand am Bug, genau wie jedesmal, wenn sie über das Meer gefahren ist. Der weiße Schal schwebte wie eine Möwe an ihrem Handgelenk, oder vielleicht war es doch ein Vogel, der um sie herumkreiste ... Ich weiß nicht, die Hitze erstickte mich. Ich hatte den Eindruck, daß sie sich zu mir umwandte, aber meine Augen waren voll Tränen, und ich sah nur ein blendendes Licht, in das die Senyora aus der Welt der Lebenden hineinglitt.

«Und so verließ sie uns, Caraffa.»

Der Herzog war still, aber es war kein Schweigen wie sonst. Der Bucklige horchte auf die Geräusche. Das Feuer schien besiegt zu sein. Man vernahm nur noch ein fernes Knistern.

Caraffa stand leise auf und näherte sich dem Sessel. Über die zerfurchten Wangen des Herzogs liefen Tränenbahnen.

IX

1569–1571
«Sie ist nicht mehr, die prachtvolle Blume des Exils Israels»

Freitag, in der Morgendämmerung

«Mein armer Herr ist eingeschlafen. Ob er es bereuen wird, daß er mir alles erzählt hat? Trifft die beiden wirklich keine Schuld, da sie doch durch Gottes Willen aneinander gebunden waren?» brummelte der Narr.

«Aufgepaßt!» meldete sich plötzlich die Zigeunerin.

«Sieh an, die Alte! Was will sie?»

«Nimm dich in acht. Er hört zu», zischte sie und wies mit dem Kinn in Richtung des Sessels, von dem aus der Herzog seinen Narren anstarrte.

«Du bist ja wach, Herr. Ich sprach nur so vor mich hin», stammelte der Bucklige.

«Schenk mir zu trinken ein, Caraffa. Ich glaube, daß ich im Schlaf phantasiert habe. Die Sonne hat mich vor der Fortsetzung eines Alptraums bewahrt. Was habe ich erzählt? Gib mir Wein! Der Durst dieses Lebens ist unstillbar. Du sagst nichts? Gut, aber behalte dein Geheimnis für dich.»

«Und sie?» fragte der Narr und zeigte auf die Zigeunerin.

«Sie weiß schon alles.»

Beatriz hatte die alte Ila nicht mitgenommen. Niemand begleitete sie. Seit der Abreise ihrer Senyora sah man die Zigeunerin nur noch in schwarze Schleier gehüllt. Sie blieb den ganzen Tag neben ihrem Bären, der so alt war, daß er sich kaum noch bewegte. Sie kraulte ihn zärtlich und summte in einer Ecke des Zimmers ihrer Herrin vor sich hin.

Beatriz war fort, und ich hatte Mühe, es zu begreifen. Ich redete mir ein, es handle sich wieder nur um eine von ihren spontanen Ideen, sie würde es nicht aushalten, sie würde zurückkommen. Aber in den Nächten sagte mir die Dunkelheit, daß ich mich irrte, und ich konnte nicht schlafen. Morgens irrte ich im Palast umher, der ohne sie wie ausgestorben wirkte, und dann ging ich zum Serail. Hatte ich die Alltagsgeschäfte hinter mir, fing ich wieder an zu träumen, daß ich eines Abends plötzlich ein Schiff sehen würde, von dem sie, noch älter aussehend, aber lebendig, hinuntersteigen würde...

Erinnerungen überfielen mich: Ich sah sie vor mir, in Antwerpen, unwirklich schön und rein, mit ihrer weißen gewölbten Stirn und ihrer Witwenhaube; im Haus von Francisco Mendès als zierliche junge Braut, aus deren brav geflochtenen Zöpfen sich einzelne Locken lösten. Ich sah sie als Senyora, die, wie eine Königin umjubelt, der Menge majestätisch zuwinkte, und dann, wie sie in ihrem Zimmer an ihren Süßigkeiten knabberte, um gleich darauf im Hafen von Lissabon als Kind in rotem Rock vor dem Bären zu erschrecken und wie angewurzelt stehen zu bleiben statt wegzulaufen. Ich fragte mich, ob ihr vielleicht ihr Meister, der Rabbi von Zefat, die magische Kraft verliehen hatte, mir diese alten Bilder von sich zu schicken.

Ich sagte oft in Gedanken *Tzimtzum*. Aber es war nicht ihre Stimme, sondern meine; und ich räusperte mich, als ob ich Unsinn geredet hätte. *Tzimtzum*, das war ein Wort, das nicht mir gehörte. Ich konnte diese Silben ja kaum deuten, die sie mir wie einen unbekannten Talisman hinterlassen hatte. Doch ich gewöhnte mich an *Tzimtzum*. Es ließ mich Beatriz' Abwesenheit etwas leichter ertragen.

Beatriz hatte mir nicht gesagt, was sie in Zefat zu unternehmen gedachte. Zweifellos hat sie entschieden, zu Füßen des Rabbi Isaak zu sterben... Und wenn ich mich irrte? Nein, ich durfte mir keine Illusionen machen: Sie war ihrem Tod entgegengegangen. Und ich war sicher, daß ich, wenn ich ein Schiff nahm, um ihr nachzureisen, in Zefat nur ihr Grab finden würde.

Ich muß gestehen, daß ich diesen Wunsch, ihr nachzuspionieren, gar nicht hatte. Ich hätte das Gefühl gehabt, sie zu verraten. Einen einzigen Augenblick lang hatten wir das ganze Glück erlebt, das uns bestimmt war, und er würde sich nie wiederholen. Es blieb mir nichts anderes übrig, als darauf zu warten, daß man mir ihren Tod meldete.

Von Zeit zu Zeit besuchte mich Rabbi Soncino, stets mit gesenktem Kopf.

«Habt Ihr etwas von der Senyora gehört?» fragte er scheu. Ich bejahte, um ihn zu beruhigen, und er ging erleichtert wieder nach Hause. Ich bin sicher, daß er den wahren Grund ihrer Abreise nach Zefat besser als ich verstand. Doch ob ihre letzte Stunde schon gekommen war, das wußte der Rabbi so wenig wie der Herzog von Naxos.

Ohne Hoffnung auf Verständnis besuchte ich endlich auch Reyna. Aber ich fand nur ein elendes Wesen, das den Arm hob, um sich zu schützen, als sie mich sah. Sprachlos vor Angst gab sie nur unverständliche Laute von sich. Dennoch entdeckte ich sie bald darauf in meinem Zimmer, wo sie wie eine verliebte Dienerin sorgfältig mit fiebrigen Händen meine Decken glättete. Ein unerträglicher Anblick! Ich nahm sie beim Arm, küßte ihre Fingerspitzen und führte sie hinaus.

Ich wollte noch etwas vom Leben haben, war zusammen mit den Seeleuten hinter den Weibern in den griechischen Vierteln her, bekam sie aber bald satt. Ich wurde so mürrisch, daß Selim besorgt fragte:

«Hättest du gern Sklavinnen, Jussuf? Mein Harem ist auch für deine Lust da, das weißt du. Ich will nicht, daß du traurig bist, Nasi! Und wenn du Liebe im Herzen spürst, reiße sie heraus, denn solche Schmerzen sind in deinem Alter gefährlich. Nimm eine von meinen Sklavinnen, das bekommt dir besser.»

Was sollte ich meinem Sultan sagen? Ich lachte, statt zu antworten. Und so hielt eines Morgens vor dem Palast Nasi eine prunkvolle Kalesche. Der schwarze Aga persönlich, der Groß-Eunuch des Serails, stieg aus und verkündete mir würdevoll, der Padischah, der Schatten Allahs auf Erden, habe die Güte besessen, den Harem zu besuchen, und dabei sein Tuch zu Füßen zweier Tänzerinnen fallen lassen. Zur großen Überraschung aller habe der Sultan befohlen, daß man die Damen vorbereite, als ob sie für ihn wären, um sie dann dem Herzog von Naxos zu schicken.

Der Groß-Eunuch hatte offenbar mit Zögern gehorcht, und die zwei Sklavinnen saßen nun im abgeschlossenen hinteren Teil der Kalesche, der nur mit meiner Erlaubnis geöffnet werden durfte. Ich folgte dem Aga und fand zwei in blaue Seide gehüllte kleine Gestalten, eng aneinandergekuschelt. Der schwarze Aga hob mit dem Knauf seines Stocks den ersten Schleier, dann den zweiten. Ich sah glänzende, aber ängstlich dreinblickende Augen und Kinderhände, die sich an die Holzpfosten klammerten. Die Mädchen waren keine dreizehn Jahre alt. Der Groß-Eunuch befahl ihnen auszusteigen und ließ sich ihre Namen auf der Zunge zergehen. Firuzé, die graue Augen hatte, war an der Küste des Peloponnes gefangen worden; Leila kam von noch weiter her, um die Wahrheit zu sagen, man wußte es nicht, aus Tscherkessien vielleicht oder aus Persien, auf jeden Fall hatte sie schwarze Augen.

Der Aga führte auf, was sie gelernt hatten: die Kunst des Liebkosens, die Musik, die Literatur, die Malerei. Ich hatte genug gehört und gesehen und wollte den lästigen Mann mit ein paar Goldmünzen loswerden, doch er lehnte empört ab und bestieg hastig wieder seine Kalesche.

Die Erinnerungen an Beatriz bestimmten mein Tun. Ich zog sorgfältig die blauen Schleier über die geschminkten Gesichter, und nachdem ich ihnen gesagt hatte, daß sie frei seien, wenn sie es wünschten, schickte ich die Mädchen zur Herzogin. Firuzé und Leila verstanden sich gut mit Reyna, und eines Tages hörte ich, daß sie ihre wahren Namen wieder angenommen hatten, die eine Helena, die andere Safieh.

Am nächsten Tag versicherte ich Selim meiner Dankbarkeit, beglückwünschte ihn zu seinem guten Geschmack, verheimlichte aber die Freilassung der Sklavinnen.

«Sehr gut, Jussuf», sagte er und klopfte mir auf die Schulter. «Jetzt ist deine Melancholie geheilt. Reden wir über Zypern. Da die Serenissima der Königin Caterina Cornaro diese Insel weggenommen hat, sehe ich keinen Grund, warum wir sie nicht der Serenissima wegnehmen sollten. Ich hatte dir gesagt, die Zeit wird kommen. Nun, sie *ist* gekommen. Ich habe mit großer Eskorte einen Botschafter nach Venedig geschickt, um von den republikanischen Händlern die Herausgabe von Zypern zu verlangen. Sie werden natürlich ablehnen. Wir lassen den Winter vergehen, dann greifen wir an. Venedig hat nicht mehr die Kraft, sich zu verteidigen. Bald bist du König, Nasi.»

Zypern lag mir nicht mehr am Herzen. Aber wie sollte ich Selim das beibringen? Beatriz' Worte kamen mir in Erinnerung. Die Osmanen würden diesen Krieg verlieren, und danach würde das Reich sich gegen mich wenden.

«Und wenn es dem Papst gelingt, die Liga zu mobilisieren?» gab ich zu bedenken.

«Unsinn!» platzte Selim heraus. «Was vermag schon der Papst? Selbst wenn die Könige sich verbündeten, hätten sie immer noch keine Flotte, die stark genug wäre, um unserer die Stirn zu bieten. Sokolli sagt mir, daß unsere Galeeren kampfbereit sind. Und vergiß nicht: Meine Janitscharen brauchen einen Krieg. Ich werde den Krieg für dich führen, und du wirst für die Kosten aufkommen. Meine Soldaten werden gut besoldet, und du wirst König. Ist das nicht ein gerechter Handel?»

Ich dachte nur an Beatriz' Befürchtungen, und es lief mir kalt über den Rücken. Selims Worte klangen wie Totengeläut.

Als ich vom Serail zurückkam, wehte vor dem Palast die Flagge von Naxos mit dem Mond und dem Löwen nicht mehr von der Spitze der Fahnenstange. Man hatte sie auf Halbmast gesenkt.

Beatriz!

Die Mägde hatten schon die Spiegel in allen Zimmern verhängt, und Reyna wartete weinend auf mich. In einer Ecke stand ein mit Staub bedeckter junger Rabbi. Ich schob ihn in mein Zimmer, das ich verschloß. Der arme Kerl blieb stumm und niedergeschlagen. Er schaute zu Boden und zitterte.

«Was ist geschehen, Rabbi?» fragte ich heiser.

Er hob sein blasses Gesicht und faltete seine Hände.

«Ein bemerkenswertes Ende, Eure Hoheit, wie es zu einer Dame von so großem Geist paßt», sagte er scheu.

«Ich will keine Phrasen hören, Rabbi. Wer schickt dich?»

Er zuckte zusammen und rieb nervös seine Hände.

«Die Senyora war in guter Gesundheit angekommen, Eure Hoheit. Sie war zum Studium der Weisheit bereit und hatte das Herz voll Frieden. Mein Meister, Rabbi Isaak Luria, empfing sie, ohne über ihr Erscheinen verwundert zu sein, und brachte sie in dem kleinen Stall neben seinem Haus unter. Die Senyora war mit vorbildlicher Demut damit zufrieden und wollte ihr Haus in Tiberias, das fertiggebaut ist, nicht einmal sehen. Sie hat es der Yeshiva geschenkt, einer adligen Dame, Eure Hoheit. Seither studierte sie die fünf Welten, den Adam Qadmon, den Astilut, die Beriah, das Jezirah und auch ...»

«Ich verstehe nichts von dieser Sprache, Rabbi», unterbrach ich. «Und dann?»

«Dann nichts mehr, Eure Hoheit. Sie beteiligte sich am Fasten und den Atemübungen, die der Meditation dienen. Bald sahen wir mit Freude, daß die Haut ihrer Brust die Farbe der heiligen Flamme annahm – ein Zeichen, daß das Gottesfeuer sie erfaßt hatte. Unser Meister meinte, daß sie nun auch für die tiefsten Erkenntnisse bereit sei. In einer Sabbatnacht führte er sie zum Friedhof von Zefat, wo er gewöhnlich die Toten zusammenrief. Er bringt sie zum Sprechen, Eure Hoheit, sie leben wieder, ein unbestreitbarer Beweis für die Reinkarnation, für den Gilgul!»

«Genug!» schrie ich. «War es dein Rabbi, der sie dem Tod auslieferte?»

«Tod? Nennt dieses Wort nicht, Eure Hoheit», sagte der junge

Rabbi ernst. «Es entspricht nicht dem wundervollen Ereignis, von dem ich Euch berichten soll. Ich war der Assistent des Rabbis Isaak, und ich hatte die Ehre, die Schritte der Senyora in jener Nacht zu begleiten. Mein Meister stellte sich neben ein Grab und fing seine Exerzitien an; er hielt den Atem an und geriet in heilige Ekstase. In diesem Augenblick, ich schwöre es, umgab ihn die wunderbarste Aura, und ich spürte mit Wonne die unübersehbare, funkelnde Anwesenheit der Großen Seele um uns herum. Bald war auch die Senyora bereit, mit ihr in Verbindung zu treten. Sie konzentrierte sich, und es ward ihr das Geheimnis und das Glück des Übergangs zwischen unserer Welt und der Welt des Gilgul offenbar. Als erster öffnete mein Meister wieder die Augen, von denen ein Licht von unglaublicher Sanftheit ausging. Er wandte sich zu seiner Gefährtin und bemerkte, daß sie sich noch im anderen Leben aufhielt. Der Rabbi befahl mir, die Schlangen zusammenzutreiben und zu gehen.»

«Die Schlangen! Was haben diese ekelhaften Tiere in euren Teufeleien zu suchen?» schrie ich.

«Wie Eure Hoheit sicherlich weiß», berichtete der junge Mann mit verkrampftem Lächeln weiter, «verfügt unser Meister über die Gabe, mit den Tieren sprechen zu können. Der Schlange pflegt er seine süßesten Worte zu widmen, weil sie das Prinzip des Übels ist. Deshalb muß man die Schlange auf sanftem Wege zähmen. Ich fing an, bei den ältesten Gräbern zu suchen, wo sich die Aspisvipern sonnen. Als kleines Kind habe ich von meinem Vater gelernt, wie man sie hinter dem Kopf packt, so daß sie nur den Schwanz bewegen können. Bald hatte ich eine schöne große Schlange gefunden, die ich vorsichtig meinem Meister brachte. Die Senyora war noch nicht wieder zu uns gekommen.»

«Und dein Meister hat mit dieser Aspisviper gesprochen? Warum?»

«Gewiß. Aber zuerst sagte er mir: ‹Entferne dich, Jeremia› – denn Jeremia ist mein Name, Eure Hoheit. Er wollte sich nämlich an den Funken wenden, der aus Gottes Seele in den Körper dieses Tieres gefahren ist. Ich legte die Schlange also vor ihn, und dann ereignete es sich, Eure Hoheit. Die Aspisviper wandte sich um sich selbst, und während mein Meister seine Formel mit geschlossenen Augen sagte, um sich ganz zu sammeln, glitt das kleine Tier zu der herunterhängenden Hand der Senyora und biß sie.»

Mein Herz hielt an, als ob meine eigene Hand gebissen worden wäre. Beatriz in Ekstase, schutzlos, von einer Schlange angefallen in Gegenwart dieses verrückten Rabbi...

«Beruhigt Euch, Eure Hoheit. Ich sehe Euch ganz bleich werden. Mein Meister war ja in der Welt des Gilgul. Die Senyora öffnete plötzlich ihre Augen, verzog ihr Gesicht vor Schmerz, schaute ihre Hand an und sah die Schlange, die floh. Es ist nicht zu glauben, mein Herr, aber die Senyora lächelte und sah mich mit Augen an, deren Licht so sanft wie der Mond war. Inzwischen rief mein Meister die verschwundene Aspisviper bei all ihren Schlangennamen. Da auf einmal taumelte die Senyora und fiel zu Boden.»

Sollte ich diesen verdammten Boten, diesen jungen, erleuchteten scheinheiligen Mörder niederschlagen?

«Hat sie nichts mehr gesagt?» fragte ich in flehendem Ton.

Der Rabbi schüttelte den Kopf. «Es war so ein stiller, erhabener Augenblick. Dennoch – wenn ich genau überlege, so scheint mir, daß ich noch ein oder zwei Worte gehört habe. Das eine war mir bekannt, *Tzimtzum*, das andere, ich weiß nicht, wie ich es wiedergeben soll. Es klang wie *Joa, Jao* oder *Jo*. Wißt Ihr, was sie gemeint haben könnte?»

«Nein», sagte ich und stand auf, um meine Tränen zu erstikken. «Sprich weiter.»

«Mein Meister nahm sie in seine Arme. Sie war nicht mehr in dieser Welt. Ich zeigte ihm die geschwollene Hand mit der Bißstelle, und mein Meister lobte den Herrn, weil die Senyora einen Körper verlassen hatte, den sie nicht mehr wollte, und weil dieses Ereignis dem Vorhaben unseres Herrn und ihrem eigenen Wunsch gemäß war. Jedesmal, wenn eine Seele ihrer vergänglichen Hülle entflieht, um sich zu dem größten Wesen zu begeben, ist mein Meister zufrieden, und er hat recht. Ich dagegen hatte anfangs Gewissensbisse, weil ich die Schlange unserem Rabbi gebracht hatte und weil ich sie entkommen ließ, aber als ich ihn sprechen hörte, war ich beruhigt. Ich habe selbst zur Befreiung der gefangenen Seele der Senyora beigetragen, Eure Hoheit.»

«Hör auf, mich so zu nennen», seufzte ich. «Sag mir lieber, mit welchem Auftrag dein Meister dich betraut hat. Hat er dir befohlen, die Nachricht nach Istanbul zu bringen, oder hat er gesagt, daß du sie dem Herzog von Naxos bringen sollst?»

«Nur Euch selber, Eure Hoheit», antwortete Jeremia. «Er hat mir gesagt, daß Ihr zweifellos derjenige seid, den man am schnellsten unterrichten muß. Er hat hinzugefügt, daß Ihr keinen Schmerz empfinden sollt, weil die Senyora ihren Körper ‹in Treue zu ihrem Herrn› verlassen hat. Das hat er mehrmals wiederholt. Ich erinnere mich sehr gut: ‹in Treue zu ihrem Herrn›.»

Beatriz sprach noch mit mir durch den armseligen jungen Rabbi und diesen wahnsinnigen Kabbalisten.

«Es ist schon gut, Jeremia. Wo bist du groß geworden?»

«In Zefat, Eure Hoheit, wo ich auch geboren bin. Und ich muß mit dem nächsten Schiff zurück.»

Ich ließ ihm ein Bad vorbereiten.

Die Feiern zum Andenken der Senyora waren prunkvoll, zahlreich und nahmen kein Ende. Jede Synagoge der Stadt veranstaltete eine eigene. Dann folgten die Synagogen von Saloniki, Ragusa und die von allen Gemeinschaften des Reiches; überall erklangen inbrünstige Kaddischgebete. Reyna nahm stets teil, fuhr überallhin. Ich selber beschränkte mich darauf, der Feier beizuwohnen, die Rabbi Soncino in der Großen Synagoge von Istanbul leitete. Er sprach den Nachruf mit gebrochener Stimme und endete mit diesen Worten: «Sie ist nicht mehr, die Serenissima Prinzessin, der Ruhm Israels, die prachtvolle Blume des Exils, die ihr Haus auf Reinheit und Heiligkeit gebaut hat; sie schützte die Armen und rettete die Betrübten, machte sie zu Glücklichen in dieser Welt und zu Seligen in der kommenden.»

All das war wahr; doch leider war all das auch falsch. Die giftige Blume meines Exils, die ruhelose Prinzessin, meine allzu reine Beatriz hatte ihr Haus auf ihrer eifersüchtigen Leidenschaft gebaut und zwischen sich und mir eine Festung errichtet.

Ich glaubte sie während der Feier jung und lächelnd unter den brennenden Kerzen zu sehen, wie sie einen roten Apfel zum Mund führte; aber als sie gerade hineinbeißen wollte, verschwand ihr Gesicht, und ich sah nur einen leuchtenden Greif mit dem Schwanz einer Schlange. Ich wurde ohnmächtig. Es gab ein richtiges Durcheinander.

Man brachte mich in den Palast zurück. Seit diesem Tag hat mich der schreckliche Greif in meinen Träumen immer wieder heimgesucht.

Am nächsten Tag bat Rabbi Jeremia, mich nochmals besuchen zu dürfen. Ich ließ ihn kommen. Er schien sehr verwirrt zu sein.

«Es ist mir noch etwas eingefallen, Eure Hoheit. Etwas, das der Rabbi mir empfohlen hat, Euch zu sagen, und das ich wegen meiner Müdigkeit vergessen hatte.»

Seine Hände zitterten, und sein Adamsapfel hüpfte in seinem Hals auf und ab.

«Mein Meister hat mich gebeten, Euch zu sagen, Eure Hoheit...»

«Ich erwürge dich, wenn du mich noch einmal so nennst!» seufzte ich erschöpft.

«Ihr solltet jetzt die Schatulle aufmachen», fuhr er fort und verschwand gleich darauf so schnell wie eine Ameise in einer Bodenritze.

Die Schatulle, die sie mir gegeben hatte!

Enthielt sie etwas anderes als das trockene Herz von Francisco Mendès? Ich eilte in mein Zimmer und brach das verrostete Schloß auf. Auf einem Kissen aus Samt, der wohl einmal schwarz gewesen war, lag tatsächlich ein Herz aus altem Silber, daneben aber ein gut verschnürter Beutel aus Leder, eine Rolle aus Pergament und ein braunes Ding, das einer getrockneten Pflaume ähnelte.

Zitternd rollte ich das Pergament auseinander. Es war von Beatriz beschrieben:

«Geliebter, wenn du diese Worte liest, habe ich einen Körper verlassen, der niemandem gehörte, weder dir noch mir. In diesem Augenblick, in dem ich schreibe, weiß ich schon, wie ich das Größte Wesen erreichen werde. Der Rabbi hat mir auch vorausgesagt, daß du mich wiederfinden wirst, wenn dein Feind nicht mehr am Leben ist. Du findest in der Schatulle den roten Apfel, den du mir am Tag meiner Verlobung geschenkt hast, und in dem Lederbeutel ein bißchen Erde aus Portugal, die ich bei der Abreise mitgenommen habe. Nimm den Kajik und verstreue sie in Erinnerung an die Liturgie unseres Abschieds im Wasser des Bosporus. Ich verlasse dich nicht, Geliebter, und warte auf dich auf dem Schoß des Größten Wesens.»

Ich ballte meine Fäuste, zerknüllte das Papier darin. Mir war heiß und eiskalt, so übel, als ob das Gift der Aspisviper sich in mein Herz gefressen hätte. Dann streichelte eine sanfte Wallung meine Stirn, und ich glaubte, ihre Stimme in mir zu hören. «Diese Schlange ist zu mir gekommen, Josef, weil ich sie gerufen habe. Sie befreite mich von einem Körper, der dir gehören sollte. Doch was bedeutet schon ein vergänglicher und verschwundener Körper?»

Ich öffnete den Beutel, fand die Erde, die zu Pulver geworden war, und ließ sie zwischen meinen Fingern hindurchrinnen.

«Ruhe dich aus, Herr», sagte der Bucklige und trocknete die Stirn seines Meisters. «Du bist verschwitzt. Soll ich einen Arzt rufen?»

«Ist Sokolli noch am Leben?» flüsterte der Herzog.

«Es geht ihm blendend. Wenn die Prophezeiung recht hat, bist du noch nicht tot, das ist sicher!»

«Die Klauen des Greifs drücken mein Herz heute so stark. Gib mir frisches Wasser, bitte.»

«Wasser! Mein Herr, ich erkenne dich nicht wieder.»

Sobald der Tod der Senyora bekannt war, ließ Sokolli mich rufen. Es war selten, daß der Großwesir den Günstling des Sultans zu persönlichem Gespräch bat. Mit ungutem Gefühl begab ich mich zu ihm.

«Wißt Ihr, wie der venezianische Gesandte bei der Hohen Pforte das Hinscheiden Eurer Tante, der sehr ehrenwerten Donna Gracia Nasi, an die Serenissima berichtet?» fragte er mich in amüsiertem Ton. Er reichte mir einen Brief, den man gerade abgefangen hatte. Was ich las, versetzte mich in helle Wut.

Der Gesandte nannte Beatriz eine «scheußliche Jüdin, eine wie diese Verräter, die der Papst zu Recht in Ancona verbrennen ließ; eine, die ihr ganzes Leben lang Wucher mit den Geldern der Könige und Fürsten trieb, was im Interesse des Grand Seigneur geschah, und so Verrat am ganzen Christentum beging. Es ist eine große Erleichterung, daß die Frau gestorben ist, deren häßliche Seele sich in ihrem Neffen Josef widerspiegelt, der ihr stets hörig war.»

Sokolli beobachtete mich aus den Augenwinkeln, und als er sah, daß ich am Bersten war, sagte er mit gespieltem Verständnis:

«Rächt Euch! Seit langem beleidigt Venedig Euch, Herzog. Das solltet Ihr nicht ungestraft geschehen lassen. Ich zweifle nicht», fügte er mit hinterhältigem Lächeln hinzu, «daß Ihr Euch ab und zu schon Genugtuung verschafft habt. Aber das reicht nicht, Herzog, nicht nach diesem Affront.»

«Was habt Ihr vor, Sokolli?»

«Oh, bitte keine Vertraulichkeiten zwischen uns», sagte er pikiert, «ich nenne Euch ja auch nicht einfach nur Nasi. Wir lieben uns nicht, und ich handle nur für unseren Sultan, den Grand Seigneur, wie die Europäer ihn nennen. Wir haben gerade zwei venezianische Schiffe kontrolliert. Der Großadmiral hat seine Flotte vor der adriatischen Küste in Gefechtsposition gebracht, und seine Manöver laufen ausgezeichnet. Unser Botschafter ist jetzt in Venedig, um die Insel Zypern und das Schleifen der Festung Famagusta zu verlangen. Ich warte darauf, daß die Republik ablehnt, um unsere Flotte angreifen zu lassen. Ich weiß, daß das Arsenal der Serenissima arbeitet wie nie zuvor. Sie bauen stark mit Kanonen bestückte Schiffe. Ich weiß nichts Präzises über Eure Rachepläne, Herzog. Aber manchmal denke ich, daß die Brände in unserer Stadt verheerend sind und Venedig von Glück sagen kann, daß es von solchen Feuersbrünsten bisher verschont blieb. Doch wenn eines Tages das Arsenal brennen würde...»

Ich hatte verstanden und schickte einige von meinen Vertrauensleuten nach Venedig. Drei Wochen später wurde die Stadt in der Mitte der Nacht von einer riesigen Explosion geweckt. Das Arsenal brannte. Die Serenissima verlor kurz vor Ausbruch des Krieges Hunderte von Galeeren, und die Entehrung der Senyora war gerächt.

Am Tag nach dem Eintreffen dieser guten Nachricht nahm mich Sokolli in einer Allee des Serail-Parks beiseite.

«Teilen wir uns die Rollen, Herzog. Man unterstellt mir zu Unrecht fahrlässige Nachsicht gegenüber der Republik Venedig, aber das kann uns jetzt sehr von Nutzen sein. Auf diese Weise schläfere ich das Mißtrauen des venezianischen Gesandten ein und gewinne Zeit zum Handeln. Andererseits kennt man Eure Wut auf die Serenissima. Daher wird man Euch für diesen Brandanschlag verantwortlich machen. Ich habe nie gehört, daß Ihr dergleichen im Sinn hattet, und wir haben erst recht nie von solchen Plänen gesprochen. Ebensowenig hat unser Sultan mit dieser Untat zu tun. Wenn er in Kürze Zypern angreift, wird dies nach außen hin aus ganz anderen Motiven geschehen, auch wenn er Euch zum König der Insel erheben will. Nun, Ihr habt es ja um ihn verdient.»

Daß ich das Arsenal von Venedig in Flammen aufgehen ließ, war der Preis, den ich für Zypern und meinen Königstitel im voraus zahlen mußte. Doch der Besitz dieser schönen großen Insel sollte mir den Ruf als Brandstifter wohl wert sein.

Kommandiert von Großadmiral Ali Pascha, aber unter dem Oberbefehl des Großwesirs Sokolli ging die osmanische Flotte nach Zypern ab und im März unweit der imposanten Festung Famagusta vor Anker. Kurz vor der Abfahrt der Flotte hatte sich in unserem Palast ein merkwürdiger Vorfall ereignet: Ich habe schon von den beiden Haremsmädchen erzählt, die Selim mir durch den Groß-Eunuchen zum Geschenk gemacht hatte. Eine davon, die Griechin Helena, besaß graue Augen, die es mir angetan hatten. Um ihren Hals trug sie ein etwas klobiges Holzkreuz, das sie selbst geschnitzt hatte und das an einem Band aus schlechtem Tuch hing. Ich hatte Helena gern. Deshalb schenkte ich ihr eine Kette von Beatriz, ein Geflecht von schweren Ringen aus Silber mit Rubinen durchsetzt, und kaufte ihr im griechischen Viertel ein Kreuz aus Silber. Das Mädchen küßte zum Dank leidenschaftlich meine Hände.

Einige Tage später war sie verschwunden. Ich fand neben meinem Bett einen Zettel, auf den sie gekritzelt hatte: «Verzeihung, mein Herr Herzog, du verstehst es, nur du.»

Mit der Versorgung der Flotte beschäftigt, maß ich Helenas Flucht keine große Bedeutung bei. Vielmehr irritierte mich, daß Sokolli mir mitteilen ließ, er erwarte mich bei der Flotte vor Zypern. Warum? Es war doch abgesprochen worden, daß ich mit der Eroberung der Insel nichts zu tun haben würde.

Als ich eintraf, war der Großwesir gerade dem Tode entronnen. Seine Galeere, auf der er sich in diesem Moment zu seinem Glück nicht befunden hatte, war in die Luft geflogen. Ein Christenmädchen unbekannter Herkunft hatte sich an Bord zu schleichen vermocht, möglicherweise eine Dirne, die dem Oberbefehlshaber ihre Dienste anbieten wollte. Sie muß den Pulverraum angezündet haben. Man fand nur einen zerfetzten Körper und ein Kreuz aus Silber, das offenbar ihr gehörte.

Ich stand neben Sokolli auf einer anderen Galeere, als man die Reste der Attentäterin, einen Kopf, ein Stück des Oberkörpers, auf die Brücke brachte. Erschrocken zuckte ich zusammen, als ich auf einem Schulterfetzen das Kreuz erkannte, das ich ihr gekauft hatte. Und das schöne Gesicht der Griechin lächelte mit herausfordernder Miene.

«Das war also der Grund», sagte ich unbesonnen.

Sokolli warf mir einen mißtrauischen Blick zu.

«Habt Ihr sie etwa gekannt?»

«Ja, sie war eine Sklavin unseres Sultans, Allah behüte ihn, der sie mir großzügig schenkte.»

«Und Ihr habt sie entfliehen lassen? Versteht Ihr jetzt, warum wir unsere Frauen eingesperrt halten? Wenn eine versucht, sich aus dem Harem davonzustehlen, nimmt man einen soliden Sack, steckt drei Katzen zusammen mit der Schuldigen hinein, macht einen festen Knoten und dann in den Bosporus! Ihr seid sehr unvorsichtig gewesen, Herzog. Es sei denn...»

Er beendete den Satz nicht, sondern forderte mich statt dessen auf, sogleich wieder nach Istanbul zurückzukehren, ohne mir je mitzuteilen, warum er mich hatte rufen lassen.

Ich gehorchte nicht. So nahe bei Zypern sollte ich es nicht betreten? Nein, ich machte nicht kehrt. Ich dingte einige Ruderer, nahm ein Boot und landete mitten in der Nacht auf der belagerten Insel, weit weg vom Hafen. Meine Kleidung nach venezianischer Art ließ mich unverdächtig erscheinen.

Ich sah im Mondlicht einige weiße Häuser, eine Kirche mit einem winzigen Glockenturm und bat an der ersten Tür um Brot, auch wenn ich es überhaupt nicht brauchte. Ein Fensterladen wurde halb geöffnet. Ich sprach die Sprache der Serenissima, und eine Frau öffnete. Sie gab mir ein in Öl getunktes Stück Brot, mehr nicht. Sie fragte nichts und antwortete auf meine Fragen einsilbig. Ihr Mann war Soldat in der Festung. Sie war mit ihren Kindern allein und hatte Angst vor dem bevorstehenden Krieg. Ich wollte wissen, ob ihr eine venezianische Frau mit Namen Faustina bekannt sei. Sie runzelte die Stirn, versuchte sich zu erinnern und wies mir den Weg zu einem einsamen Bauernhaus am anderen Ende von Famagusta.

Also lebte Faustina vielleicht noch! Ich war ganz aufgeregt, bezahlte das Brot und machte mich auf die Suche. Oberhalb des Strandes kam die Festung in Sicht. Ich sah im Morgenlicht Soldaten neben den Kanonen und hörte das Klirren der Waffen.

Ich lief über Geröll bis zur Tür des abgelegenen Bauernhofes und klopfte. Ein Hund bellte wütend, Schritte näherten sich...

«*Husdent!* Fuß!» rief eine Frauenstimme.

Es war Faustina. Mit einer dicken Taille, einem schwarzen weiten Umhang, im Nacken hochgesteckten Haaren und braungebrannter Haut sah sie aus wie eine zyprische Bäuerin. Aber ihr Mund hatte sich nicht geändert, und ihr Blick war ruhiger geworden. Ihr gelber Stöberhund kreiste zähnebleckend um sie herum.

«Hast du deinen weißen Malteser nicht mehr, meine Süße?» fragte ich sie, als ob ich sie erst gestern verlassen hätte.

Sie riß erstaunt die Augen auf und streichelte dann sanft und schweigend meine Wangen. Wir fanden uns mühelos wieder und unsere Körper noch besser; ihre Haut war dort, wo kein Sonnenstrahl sie je berührt hatte, immer noch so weiß wie einst, und sie liebte mich mit eine Leidenschaft, die ich bei ihr früher nicht erlebt hatte.

Faustina hatte dieses Bauernhaus mit dem Geld gekauft, das ich ihr gegeben hatte. Ihr Land gab genug Hirse und Weizen her, um ihr zu erlauben, gut zu leben. Sie hatte Knechte, die jetzt in der Festung Dienst tun mußten, und einen Liebhaber, einen venezianischen Kapitän, den sie seit Anfang der Belagerung nicht mehr gesehen hatte. Aber er konnte jederzeit zurückkommen.

«Willst du mit mir kommen?» fragte ich sie. «Ich habe ein Boot, das auf mich wartet, und eine kleine Galeere auf dem Meer. Willst du mit mir in meinem Palast in Istanbul leben?»

Sie schüttelte sanft den Kopf.

«*Perchè, monsignore?* Dort hast du deine Senyora. Sogar hier kennt man ihren Namen. Den Smaragd an deinem Finger, den hast du von ihr, nicht wahr?»

«Sie ist tot», antwortete ich. Es war das erste Mal, daß ich es so einfach sagte.

«Und nun soll ich dich trösten», konstatierte Faustina mit einem kleinen Lächeln. «Du wirst meiner bald überdrüssig werden. Ich kenne dich, Juan. Und ich fühle mich wohl hier. Du solltest jetzt gehen, mein Lieber.»

Ich konnte sie nicht von der Gefahr überzeugen, die ihr drohte. So drastisch ich ihr die Grausamkeit der Janitscharen auch beschrieb, sie schwieg dickköpfig. Faustina wollte ihr Leben nicht ändern, und ich wollte sie schließlich nicht länger stören. Ihr Liebhaber sollte mich nicht in ihrem Bett finden. Ich verließ sie besorgt. Die Zuversicht Faustinas, daß ihr nichts passieren würde, quälte mich. Die osmanische Soldateska wartete nur auf das Zeichen zur Erstürmung der Stadt, und sie hatte nur diesen Stöberhund als einzige Verteidigung...

Das Ruderboot wartete auf mich; ich kehrte zu meiner Galeere zurück und segelte zurück nach Istanbul, wie es der Großwesir befohlen hatte.

Die Belagerung von Zypern dauerte zweieinhalb Monate. Die Besatzung von Famagusta von siebentausend Männern wurde von Kapitän Bragadino kommandiert. Ich erinnere mich an die Wutanfälle von Selim, wenn ein Bote im Serail mit der ewig gleichen Meldung «Famagusta hält noch immer stand» eintraf.

«Dieser Bragadino ist offenbar ein Liebling der Götter!» schrie Selim und stieß die Schalen voller Obst um. «Wenn wir ihn gefangen haben, werde ich ihn der schlimmsten Folter aussetzen. Könnte man ihm nicht Gift ins Essen tun? Die Festung kann doch kaum noch Vorräte haben. Er würde alles fressen. Jussuf, du mußt einen Spion finden!»

Sokolli bestürmte die feindlichen Stellungen immer heftiger. Sein Mißerfolg ließ ihn nicht mehr schlafen. Nikosia fiel, aber die Festung von Famagusta blieb uneinnehmbar. Ich war zwischen Wut und Freude hin und her gerissen. Vielleicht würde ich nie mein Königreich bekommen, aber Faustina würde in ihrem Bauernhaus auf der Insel in Frieden weiterleben.

Endlich mußte Bragadino zwischen Leben und Kapitulation wählen, und er entschloß sich, sich zu ergeben. Der Bote, der uns die Nachricht brachte, berichtete, daß der venezianische Kapitän bei der Übergabe eine purpurrote Robe trug und ein Sonnenschirm in der gleichen Farbe ihn schützte.

Selim wurde blaß vor Wut.

«Er liebt purpurrote Ausstaffierung, gut, er soll sie haben», sagte er mit ironischer Miene.

Ich konnte das Entsetzliche nicht verhindern. Großadmiral Piali Paschas Bericht über Bragadinos Hinrichtung verursachte mir Brechreiz.

Die mit Stroh ausgestopfte Leiche des lebendig gevierteilten Bragadino war noch nicht in Venedig angekommen, als die sogenannte Heilige Liga feste Formen anzunehmen begann. Die Eroberung von Zypern durch die Türken war für Europa ein unerhörter Affront, den man nicht hinzunehmen gedachte. Zwar gehörte Zypern nun uns, aber der große Krieg stand erst noch bevor. Der junge Juan de Austria sollte der Oberbefehlshaber der christlichen Heere sein, aber dunkle Machenschaften zögerten den offiziellen Beschluß hinaus. Nachdem die Vertragspartner sich endlich einig waren, fand im Petersdom zu Rom die feierliche Zeremonie statt, die den Bund zwischen Spanien und Venedig durch den Segen des Papstes besiegelte. Das war im Mai 1571.

«Nein», sagte der Bucklige.

«Wieso nein? Wagst du es, mir zu widersprechen, Narr? Zeig dich und erkläre mir dieses Nein, das du mit solcher Sicherheit ausstößt. Man hat also die Unterzeichnung der Vereinbarung nicht in Sankt Peter in Rom zelebriert? Woher willst du das wissen?»

«Weil ich dort war und du nicht!» sagte Caraffa und kam ins Licht.

«Du armer Jude sollst an der Konstituierung der Heiligen Liga teilgenommen haben? Du hast mir immer versichert, daß du von den Männern von Juan de Austria im Hafen von Messina mit Gewalt rekrutiert worden bist. Oder hast du mir da Lügen erzählt? Im übrigen, wenn die Liga nicht in der Basilika in Rom aus der Taufe gehoben wurde, wo denn sonst, bitte, mein Gelehrter?»

«Im Apostolischen Palast, *ignorante ignorantissimo*, im Saal des Konsistoriums vor unzähligen rotgekleideten Kardinälen. Da wurde dieser verdammte lateinische Mumpitz verlesen, aus dem hervorging, daß die Delegierten der Serenissima und des spanischen Königreichs sich gegenseitig Hilfe und Beistand versprachen, daß sie auf Land und Meer die Macht der Türken zerstören würden und daß sie auch Algier, Tunis, Tripolis und den Rest in ihren Besitz bringen wollten.

Ich segelte mit den Schiffen der Heiligen Liga von Rom aus in Richtung Korfu. Und du lagst im Golf von Lepanto. Dort, in Lepanto, habe ich, wie du weißt, dann meinen Herrn gewechselt.»

«Ich weiß, Caraffa. Erinnerst du dich an das, was dem vorausging? Der Sultan hatte mir befohlen, Piali Pascha als Beobachter zu begleiten, und ich befand mich auf seiner Galeere. Wie die ganze osmanische Armee war ich siegessicher. Wir hatten mehr Galeeren als die Liga. Wir wußten das, seit der Korsar Kara Hodja es geschafft hatte, während der Nacht mitten durch die feindliche Flotte zu fahren, was ihm gelang, weil er seine kleine Galeere schwarz gestrichen hatte. Er glaubte sogar, er hätte Masten gesehen, aber Galeeren haben keine. ‹Masten›! hatte Ali Pascha, der Großadmiral und Befehlshaber, höhnisch lachend gesagt. ‹Du phantasierst, Kara Hodja. Das würde heißen, daß es in der Flotte der Liga Galeassen mit Kanonen gäbe. Davon würden wir wissen. Unsere Spione hätten es uns berichtet. Nein, das sind Versorgungsschiffe, nichts anderes.›»

Die Flotte der Liga zählte jedoch tatsächlich sechs mit Kanonen bewaffnete Galeassen, und Kara Hodja hatte die Segel sehr wohl gesehen. Und sie allein entschieden über den Ausgang der Schlacht.

Sobald die Flotte der Liga nahe genug herangekommen war, sahen wir die schweren Schiffe, und als die erste Reihe unserer leichten Galeeren vorrückte, donnerten die Kanonen los. Piali Pascha nahm meinen Arm:

«Wir sind verloren, Nasi! Kara Hodja hat sich nicht geirrt, sie haben Kanonen.»

Ich sah kleine Wolken von weißem Rauch aufsteigen. Vor uns versank eine von unseren Galeeren plötzlich inmitten von Schreien und Querpfeifenklängen. Eine Galeere, zwei, fünf, zehn, die ganze erste Reihe verschwand. Dann die zweite. Das Wasser rund herum färbte sich rot von Blut. Im Norden versuchte der rechte Flügel, vom Pascha von Alexandria kommandiert, vergeblich, die feindliche Flotte zu zersprengen, er schaffte es nicht. Soldaten sprangen ins Wasser und schwammen zum Ufer. Wir hatten keinen rechten Flügel mehr, die Mitte war vernichtet. Die restlichen Galeeren waren wie Hühner im Stall gefangen, und der Fuchs hatte Zähne in Form von Kanonen...

«Trotzdem! Es ist unmöglich, daß wir verlieren», sagte Piali Pascha verzweifelt optimistisch. «Wir haben viel mehr Galeeren, das ist sicher. Wir dürfen nicht verzagen. Denkt an die Zukunft des Reiches, Nasi! Occhiali, der Bey von Algier, wird durch die Mitte angreifen und die Schlappe wiedergutmachen. Aber was macht der verdammte Großadmiral? Warum gibt er mir kein Signal? Wir warten hier und dürfen uns nicht von der Stelle bewegen.»

Mein alter Freund sprach mit sich selber, um seine Angst zu bezwingen. Er wußte genau, wie es ausgehen würde, und nahm mich beiseite.

«Die kleine Galeere an Backbord, Nasi, sie bleibt neben uns und wird uns wie ein Schatten folgen. Wir sind noch nicht soweit, doch sobald das Flaggschiff gefechtsunfähig ist, bring dich in Sicherheit. Das Fallreep ist heruntergelassen. Die kleine Galeere hat den Befehl, dich nach Istanbul zurückzubringen. Es wäre zu schade, wenn Zypern seinen König verlöre und der Sultan seinen Freund.»

Die Kanonen der Liga schossen noch immer, und unsere Galeeren sanken im gleichen Tempo.

«Das Flaggschiff ist getroffen! Jetzt geh von Bord, Nasi!» rief Piali Pascha plötzlich.

Ich verließ sofort das Schiff. Die Ruderer legten sich in die Riemen. Wir entfernten uns. Ich sah, wie auf der Galeere des Großadmirals die Flagge mit dem Kreuz der Liga am Mast aufgezogen wurde.

Von da an flohen die osmanischen Galeeren in alle Richtungen. Wir hatten verloren. Es gelang Piali Pascha, sein sinkendes Schiff zu verlassen und meine kleine Galeere zu erreichen.

«Der Großadmiral ist tot», sagte er. «Einer seiner Soldaten hat gesehen, wie er sich erdolcht hat. Er hat richtig gehandelt. Hast du das Meer gesehen, Nasi? Es ist rot von Blut.»

Ich hatte die Farbe des Wassers bisher nicht beachtet. Jetzt sah ich durch Feuer und Rauchschwaden Köpfe und Körper wie tote Fische treiben und hörte das Geschrei der Sterbenden.

«Und so hatte ich die Ehre, vom Herzog von Naxos gerettet zu werden, als er aus der berühmten Seeschlacht von Lepanto floh», sagte der Bucklige mit einer Verbeugung.

«Es ist wahr», seufzte der Herzog. «Du hattest dich an ein treibendes Brett geklammert, warst mit Blut bedeckt und winktest mit einer Hand, aber du warst nicht verletzt. Du zittertest am ganzen Leibe. Erinnerst du dich an deinen ersten Satz: ‹Ihr gehört doch sicherlich zur spanischen Flotte?›»

«Du warst ja wie ein Spanier angezogen.»

«Ich zeigte auf die Flagge mit den drei Hörnern, die an unserer Galeere flatterte, und glaubte, du würdest vor Schreck ohnmächtig werden. Ich schickte dich in eine Ecke; dort bist du eingeschlafen. Du sahst wie ein alter Seeräuber aus.»

«Sieh mal an», flüsterte der Bucklige, die Augen voller Tränen. «Dabei war ich noch nicht zwanzig Jahre alt...»

Von den zweihundertdreißig Galeeren des Reiches blieben nur dreißig übrig. Der abgeschnittene Kopf Großadmiral Ali Paschas wurde auf die Spitze einer Lanze gesteckt. Zwanzigtausend

Männer waren umgekommen. Beatriz hatte recht behalten. Das Orakel des Roten Apfels hatte sich erfüllt, das die Niederlage des Osmanischen Reiches im Kampf gegen die Herren des Abendlandes vorhersagte – und es war meine Schuld.

Ein Bote brachte dem Sultan die Nachricht der Niederlage; er brach in einen furchtbaren Wutanfall aus, dem eine Betrübnis folgte, von der er sich nie wieder erholte. Er schloß sich ein und weigerte sich sogar, mich zu sehen. Man sagte, daß er die ganze Zeit vor sich hin jammere. Die restlichen Galeeren kamen voll von Verwundeten zurück. Die Frauen von Istanbul wehklagten tagelang mit herzzerreißenden Stimmen. Das für unmöglich Gehaltene war geschehen.

Auf der anderen Seite feierte man den Sieg. Die Jungfrau Maria hatte die Heilige Liga beschützt, hieß es. Außerdem hatte die Schlacht an einem Sonntag stattgefunden, ein Zeichen des Himmels! In Rom stand der alte Asket im Zenit seines Ruhmes. In Venedig blieben die Geschäfte eine Woche lang geschlossen. Man sagte, daß die Händler auf ihren Türen den Hinweis befestigt hatten: «Geschlossen zur Feier des Untergangs der Türken.» Man komponierte Oratorien, verfaßte Theaterstücke, Schmähschriften aus diesem Anlaß, sprach Gebete und organisierte Prozessionen.

Es war mir klar, daß Sokolli jetzt an irgendwem seinen Rachedurst stillen mußte. Aber er ließ mich aus einem ganz anderen Grund rufen.

«Unser Sultan verfällt in Schwermut, und Ihr seid der einzige, der ihn ablenken kann», sagte mein alter Feind besorgt. «Er will niemand empfangen, weder mich, seinen Großwesir, noch Euch, seinen Freund.

Das Reich ist nicht verloren, aber es braucht seinen Herrscher. Ich kann ohne die sichtbare Autorität des Padischah nicht regieren. Ihr müßt ihn heilen.»

«Und wie könnte ich das tun, Herr? Man hat mir sogar verboten, ihm weiterhin das versiegelte Essen zu schicken, an das er gewöhnt war.»

«Eine zu strenge Maßnahme», räumte der Großwesir ein. «Man hatte vielleicht geglaubt, daß das Fasten ihm guttun würde, und tatsächlich hat er sich Kasteiungen hingegeben. Aber ich bin sicher, daß Eure Weisheit noch nicht am Ende ist. Übernehmt Ihr es, ihn wieder zum Leben zu erwecken, ich übernehme es, ihm eine neue unübersehbare Flotte zu zeigen, sobald er sich erholt hat.»

«Unmöglich! Das schafft Ihr nicht. Mit nur dreißig Galeeren!»

«Das ist nicht Eure Sache», antwortete Sokolli und zeigte seine glänzenden Zähne. «Und was Zypern angeht: Wir werden nach unserem nächsten Sieg wieder darüber reden, einverstanden?»

Ich schickte Selim einen größeren Korb als gewöhnlich mit feinstem ziseliertem Kupfergeschirr, ließ das raffinierteste Menü, das ich mir denken konnte, in unserer Küche vorbereiten: Filets von köstlichen jungen Steinbeißern, auf Schnee gestampfte Rosen vom Ararat, Mandelpudding mit Apfelschaum und weitere Arten von Süßigkeiten mit Holunderbeeren und gerösteten Pistazien.

Ich begleitete selber diese Mahlzeit für den Sultan, von livrierten Dienern und wunderschönen braunen Pferden eskortiert, die ich ihm schenken wollte. In den Zuckerguß einer Pastete hatte ich ein Pergament gesteckt mit der Aufschrift: «Der Herzog von Naxos ist betrübt, seinen Sultan nicht mehr zu sehen. Josef, der Freund, sehnt sich nach Selim.»

Nach einer Stunde wurde ich endlich vorgelassen. Selim trug Trauerkleider, sein Haar war ganz struppig, sein weißer Bart schmutzig, seine fiebrigen Augen hatten tiefe violette Schatten. Er sah furchtbar gealtert aus, aber der Korb war schon geöffnet.

«Du wolltest den Grand Seigneur sehen, wie deine Freunde aus Europa mich nennen? Also gut, schau dir gut an, wie ein Besiegter aussieht», stieß er bissig hervor.

«Also läßt sich der Sohn des Prächtigen wie ein alter Mann mit einem einzigen Schlag niederstrecken?» hielt ich mit entschiedener Stimme dagegen. «Man sagt, daß der Dichter Selim sich mit Asche bedeckt, sich nicht mehr wäscht und als ein armer Verrückter wie sein Bruder Djihangir enden wird ...»

Er sprang mir an die Gurgel. Ich leistete keinen Widerstand.

«Du Hund von einem ungläubigen Juden! Man hat doch recht, sich vor dir zu hüten», keuchte der Sultan außer sich vor Zorn.

«Tut es, Padischah!» Ich bekam kaum noch Luft und schaffte es dennoch zu sprechen. «Die Schuld soll auf mich zurückfallen. Ich habe Zypern gewollt.»

Er ließ mich los und fuhr sich durch die Haare.

«Warum erwähnst du Djihangir, Jussuf?» seufzte er. «Wie kannst du es wagen? Mein armer Bruder war ein Heiliger, Allah behüte ihn. Ich bin seiner nicht wert. Ich bin nur ein Sultan. Aber ich will kämpfen, ja, das will ich», schrie er plötzlich, «und wie mein Vater in der Schlacht sterben!»

Ohne es zu beachten, stieß er das Pergament beiseite und nahm mit beiden Händen ein Stück Pastete, schlang es hinunter, dann trank er hintereinander mehrere Gläser Wein, wodurch wieder Farbe auf seine Wangen kam. Er gähnte ein paarmal und schlief ein.

Ich hatte gewonnen.

Die versiegelten Körbe gingen wieder regelmäßig zum Serail, und der Sultan kehrte ins Leben zurück. Der schwarze Aga trat in Aktion und suchte die schönsten Sklavinnen aus, um die Lust seines Meisters anzustacheln.

Danach trug auch Sokolli seinen Teil zur Genesung des Sultans bei: Was für eine merkwürdige Feier! Wir hatten uns in dem kleinen Pavillon versammelt, der direkt am Goldenen Horn liegt.

Von dort sahen wir die Trichtermündung, die sich auf einer Seite bis zu den grünen Dörfern erstreckt und sich auf der anderen zum Meer hin öffnet. Plötzlich tauchten reihenweise frisch grün-rot gestrichene Galeeren mit schnellen Ruderern auf. Eine riesige Zahl von Galeeren.

Der Großwesir stand neben seinem Sultan, lächelte und sagte kein Wort.

«Wunderbar», sagte Selim strahlend. «Siehst du, Jussuf, unsere Flotte ist nicht versenkt worden. Sie ist kampfbereit. Wir können morgen wieder losschlagen. Ich bin sehr glücklich.»

«Ich erinnere mich an diese Hexerei, aber ich habe die Lösung des Rätsels nie erfahren», rief der Bucklige aus.

«Ich werde es dir später erklären. Jetzt bin ich müde. Der Geruch des Brandes ist noch nicht ganz verschwunden. Es hängt ein herbes Parfüm von Asche und verbranntem Holz in der Luft. Musik! Ich will Musik hören!»

Sobald er gesprochen hatte, erhob sich, von einer Laute begleitet, eine rauhe, klagende Stimme.

«Mein Gott!» sagte der Herzog. «Es klingt, als sänge Beatriz.»

«Nein, Herr», sagte der Bucklige und hustete, um seine Verlegenheit zu verbergen. «Die Toten kehren nicht zurück. Hör gut hin: Das ist nicht unsere Sprache, das ist Türkisch, und du wirst einen Tanbur erkennen mit seinen vier doppelten Saiten. Es ist deine Sklavin Leila.»

«Leila...», sagte der Herzog und griff sich an die Stirn. «Ja, Leila. Ich verliere manchmal den Verstand. Trotzdem, diese Stimme... Ich muß schlafen...»

Der Kopf fiel ihm auf die Brust.

«Gut», sagte der Bucklige. «Ein harter Tag. Aber Vorsicht, ich sehe die Herzogin.»

Er lief zu einem Schatten, der barfuß ins Licht trat.

X

1579
Der letzte Sabbat

Freitag, in der Abenddämmerung

«Ihr solltet hier nicht bleiben. Zieht Euch zurück!» flüsterte der Bucklige der Herzogin ins Ohr.

«Es ist ihm zu heiß», antwortete sie und schwenkte einen bestickten Fächer vor des Herzogs Gesicht. «Er braucht frische Luft, wenn er schläft. Schau den Schweiß auf seinen Wangen!»

«Es ist kein Schweiß. Es sind Tränen, Herzogin», sagte Caraffa leise. «Und wenn er aufwacht, wenn er Euch in diesen Kleidern sieht? Ihr seht viel älter aus, wenn Ihr wie eine jüdische Matrone des Morgenlandes gekleidet seid. Man würde glauben, Ihr seid schon sechzig.»

«Und wenn ich in zehn Jahren wirklich so alt sein werde, wird mein Gatte längst tot sein», sagte sie mit einem traurigen Lächeln.

«Aber er ist es noch nicht. Laßt ihn, es bringt ihn in Rage, Euch zu sehen, und er hat noch nicht alles erzählt.»

Reyna machte eine ungeduldige Geste.

«Ich glaube dir nicht mehr, Caraffa», flüsterte sie. «Du wolltest *seine* Geheimnisse kennen, und was ist dabei ans Licht gekommen? Die Geheimnisse der Senyora, aber nicht meine. Er wird sterben, ohne zu wissen, daß ich nicht stumm bin. Und er wollte es nie wissen, weil er mir sonst hätte zuhören müssen. Ich will aber, daß er, wenn er aufwacht, mich sieht und mir zuhört.»

«Wartet!» flehte der Bucklige mit gefalteten Händen. «Ihr habt zwanzig Jahre geduldig gewartet. Die Sonne wird bald hinter der Süleiman-Moschee versinken. Über dem Meer geht schon der Mond auf, und heute ist der siebte Tag, seit er angefangen hat, sein zerrissenes Herz zu öffnen. Wartet noch eine Stunde, eine kurze Stunde; bis der Sabbat anfängt. Zieht ein venezianisches Kleid an. Zeigt Euch nicht in diesen Pluderhosen, die er haßt. Wenn es dunkel wird, werde ich Euch Eurem Gatten zuführen.»

«Der Himmel ist flammend rot, sogar der Mond scheint rot... Ein schlechtes Omen», seufzte Herzogin Reyna und bewegte ihren Fächer nicht mehr.

«Mit wem hast du gesprochen, Narr?» fragte der alte Herzog plötzlich mit schwacher Stimme.

«Es war niemand, nur eine von deinen Mägden. Bist du gut ausgeruht? Dann bin ich mit dir zufrieden. Du mußt weitererzählen.»

«Eines Tages fuhr eine riesige Flotte am Sultan vorbei durch den Bosporus, während es nach der Niederlage bei Lepanto doch nur dreißig Galeeren gelungen war zu entkommen. Ein Wunder...»

Eine unendliche Flotte, die unversehrt schien, ja. Der Großwesir hatte es versprochen; und er hielt sein Wort. Von den Gärten des Serails aus war die Täuschung perfekt. Die übriggebliebenen dreißig Galeeren fuhren eine nach der anderen das Goldene Horn entlang, dann verschwanden sie hinter der Einmündung in den Bosporus. Dort wechselte man eine Flagge, eine Galionsfigur, und sie kehrten triumphierend wieder, als ob es andere Schiffe wären. Wie der Sultan täuschte sich die ganze Stadt, und eine blinde Freude eroberte alle Herzen. Aber Mehmed Sokolli hatte uns nur zur Häfte irregeführt. Denn gleich nach der Niederlage hatte er Befehl erteilt, die Galeeren mit Kanonen zu bestücken. Insofern demonstrierten die dreißig aufgerüsteten Galeeren sehr wohl das Wiedererstehen der osmanischen Flotte.

Ich hatte geglaubt, daß das Reich am Ende sei, aber ich hatte mich getäuscht. Die Schande, die auf mich wie eine dunkle Winternacht gefallen war, betraf die Osmanen nicht, sondern nur den Günstling des Sultans, den Herzog von Naxos, der sich gewünscht hatte, König von Zypern zu werden.

Während die Mitglieder der Liga sich auf ihren Siegeslorbeeren ausruhten und davon träumten, Tunis, Algier und vielleicht Jerusalem im Heiligen Land einzunehmen, hatte Occhiali, der in Lepanto viel Heldenmut gezeigt hatte, präzise Anweisungen zum Bau völlig neuer Schiffe gegeben: weniger Platz für Bogenschützen und Schleuderer, mehr für Artillerie und Arkebusen, bessere Manövrierfähigkeit als bisher. Man baute ferner schwere, ringsum mit Kanonen bewaffnete Galeassen, die viel Geld kosteten. Es wäre mir schlecht angestanden, meinen Herren das Kapital zu verweigern. Das Ergebnis: In weniger als einem Jahr war die osmanische Flotte stärker als je zuvor.

Wir kannten die Pläne der Liga: Tunis sollte im Frühling 1572 fallen, Rhodos, Zypern und der Peloponnes im Sommer, Algier im nächsten Sommer. Aber Frankreich, das sich gegenüber der Liga, an der es sich geweigert hatte teilzunehmen, immer noch störrisch verhielt, zeigte nun die Zähne. Philipp II. von Spanien fand seinerseits den Krieg zu kostspielig und zeigte wenig Begeisterung, ihn fortzusetzen. Sein Halbbruder Juan de Austria, der Bastard, der junge Sieger von Lepanto, verlor die Geduld, und schließlich starb im Mai der Hauptföderalist, Papst Pius V. Das war das Ende der Liga und ihres kriegerischen Elans.

Occhiali fuhr mit seinen Galeeren hinaus und plünderte erneut Städte an der ägäischen Küste, aber auch Iraklion, Zakinthos und Kefallenia. Man schickte von Korfu aus einige Schiffe unter dem Befehl des forschen Juan gegen ihn. Aber Occhiali hüllte das Meer in dicken weißen Rauch und entkam mit seiner ganzen Flotte. Dreimal ließ der Bastard von Österreich sich auf diese Weise überlisten. Dann gab er auf.

Sobald das Reich in Sicherheit war, empfahl Sokolli dem Sultan, seine Aufmerksamkeit den Grenzgebieten im Osten zu schenken. Seit langem wußte ich, daß der Großwesir sich vom

Abendland abwenden und das Feuer ins Morgenland tragen wollte, aber das war nicht meine Welt. Europa nahm in meinen Gedanken den größten Platz ein, und auch wenn ich die Fürsten haßte, die uns gedemütigt hatten, liebte ich noch immer die Schönheit von Venedig, die Gärten von Ferrara, die italienischen Hügel, die flachen Niederlande, den wechselhaften Himmel des Abendlandes. Jede Stadt, in der wir gelebt hatten, ließ starke Sehnsüchte in mir zurück, wie die Erinnerung an eine zu schnell verlassene Mätresse. Ich war Istanbuls müde, des ewigen Spektakels der Minarette im rosafarbenen Licht der Dämmerungen. Der asiatische Teil des Osmanischen Reiches zog mich wenig an. Er war für mich nur eine dürre Wildnis, deren Völker des schiitischen Islam in mir unverständlichen Sprachen redeten und am Tag des Moharram Züge blutiger Flagellanten in die Metropole schickten. Ich gehörte zum Abendland. Zypern, die Insel zwischen den beiden Welten, gehörte dem Reich, doch ich hatte es nicht bekommen; ich war nicht sein König. Ich wußte, ich würde dort nicht das Land unseres Volkes im Exil, mitten im Mittelmeer, wie ein Angelpunkt zwischen Islam und Christentum, gründen. Von diesem Traum hatte ich mich langsam gelöst. Im Chaos der Lepanto-Schlacht war mir die Lust am Kämpfen vergangen, und wenn es für ein Königreich gewesen wäre. Sogar unser Palästina ließ mich gleichgültig, ohne daß ich wirklich wußte, warum.

Ich hatte kein Interesse mehr, nach Tiberias oder Zefat zu reisen, um diesen Rabbi zu erwürgen, der mir Beatriz weggenommen hatte. Es stand mir nicht der Sinn danach, ihr Grab auf dem kleinen Friedhof inmitten der Wüstenlandschaft zu besuchen. Ich überließ unsere Siedler ihrem Schicksal. Die Senyora schützte sie nicht mehr, die Beduinen des alten Scheichs belästigten sie pausenlos. Viele von unseren Leuten verloren den Mut, leisteten keinen Widerstand mehr, sondern kehrten hierher oder nach Europa zurück. Ich habe nicht die Stirn, sie anzuspornen, es noch einmal zu versuchen. Die Beduinen werden ihre Wüste bald für sich allein haben.

Nach der Niederlage von Lepanto hatte ich gehofft, Ruhe zu finden. Doch die Erinnerung an Beatriz hinderte mich daran. Sie tauchte in all meinen Träumen auf, stets lachend, als ob sie sich über mich lustig machte.

Selim wiederum war vollends zum Säufer geworden. Seine Zuneigung für mich hatte sich nicht geändert, im Gegenteil, mehr denn je überhäufte er mich mit Ehren, umarmte mich und rezitierte mit glänzenden Augen seine neuen Gedichte. Aber irgend etwas Falsches vergällte mir diese Gefühlsausbrüche. Seine Verse waren platt, seine Umarmungen betrunken, sein Verstand verwirrt. Aus dem liebenswerten blonden Prinzen war ein niedergeschlagener, alter, dicker Mann mit weißem Haar geworden, der willenlos die Regierung seinem Großwesir überließ.

Sokolli hatte endlich, was er sich gewünscht hatte: uneingeschränkte Macht. Er erreichte den Austritt Venedigs aus der Heiligen Liga. Die Republik schloß einen separaten Frieden mit ihm. Eines Tages ließ Sokolli mich rufen. Er verkündigte mir freundlich, daß der Sultan, der Schatten Allahs auf Erden, mir großmütig das Monopol auf den Handel mit Wachs bewilligt habe, um mich über den Verlust meines Königreiches hinwegzutrösten. Natürlich tat Sokolli nichts ohne Hintergedanken.

«Unser Wachs kommt, wie Ihr wißt, aus dem Königreich Polen», fügte er mit der Miene eines Komplizen hinzu.

Was mag er diesmal im Schilde führen, fragte ich mich.

«Lehnt nicht voreilig ab, Herzog. Wir kennen Eure Zurückhaltung, auch wenn sie noch neu ist. Das Wachsmonopol ist sehr wichtig. Ich würde Euch sehr dankbar sein, wenn Ihr als Verwalter dieses neuen Handelszweiges einen Eurer Religionsbrüder nehmen würdet, zum Beispiel den ehemaligen Leibarzt des Königs von Polen. Wir brauchen diesen Mann, und Ihr werdet mit ihm zufrieden sein.»

Ich hatte keine Wahl. Ich erklärte mich mit Sokollis Vorschlag einverstanden.

Der von ihm empfohlene jüdische Arzt nannte sich Salomon

Eskenasi. Ich empfing ihn mit Skepsis, aber bald war ich von ihm bezaubert. Er war elegant, intelligent und obendrein von attraktivem Äußeren. Ich ertappte mich bei der Feststellung, daß ich in meiner Jugend ähnlich ausgesehen und gewirkt haben müßte. Schon deshalb vertraute ich ihm und behandelte ihn wie den Sohn, den Reyna mir nicht geschenkt hatte. Er hatte eine wunderschöne Schrift, und weil Sokolli ihn mir empfohlen hatte, wurde er der Mittelsmann zwischen dem Großwesir und mir.

Um die Geschäfte des Reiches kennenzulernen, hatte Salomon Eskenasi nun zwei exzellente Meister; Mehmed Sokolli lehrte ihn die Finessen der Außenpolitik, ich brachte ihm die Grundlagen des Finanzwesens bei. Er lernte schnell, und es machte mir Vergnügen, seinen scharfsinnigen politischen Vorstellungen zuzuhören.

Der Frieden mit Venedig, sagte er, genüge nicht, um die Sicherheit des Reiches zu schützen. Gewiß, das Papsttum bedeute keine große Bedrohung mehr, und Frankreich sei durch die Konflikte zwischen Katholiken und Reformierten zerrissen. Doch die Macht des Königs von Spanien sei intakt und gefährlich.

Eines Tages versicherte Salomon mir, daß Sokolli versuche, mit Philipp II., der der vorsichtige König genannt wurde, einen Friedensvertrag abzuschließen, aber noch keinen rechten Weg gefunden habe. Ich fand die Idee grotesk und den Plan sinnlos. Salomon wechselte das Thema, kam jedoch eine Woche später noch einmal darauf zurück. Er präzisierte seine Gedanken von da an jeden Tag mehr. Endlich ließ er die Katze aus dem Sack: Ich sei der Mann, der die zwei Reiche, das osmanische und das spanische, versöhnen könnte.

«Meine Güte, weißt du, mit wem du sprichst und was der Habsburger mir und meiner Familie angetan hat?» sagte ich außer mir. «Ich will nichts mehr davon hören. Du beleidigst die Erinnerung an unsere Senyora.»

«Sie rächte sich am Papst und nicht am Habsburger», antwortete Eskenasi schlagfertig. «Fragt Euch lieber, was *sie* von meiner Idee halten würde.»

Da war ich nicht so sicher. Beatriz hatte mich stets mit ihren plötzlichen Meinungsumschwüngen überrascht. An dem Tag, an dem sie mich zu der verhaßten Statthalterin von Gent schickte, um ihr den Hof zu machen, wie auch an jenem, an dem sie wider jede Vernunft die Rückkehr nach Venedig beschloß – alle diese Kursänderungen hatten Folgen. Sie wußte zweifellos günstige Gelegenheiten zu ergreifen. Ich hingegen hatte mir seit ihrem Tod manche entgehen lassen. Ich hatte eben weder ihren Scharfblick noch ihre Entscheidungskraft. Hätte ich denn ohne sie den Mut gehabt, Portugal zu verlassen oder nach Istanbul zu gehen, um die Bürgschaft des Sultan Süleiman für unser Leben zu erhalten? Wäre ich ohne sie Herzog von Naxos geworden? Sicherlich nicht. Ich schuldete ihr alles. Die einzige Idee, die aus meinem Hirn stammte, war, König von Zypern zu werden. Und war ich es etwa geworden? Nein, ich hatte die osmanische Flotte in ihr Verderben geschickt. Diese Einsicht lähmte mich. Salomon merkte es und nutzte mein Zögern aus.

«Die Senyora, Eure Tante, hätte diese Allianz sicherlich begrüßt», beharrte er. «Philipp II. ist der einzige europäische Herrscher, der Frieden und Sicherheit durch Handel wünscht. Daß er die Hohe Pforte als Todfeind betrachtet, ist eine dumme Verleumdung. Er hat vielmehr stets seine Bereitschaft erklärt, mit den Osmanen zu verhandeln, und zahlreiche Emissäre in das Serail entsandt. Wer könnte Philipp von den ebenfalls ernsthaften Friedensabsichten des Sultans überzeugen, wenn nicht Ihr? Sein Vater hat Euch einst geadelt. Schon darum wird der Sohn Euch vertrauen.»

Kurz, so wie ich den König von Spanien überreden sollte, überredete mich der weise Salomon Eskenasi. Voll Freude über seinen Erfolg schlug er mir vor, sogleich einen persönlichen Brief an den König zu schreiben.

«Weißt du, daß seine Vorgänger uns aus Spanien verjagt haben und daß ich, ein getaufter Neuchrist, wieder Jude geworden bin?»

«Ist das wahr?» fragte Eskenasi ungläubig und sah mir in die

Augen. «Man sagt, daß die Religion Euch gleichgültig sei, daß Ihr nicht wie die Senyora wäret, sondern ein Freigeist. Alle sagen das. Und diese Eure Einstellung würde dem Vertrag sehr zugute kommen.»

«Wie kannst du so reden? Bist du nicht auch ein Jude? Vergißt du das Schicksal unserer Brüder?» schrie ich und mußte daran denken, daß Beatriz mir oft den gleichen Vorwurf gemacht hatte.

«Ich stehe dem Schicksal unseres Volkes nicht gleichgültig gegenüber. Aber ich weiß zuviel. Zum Beispiel weiß ich, was für Geschenke Sultan Selim Don Juan de Austria nach der Schlacht von Lepanto zukommen ließ.»

«Das ist ein Scherz! Der Sultan seinem Besieger?»

«Er selber. Ich kenne sogar den Namen des Boten, der diese Geschenke mit einem von ihm unterzeichneten Brief überbrachte: der Eunuch Acomato. Wenn der Sultan bereit ist, seine Niederlage zu vergessen, sollte sein Freund die Vertreibung der Juden aus Spanien einen Augenblick lang vergessen können. Ihr solltet es als hohe Ehre betrachten, der Auserwählte zu sein, der die zwei Reiche des gemeinsamen Meeres versöhnt.»

Leider fühlte ich mich tatsächlich geschmeichelt und verriet Beatriz und ihr Werk zu Gunsten einer scheinbar noch größeren Idee. Dafür gab es jedoch noch einen anderen Grund: Salomon hatte mir den Beweis geliefert, daß ich seit der Niederlage von Lepanto die Übersicht über die politischen Geschäfte des Reiches verloren hatte. Um einen letzten inneren Widerstand zu überwinden, wollte ich mit dem Sultan über die spanische Angelegenheit sprechen.

Selim hörte mir gähnend zu und forderte mich mit lallender Stimme auf, zu ernsteren Dingen zurückzukehren, zur Poesie zum Beispiel.

Ich mußte mich allein entscheiden – und schrieb an den König von Spanien.

Natürlich begann ich damit, das gute Einvernehmen zwischen seinem Vater, dem Kaiser, und dem Bankhaus Mendès-Nasi hervorzuheben, unsere Konflikte und ihre diplomatischen Lösungen. Dann würdigte ich die Bemühungen Spaniens um eine friedliche Beilegung des Streits mit der Hohen Pforte und betonte die Sinnlosigkeit aller Kriege, die letztlich auch Lepanto bewiesen habe. Am Ende dieses für einen gerechten und für beide Seiten vorteilhaften Frieden plädierenden Schreibens bot ich meine Dienste als Mittelsmann an, da ich sowohl die Fürsten Europas wie den Sultan des Osmanischen Reiches kannte.

Ich zeigte meinen Brief Salomon, der ihn gut fand, und verschloß ihn mit dem Siegel von Naxos.

Einige Tage später bat Sokolli mich zu sich in seine Gemächer. In der Annahme, daß er mit mir über meine Mission reden wollte, begab ich mich erwartungsvoll zum Serail.

«Herzog!» empfing er mich streng. «Schwere Beschuldigungen sind gegen Euch erhoben worden. Man sagte mir, daß Ihr dem König von Spanien geschrieben habt. Wir dürfen wohl hoffen, daß dies nicht geschehen ist, da Ihr uns nicht um Erlaubnis gefragt habt.»

Ich brach in Lachen aus.

«Ich bitte Euch! Ihr selber habt mich durch Salomon Eskenasi gebeten, es zu tun. Ich leugne nicht, daß ich König Philipp geschrieben habe. Um den Friedensvertrag anzubahnen, von dem Ihr träumt.»

«Gut», sagte Sokolli. «Aber war es nötig, den König um Verzeihung zu bitten? Eurem Glauben abzuschwören? Für die Befreiung von Zollgebühren und von der Salzsteuer auf Eure Waren zu danken? Und vor allem, war es nötig, ihn um einen Passierschein zu bitten, um das Reich verlassen zu können?»

Ich fiel aus allen Wolken. Ich bat ihn um Beweise für diese Unterstellungen. Ich drohte, die Sache vor den Sultan zu bringen.

Sokolli reichte mir triumphierend meinen Brief. Meinen Brief? Die Schrift war so perfekt nachgemacht, daß meine Hände zu zittern begannen. Der Brief enthielt alle Dummheiten, die Sokolli mir gerade vorgehalten hatte. Die Unterschrift war ebenfalls die meine. Ich war verloren.

Ich betrachtete das Siegel und begriff, daß ich gerettet war. Das Wappenbild war zerbrochen. Fieberhaft setzte ich es wieder zusammen. Der Löwe und der Mond der Nasi fehlten.

Da das Siegel falsch war, war der Anschlag gescheitert. Sokolli biß sich auf die Lippen und betrachtete prüfend den Abdruck. Ich zog meinen Ring vom Finger und reichte ihn dem Großwesir zum Vergleich des Wappens. Doch verzichtete er darauf.

«Ihr habt recht», sagte er. «Dieses Dokument ist falsch. Da Ihr den echten Brief nicht mehr habt, muß ich mich auf Euer Wort verlassen. Schade, wenn Ihr mit mehr Umsicht vorgegangen wärt, hättet Ihr uns eine Peinlichkeit wie diese erspart. Ich hätte Euren Brief an König Philipp gern gelesen. Habt Ihr kein Vertrauen zu mir? Ihr wolltet das Spiel allein spielen, und nun steht Ihr da, von Eurem eigenen Schreiber hintergangen.»

Hatte mich Eskenasi betrogen? Ich mochte es nicht glauben und wollte wissen, wie der Großwesir in den Besitz des ominösen Briefes gelangt sei. Sokolli antwortete nicht. Man stellt einem Staatsmann eben keine Fragen über solche Details. Statt dessen verkündete Sokolli lapidar, daß Salomon Eskenasi von diesem Tag an sein eigener persönlicher Berater sein würde.

Das ist die ganze Geschichte meines berühmten Briefes an Philipp II. von Spanien, der, wie ich annehme, seinen Adressaten nie erreicht hat, sondern schon in Istanbul abgefangen wurde. Von dieser Zeit an kursierten in der Metropole Gerüchte über meinen Verrat, sie wurden gezielt vorbereitet – und zeigen noch heute ihre Wirkung.

Eskenasi, den ich liebte, hatte mich hintergangen. Schlimmer noch, er hatte meine starke Bindung an Europa ausgenutzt. Ja, ich war tatsächlich versucht, das Reich zu verlassen, und dieser Antrag auf einen Passierschein für Spanien – ich hätte ihn mit meiner eigenen Hand geschrieben haben können. Vielleicht habe ich mit ihm sogar darüber gesprochen. So gesehen, wollte der junge Jude aus Polen nur allzu konsequent meine Wünsche erfüllen. Ich selber hatte nicht den Mut dazu. Ich hatte die Seele eines Verräters, aber nicht die Absicht, einer zu sein; ich hatte das Herz von Judas, aber nicht die Kraft zu verraten.

Ich gewann aus diesem Vorfall Abscheu vor der Welt und vor mir selber. In diesem Moment fühlte ich die ersten Anzeichen der Krankheit, an der ich heute leide und der ich ihren richtigen Namen geben will: die Verzweiflung des Alters.

Um diese Zeit holte ich das zweite Haremsmädchen in mein Bett, die kleine Leila. Sie wurde die letzte meiner Mätressen. Ich wußte von ihr nur, daß sie in Freiheit bei der Herzogin lebte und mit einer schönen tiefen Stimme melancholische *zajdals* sang, denen ich oft von weitem lauschte. Sechzehn Jahre war sie, als ich ihr zufällig wieder einmal begegnete. Ich sah, wie sie eine dunkle Feige öffnete und herzhaft in das rosa Fleisch hineinbiß. Sie warf mir einen langen Blick zu, der Saft mit den Feigensamen rann ihr über das Kinn, sie wischte ihn mit dem Handrücken ab und kaute weiter mit solchem Genuß, daß ich Lust auf sie bekam. Als ich sie entjungferte, kicherte sie zuerst leise und schrie dann wie eine Möwe. In den folgenden Nächten brachte sie mir geschickt die Kunst der Liebkosungen bei, die sie im Harem gelernt hatte. Ich lernte die langsamen Gebärden, den gemeinsamen Schlaf, das Liebessehnen des Aufwachens, eine unbekannte Sanftmut – zu spät. Mit ihr könnte ich die Freuden und die Unschuld des Fleisches genossen haben, deren ich durch die ständige Anwesenheit von Beatriz in meinen Gedanken das ganze Leben lang beraubt worden war. Die Senyora mußte erst sterben, damit ich Zeit fand zu genießen, ohne mich innerlich zerrissen zu fühlen.

Nur der Tag machte mir mehr und mehr angst. Trotz der beruhigenden Lieder dieses Kindes hat die tägliche Bangigkeit schließlich den Zauber meiner Liebesnächte besiegt.

Ein Komet zog über den Himmel von Istanbul. Ich glaubte, Beatriz' Seele in ihm zu erkennen, und ich hörte ihre Stimme mir die Härte der kommenden Zeiten ankündigen. Einige Tage später bebte die Erde, und vierhundert von den Holzhäusern der Altstadt stürzten ein. Man flüsterte, daß großes Unglück über das Reich kommen werde. Dann hieß es, eine neue Sintflut habe die Kaaba im heiligen Mekka überschwemmt. Der Himmel, die Erde, das Wasser hatten Zeichen gesetzt. Nur das Feuer fehlte noch – davor hatten alle Angst und beteten um Verschonung.

Es kam dennoch, aber es äscherte nur die Küche des Serails ein. Nur ein Warnzeichen, sagte man. Ich gab nichts darauf, auch mein Sultan lachte und beschloß, die Gelegenheit zu nutzen und die veraltete Küche neu zu bauen.

Sein Vater Süleiman der Prächtige, erzählte Selim, hatte den großen Sinan mit dem Bau einer Moschee beauftragt, die höher als die Hagia Sophia sein sollte, und Sinan hatte auf dem höchsten Hügel die Süleiman-Moschee errichtet. Jetzt befahl der Sultan dem uralten Sinan, die Küchen des Serails zu erneuern und auch neue Keller anzulegen. Gleichzeitig schickte Selim seinen Kellermeister nach Ägypten, um sich zu erkundigen, wie dort der Wein gelagert wurde. Alle seine Gedanken kreisten nur noch um raffinierte Speisen und exquisite Weine.

«Du wirst sehen, Jussuf, wir werden die schönsten Keller der Welt haben und Herde, auf denen man ganze Elefanten braten kann!» sagte er mit albernem Lachen.

Der alte Sinan, der fast hundert Jahre alt war, doch seine Genialität nicht verloren hatte, baute hervorragende Keller. Mein Sultan lud mich zum ersten Besuch ein. Sie waren geräumig mit hohen, hallenden Gewölben. Selim machte mit zufriedenem Grinsen die Runde, dann bat er mich, ein Faß auszuwählen, um den Anlaß zu feiern. Er hatte schon seinen Becher aus Alabaster zur Hand, den er stets bei sich trug.

«Dir zu Ehren, Jussuf! Ich trinke auf den zukünftigen König von Zypern», rief er aus und leerte in einem Zuge einen Becher von exzellentem Bordeaux.

In einem Zuge! Er hatte sogar die Kunst, Wein zu genießen, verloren.

Den zweiten Becher trank er auf das Wohl des Dichters Selim, den dritten zum Gedenken an den unglücklichen Ali Pascha, und er vergoß sogar einige Tränen; der vierte Becher war Ich-weißnicht-Wem gewidmet, der fünfte dem Famagusta-Verteidiger Bragadino, glaube ich. Der Sultan hielt erst inne, als das Faß leer war.

Er hielt sich an meinem Arm fest, um nicht hinzufallen.

«Jetzt bist du König, Jussuf. Hilf mir, die Treppe hochzusteigen.»

Er war schwer geworden. Mit großer Mühe gelang es mir, ihn von einer Stufe zur anderen zu heben, und ich verfluchte Sinan, weil er so hohe Stufen gebaut hatte. Selim schluchzte, lachte, erstickte fast und glitt mir aus den Armen. Plötzlich stieß er mich weg.

«Laß, Jussuf. Du bist zu alt, du hast keine Kraft mehr.»

Und er kroch auf allen vieren allein weiter. Auf der letzten Stufe erhob er sich zu früh, wähnte sich schon oben, blickte triumphierend zurück in die Tiefe, verlor den Halt und stürzte kopfüber hinunter. Ich hörte ein furchtbares Krachen, dann einen Schrei, dann nichts mehr.

Der Sultan bewegte sich nicht mehr, und auch mein Herz blieb beinahe stehen. Doch er war nicht tot. Ein Auge war offen und starrte mich mit einem Ausdruck von Überraschung an. Ich wollte ihm aufhelfen, aber es gelang mir nicht. Wenigstens gab er durch Schmerzensschreie wieder ein Lebenszeichen von sich. Es schien mir klar, daß er sich irgendwelche Knochen gebrochen hatte. Ich tastete ihn vorsichtig ab und stellte fest, daß seine Arme und Beine sich heil anfühlten. Als Pagen kamen und ihn nach oben trugen, brüllte er markerschütternd, bis sie ihn endlich auf sein Bett gelegt hatten. Die Ärzte untersuchten ihn, schüttelten den Kopf und sagten kein Wort.

Das Serail fing zu beten an, man verdoppelte die Zahl der Wächter um den Palast, und die Würdenträger liefen in den Alleen der Gärten schweigend auf und ab. Ich verließ das Gemach meines Selim nie, auch nicht, als der Großwesir kam. Er warf nur einen Blick auf Selim und betrachtete mich lange, doch ohne Haß. Die Ärzte weigerten sich, eine Prognose zu stellen, aber regelmäßig stieß einer von ihnen eine Nadel in einen Arm oder einen Schenkel, und mein Sultan reagierte nicht. Er hatte kein Gefühl in den Gliedern, und so litt er zumindest keine Schmerzen.

«Pah! Es ist nichts», gelang es ihm zu sagen. «Nichts weiter als ein Sturz vom Pferd. Aber ich möchte wissen, warum ich die Hand nicht heben kann. Ist mein Arm gebrochen, Jussuf? Ich fühle ihn nicht mehr.»

Einem Pferd, dessen Rückgrat gebrochen ist, gibt sein Herr den Todesstoß, um ihm den Tod leichter zu machen. Einem Sultan gibt man den Gnadenstoß nicht. Selim lag elf Tage in den letzten Zügen, ohne sich dessen bewußt zu sein. Seine Stimmung blieb ausgeglichen bis auf den Tag, als Schmerzen in der Lunge ihm den Atem nahmen.

«Ich habe kein Glück», murmelte er. «Wirklich nicht. Krank, ausgerechnet jetzt.»

Dann schwanden ihm die Sinne. Ich hielt seine Hand, deren Finger eiskalt wurden. Es ging mit ihm zu Ende, und ich war machtlos, wie bei Beatriz, die ich nicht abhalten konnte, nach Zefat zu reisen, um die Aspisviper zu treffen, die sie tötete.

Er starb eines Morgens lautlos. Der Arzt löste seine Hand aus meiner und nahm mich beim Arm.

Ich schluchzte nicht, ich war wie betäubt. Mit seinem Tod war mein Leben im Serail zu Ende; mit Selim starb das, was von meiner Jugend übriggeblieben war. Der Herzog von Naxos hatte an der Seite seines Sultans mit dem Tod gerungen und war ihm selbst nur mit letzter Kraft entronnen.

Die bösen Omen behielten recht. Amurat III. wurde Sultan des Osmanischen Reiches. Erinnerst du dich an das Gesetz der Osmanli, Caraffa? Es ist schrecklich. Süleiman der Prächtige hatte es auf seine Art ab und zu angewandt, als ob er seinen Vätern damit seine Treue beweisen wollte, obwohl sein Ungehorsam die Tradition oft tief verletzte. Indem Süleiman das Mädchen Hürrem entgegen den Herrschergesetzen geheiratet und zur Sultanin erhoben hatte, hatte Süleiman das erste Gesetz der Erbfolge übertreten. Doch wenn er mehrere seiner Söhne getötet hatte, so war es sicherlich, weil er jene Gesetze respektieren wollte, die verlangen, daß ein Sultan zum Wohl des Reiches um jeden Preis Erbfolgestreitigkeiten vermeiden muß, selbst wenn es das Leben seiner eigenen Kinder kostet. Selims Thronbesteigung war das tragische Ereignis der Vorsicht eines argwöhnischen Vaters gewesen. Amurat, der Sohn von Selim und seiner ersten Favoritin Nur Banu, wandte einfach das Gesetz der Erbfolge an und ließ am gleichen Tag fünf Brüder, die Neffen von Sokolli Pascha, erwürgen, deren Haar hart und dicht war, was bedeutete, daß sie zu Männern herangereift waren und damit zu Konkurrenten.

Ihre Mutter Nur Banu, deren Intervention genügt hätte, um sie zu retten, gab keinen Laut von sich. Ihr Sohn war Sultan; bei dieser Gelegenheit war sie Walide, Sultanmutter, geworden, von allen geachtet und im ganzen Reich sehr einflußreich. Der Einfluß einer Walide neben einem jungen Sultan konnte mir von Nutzen sein. Ich tat ohne Begeisterung das, was mir Beatriz gewiß empfohlen hätte, und schickte der Walide eine Schatulle mit Juwelen, die ich entsprechend der letzten venezianischen Mode ausgewählt hatte.

Der neue Sultan war mir als grausamer Jüngling bekannt, den der Vater manchmal mit Entsetzen erwähnt hatte. Ich wußte von den Folterungen, denen Amurat seine Favoritinnen und Tiere aussetzte.

Amurat hielt mich fern und lud mich nicht in das Serail ein. Ich bedauerte das nicht. Aber als der Großwesir ihn bat, mir das Weinmonopol wegzunehmen, das der Prächtige mir einst verliehen hatte, soll der neue Sultan ihm ins Gesicht gelacht und klargestellt haben, daß ich dieses Privileg bis zum Tode genießen dürfe. Das hatte ich zweifellos der Walide zu verdanken.

Den Tag der Feier der wandernden Gärten, wenn das einfache Volk Istanbuls sich der Blumenpracht und des Früchtereichtums erfreut, nahm ich zum Anlaß, das Grabmal des Prächtigen und seiner Gemahlin zu besuchen. Meine Sänfte kam in der Menge nur mühsam voran. Zu beiden Seiten der Straßen waren große Salatköpfe in die Erde gesteckt und Minze gestreut, und der Klang der Ritualtrommeln hörte sich an, als klopfe das riesige Herz der Stadt. Es war nahe bei der Süleiman-Moschee, wo eine andere Sänfte gegen meine stieß und Janitscharen meine Leute brutal wegstießen. Ich öffnete meinen Vorhang und sah mir gegenüber Sokolli, der seinen öffnete.

Wir grüßten uns aus alter Gewohnheit. Als er das Ziel meines Ausflugs erfuhr, lächelte er sein typisches hinterhältiges Lächeln. Seine Zähne waren gelb geworden. Schweigend stiegen wir aus und liefen nebeneinander die kurze Strecke zu den zwei Mausoleen.

Wir betraten den kleinen *turbeh* der Sultanin; die Glasscheiben ließen regenbogenfarbiges Licht durch. Wir setzten uns auf den gleichen Teppich vor dem Grab der Lachenden. Ich sah neben mir den Mann, der so schamlos gegen mich intrigiert hatte, dachte an seine ermordeten Neffen und wartete darauf, daß er als erster das Wort ergriff.

«Sie war im Grunde nicht böse», begann Sokolli und zeigte auf das Grab von Roxelane, «und ich glaube, daß man Hürrem verleumdet, wenn man behauptet, daß sie auf ihren Mann einen schlechten Einfluß ausübte. Sie hätte ihre Söhne nach dem Tod Süleimans gewiß nicht ermorden lassen, wie die Sultanin Nur Banu. Und jener, der dort im anderen Mausoleum unter den grünen Farben des Islam schläft, war erbarmungslos, aber er war ein echter Sultan», seufzte Sokolli. «Ja, die Zeiten der osmanischen Größe sind vorbei.»

«Sultan Selim hatte auch Größe», erwiderte ich lebhaft. «Ihr habt Euren Schwager mißachtet. Ihr habt nichts von seinen starken Gefühlen gewußt.»

«Sicher, er war nicht bösartig», antwortete Sokolli, «doch er war zu schwach. So schwach, daß er Euch gestattet hat, über ihn Macht zu haben. Aber denkt nicht, daß ich Euch deswegen hasse, Herzog. Das ist es nicht. Ihr habt Europa gegenüber zu viele Ressentiments. Das macht Euch blind. Ihr habt immer an

Venedig Rache üben und nicht sehen wollen, daß das Schicksal der Osmanen sich in Persien entscheidet. Nicht auf dem Meer, nicht im Abendland, mit dem wir Frieden schließen müssen. Die Senyora, Eure Tante, die ich hoch schätzte, hatte mehr politischen Weitblick als Ihr. Sie hat sich vernünftigerweise für Palästina entschieden, und es wäre klug von Euch, es ihr nachzutun.»

Ich schwieg. Sokolli sprach, wie Beatriz es getan hätte.

«Sultan Selim hat Euch zu sehr geliebt», sagte er weiter. «Er ist das Werkzeug Eurer Rache gewesen, und Ihr wißt, wohin das geführt hat: Ihr seid letztlich auch der Handlanger seines Todes gewesen. Der Wein, Herzog, immer wieder der Wein... Ihr könnt beherrscht und mit Verstand trinken, Ihr seid ein Herr aus Europa. Aber unser verstorbener Sultan, Euer Freund, ist Euch entglitten. Ihr habt ihn eine Kunst lehren wollen, die uns nicht zu eigen ist. Ihr habt den Islam in ihm bezwungen, und der Islam hat sich gerächt. Seine Mutter, die hier ruht», fügte er hinzu und streckte seine Hand nach dem Grab der Sultanin aus, «hat es geahnt. Sie fürchtete in Selim sowohl die väterliche Heftigkeit wie auch seinen Leichtsinn und bat mich, ihren Sohn vor Euch zu schützen.»

«Donna Gracia hat mir genau dasselbe gesagt», flüsterte ich vor mich hin, aber Sokolli hörte es doch.

«Sie waren sich ziemlich ähnlich. Hürrem, die man grausam nannte, wußte, was bei dem Reich und seiner Größe auf dem Spiel stand. Wie die Senyora hatte sie ihre Wutanfälle, ihre Launen, aber auch Durchsetzungskraft und Pflichtgefühl. Sie war Süleimans Seele; und ich habe mich oft gefragt, ob Eure Seele nicht die Senyora war.»

Ich sprang auf. Ich konnte die Klarsicht des Großwesirs nicht länger ertragen. Ich fegte mit einer Handbewegung den Staub auf dem Grab weg.

«Laßt die Erinnerung an diese Frauen ruhen, Sokolli Pascha. Ihr habt mich oft genug daran gehindert, Selim zur Vernunft zu bringen; Ihr habt seine Trunksucht dazu benutzt, um die ganze Macht zu übernehmen. Würdet Ihr leugnen, daß er auch Mut hatte und tapfer war?»

«Wenn ich an den Sohn von Nur Banu denke, muß ich gestehen, daß Ihr nicht unrecht habt. Seine Grausamkeit übersteigt jedes Vorstellungsvermögen. Wir dürfen uns beide keine Illusionen machen, Herzog. Wir sind zu alt, um gegen diesen jungen besessenen Schakal zu kämpfen. Er hat befohlen, alle meine Neffen zu erwürgen, und ich konnte nicht verhindern, daß es geschah.»

Mein alter Feind biß sich auf die Lippen, die Augen voller Tränen. Ich reichte ihm meine Hand, die er ablehnte, während er den Kopf schüttelte.

«Nein, Herzog, ich will Euer Mitleid nicht. Meine Gewissensbisse und die Furcht vor Allah genügen mir», sagte er mit lauter Stimme, die im Gewölbe hallte. «Wenn der neue Sultan mir Zeit dazu läßt, werde ich mit der Hilfe dieses Teufelskerls Eskenasi eine Waffenruhe mit dem Spanier abschließen. Ich hätte Euch für diesen Zweck gut gebrauchen können, aber seit dem Tod der Senyora seid Ihr nicht mehr derselbe, Herzog. Habt keine Sorge: Der Sultan wird Euch in Ruhe krepieren lassen und wird Euer Vermögen erst nach Eurem Tod konfiszieren. Ich meinerseits zähle die Tage, die mir vor meinem Sturz bleiben. Ihr habt wirklich recht, Sultan Selim war des Osmanischen Reiches würdig.»

Wir gingen hinaus. Sokolli Pascha betrachtete die Wipfel der von der Brise bewegten Zypressen, dann drehte er sich freundlich um.

«Wir waren zu ähnlich, um uns nicht zu streiten. Und nur noch dies: Ihr werdet im Augenblick Eures Todes erkennen: Es gibt keinen Gott außer Allah», sagte er würdevoll und brachte seine Hand an seine Stirn.

«*Es-Salam alaikum.*»

«*Wa'Alaikum Salam*», erwiderte ich mit dem gleichen Ernst seinen Friedensgruß.

Ich habe Sokolli nie wiedergesehen. Was das nahe Bevorstehen seines Sturzes angeht, so hat er sich geirrt, denn er ist immer noch Großwesir. Ich war nicht überrascht, daß man mir Naxos und die Kykladen wegnahm. Seit diesem merkwürdigen Gespräch am Grabmal von Roxelane-Hürrem sehe ich darin nicht das Zeichen seiner Feindschaft. Der Großwesir konnte mit dem neuen Sultan nicht so umspringen wie mit meinem Selim.

Alle Voraussagen von Beatriz haben sich bewahrheitet: Weil ich mir das Königtum von Zypern gewünscht hatte, verlor ich sogar meinen Sultan und alle meine Macht.

Ein Jahr nach Selims Tod starb auch Rabbi Soncino. Am Tag vor seinem Hinscheiden ließ er mich zu sich bitten. Er hatte sich erkältet, doch das Karminrot auf seinen Wangen zeigte, daß er ernsthaft krank war. Er forderte mich mit einer Handbewegung auf, neben seinem Bett Platz zu nehmen.

«Ich habe dich kommen lassen, weil ich diese Welt verlasse», sagte er, von Husten unterbrochen. «Als wir in Ragusa waren, haben wir, du und ich, über die inspirierte Seele deiner verehrten Tante gesprochen. Du konntest diese Vorstellung nicht akzeptieren. Ich habe dir gesagt, daß sie darunter litt. Dann ...»

Ein neuer Hustenanfall unterbrach ihn.

«Und dann», nutzte ich die Gelegenheit, um auf etwas anderes zu sprechen zu kommen, «bei der Handelssperre gegen die Staaten des Papstes habt Ihr der Senyora die Stirn geboten. Jetzt bin ich dran, Euch vorzuhalten, wieviel *Ihr* Donna Gracia geschadet habt, Rabbi.»

«Oh, ich weiß, Josef», und er drehte seinen Kopf weg. «Du hast mich deswegen sehr schlecht behandelt, und es war nicht leicht, dir gegenüber standzuhalten. Du warst derart wütend.»

«Ich bitte um Verzeihung, Rabbi, aber ich gehorchte Befehlen», sagte ich und küßte seine Hand.

«Doch ich habe gewonnen, siehst du», sagte er stolz. «Die Senyora wurde gezwungen, auf mich zu hören. Schon in Ferrara hatte ich ihre unbeugsame Seele entdeckt, die von einer geheimen Leidenschaft bedroht war und die sich mit noch wilderer Leidenschaft dagegen wehrte. Unsere Religion ist einfach, Josef, es genügt zu fürchten und zu gehorchen. Aber für sie war es nicht genug. Sie hatte nicht einfach nur die Seele einer Frau.»

Er hielt inne, als überlege er, was er mir noch zu sagen habe.

«Die Zeit drängt», fuhr er mit gebrochener Stimme fort. «In Ragusa habe ich sie überzeugt, daß es das beste für sie wäre, nach Palästina zu gehen – für immer. Ich rechnete damit, daß ihre Tätigkeit im Land der Väter ihr Verlangen stillen würde. Aber diese unglückliche Blockade brachte uns auseinander; es war meine Pflicht, sie zur Demut zu zwingen. Ich mußte sie erniedrigen, und es ist mir gelungen. Ich hatte freilich nicht vorhergesehen, daß sie uns so früh verlassen würde. Sie ist auch mir entglitten. Mein Sohn, in dem Augenblick, in dem ich euch zusammen sah, habe ich die wahre Natur der Leidenschaft erraten, die sie quälte. Es war nicht schwierig, deine ebenfalls zu erraten, Josef, und ich habe dich gehaßt, weil ich Donna Gracia liebte.»

Der alte Mann konnte seine Tränen nicht mehr zurückhalten. Ich drückte seine Hand, um ihn zu beruhigen.

«Ich habe dir nicht mehr viel zu sagen», sagte er leise. «Wir haben sie beide geliebt, sie ist gestorben, ihre unlenkbare Seele hat sie uns entrissen. Weder du noch ich konnte sie halten. *I el haram yerra en la teva.* Sogar der Rabbi irrt sich auf der Kanzel, wie es im Sprichwort heißt», sagte er mit einem kurzen, rauhen Lachen. «In der Zeit, die dir zu leben bleibt, laß ihr Gerechtigkeit widerfahren und behandle ihre Tochter gut, die sie dir zur Gattin gegeben hat. Protestiere nicht. Denk an die Geschichte der Marranen, denk an alle, die den Weg des Exils genommen haben und deren Königin die Senyora war. Wenn du dich dem Gesetz des Ewigen verschließt, wirst du nicht in Ruhe sterben. Ich wollte meine Schuldgefühle beruhigen und dich deshalb noch einmal sehen, Josef. Ich habe alles gesagt. Laß mich jetzt.»

Er stieß meine Hand zurück und drehte sich zur Wand.

Am Tag darauf starb er. Seine letzten Befehle habe ich nicht befolgt.

«Mir bleibt auf dieser Welt nichts mehr zu tun. Nichts, außer abzuwarten, bis ich mit Beatriz wieder zusammensein werde.»

«Du irrst dich abermals», sagte der Bucklige zögernd. «Denn noch wartet deine Gattin auf dich. Dein Leben mit ihr ist noch nicht zu Ende.»

Der Herzog antwortete nicht.

«Hörst du mich, Herr? Sie ist hier, hinter der Tür des Balkons.»

«Glaubst du, daß ich es nicht weiß», seufzte der Herzog von Naxos. «Sie wollte alles hören, und ich habe dir gesagt, daß sie dabei ein Martyrium erleiden würde. Es ist ihre eigene Schuld. Und du willst, daß ich mit ihr rede, ohne daß sie außer mit Tränen antworten könnte? Sie ist stumm. Erspar mir diese Prüfung. Ich habe nicht mehr genug Kraft – und bringe diese Grausamkeit nicht auf.»

«Schon gut. Reden wir nicht mehr von meiner Herzogin», antwortete der Bucklige heftig. «Ruh dich, wenn du willst, bei den Liedern aus, die du so liebst.»

Ohne meine Antwort abzuwarten, hob er die Hand, und eine tiefe, rauhe Stimme fing zu singen an.

«Ach, Leila», sagte der Herzog und schlug den Takt dazu. «Schön. Sie soll weitersingen.»

Plötzlich runzelte er die Stirn.

«Aber das ist ja unsere Sprache, Judeo-Spanisch!» sagte er überrascht und stand mit Mühe auf. «Und eine Gitarre! Das Lied von Reyna ... Wie könnte diese persische Sklavin es kennen? Es ist nicht Leila. Wer singt da, Caraffa? Hilf mir, ich muß es sehen!»

Der Bucklige stürzte vor und führte seinen Herrn in das Innere des Palastes. Im Dämmerlicht des Saales sang die Herzogin Reyna in einem venezianischen roten Kleid mit dem Saphir ihrer Mutter an einem Stirnband und begleitete sich auf der Gitarre. Der Herzog starrte sie an.

«Sie spricht? Sie singt? Sie hat mich betrogen ... Du hast mich belogen, Reyna!»

Die Herzogin legte ihre Hand auf die Gitarre und schwieg mit Augen voller Tränen.

«*Sie* hat dich nicht betrogen, mein Herr», sagte der Bucklige sanft. «Es war ihre Mutter. Als ihre Tochter die Sprache wiederfand, hatte die Senyora die Idee, deinen Glauben an die Stummheit Eurer Gattin aufrechtzuerhalten. Die Senyora meinte...»

«Die Senyora, immer die Senyora!» rief der Herzog. «Seit zehn Jahren muß ich glauben, daß meine arme Frau stumm ist, weil die Senyora es so befohlen hatte!»

«Ich habe nur gehorcht», murmelte die Herzogin. «Wie du, so habe auch ich die Senyora über mein Leben entscheiden lassen; wie du, war ich ein Werkzeug in ihren Händen. Jetzt, da ich die Geschichte eurer unerfüllten Liebe gehört habe, begreife ich ihren Schmerz und verzeihe ihr. Siehst du nicht, wie sie uns beide auf ihre Weise gelenkt hat? Verglichen mit dem Ewigen, zählten wir wenig. Sie hat uns beide unterdrückt und uns trotzdem auf ihre Weise geliebt. Ich weiß, ich habe nicht ihre Schönheit, sie hat es mir oft genug gesagt, und du hast es mir grausam zu verstehen gegeben...»

Der Herzog brach in Schluchzen aus und streckte die Arme nach ihr aus.

«Komm, meine arme Reyna. Es war nicht deine Schuld, daß du geopfert wurdest. Komm zu mir, komm», wiederholte er und hielt seine Gattin umschlungen. «Weine nicht, es ist vorbei. Sing das Lied weiter, du würdest mir einen Gefallen tun. Es ist die Romanze, in der die Rose unserer Jugend strahlt. Du siehst schön aus, mit diesem leuchtend roten Brokat und diesem Saphir, der mir vertraut ist. Es wäre so einfach gewesen, Zuneigung zu dir zu fassen. Erinnerst du dich an unsere Reise nach Venedig und den Strauß, den du mir gepflückt hattest? Wir zwei allein, es war ein schöner Augenblick. Bitte, meine kleine Reyna, sing noch einmal für mich...»

Sie beugte sich zu seinem Ohr, und der alte Mann lächelte.

«Warum hast du so lange gewartet, um mir deine Heilung mitzuteilen? Warum mußten wir so viel Zeit verlieren?» seufzte der Herzog. «Ich hätte vielleicht gebrüllt, wenn ich deine Heuchelei entdeckt hätte. Und wenn schon ... Du kennst die Wutanfälle der Nasis, sie dauern nie lange. Vielleicht wären wir ein schlechtes Ehepaar geblieben, denn du hast mich auch in der Liebe betrogen, Reyna; das habe ich nie vergessen, und ich weiß nicht, ob ich es je ...»

«Nein», unterbrach die Herzogin ihren Mann mit schneidender Stimme. «Nein! In mir war dein Kind, ich schwöre es dir. Ich hatte es während einer dieser seltenen Nächte empfangen, in denen du mich besuchtest, und es wurde von diesem liebevollen Cousin respektiert, der mich über meine schlechte Behandlung durch dich hinwegzutrösten versuchte.»

«In welchem Ton du sprichst», flüsterte Nasi. «Es ist das erste Mal, daß ich ein so entschiedenes Nein aus deinem Mund höre. Ich erkenne den Ton deiner Mutter wieder. Es ist wahr, ich bin kein guter Ehemann gewesen, ich habe dich grausam behandelt. Ich bitte dich um Verzeihung. Aber jetzt weißt du es: Ohne Beatriz hätte ich dich vielleicht geliebt. Und nun ist es zu spät. Jetzt sind wir vereinsamt und alt. Mein Gott, Reyna, was hat sie aus unseren Leben gemacht! War soviel Unglück nötig, um eine Senyora des Volkes Israel zu werden? Verwünscht sei sie!»

Die Herzogin legte die Hand auf den Mund ihres Mannes.

«Nein, Josef, verfluche sie nicht, du würdest eidbrüchig werden. Laß doch. Sie gehört nun der anderen Welt an. Man kann für sie nur die letzten Worte des Kaddisch-Gebets sprechen: ‹O du, der du dich als Gott der Liebe und der Barmherzigkeit erweist, gib den Seelen deiner Diener das Licht und den Frieden.› Du bist müde. Komm und setz dich. Gewähre mir eine Gunst: Die Sonne geht schon unter, und heute ist der Abend des Sabbats; feiern wir ihn beide gemeinsam auf dem Balkon.»

Der alte Herzog ließ sich zu seinem Sessel führen.

Die Herzogin rief die Mägde, und im Nu hatten sie alles vorbereitet: die gestickte Sabbat-Tischdecke, die Teller, das Salz, den Kiddusch-Becher, das Wasser, das ungesäuerte Brot. Die Tafel war gedeckt. Reyna zündete die Kerzen an. Die Muezzins riefen zum Abendgebet, Allahs Name erfüllte die Luft von Istanbul, und der Horizont wurde purpurrot. Die letzten Sonnenstrahlen beleuchteten noch die hohen Minarette der großen Moscheen. Die Mägde setzten sich auf den Boden und breiteten ihre Röcke um sich herum aus. Die alte Zigeunerin hatte ihren angestammten Platz eingenommen und verdeckte ihr Gesicht mit einem Schleier. Der Herzog sog den Abendhauch ein.

«Da ward aus Abend und Morgen der sechste Tag», psalmodierte er würdevoll. «Siehst du, Reyna, ich habe nicht alles vergessen», fügte er lächelnd hinzu.

Reyna lächelte zurück und nahm seine Hand.

«Also ward vollendet Himmel und Erde mit ihrem ganzen Heer», fuhr sie fort.

Plötzlich tauchte der Bucklige außer Atem und sehr ernst auf. Die Herzogin hielt beunruhigt inne. Nasi drehte den Kopf und bemerkte die Verwirrung seines Narren.

«Du hast etwas zu sagen, Caraffa. Ich kann es auf deinem Gesicht lesen. Was gibt es?»

«Herr», fing der Narr beherzt an, «du mußt mir sehr ruhig zuhören. Als du mit der Herzogin sprachst, bin ich in die Küche hinuntergegangen ... Also reg dich nicht auf, wenn ich vermelden muß: Sokolli Pascha ist tot. Vor einer Stunde ermordet. Man sagt, daß ein Fanatiker sich auf ihn gestürzt und ihm mit einem Dolch den Hals durchbohrt hat.»

Der alte Herzog lächelte und drückte die Hand seiner Frau.

«Schon gut. Alles in Ordnung. *Massel Tov!* Die Sonne ist hinter den Hügeln verschwunden, und die schwarzen Zypressen wachen über das Grab des Prächtigen wie zwei gute Aufseher. Kümmere dich nach meinem Tod darum, Reyna, daß das Kaddisch-Gebet perfekt gesungen wird. Nichts sonst. Ich will keine Klagen, keine Trauerlieder. Schau, das Blut des Himmels ist verschwunden, und die Milch der Nacht fließt auf die Welt herab. Es ist Zeit, den Tag zu beenden. Führen wir den Sabbat fort, einverstanden?»

Und er wandte den Kopf zum Meer.

Mit bewegter, zitternder Stimme fing die Herzogin von neuem zu beten an. Sie sah nicht, wie ihr Gatte die Fassung seines Ringes öffnete und den Smaragd an seine Lippen hielt.

«*Tzimtzum*», murmelte er mit Inbrunst.

«Also vollendete Gott am siebenten Tag seine Werke, die er machte, und ruhte am siebenten Tage von allen seinen Werken, die er machte», sprach die Herzogin.

Ein heiseres, leises Knurren kam aus der Brust des Herzogs.

«Und Gott segnete den siebenten Tag und heiligte ihn», betete die Herzogin lauter.

Der Herzog neigte den Kopf nach hinten, riß die Augen weit auf und schrie einen Namen.

«Beatriz!»

«Dann aber ruhte Gott, nachdem er das ganze Werk der Schöpfung vollendet hatte», beendete die Herzogin unbeirrt das Gebet.

Josef Nasi war nicht mehr.

«Und ihr, o Völker, lobet den Ewigen, verherrlicht ihn, o Völker. Denn unendlich ist seine Güte, die er uns bezeugt, und die Treue des Herrn währet ewiglich.»

Mit diesen Worten streckte Reyna die Hand zum Gesicht ihres Mannes aus und schloß seine Augen.

«Halleluja», murmelte der Bucklige. «Es gibt keinen anderen Gott als Gott.»

1579–1991
Epilog

Nachdem der Tod des Herzogs von Naxos bekanntgegeben worden war, schrieb Nicola Barbarigo, Botschafter der Republik von Venedig bei der Hohen Pforte, dem Rat der Zehn: «Vor acht Tagen starb der Gauner und Bösewicht Josef Nasi, auch Juan Miquez genannt, an den Folgen einer Harnvergiftung und bereitete damit allen Türken und Christen und sogar einem Teil seiner Glaubensbrüder große Freude, die ihn wegen seiner Missetaten haßten.»

Das Kaddisch wurde zu Ehren eines «Leitbilds der Fürsten des jüdischen Volkes» in der Großen Synagoge von Istanbul gefeiert. Rabbi Saadia hielt folgende Grabrede: «Unser tiefer Schmerz gilt einem glänzenden Licht, einem strahlenden Stern, Israels Herrscherstab, dem Bannerträger, der unsere zerstreuten Brüder gesammelt hatte, dem noblen Herzog, dem bewundernswürdigen Josef Nasi, der unser Ufer verlassen hat, um im Schatten Gottes zu leben. Dort oben genießt er das Licht des Morgensterns zusammen mit der liebreizenden Donna Gracia Nasi, die durch ihre männlichen Taten keine Frau mehr ist, obwohl sie die Mutter aller Lebenden war, die bereit waren, auf dem Weg des Herrn zu wandeln.»

Die Herzogin von Naxos ließ in Istanbul eine jüdische Druckkerei errichten, baute zum Gedächtnis ihrer Mutter und ihres Gatten auch eine Talmud-Schule und lebte bis an ihr Ende sehr zurückgezogen.

Was den Narren Caraffa betrifft, so wartete er auf den Tod

seiner Herzogin, der im Jahre 1599 eintrat. Dann kehrte er zurück nach Europa, wo sich seine Spur zunächst verlor.

Einige Jahre später aber besuchte ein mißgestalteter Buckliger oft die Tavernen von London. Wenn er betrunken war, erzählte er so schöne Geschichten, daß man ihn umringte, um ihm zuzuhören. Manchmal nahm er aus einem Ledersack einen Lumpen aus Hanf und Goldfäden und schwor, daß es der Strick sei, mit dem der Verräter Judas sich erhängt habe. Aber niemand wollte ihm glauben.

Ein Student mit Namen Christopher Marlowe hörte ihn eines Abends, als er selber schon ziemlich betrunken war, vergaß die Geschichte von Gracia Nasi wieder, verwechselte Zypern mit Malta, und als er wach wurde, hatte er fast alles vergessen. Nur ein Bruchteil kam ihm wieder in den Sinn: Ein jüdischer Kaufmann hatte durch arge List die Fürsten Europas zu täuschen vermocht... Der junge Christopher schrieb ein Theaterstück mit dem Titel *Der Jude von Malta*.

William Shakespeare wiederum hörte etwa ein halbes Jahrzehnt danach von dem Juden von Malta und verwandelte Josef Nasi, den Herzog von Naxos, in Shylock, den *Kaufmann von Venedig*.

In einem portugiesischen Dorf mit Namen Belmonte zündet eine Handvoll Marranen, *judeos* genannt, noch heute am Freitagabend die Lampe aus Ton an und versteckt sie sofort, damit das Dorf sie nicht sieht; sie feiern hinter verschlossenen Türen und Fenstern ein dürftiges Passah-Fest und den Auszug aus Ägypten, der sie vor der Inquisition gerettet hat, wie sie sagen. Nur ein einziges hebräisches Wort ist ihnen geblieben: *Adonai*. Und wenn eine neue Synagoge eröffnet wird oder ein Rabbi die Rückkehr zum orthodoxen Glauben predigt, bleiben sie fern und ziehen die vom Gesetz abweichenden Riten vor, die auf eine fünf Jahrhunderte alte heimliche Überlieferung zurückgehen, noch immer lebendig sind und von der Mehrheit der jüdischen Gemeinschaft des Dorfes abgelehnt werden.

Die Erinnerung an die Senyora ging nicht ganz verloren. In

Lissabon glaubte eine angesehene jüdische Frau des 20. Jahrhunderts, die tief von der Geschichte ihres Volkes beeindruckt war, ihr Leben lang, sie sei die Reinkarnation von Beatriz de Luna, Gattin von Francisco Mendès, oder auch Donna Gracia Nasi, genannt Ha-Geveret, der großen Dame des jüdischen Volkes.

Ihr Neffe vertraute dieses Geheimnis vor elf Jahren einer Jüdin aus Frankreich an, die als Huldigung an alle Beatriz der Diaspora Israels die Geschichte von *La Senyora* schrieb.

Zeittafel

1478 Papst Sixtus IV. erläßt die Inquisitionsbulle für Spanien.
1479 Als Nachfolger von Johann II. wird Ferdinand II. König von Aragonien und Kastilien.
1481 Beginn der Inquisitionsprozesse in Spanien sowie der letzten Phase der Reconquista, d. h. der Rückeroberung der auf der Iberischen Halbinsel unter arabischer Herrschaft stehenden Gebiete.
1492 Boabdil, der letzte maurische König von Granada, muß sein Reich den Spaniern übergeben. – Ausweisung der Juden aus Spanien. – Kolumbus erreicht «Westindien» (12. 10.).
1494 Papst Alexander VI. verleiht dem Herrscherpaar Ferdinand von Aragonien und Isabella von Kastilien den Ehrennamen «Katholische Könige».
1496 König Manuel I. von Portugal vertreibt die Juden aus seinem Land.
1498 Der portugiesische Seefahrer Vasco da Gama sucht den Seeweg nach Indien und erreicht die vorderindische Küste bei Kalikut (20. 5.).
1505 Erste Beschießung der indischen Hafenstadt Kalikut durch die portugiesische Flotte.
1506 Massaker der Juden von Lissabon (19. 4.).
1509 Zweite Beschießung von Kalikut.
1510 In Lissabon wird Hannah Gracia Nasi, genannt Beatriz de Luna, geboren. – Dritte Beschießung von Kalikut. – Beginn des Baus der Karaka *São João* im Hafen von Lissabon.
1515 Geburt von Josef Nasi, Beatriz de Lunas Neffe und späterer Herzog von Naxos. – Diogo Mendès läßt sich als Kaufmann in Antwerpen nieder.
1519 Der portugiesische Seefahrer Fernão de Magalhães, genannt Magellan, beginnt seine Weltumseglung. – Karl

von Österreich wird zum deutschen Kaiser gewählt; sein unterlegener Gegenkandidat: König Franz I. von Frankreich.

1520 Aufenthalt des Malers Albrecht Dürer, eines Freundes der marranischen Gemeinschaft, in Antwerpen. – Exkommunizierung von Martin Luther.

1521 Luther wird vor den Reichstag in Augsburg geladen.

1522 Rückkehr von Sebastian de Elcano ohne Magellan nach Lissabon.

1525 Schlacht bei Pavia zwischen kaiserlichen und französischen Truppen; Gefangennahme von König Franz I. (24. 2.).

1526 Vierte Beschießung von Kalikut. – In Portugal: Erlaß zur Vertreibung der Zigeuner. – In Ungarn: Niederlage des Jagellonen Ludwig II., König von Ungarn, durch den osmanischen Sultan Süleiman den Prächtigen in der Schlacht bei Mohács (29. 8.). Süleiman erobert (Buda-)Pest.

1527 Truppen Kaiser Karls V. plündern Rom (Sacco di Roma).

1528 In Lissabon: Heirat von Beatriz de Luna und Francisco Mendès. – In Ferrara: Heirat von Ercole, Herzog d'Este, mit Renée, Prinzessin von Frankreich.

1529 Wien wird von dem Heer des osmanischen Sultans Süleiman belagert (1. Türkenbelagerung).

1530 Krönung von Karl V. durch Papst Clemens VII. in Bologna.

1531 In Antwerpen: Erste Verhaftung von Diogo Mendès. Gründung der Handelsbörse. – In Lissabon: Geburt von Reyna, Tochter von Francisco und Beatriz Mendès. – Beginn der Inquisition in Portugal.

1532 Zweite Verhaftung von Diogo Mendès. – Tod von Samuel Nasi, Leibarzt des Königs, Vater von Josef Nasi.

1534 Geburt des kabbalistischen Rabbis Isaak Luria als Sohn deutscher Eltern in Jerusalem.

1535 Vor Tunis wird der Korsar Cheireddin, genannt Barbarossa, von der Flotte Karls V. unter dem Kommando von Andrea Doria geschlagen. – In Ferrara wird Clément Marot, der Günstling von Herzogin Renata, Hofdichter.

1536 Edikt des Papstes gegen die Marranen (23. 5.). – Tod von Francisco Mendès. – Die Familie Mendès verläßt Portugal, reist über London nach Antwerpen, wo sie sich vorübergehend niederläßt. – Der Reformator Johann Calvin flieht an den Hof des Herzogs von Ferrara.

1537 Heirat von Diogo Mendès und Brianda de Luna, der jüngeren Schwester von Beatriz, in Antwerpen.

1538 Geburt von Beatriz, genannt La Chica, Tochter von Diogo und Brianda Mendès.

1539 Tod von Isabella von Portugal, Gemahlin Kaiser Karls V.

1540 Der Bürgermeister von Antwerpen erläßt ein Edikt gegen die Juden (16. 12.).

1541 Vergebliche Flottenexpedition Karls V. gegen Algier.

1542 David Rubeni, der sich als Messias ausgibt, wird in Evora verbrannt. – Tod von Diogo Mendès in Antwerpen. – Finanzieller Druck der Statthalterin von Gent auf die Erben des Bank- und Handelshauses Mendès.

1544 Friedensvertrag von Crépy beendet Krieg zwischen Karl V. und Franz I. von Frankreich. – Aufenthalt des Kaisers in Brüssel. – Francisco von Aragon hält um die Hand von Reyna Mendès an. – Die Damen Mendès bekommen die Erlaubnis, zur Kur nach Aachen zu gehen.

1545 Josef Nasi flieht mit seiner Cousine Reyna nach Venedig; Beatriz und Brianda Mendès folgen einige Monate später. – Beginn des Tridentinischen Konzils (bis 1563).

1546 Tod Martin Luthers (18. 2.). Reichstag von Regensburg: Karl V. empfängt Juan Micas alias Josef Nasi und erhebt ihn in den Ritterstand. – Mit seiner Mätresse Barbara von Blomberg zeugt der Kaiser einen Sohn, Juan de Austria, der später «der Bastard» genannt wird.

1547 Tod der Könige Heinrich VIII. von England (28. 1.) und Franz I. von Frankreich (31. 3.). – In Venedig denunziert

Brianda Mendès ihre Schwester Beatriz beim Rat der Zehn und verlangt die Auszahlung ihres Erbteils. – König Heinrich II. von Frankreich lehnt die Zahlung seiner Schulden an das Bankhaus Mendès ab. – Juan Micas reist nach Mailand, wird von der Inquisitionsbehörde angezeigt und in Venedig in absentia zum Tode verurteilt.

1548 Sowohl Beatriz Mendès als auch die Denunziantin Brianda in Venedig im Gefängnis. – Juan Micas alias Josef Nasi begibt sich nach Istanbul und erhält die Unterstützung des Sultans Süleiman.

1549 Die in Venedig gefangengehaltenen Schwestern Mendès werden aufgrund der Intervention des Sultans freigelassen.

1550 Abreise von Beatriz Mendès und ihrer Tochter Reyna nach Ferrara. – Beatriz Mendès nimmt ihren jüdischen Namen an: Gracia Nasi. – Erlaß zur Vertreibung der Juden aus Venedig: Es wird den Marranen verboten, in Venedig Handel zu treiben.

1552 Auf Initiative von Gracia Nasi wird in Ferrara die erste Bibel in Judeo-Spanisch, der Sprache der Marranen, gedruckt.

1553 In Ferrara bricht die Pest aus. Der Herzog weist alle Marranen aus, die vor weniger als zwei Jahren angekommen sind. Die Familie Nasi verläßt Ferrara. – Gracia Nasi kehrt heimlich allein nach Venedig zurück, um den Smaragd des Vizekönigs von Indien zu kaufen. Sie wird erkannt und verhaftet. – Neuerliche Vermittlung des Sultans Süleiman.

1553 Auswanderung der Nasi aus Ferrara im langen Wagenzug nach Istanbul durch Oberitalien, Ragusa und Saloniki.

1554 In Istanbul Heirat von Josef Nasi und seiner Cousine Reyna, Gracia Nasis Tochter. – Die sterbliche Hülle des Ehemanns von Gracia, Francisco Mendès, wird im Tal Josaphat nahe Jerusalem begraben.

1555 Der Kardinal und Inquisitor Giovanni Pietro Caraffa

wird zum Papst gewählt und nimmt den Namen Paul IV. an (23. 5.). Er veröffentlicht eine Bulle, die den rechtlichen Status der Juden in seinen Staaten bestimmt, ihnen Privilegien entzieht und ihnen Besitztum, Feste, Diener sowie den geschlechtlichen Umgang mit Christen verbietet. – Kaiser Karl V. dankt zugunsten seines Sohnes Philipp ab (25. 10.). – Die Verfolgung der Juden von Ancona beginnt.

1556 Im März empfängt Sultan Süleiman Gracia Nasi in Audienz. Er interveniert zugunsten der Juden beim Vatikan. – Im Juni verweigert der Papst jedes Zugeständnis. – Im Juli bietet der Herzog von Urbino den Schiffen von Gracia Nasi den Hafen von Pesaro an. Sie beschließt die Handelssperre über den Hafen von Ancona.

1557 Heftige Debatte über die Fortsetzung des Embargos zwischen den Rabbis der Mittelmeergemeinschaften. – Karl V. zieht sich nach Spanien, in seine Villa nahe dem Kloster San Geronimo de Yuste, zurück.

1558 Gracia Nasi unterliegt im Embargostreit den Rabbis von Ancona und dem Rabbi Soncino in Istanbul: Ende der Handelssperre. – Der Herzog von Urbino, der der neuen Einnahmequelle beraubt ist, die die Handelssperre gegen Ancona ihm einbrachte, verbannt die Marranen aus seinem Land. – Die jüdische Gemeinschaft von Ferrara löst sich auf. Tod Karls V. (21. 9.) und der Sultanin Hürrem (Roxelane) in Istanbul. – Josef Nasi wird von Sultan Süleiman zum europäischen Fürsten ernannt.

1559 Tod von Papst Paul IV. (18. 8.). – Bajazet, Sohn von Sultan Süleiman, zettelt einen Aufstand gegen seinen Vater an und wird von seinem Bruder, dem zum Thronfolger ausersehenen Prinzen Selim, besiegt.

1560 Weinverbot im Osmanischen Reich. – Rustem Pascha, Großwesir und Schwiegersohn des Sultans, versucht vergeblich, Josef Nasi zu helfen, die Schulden des Königs von Frankreich einzuziehen.

1562 Josef Nasi unterstützt den korsischen Freiheitskämpfer Sampiero Corso.

1563 Sultan Süleiman schenkt Gracia Nasi das Gebiet von Tiberias in Palästina.

1564 Landung von Sampiero Corso auf Korsika.

1565 Sultan Süleiman schickt Hadji Murad Bey als Sonderbevollmächtigten nach Frankreich, um für die Bank Nasi die Schulden des Königs von Frankreich einzutreiben. – Mehmed Sokolli Pascha wird Großwesir.

1566 Tod Süleimans des Prächtigen vor Szegedin (6. 9.). Nachfolger wird sein Sohn Selim II. Er gestattet Josef Nasi, französische Schiffe auf der Reede von Alexandria zu requirieren.

1567 Selim II. ernennt Josef Nasi zum Herzog von Naxos. – Ermordung von Sampiero Corso.

1568 Die spanischen Mauren von Granada lehnen sich auf. Juan de Austria, der illegitime Sohn Karls V., wird mit der Niederschlagung des Aufstandes beauftragt.

1569 Der Brand von Istanbul. Die Janitscharen plündern und morden in den von nicht-moslemischen Minderheiten bewohnten Stadtbezirken. – Der Rabbi Isaak Luria, Haupt einer kabbalistischen Schule von Zefat, läßt sich endgültig in Zefat nieder. – Gracia Nasi stirbt wahrscheinlich in diesem Jahr an einem unbekannten Ort; auch das Datum ihres Todes ist nicht sicher.

1570 Auf Anregung Josef Nasis beginnen die Osmanen mit der Eroberung der in venezianischem Besitz befindlichen Insel Zypern; die osmanische Flotte belagert den befestigten Hafen Famagusta. – Papst Pius V. verbündet Spanien, Venedig und die italienischen Fürsten in einer Heiligen Liga.

1571 Am 1. 9. nehmen die Türken Famagusta ein. Der venezianische Kommandant, Kapitän Marcantonio Bragadino, wird zu Tode gefoltert. – Am 7. 10. Seeschlacht bei Lepanto, vor der griechischen Küste am Eingang zum Isthmus von Korinth, zwischen der von Juan de Austria befehligten Flotte der Heiligen Liga und der osmanischen Flotte unter Großadmiral Ali Pascha, dem Schwiegersohn von Sultan Selim II., der geschlagen wird.

1572 Selim II. schickt seinem Bezwinger Juan de Austria kostbare Geschenke. – Josef Nasi bietet König Philipp II. von Spanien seine Vermittlerdienste für einen Frieden mit dem Osmanischen Reich an, bittet ihn um Verzeihung, teilt seinen Übertritt zur katholischen Religion mit und äußert den Wunsch nach einem Passierschein, um das Osmanische Reich verlassen zu können. – In Zefat stirbt der Rabbi Isaak Luria.

1573 Der polnische Jude Salomon Eskenasi ersetzt Josef Nasi als Berater des Sultans. – Friedensvertrag zwischen dem Osmanischen Reich und Venedig.

1574 Selim II. stürzt auf der Treppe zu seinem neuen Weinkeller und stirbt kurz darauf (12. 12.).

1575 Tod des Rabbi Josua Soncino.

1579 Ermordung des Großwesirs Mehmed Sokolli Pascha und Tod von Josef Nasi, Herzog von Naxos.

1589? In London führt die Schauspielertruppe The Admiral's Men erstmals Christopher Marlowes Tragödie *Der Jude von Malta* auf.

1599? Tod von Reyna Nasi, Herzogin von Naxos. – Erste Aufführung von William Shakespeares Komödie *Der Kaufmann von Venedig*.

Bibliographische Hinweise

Die wichtigste Darstellung des Lebens von Beatriz de Luna ist *Dona Gracia Nasi* von Sir Cecil Roth, der erste Band eines Werkes über das Haus Nasi (*The House of Nasi*, Philadelphia 1947). Er erschien 1990 auf französisch bei Editions Liana Levi; ich habe das Vorwort dazu verfaßt. Im gleichen Jahr hat der gleiche Verlag Cecil Roths *Histoire des Marranes* herausgebracht. Der zweite Band über das Haus Nasi, eine Biographie des Herzogs von Naxos (*The Duke of Naxos*, Philadelphia 1948), ist noch nicht auf französisch erschienen. Beide Bände enthalten eine ausführliche Bibliographie der Veröffentlichungen über die Senyora und ihren Neffen.

Das genaue Studium der Sekundärliteratur bringt oft widersprüchliche Hypothesen ans Licht – besonders über die Ehe der Mendès und über die Flucht nach Venedig –, die die Wahrheitsfindung erschweren. Aus begreiflichen Gründen: Schließlich handelt es sich um die Geschichte einer Familie, die etwa die Hälfte ihres Lebens damit verbrachte, sich zu verstecken. Sir Cecil, der große britische Marranen-Spezialist, zeigt sich sehr vorsichtig und, weil er keine Quelle für authentisch hält, entscheidet er sich zum Beispiel hinsichtlich des Todes der Senyora nicht für ein bestimmtes Datum und einen verbindlichen Ort.

Fernand Braudels Geschichtswerk *Das Mittelmeer und die mediterrane Welt in der Epoche Philipps II.* (3 Bde., Suhrkamp Verlag, Frankfurt/M. 1990) hat mir immer wieder große Dienste geleistet. Der große Historiker geht mit Josef Nasi übrigens alles andere als sanft um. Im Zusammenhang mit der Schlacht bei Lepanto, beispielsweise, stellt er die Frage: «War er ein Verräter? Oder... handelte er auf Anweisung und spielte eine genau berechnete Rolle in einer Strategie, die viel feiner abgestimmt war, als die Historiker bisher vermuteten, und vergaß dabei auch seinen eigenen Vorteil nicht? Räumen wir ein, daß er sich unserem Urteil entzieht, nur teilweise sichtbar wird.»

Mit großem Interesse habe ich auch den gut dokumentierten Roman *Le Duc de Naxos* (Editions Balland, Paris 1988) von Georges Nizan gelesen.

Das Buch von Robert Mantran, *La vie quotidienne à Istanbul au siècle de Soliman le Magnifique* (Hachette, Paris 1965 und 1989) war ebenfalls eine ergiebige Quelle für mich. Das gleiche gilt für *Soliman le Magnifique* von André Clot (Fayard, Paris 1983) sowie für die Biographien Karls V. von Philippe Erlanger (Paris 1980) und von D. B. Wyndham Lewis (London 1952).

Zur kabbalistischen Schule von Zefat habe ich Gershom Scholems Werk *Die jüdische Mystik in ihren Hauptströmungen* (Metzner Verlag, Frankfurt/M. 1957) und Henri Sérouyas *La Kabbale* (Grasset, Paris 1947) benutzt. Die meisten Informationen über die zahlreichen mystischen Strömungen in Europa und im Osmanischen Reich während des 16. Jahrhunderts habe ich Mircéa Eliades *Geschichte der religiösen Ideen* (3 Bde., Herder Verlag, Freiburg/Brsg. 1981) zu verdanken.

Eine Bilddokumentation über die letzten marranischen Gemeinschaften in Portugal bietet ein Film von Frédérique Brenner und Stan Neumann, *Les derniers Marranes*, der 1990 von La Sept ausgestrahlt wurde.

Schließlich verdanke ich Haim Vidal Sephihas Buch *Le Judéo-Espagnol* (Editions Entente, Paris 1986) die Erkenntnis, daß meine Helden nicht Ladino, die geschriebene Sprache, sprachen, die dem pädagogischen, juristischen und religiösen Gebrauch vorbehalten war, sondern Judeo-Spanisch. In diesem Buch habe ich auch die Texte der zitierten Romanzen und einige idiomatische Ausdrücke gefunden.

Ich danke Pierre Amado, Ehrendirektor der Forschungsabteilung bei CNRS, Professor an der Ecole Pratique des Hautes Etudes und ein entfernter Verwandter des großen marranischen Arztes Amato Lusitano, daß er mich über seinen Ahnen und im besonderen über die Schreibweise seines jüdischen Namens aufgeklärt hat. Ich danke ebenfalls Bertrand Dufourcq, dem Botschafter Frankreichs in Rußland, der, als er Botschafter beim Vatikan war, mir geholfen hat, Informationsmaterial über Papst Paul IV. zu sammeln; Conrad Seitz, dem ehemaligen Botschafter der Bundesrepublik Deutschland in Indien und seiner Frau Eva, beide Latinisten, die päpstliche Texte für mich übersetzt haben; dem Botschafter der Türkei in Indien, Yalun Eralp, der mir durch Dokumente belegte Informationen über den Dichter und Sultan Selim II. übermittelt hat; den Archivaren der Bibliothek von Ferrara und Dr. Konrad Oberhuber, dem Direktor der Abteilung «Zeichnungen» der Albertina in Wien; Philippe Carron, Fregattenkapitän, für seine Beratung über den Ablauf der Schlacht bei Lepanto; sowie der türkischen Familie meines Freundes Francis Wacziarg.

Und natürlich A. L.